浙江省金融学会重点研究课题
获奖文集 2016

浙江省金融学会　编

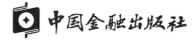
中国金融出版社

责任编辑：赵晨子
责任校对：潘　洁
责任印制：张也男

图书在版编目（CIP）数据

浙江省金融学会重点研究课题获奖文集 2016（Zhejiangsheng Jinrong Xuehui Zhongdian Yanjiu Keti Huojiang Wenji2016）/浙江省金融学会编．—北京：中国金融出版社，2017.9

ISBN 978 - 7 - 5049 - 9076 - 1

Ⅰ．①浙⋯　Ⅱ．①浙⋯　Ⅲ．①金融—中国—2016—文集　Ⅳ．①F832

中国版本图书馆 CIP 数据核字（2017）第 149324 号

出版
发行　中国金融出版社

社址　北京市丰台区益泽路 2 号
市场开发部　（010）63266347，63805472，63439533（传真）
网 上 书 店　http://www.chinafph.com
　　　　　　（010）63286832，63365686（传真）
读者服务部　（010）66070833，62568380
邮编　100071
经销　新华书店
印刷　保利达印务有限公司
尺寸　169 毫米×239 毫米
印张　28
字数　528 千
版次　2017 年 9 月第 1 版
印次　2017 年 9 月第 1 次印刷
定价　52.00 元
ISBN 978 - 7 - 5049 - 9076 - 1
如出现印装错误本社负责调换　联系电话（010）63263947

序　言

党的十八大以来，习近平总书记多次对智库建设作出重要指示，强调要把中国特色新型智库建设作为一项重大而紧迫的任务切实抓好。浙江省金融学会深入学习领会习近平总书记的重要指示精神，结合浙江经济金融发展大局和实际情况，努力发挥学会平台作用，切实增强学术活动和研究成果的影响力，着力打造"浙江金融智库"。

当前，建设"浙江金融智库"要认真贯彻落实全国金融工作会议精神，聚焦政策咨询研究，提升服务决策水平。一是要积极为浙江经济金融转型发展建言献策。如何引领金融回归本源、优化结构、服务供给侧结构性改革，在提高服务实体经济的质量和效率的同时，防控好金融风险，实现金融体系自身稳定和健康发展，是"浙江金融智库"和业界共同面临的重大课题。二是要以理论指导金融改革发展，扩大浙江区域金融改革的影响力。浙江是全国区域金融改革项目最多、内容最丰富的地区之一。改革发展任务越是艰巨繁重，越需要强大的智力支持。在客观评估和总结提炼各项改革创新实践的基础上，为全国提供一批可复制、可推广的"浙江经验"，就是其中一项非常值得深入研究的重要项目。三是要建立科学高效的智库运作机制。作为地方金融智库，要牢固树立"问题导向"意识，以解决实际问题、提供切实有效的政策建议为目标建立和完善课题评价机制，不断扩大研究成果的推广应用，有效提升"浙江金融智库"的政策影响力。

有鉴于此，2016年，浙江省金融学会立足国情、省情，组织发动会员单位围绕经济金融发展中的重点、热点、难点问题开展课题研究，共结项78项，并呈现出两大特点：一是研究领域广，内容涉及货币政策、供给侧结构性改革、区域金融改革、金融支持地方经济发展、绿色金融、互联网金融、商业银行转型发展等多个方向；二是更加注重务实性、针对性、学术性和政策性，较好地发挥了决策参考和理论支撑作用。经浙江省金融学会重点研究课题评审小组评定，共评选出一等奖 10 项，二等奖 16 项，三等奖 22 项，优秀奖 30 项。为进一步推动成果转化，扩大政策影响力，我们将获得一等奖和部分二等奖的课题成果集结成册并公开出版，由于篇幅有限，多数课题篇幅被压缩，但每一篇课题成果的质量和完整性并未受到影响。

这些课题是课题组成员团队合作、协力攻关的结果，凝聚了各会员单位的辛劳付出和智力智慧。当然要将学会建设成为名副其实的"浙江金融智库"还需很长一段路要走，就拿课题研究来说，下一步的研究方向还可继续拓展，研究方法还有待继续探索，整体质量水平还存有较大提升的空间。我们真诚期待读者对相关课题报告提出批评指正，共同推动学会经济金融理论和政策研究水平再上新台阶。

浙江省金融学会会长　殷兴山

2017 年 8 月

目　录

一等奖

利率管制、信贷偏向周期

中国人民银行杭州中心支行课题组*

一、引言

2008 年国际金融危机之后，我国经济逐渐步入"新常态"，经济增长从高速转向中高速。随着经济增速换挡，原来经济高速增长所掩盖的产能过剩、高杠杆、债务风险等一系列问题逐渐暴露，成为制约经济转型升级和结构优化的重要障碍。由于产能过剩是当前中国经济下行面临的主要挑战，是阻碍供给侧结构性改革推进的关键症结，因此，2015 年中央经济工作会议将"去产能"确定为五大任务之首。

产能过剩是中国经济的"痼疾"。早在"十五"计划开始，我国政府就将治理产能过剩列入宏观经济调控工作的重点，不断出台各种整顿治理措施，但产能过剩并没有得到根本解决，并且呈现愈演愈烈之势，陷入"越调控越严重"的困境。产能过剩"久调未决"表明，相关治理不能只局限于简单的管制或调控，仅仅采取"头痛医头、脚痛医脚"的治标方式，而需要探究深层次体制机制原因，通过改革理顺各类制度性扭曲，才能从根本上治理产能过剩问题。

本质上，产能波动源于当期需求与当期供给的结构性错配，从而引起市场自发调节产能扩张或收缩的现象。一般而言，一个国家的总体产能与总需求大体匹配，不会出现剧烈波动，产能剧烈波动往往是只在危机时期才会出现的一种偶然、短期现象，然而我国产能波动却呈现出明显的长期性、周期性、波动大等特征：当国内外市场回暖，过剩问题稍稍得以缓解，一些企业和地区又会急速扩张产能，一旦遭遇国内外市场不景气，产能过剩问题就会变本加厉地凸显出来，是以谓之"产能周期"。从经济增长理论看，长期经济增长（供给侧）的动力来自生产要素的获得：劳动供应、资本存量的增长，以及广义技术的提升；而短期经济增长（需求侧）来源于总需求的推动，主要包括消费、投资与净出口的增长。这种关系意味着资本形成过程（投资活动）的变动是链接长、短期经济增长的传动器。大规模的投资活动从启动、产生有效需求，到形成有

* 课题主持人：殷兴山
课题组成员：徐子福　王去非　贺　聪　易振华　项燕彪

经济意义的供给能力之间通常具有一定期限的滞后，正是这种滞后使当期需求与供给产生结构性错配，同时也正是中国式投资及其背后的融资活动特征使这种产能波动周而复始的发生。

我们观察到，与我国产能周期性波动相对应的是信贷的周期性，并且信贷周期与产能周期具有很强的同步性，当信贷增长速度较快时，产能过剩问题相对突出，而当信贷增速低位运行时，产能过剩问题则有所缓解（见图1）。究其缘由，主要是因为当前我国经济增长主要依赖投资驱动，而目前我国金融结构又以间接融资为主，这样投资的增加就主要依靠信贷支撑。因此，从金融的角度来看，产能周期波动主要还是反映了信贷资源配置存在一定程度的扭曲。长期以来，国内的利率管制弱化了金融资源的定价功能，加之政府隐性担保的存在，以及金融行业竞争不足和同质化，造成银行信贷资源配置行为简单粗放，存在"所有制歧视"下的"信贷偏向"，导致金融资源错配，廉价金融资源过多流入上游原材料等一些重资产行业和国有经济部门，致使这些部门盲目扩张，产生并加剧过剩产能。鉴于此，本文尝试将信贷配置特征及其对不同产权企业主体投资行为的影响纳入产能周期波动分析的理论框架，探索利率管制、信贷偏向与产能波动之间的关系，并利用经验数据进行实证检验。最后通过构建包含企业投融资异质性特征的 DSGE 模型，模拟不同政策工具应对外生经济冲击，减缓产能波动的政策效果。

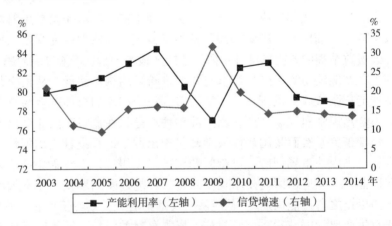

资料来源：产能利用率数据来源于纪志宏等（2015），信贷增速数据来源于 Wind。

图 1　产能利用率与信贷增速变动情况

全文共分为七个部分。除了引言外，第二部分文献综述，介绍了从不同角度研究产能周期波动的相关文献。第三部分理论分析，从信贷资金配置、企业投资与产能周期波动三者的互动关系分析利率管制、信贷偏向在产业投资波动和产能周期形成中的作用机制。第四部分实证分析，运用面板数据模型，利用

行业数据样本，对第三部分的主要研究结论进行实证分析和检验。第五部分
DSGE 模型和第六部分脉冲响应分析，模拟了不同冲击下，企业投资和产能变化
情况以及政策操作效果。最后是结论与启示。

二、文献综述

对于产能波动问题的分析最早可追溯到 Chamberlin（1933），Chamberlin 从
垄断竞争理论的视角提出不完全竞争引起经济组织的无效率进而导致产能波动，
形成了分析产能运行规律及决定因素的基本研究方法和框架。自 Chamberlin 的
开创性研究之后，学者们对产能波动进行了大量的理论探讨和实证研究，相关
文献大多聚焦于现象背后是否蕴含具有普遍性的扭曲因素，即市场因素还是政
府体制机制原因导致产能周期波动。结合本文的研究内容，我们主要从以下几
个方面对已有的相关文献进行综述。

（一）有关市场失灵解释产能周期波动的研究

市场失灵导论的相关文献认为在市场体系下，产能波动的主要原因是竞争过
程中的协调失灵，并可能与信息不完全和高退出成本等因素叠加出现。Akirn 和
Hikaru（2004）利用 Stackelberg 双寡头模型研究私人企业和公共企业的产能决策，
认为私人企业储备过剩产能有利于利润最大化，而公共企业保持相对较低产能有
助于社会剩余最大化。Barham 和 Ware（1993）分析认为，企业的产能波动现象是
垄断市场中的一种竞争策略，在位企业通过多余产能阻止潜在进入企业进入市场。
Banerjee（1992）基于外部信息不完全的研究，认为企业在进行产能决策时受其他
企业行为的影响对外部环境出现误判，进而导致忽略自身信息的"跟风"行为，
最终导致产能事前预计和事后实现的不一致。林毅夫等（2010）通过建构两阶段
博弈模型，分析认为发展中国家产能过剩不仅由经济周期引起，还由于信息不完
全，导致企业和金融机构对产业发展前景形成简单共识，资金集中涌向先期成功
的投资项目，造成"潮涌现象"并产生产能过剩。吕政和曹建海（2000）按进入
和退出壁垒的高低将产业市场结构分为四种类型，认为在低进入和高退出壁垒情
况下，企业之间趋于产能无序竞争，生产能力持续聚集并最终过剩。

（二）有关政府失灵解释产能周期波动的研究

政府失灵论的相关文献则强调软预算约束、政策随意性、产权扭曲、晋升
激励和政策补贴等因素是导致产能波动的主要因素。科尔奈（Kornai，1986）认
为，由于预算软约束的存在，政府部门一般容易低估生产能力而高估投入需求，
因此在缺乏企业和要素私人所有权的情况下，资源配置被扭曲，产能长期过剩
现象产生。Shaiokh 和 Moudud（2004）研究认为，政府主导产业政策下，长期
投资的单一取向会导致经济结构难以优化，并且造成主导产业产能过剩严重。
周黎安（2004）通过地方官员政治晋升博弈模型，分析认为政治和经济双重竞

争压力下，地方政府"大而全"的地区发展战略、地方保护主义以及地区间产业恶性竞争，最终导致普遍性产能过剩。耿强等（2011）将产能利用率作为厂商最优选择的内生变量加入 RBC 模型，模拟发现政策性补贴的变化和外生的随机冲击对产能过剩和宏观波动影响不相上下，都构成产能和经济波动的主要原因。江飞涛等（2012）通过构建投资补贴竞争两期博弈模型，分析认为寡头市场中投资补贴高于一定值时，会导致产能过剩，市场风险不确定时，产能投资中自有资本过低导致的风险外部化使得产能过剩的概率增大。

（三）有关金融角度解释产能周期波动的研究

从金融角度研究产能波动问题的文献中，学者们主要从金融抑制和行政干预信贷资源投放这两个方面入手进行分析。McKinnon（1973）认为政府当局过度干预金融体系的运行导致了金融体系发展滞后，进而阻碍经济与产能周期的自我平衡。林毅夫和姜烨（2006）指出，银行业体制的弊端间接致使投资过度集中，商业银行受政府"绑架"，大量信贷投放于地方盲目上马以及重复建设的项目，挤占信贷额度，造成产业结构失衡。刘西顺（2006）认为，过度投资和扭曲分配是产能过剩的直接原因，信贷歧视诱发的企业共生系统会进一步放大这种效果。何风隽（2010）认为，银行在行政垄断下，面对国企无限扩展的需求只能按既定指标对贷款进行筛选和发放，这种信贷配给现象容易造成国有企业产能严重过剩。潘英丽（2013）认为，我国金融抑制政策的主要特征为低利率和廉价资本的行政配给，持续性金融抑制导致产业和金融结构失衡，产能过剩问题严峻。

总体来看，上述研究从不同方面分析了产能周期波动产生的原因和影响因素，许多思路和方法给了我们很好的启示。但国外文献研究的假设条件，包括企业结构、产能波动概念、政策操作模式都与国内现实有较大差异；而国内文献大多基于微观企业视角，偏重于对投资补贴、政府干预等影响企业投资因素的分析，产能现象背后金融因素的系统剖析相对薄弱，同时缺乏基于微观研究的宏观政策分析。本文的创新之处在于将信贷配置特征及其对不同企业主体投资行为的影响纳入产能周期波动分析的理论框架，探索利率管制、信贷偏向与企业产能波动的关系，并利用相关经验数据进行实证检验，进而通过构建基于企业融资和投资异质性特征的 DSGE 模型，研究如何根据经济冲击的类型，产能熨平的现实需求，选择政策工具。

三、利率管制、信贷偏向与产能周期的理论分析

受制于发展阶段约束，经济环境中非市场因素和市场因素并存的现象，使我国经济资源和要素配置具有特殊和复杂的微观基础。与私营经济相对市场化运行不同，国有企业在生产和投资决策时，在一定程度上还会受到行政性的影响和束

缚。更重要的是，在资金要素配置方面，国内长期以来的利率管制弱化了金融资源的定价功能，加之政府隐性担保以及金融行业竞争同质化，银行信贷资源配置简单粗放，存在"所有制歧视"下的信贷偏向，主要表现为国有企业融资成本较低，而私营企业融资成本相对较高，并且存在一定的融资约束①（见图2和图3），成为影响企业产能波动的重要因素。本文通过构建理论分析模型，提出理论分析命题，并进行相应的实证检验，从信贷资金配置、企业投资与产能周期波动相结合的角度分析利率管制、信贷偏向在产能周期波动形成中的作用渠道和效果。

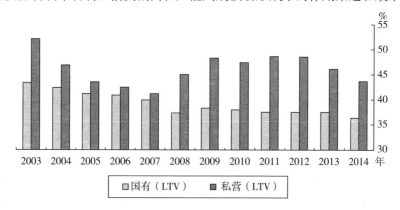

资料来源：国家统计局月度统计数据库。

图2　国有与私营企业信贷融资能力比较

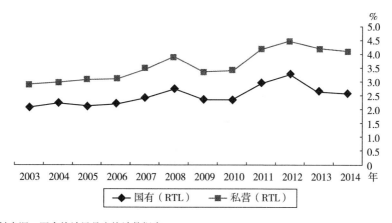

资料来源：国家统计局月度统计数据库。

图3　国有与私营企业融资成本

---

① 图2和图3显示，国有企业信贷融资能力（贷款与总资产之比，即贷款价值比（LTV））远高于私营企业，但融资成本（利息支出占融资额的比例（RTL））却远低于私营企业。

（一）企业最优投资及资本需求

参照 Fagnart 等（1999）、Abel 和 Eberly（2002），在理论分析中，我们引入了两类经济主体，分别是资金中介者 B（银行部门），资本需求者 j（企业）。资本需求者包含两类：国有企业 S、私营企业 P。

代表性企业 j 投入要素为资本 K 和劳动 L，记企业 j 在 t 时的生产函数为：$F_j(U_{j,t}, K_{j,t}, L_{j,t})$，该生产函数为线性齐次，即 $F_K, F_L > 0$，$F_{KK}, F_{LL} < 0$。其中 $U_{j,t}$ 为企业 j 在 t 时的产能利用率。企业选择投资以调整资本存量，从而最大化预期净利润的贴现值（企业价值）

$$V_{j,t} = \max_{I_{j,t+s}} E_t \Big[\int_0^\infty e^{-rs} \{ F_j(U_{j,t+s} K_{j,t+s}, L_{j,t+s}) - \omega_{t+s} L_{j,t+s} - c(I_{j,t+s}, K_{j,t+s}) \} ds \Big] \tag{3.1}$$

约束函数为

$$dK_{j,t} = (I_{j,t} - \delta K_{j,t}) dt \tag{3.2}$$

其中，$I_{j,t}$ 为企业 j 在 t 时的投资，δ 为其资本折旧率；$\omega_{t+s} L_{j,t+s}$ 为企业工资成本；$c(I_{j,t+s}, K_{j,t+s})$ 为企业投资引致的成本，主要包括融资成本、调整成本和闲置成本三个部分：融资成本为 $r_j^B I_{j,t}$，调整成本为 $(\eta/2)(I_{j,t}/K_{j,t})^2 K_{j,t}$（参考 Abel 和 Eberly（2002）），闲置成本为 $\phi(1 - U_{j,t}) I_{j,t}$ [①]，因此企业投资的总成本为

$$c(I_{j,t}, K_{j,t}) = r_j^B I_{j,t} + \Big(\frac{\eta}{2}\Big)\Big(\frac{I_{j,t}}{K_{j,t}}\Big)^2 K_{j,t} + \phi(1 - U_{j,t}) I_{j,t} \tag{3.3}$$

根据式（3.1）、式（3.2），求动态优化问题，可得 Hamilton – Jacobi – Bellman 方程

$$r\pi_{j,t} = \max_{I_{j,t}} \Big[F_j(U_{j,t} K_{j,t}, L_{j,t}) - \omega_t L_{j,t} - c(I_{j,t}, K_{j,t}) + \frac{d\pi}{dt} \Big] \tag{3.4}$$

对企业价值 $\pi_{j,t}$ 求微分可得

$$d\pi_{j,t} = \pi_{K_{j,t}} (I_{j,t} - \delta) dt \tag{3.5}$$

其中，$\pi_{K_{j,t}}$ 为单位资本的边际价值（资本的影子价格），定义 $\pi_{K_{j,t}} = q_{j,t}$，将其以及式（3.5）代入式（3.4），并求最优化，可得一阶条件为

$$c(I_{j,t}, K_{j,t}) = q_{j,t} \tag{3.6}$$

将式（3.3）代入式（3.6）可推得企业 j 最优投资为

$$I_{j,t}^* = \frac{1}{\eta} (q_{j,t} + \phi(U_{j,t} - 1) - r_{j,t}^B) K_{j,t} \tag{3.7}$$

由于 $\eta > 0$，由式（3.7）可知，企业 j 最优投资 $I_{j,t}^*$ 为 $r_{j,t}^B$ 的减函数，$q_{j,t}$、

---

① 由投资带来的新增资本存量并不能全部使用而产生的成本，$(1 - U_{j,t}) I_{j,t}$ 为新增资本存量中未被使用的部分，闲置成本与 $(1 - U_{j,t}) I_{j,t}$ 呈线性关系，为 $\phi(1 - U_{j,t}) I_{j,t}$。

$U_{j,t}-1$ 的增函数，其经济学含义为：在其他经济变量不变的情况下，企业 j 的资本边际产出越大，资本（投资）需求越大；企业的融资成本越低，资本需求越大；企业的产能利用率越高（越接近于 1），资本（投资）需求同样越大。

（二）资本中介者（银行）的贷款定价及信贷分配

银行作为资金的中介部门，在选择信贷投放时，事实上需要解决两层面的问题，一个是信贷资金如何定价，另一个是信贷资金如何分配。

就银行信贷资金的定价问题而言，我们将成本相加法作为银行信贷产品定价的参考模型，贷款对企业 j 的贷款 LE_j 定价的一般形式表示为

$$r_{LE}(j) = r_d + C_B(j) + M(j) \tag{3.8}$$

即贷款价格为存款成本加风险溢价和经营成本，r_d 为银行吸收存款的利率，$C_B(j)$ 为银行经营成本，$M(j)$ 为贷款风险成本：包括信息搜寻成本、风险管理成本、风险损失及处置成本等。对银行来说，贷款风险成本 $M(j)$ 是主要考虑的因素。一般来说，在其他因素不变的情况下，$r_{LE}(S) < r_{LE}(P)$；同时，由于信贷偏向的存在，银行分配信贷资金时，首先采取商业性和政策性结合的标准，将信贷资金优先分配给国有企业，剩余的信贷资源再按照信用级别和抵押、担保水平在私营企业部门进行分配。

（三）不同金融市场环境与产能周期特征

设定 t_0 时刻经济处于均衡状态，不存在产能过剩（$U_{j,t_0}=1$），存款基准利率为 $r_d^{t_0}$，国有和私营企业的贷款需求分别为 $LE_S^{t_0}$、$LE_P^{t_0}$。假设在 t_1 时刻，经济受外生冲击，需求扩张，经济进入"上行"周期。

1. 存款利率管制，存在信贷偏向背景下的产能周期波动

在 t_0 期，国有和私营企业的贷款利率为 $r_{LE,t_0}(S)$、$r_{LE,t_0}(P)$，由于银行存在信贷偏向，信贷资金优先分配给国有企业，并且贷款利率低于私营企业 $[\, r_{LE,t_0}(S) < r_{LE,t_0}(P)]$。在 t_1 期，由于经济有效需求扩张，企业资本边际回报 $q_{j,t}$ 升高，因为此时企业产能利用充足（$U_{j,t_0}=1$），无论是国有还是私营企业都会扩张产能，由式（3.7）可知企业最优投资将从 I_{j,t_0}^* 上升至 I_{j,t_1}^*。由于新增投资从启动、产生有效需求，到形成有经济意义的供给能力（产能）之间通常具有一定期限的滞后，导致总供给能力不能立即扩张，投资需求进一步主导总需求，并通过加速乘数效应继续抬升总需求，从而使资本边际产出 $q_{j,t}$ 继续上升，进一步提高企业最优投资增加至 $\hat{I}_{j,t_1}^*$。如果企业没有融资约束，企业最优投资从 I_{j,t_1}^* 上升至 $\hat{I}_{j,t_1}^*$，将会导致融资（信贷）需求从 LE_{j,t_0} 先上升至 LE_{j,t_1}^*（对应最优投资 I_{j,t_1}^*），再上升至 $\hat{LE}_{j,t_1}^*$（对应最优投资 $\hat{I}_{j,t_1}^*$）（见图 4）。

在存款利率管制的条件下，存款利率在 $t_0 - t_1$ 期间不会发生变化（$r_{d,t_1} =$

r_{d,t_0}），所以存款供给 D_{t_1} 不会增加（见图5），由于 $D_{t_1} = D_{t_0} = LE_{S,t_0} + LE_{P,t_0} < \hat{LE}_{S,t_1}^* + \hat{LE}_{P,t_1}^*$，信贷资源总体上供不应求，产生信贷配置问题。在银行存在信贷偏向的背景下，国有企业贷款需求优先满足，所以其实际贷款数量为 $\hat{LE}_{S,t_1}^*$，贷款实际利率为 $r_{LE,t_1}(S)$ $[\hat{LE}_{S,t_1}^* > LE_{S,t_1}^*$，$r_{LE,t_1}(S) = r_{LE,t_0}(S)]$；余下的信贷资源 $D_{t_0} - \hat{LE}_{S,t_1}^*$ 分配给私营企业，由于 $(D_{t_0} - \hat{LE}_{S,t_1}^*) < LE_{P,t_0} < LE_{P,t_1}^*$，即私营企业在 t_1 期，贷款供给小于其均衡贷款需求 LE_{P,t_1}^*，所以其实际贷款数量下降为 $\overline{LE}_{P,t_1}$（$\overline{LE}_{P,t_1} = D_{t_0} - \hat{LE}_{S,t_1}^*$），实际贷款利率上升为 $r_{LE,t_1}(P)$（$r_{LE,t_1}(P) > r_{LE,t_0}(P)$）。相应地，国有企业在 t_2 期的实际产能将从 K_{S,t_1} 上升至 $\hat{K}_{S,t_2}^*$（对应实际贷款 $\hat{LE}_{S,t_1}^*$），企业产能投资最终形成供给，由于 $\hat{K}_{S,t_2}^* > K_{S,t_2}^*$，国有企业（及其主导产业）产能供给能力超过均衡的产能需求 K_{S,t_2}^*（对应最优投资 I_{S,t_1}^*），产能利用率 U_{S,t_2} 下降（$U_{S,t_2} < 1$），国有企业产能出现过剩。民营企业在 t_2 期的实际产能将从 K_{P,t_1} 下降至 $\overline{K}_{P,t_2}^*$（对应实际贷款 $(D_{t_0} - \hat{LE}_{S,t_1}^*)$），由于 $\overline{K}_{P,t_2}^* < K_{P,t_2}^*$，私营企业（及其主导产业）产能供给能力小于均衡的产能需求 K_{P,t_2}^*（对应最优投资 I_{P,t_1}^*）（见图6），私营企业出现产能不足（$U_{P,t_2} > 1$）。

命题1：在利率管制，同时银行存在信贷偏向的背景下，国有企业实际产能投资大于其均衡产能投资需求，私营企业实际产能投资小于其均衡产能投资需求。综合而言，经济最终出现产能过剩和产能不足并存的现象，即国有企业产能过剩，私营企业产能不足。

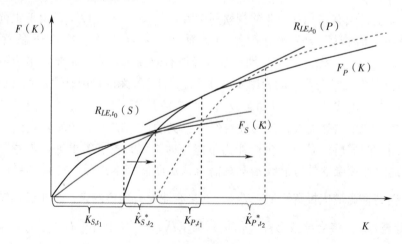

图4 产能扩张资金需求

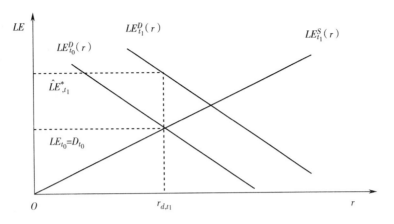

图 5　利率管制与资金供求

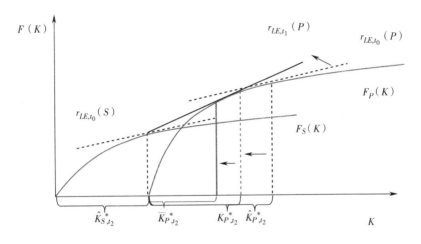

图 6　投资均衡与产能状态

2. 利率市场化，存在信贷偏向背景下的产能周期波动

同上，在 t_1 时期，经济总需求上升，企业最优投资将从 I_{j,t_0}^* 上升至 I_{j,t_1}^*，同样由于产能投资到形成产能供给存在时滞的原因，企业最优投资将继续上升至 $\hat{I}_{j,t_1}^*$，引致融资（信贷）需求上升至 $\hat{LE}_{j,t_1}^*$（见图 4）。如果存在信贷偏向，则国有企业贷款需求优先得到满足，其实际贷款数量和利率分别为 $\hat{LE}_{S,t_1}^*$、$r_{LE,t_1}(S)$ $[\hat{LE}_{S,t_1}^* > LE_{S,t_1}^*$，$r_{LE,t_1}(S) = r_{LE,t_0}(S)]$；由于 $\hat{LE}_{S,t_1}^* + \hat{LE}_{P,t_1}^* > LE_{S,t_0} + LE_{P,t_0} = D_{t_0}$，在利率市场化背景下，私营企业融资需求的增加会相应地引起贷款和存款利率 r_{d,t_0}、$r_{LE,t_1}(P)$ 上升至 $\hat{r}_{d,t_1}^*$、$\hat{r}_{LE,t_1}^*(P)$（见图 7），由于私营企业贷款利率的上升，企业融资需求从 $\hat{LE}_{P,t_1}^*$ 下降至 LE_{P,t_1}^*（企业融资需求的下降，同时引致存款和贷款利率相

应下降至 r_{d,t_1}^*、$r_{LE,t_1}^*(P)$)（见图 7），私营企业最优投资从 $\hat{I}_{P,t_1}^*$ 相应回落至均衡水平 I_{P,t_1}^*。因此在 t_2 期，国有企业实际产能为 $\hat{K}_{S,t_2}^*$（对应实际贷款 $\hat{LE}_{S,t_1}^*$），大于其均衡产能需求 K_{S,t_2}^*，产能利用率 U_{S,t_2} 下降（$U_{S,t_2} < 1$），国有企业产能出现过剩，资本边际产出 $q_{j,t}$ 下降，投资减小（I_S^* 为 U_S 的增函数）又开始主导总需求减少，进一步恶化产能过剩；而对于私营企业而言，其实际产能为均衡产能需求 K_{P,t_1}^*（对应实际贷款 LE_{P,t_1}^*），企业的产能利用率 $U_{P,t_2} = 1$，私营企业产能不会出现波动。

命题 2：在利率市场化条件下，如果银行存在信贷偏向，国有企业实际产能投资为大于其均衡产能需求，私营企业实际产能投资为均衡产能投资需求；综合而言，经济最终出现结构性产能过剩，即国有企业产能过剩，私营企业产能均衡。

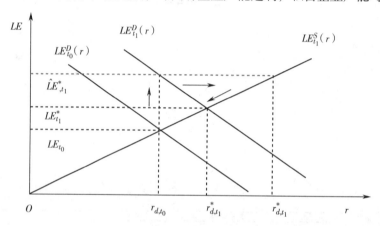

图 7　利率市场化与资金供求

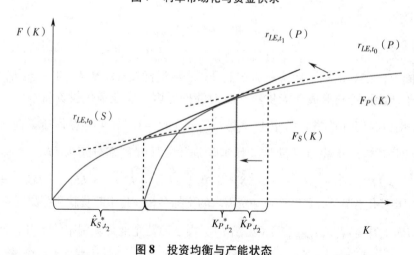

图 8　投资均衡与产能状态

3. 利率市场化，不存在信贷偏向背景下的产能周期波动

同上，在 t_1 期，总需求扩张，企业最优投资将从 I_{j,t_0}^* 上升至 I_{j,t_1}^*，并最终上升至 $\hat{I}_{j,t_1}^*$（产能投资形成产能供给存在时滞的原因）。如果企业没有融资约束，企业在 t_2 期的实际产能将从 K_{j,t_1} 上升至 $\hat{K}_{j,t_2}^*$，超过均衡的产能需求 K_{j,t_2}^*（对应最优投资 I_{j,t_1}^*），产能出现过剩（见图9）。但在利率市场化，并且银行不存在信贷偏向的条件下，企业最优投资从 I_{j,t_0}^* 上升至 $\hat{I}_{j,t_1}^*$，将会引致融资（信贷）需求从 LE_{j,t_0} 先上升至 LE_{j,t_1}^*（对应最优投资 I_{j,t_1}^*），再上升至 $\hat{LE}_{j,t_1}^*$（对应最优投资 $\hat{I}_{j,t_1}^*$）；假设货币政策保持中性，融资需求的增加会相应引起存款和贷款利率 r_{d,t_0}、r_{LE,t_0} 上升至 $\hat{r}_{d,t_1}^*$、$\hat{r}_{LE,t_1}^*$（见图7），由于企业贷款利率的上升，企业融资需求从 $\hat{LE}_{j,t_1}^*$ 下降至 LE_{j,t_1}^*（企业融资需求的下降，存款和贷款利率相应下降至 r_{d,t_1}^*、r_{LE,t_1}^*），进而抑制了企业偏离均衡增长的过度产能投资需求，企业的最优投资从 $\hat{I}_{j,t_1}^*$ 回落至 I_{j,t_1}^*，因此在 t_2 期，企业的实际产能将从 K_{j,t_1} 上升至均衡的产能需求 K_{j,t_2}^*（见图10），企业的产能利用率 $U_{i,t_2}(j) = 1$。

命题3：在利率市场化条件下，如果银行不存信贷偏向，国有企业和私营企业过度产能投资需求由于融资利率的相应提高得到抑制，企业产能投资回归均衡状态，不会出现产能周期性波动。

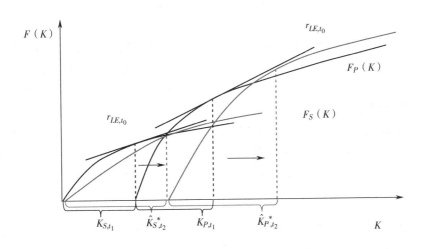

图9　产能扩张资金需求

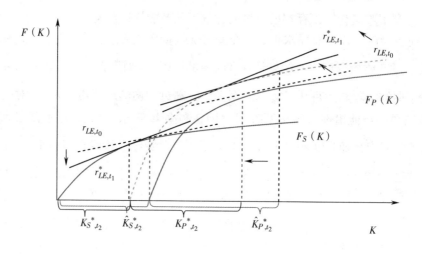

图10 投资均衡与产能状态

四、利率管制、信贷偏向与产能周期的实证分析

前面定性分析了利率管制、银行信贷偏向与企业产能周期波动之间的关系，本文接下来通过构建计量模型，对上节理论分析提出的命题进行实证检验。本文的实证研究思路分为以下三个步骤：第一，选取和计算衡量产能利用率水平的指标；第二，实证并检验国有企业产能波动与利率管制、信贷偏向之间的关系；第三，实证并检验私营企业产能波动与利率管制、信贷偏向之间的关系。

（一）产能利用率指标的选择与构造

为了考察企业产能周期波动与利率管制、信贷偏向之间关系，首先需要构建产能利用率指标。目前，我国官方公布的统计资料中，还没有完整的产能利用率数据。参照董敏杰（2015）、杨振兵（2015），我们采用生产函数法对产能利用率进行测算。

该方法的思路是：企业生产函数设定为 $K-B$ 函数，$Y_t = AK_t^\alpha L_t^\beta e^\mu$，$\mu$ 为随机扰动项（$\mu \geq 0$），服从白噪声过程，即 $E(\mu) = 0$，$Var(\mu) = \delta^2$；将 $K-B$ 函数对数化处理为：$\ln Y_t - \ln L_t = \ln A + \alpha(\ln K_t - \ln L_t) + \mu$。通过 OLS 回归，可得到具体的参数估计值 $\hat{A}$，$\hat{\alpha}$ 和 $\hat{\beta}$，代入 $K-B$ 生产函数中，得到产出估计值 $\hat{Y}_t$（$\hat{Y}_t = \hat{A}\hat{K}_t^\alpha \hat{L}_t^\beta$）；相应残差估计值为：$\hat{\mu} = \ln(Y_t) - \ln(\hat{Y}_t)$，令 $u = \max\{\hat{\mu}\} = \max\{\ln(Y_t) - \ln(\hat{Y}_t)\}$，边界生产函数（理论最优产能）为 $Y_t' = \hat{A}\hat{K}_t^\alpha \hat{L}_t^\beta e^u$，故产能利用率为 $CU_t = Y_t/Y_t'$。

本文利用 2006—2015 年全国工业行业数据计算各行业的产能利用率。产出指标 Y_t 选取：以工业增加值作为产出的衡量指标，考虑到 2009 年后国家统计局不再公布分行业工业增加值数据，我们通过 2006—2008 年各行业工业增加值占其总产值平均比重作为系数，乘以 2009—2015 年历年相应行业总产值估算缺失的工业增加值数据，并以各行业每年相应的 PPI 数据进行调整；资本存量指标 K_t 选取：以行业实际固定资产净值作为资本存量的衡量指标，利用三年期固定资产贷款加权利率进行贴现调整；劳动投入指标 L_t 选取：采用行业从业人员数作为衡量指标。

（二）实证模型设定和变量选取

根据上文提出的研究假设，我们采用面板回归模型识别利率管制、信贷偏向与产能周期的关系及其他相关影响因素，建立如下面板回归模型

$$Scu_{jt} = \alpha_0 + \alpha_1 INC_{jt} + \alpha_2 DCC_{jt} + \sum_{j=3}^{J} \alpha_j \prod{}^1_{ji,t-1} + \varepsilon_{it} \qquad (4.1)$$

$$Pcu_{jt} = \alpha_0 + \alpha_1 INC_{jt} + \alpha_2 DCC_{jt} + \sum_{j=3}^{J} \alpha_j \prod{}^1_{ji,t-1} + \varepsilon_{it} \qquad (4.2)$$

式（4.1）为考察国有企业产能波动影响因素的面板回归模型，式（4.2）为考察私营企业产能波动影响因素的面板回归模型。变量 cu_{jt} 为行业 j 在 t 时的产能利用率水平，产能利用率越低（ $cu_{jt} < 1$ ），行业的产能越过剩；产能利用率越高（ $cu_{jt} > 1$ ），行业的产能相对不足。被解释变量 Scu_{jt} 和 Pcu_{jt} 分别为行业 j 中国有企业和私营企业的产能利用率（按上文方法计算得出）。INC_{jt} 为衡量利率管制水平的代理变量，由行业 j 中国有企业与私营企业融资成本（RTL）之差计算得出；DCC_{jt} 为衡量银行信贷偏向程度的代理变量，由行业 j 中国有企业与私营企业信贷融资能力（LTV）之差计算得出。$\prod^1 - \prod^2$ 为两组面板回归模型中的控制变量。根据数据的完整性和全面性，本文选取中国 35 类工业行业数据作为研究样本，数据跨度为 2006—2015 年共 10 个年度数据。

对于控制变量选取，本文借鉴杨振兵（2015）、韩国高等（2011）等的研究，选取以下三类影响行业产能波动的因素：一是行业特征变量，具体包括行业要素密集度 KL_{jt}（资本与劳动投入比重）、技术密集度 TFP_{jt}（全要素生产率）；二是行业的市场结构变量，包括市场集中度（大企业占比）CRn_{jt}、国有企业占比 SRn_{jt}；三是外部宏观经济因素，包括经济增长速度 $Sgdp_t$、固定资产投资增速 FAG_t、货币增长速度 $M2_t$。[①]

（三）国有企业产能利用率影响因素的实证结果

根据式（4.1），首先对国有企业产能利用率 Scu_{jt} 与 INC_{jt}、DCC_{jt} 进行回归；然后加入行业特征变量：KL_{jt} 和 TFP_{jt}；再加入行业市场结构变量：CRn_{jt} 和 SRn_{jt}；最后加入宏观经济变量（上一期）：$Sgdp_t$、FAG_t、$M2_t$。1～3 步回归时，$Hausman$ 检验值

[①] 以上所有数据（包括产能利用率测算）来源于历年国家统计年鉴、中国工业经济统计年鉴以及 Wind 数据库。

均大于其 0.05 的 $\chi^2_{0.05(n)}$ 值，所以应建立个体固定效应模型，第 4 步回归时，$H_4 =$ 1.7923 $< \chi^2_{0.05(9)} = 16.919$，应建立个体随机效应模型，回归结果见表 1。

回归结果 1~4 均支持本文的主要结论：INC_{jt}、DCC_{jt} 对 Scu_{jt} 的解释系数均为负数，即行业中，国有与私营企业融资成本差异 INC_{jt}、信贷融资能力差异 DCC_{jt} 越大时，国企产能利用率 Scu_{jt} 越小，这说明，国企融资成本越低于私营企业（利率管制程度越高），行业中的国企越容易形成过剩产能（产能利用率越低）；国企信贷融资能力 LTV 越高于私营企业（信贷偏向越严重），国企同样越容易产生过剩产能。命题 1~3 的国有企业产能特征结论得到实证检验的佐证。

表1　　　　国有企业产能利用率影响因素模型计量方法与检验结果

解释变量	回归结果 1	回归结果 2	回归结果 3	回归结果 4
C	0.9673 (8.5840***)	0.9796 (12.6906***)	0.8482 (0.3754)	0.9129 (6.3659***)
INC	−2.9933 (−2.2928**)	−2.7340 (−2.2320**)	−1.3426 (−1.1026)	−0.4067 (−0.3763)
DCC	−0.05085 (−5.2710***)	−1.0530 (−5.2045***)	−0.8630 (−4.3634***)	−0.4795 (−3.1492**)
KL		−0.0036 (−2.2399**)	−0.0007 (−0.3988)	−0.0010 (−1.0746)
TFP		0.011636 (5.8395)	0.0036 (1.447153*)	0.0025 (1.5407*)
CRn			−1.5958 (−4.2435***)	−0.1197 (−1.7211*)
SRn			−1.6206 (−4.6014***)	−0.0335 (1.2798*)
$Sgdp$				−0.0165 (−0.1306)
FAG				−1.3123 (−4.9407***)
$M2$				0.0063 (−2.4221**)
Adjust R−Squared	0.8923	0.8180	0.8182	0.8205
Hausman test	21.137	37.247	73.458	1.7923
观测值	350	350	350	350
方法	个体固定效应	个体固定效应	个体固定效应	个体随机效应

注：（ ）内为 t 统计量符号；***、** 和 * 分别表示参数通过 1%、5% 和 10% 以上的显著检验。

　　回归结果 2 ~ 4 进一步强化了回归结果 1。回归结果 2 显示，在行业技术特征因素中，KL_{jt} 与 TFP_{jt} 对国有企业产能利用率产生了显著影响，具体来看，行业资本密集度 KL_{jt} 越高，国有企业产能越容易过剩（ Scu_{jt} 相应越低），行业全要素生产率 TFP_{jt} 较高时，国有企业产能利用越充分（ Scu_{jt} 越高）；回归结果 3 显示，在行业市场结构因素中，市场集中度 CRn_{jt} 越高，国有企业产能利用率越低，行业国有企业占比 SRn_{jt} 越高，国有企业产能利用率同样越低；回归结果 4 显示，在宏观经济变量中，上一期固定资产投资增速 FAG_{-1}、上一期货币增长速度 $M2_{-1}$ 对行业中国有企业产能利用率均具有显著的负向影响，说明上一期的固定资产投资增速以及货币供应量增速越高，国有企业越容易产能过剩；而经济增长速度 $Sgdp_t$ 对国有企业产能利用率的影响并不明显。

（四）私营企业产能利用率影响因素的实证结果

　　根据式（4.2），首先对私营企业产能利用率 Pcu_{jt} 与 INC_{jt}、DCC_{jt} 进行回归；然后依次加入行业特征变量、行业市场结构变量以及宏观经济变量（上一期）。同上，1 ~ 3 步回归的 $Hausman$ 检验值均大于其 0.05 的 $\chi^2_{0.05(n)}$ 值，建立个体固定效应模型，第 4 步回归的 $H_4 = 7.4410 < \chi^2_{0.05(9)} = 16.919$，建立个体随机效应模型，回归结果见表 2。

　　回归结果 1 ~ 4 总体上支持本文的主要结论：INC_{jt}、DCC_{jt} 对 Pcu_{jt} 的解释系数均为正数，这表明，私营企业融资成本越高于国有企业，即 INC_{jt} 越大（利率管制程度越高），行业中的私营企业产能利用越充分（ Pcu_{jt} 越高）；私营企业信贷融资能力 LTV 越低于国有企业（信贷偏向越严重），私营企业产能利用同样越充分。命题 1 ~ 3 的私营企业产能特征结论得到实证检验的佐证。

表 2　　　　私营企业产能利用率影响因素模型计量方法与检验结果

解释变量	回归结果 1	回归结果 2	回归结果 3	回归结果 4
C	0.8414 (3.6479 ***)	0.8796 (2.41691 **)	0.8482 (3.8656 ***)	0.7830 (6.8172 ***)
INC	1.9317 (2.0335 **)	1.7859 (1.9490 *)	1.4033 (1.4951 *)	0.3427 (4.0780 ***)
DCC	0.3266 (2.1157 **)	0.293646 (1.9401 *)	0.2046 (1.4322 *)	0.0147 (1.2263 *)
KL		−0.0019 (−1.5516 *)	−0.0007 (−0.5377)	−0.0060 (−0.8055)
TFP		0.0065 (4.3424 ***)	0.0029 (1.5203 *)	0.0024 (1.9177 *)

续表

解释变量	回归结果1	回归结果2	回归结果3	回归结果4
CRn			0.4228 (1.4587*)	0.0426 (0.31216)
SRn			−0.8197 (−3.0196***)	−0.2878 (−2.9419***)
$Sgdp$				0.0089 (0.2123)
FAG				−0.7535 (−3.6826***)
$M2$				0.0037 (0.8599)
Adjust R − Squared	0.7956	0.7548	0.7861	0.8322
Hausman test	14.380	36.496	30.184	7.4410
观测值	350	350	350	350
方法	个体固定效应	个体固定效应	个体固定效应	个体随机效应

注：（）内为 t 统计量符号；***、**和*分别表示参数通过1%、5%和10%以上的显著检验。

回归结果2~4进一步强化了回归结果1。回归结果2显示，在行业特征因素中，KL_{jt}与TFP_{jt}对私营企业产能利用率产生了相对显著的影响，具体来看，行业资本密集度KL_{jt}越高，私营企业产能利用率相应越低，行业全要素生产率TFP_{jt}越高，私营企业产能利用率越高；回归结果3显示，在行业市场结构因素中，市场集中度CRn_{jt}、行业国有企业占比SRn_{jt}越高，私营企业产能利用率都会越高；回归结果4显示，在宏观经济变量中，上一期固定资产投资增速FAG_{-1}对行业中私营企业产能利用率具有显著的负向影响，说明固定资产投资增速越高，私营企业越容易产能过剩；而经济增长速度$Sgdp_t$和货币供应量增速$M2_t$对私营企业产能利用率的影响并不显著。

五、产能周期波动的 DSGE 模型构建

在上一部分中，我们主要从微观企业投资的角度分析利率管制、信贷偏向与产能波动的关系，缺乏对产能周期运行从微观影响因素到宏观影响效应的深入描述，特别是基于微观研究的宏观政策分析。本文接下来在 Diego 等（2015）、Chen 等（2012）等研究的基础上，将前面分析的利率管制和信贷偏向特征所造成的企业非对称性投资效应纳入 DSGE 模型中，动态模拟不同外生冲击的情形下，不同货币政策和财政政策操作效果，研究产能周期扩张和熨平的原理和

方式。

（一）DSGE 模型的构建

考虑一个由居民、企业、银行、中央银行和政府五部门构成的经济，将厂商区别为国有和私营两种性质企业。

1. 家庭

家庭分为两类：向国有企业提供劳动的家庭 1 和向私营企业提供劳动的家庭 2，他们分别提供异质化的劳动 N_t^m（ $m = 1,2$ ）；代表性家庭 m 在 t 期拥有的原始财富是家庭净存款 D_t^m，回报率是银行存款基准利率 R_t^d。单个家庭通过选择各期劳动供给 N_t^m、家庭消费 C_t^m 和净存款 D_t^m 来最大化其家庭期望效用现值函数

$$\max E_t \left\{ \sum_{t=0}^{\infty} \beta_m^t \left[V_t \log(C_t^m) + \mu_{nm} \log(1 - N_t^m) + \mu_{dm} \log(D_t^m) + \mu_g \log(C_t^G) \right] \right\}$$

$$(5.1)$$

其中，V_t 为消费需求冲击，C_t^G 为政府消费，用于社会公用事业等项目，进入家庭的效用函数，μ_{nm}、μ_{dm}、μ_g 分别为家庭 m 对闲暇、存款以及政府消费的偏好参数，β_m^t 是家庭 m 效用的折现因子。家庭每一期的预算约束条件为

$$w_t^m N_t^m + D_{t-1}^m \frac{1 + R_t^d}{1 + \pi_t} = C_t^m + D_t^m \qquad (5.2)$$

等式左右两边分别为家庭 m 的收入与支出。其中，家庭收入包括当期工资 $w_t^m N_t^m$、上一期存款本息收入 $\left[(1 + R_t^d) D_{t-1}^m \right] / (1 + \pi_t)$；家庭支出主要包括当期消费和净储蓄。$\pi_t$ 是 t 期通货膨胀率，R_t^d 为存款基准利率。劳动力供给充分，家庭是既定工资的接受者，因此家庭 m 的决策变量为劳动供给 N_t^m、家庭消费 C_t^m 和净存款 D_t^m。通过动态优化运算可得劳动供给最优选择方程和消费需求的欧拉方程（跨期最优条件）分别为

$$\frac{\mu_{nm}}{1 - N_t^m} = \frac{V_t}{C_t^m} w_t^m \qquad (5.3)$$

$$\frac{\mu_{dm}}{D_t^m} - \frac{V_t}{C_t^m} + \beta_1 \frac{V_{t+1}}{C_{t+1}^m} \frac{1 + R_{t+1}^d}{1 + \pi_{t+1}} = 0 \qquad (5.4)$$

消费偏好 V_t 的动态方程为

$$V_t = V_{ss} e^{\varepsilon_t^v} \qquad (5.5)$$

其中，V_{ss} 为 V_t 的稳态值，ε_t^v 为随机误差项。

2. 厂商

我们前面两部分讨论并证实了不同产权性质的厂商结构在不同金融环境下差异性的投资行为对产能波动的影响效应，因此我们在建立厂商行为模型的时

候有必要将其分为两类主体：国有企业 S 和私营企业 P 。两类企业在组织生产时，都从银行获得贷款，为企业投资、企业家消费和劳动工资支付提供融资支持，主要区别在于：一方面，两类企业面临的贷款约束不同；另一方面，与私营企业不同，国有企业在资本累积的过程中，除了来自自身投资外，还部分受益于政府的投资。

（1）国有企业

代表性国有企业 S 目标函数为最大化企业家消费 C^s 现值，C^s 可以用来上缴国有企业利润，支付国有企业管理者报酬。其目标方程为

$$\max E_t \left\{ \sum_{t=0}^{\infty} \beta_s^t \log(C_t^s) \right\} \tag{5.6}$$

国有企业的约束条件为

$$Y_t^S = A_t (U_t^S K_{t-1}^S)^{\alpha_s} (N_t^1)^{1-\alpha_s} \tag{5.7}$$

$$K_t^S = (1 - \delta) K_{t-1}^S + I_t^S + M_t I_t^G \tag{5.8}$$

$$M_t = m_{ss} e^{\varepsilon_t^m} \tag{5.9}$$

$$L_t^s (1 + R_{t+1}^s) = m_s K_t^s (1 - \delta)(1 + \pi_{t+1}) \tag{5.10}$$

$$(1 - \tau_s) Y_t^s + L_t^s = w_t^1 N_t^1 + L_{t-1}^s \frac{1 + R_t^s}{1 + \pi_t} + C_t^S + I_t^S + \Psi_S(U_t^s) K_{t-1}^s \tag{5.11}$$

式（5.7）为国有企业生产函数（$C - B$ 函数），其中，A_t 为企业技术水平[①]，U_t^S 为国企产能利用率，K_{t-1}^S 为其产能水平（上一期的资本存量）；式（5.8）为国企资本存量动态方程，其中 δ 为企业资本折旧，I_t^G 为政府投资，M_t 刻画了国企投资受益于政府投资的程度；式（5.10）为国企的贷款约束方程，即其贷款规模受到抵押资产价值 K_t^s 的限制，m_s 为国企的贷款价值比（LTV）；式（5.11）为企业预算约束方程，左式为国企收入，包括税后产出 $(1 - \tau_s) Y_t^s$（τ_s 为国企面临的税率），银行贷款获得 L_t^s；右式为企业支出，主要包括企业家消费 C_t^S，工资支付 $w_t^1 N_t^1$，企业投资 I_t^S，对上一期银行贷款还本付息 $L_{t-1}^s (1 + R_t^s)/(1 + \pi_t)$，$\Psi_S(U_t^s) K_{t-1}^s$ 为国企维持产能利用率为 U_t^s 时所形成的成本，其具体形式为

$$\Psi_S(U_t^S) K_{t-1}^S = \left(\frac{\xi_1^s}{2} (U_t^S - U_0^S)^2 + \xi_2^s (U_t^S - U_0^S) \right) K_t^S \tag{5.12}$$

其中，U_0^S 为国企最优产能利用率（经济长期均衡时的产能利用率），企业的决策变量为：C_t^s，N_t^1，I_t^s，K_t^s，L_t^s，通过动态优化运算可得最优一阶条件

---

① 考虑到国有与私营企业的技术差异不是本文研究的重点，这里设定两者的技术水平相同，均为 A_t。

$$\alpha_s(1-\tau_s)A_t\,(U_t^S K_{t-1}^S)^{\alpha_s-1}\,(N_t^1)^{1-\alpha_s} = \xi_1^s(U_t^S-U_0^S)+\xi_2^s \qquad (5.13)$$

$$(1-\alpha_s)(1-\tau_s)A_t\,(U_t^S K_{t-1}^S)^{\alpha_s}\,(N_t^1)^{-\alpha_s} = w_t^1 \qquad (5.14)$$

$$\frac{1}{C_t^s} + \frac{m_s(1-\delta)(1+\pi_{t+1})}{1+R_{t+1}^s}\left(\beta_s\frac{1}{C_{t+1}^s}\frac{1+R_{t+1}}{1+\pi_{t+1}}-\frac{1}{C_t^s}\right)$$

$$= \beta_s\frac{1}{C_{t+1}^s}\left[\alpha_s(1-\tau_s)A_{t+1}\,(U_{t+1}^S K_t^S)^{\alpha_s-1}U_{t+1}^S\,(N_{t+1}^1)^{1-\alpha_s}+(1-\delta)-\Psi_S(U_{t+1}^S)\right]$$

$$(5.15)$$

技术水平变量 A_t 为外生变量，其动态方程为

$$A_t = (A_{ss})^{1-\rho_\alpha}\,(A_{t-1})^{\rho_\alpha}e^{\varepsilon_t^\alpha} \qquad (5.16)$$

其中，A_{ss} 为 A_t 的稳态值，ρ_α 为技术冲击参数，ε_t^α 为随机误差项。

（2）私营企业

与国有企业行为方程类似，代表性私营企业 P 目标函数为最大化企业家消费 C_t^P 现值，其目标方程为

$$\max E_t\left\{\sum_{t=0}^\infty \beta_P^t\log(C_t^P)\right\} \qquad (5.17)$$

私营企业的约束条件为

$$Y_t^P = A_t\,(U_t^P K_{t-1}^P)^{\alpha_P}\,(N_t^2)^{1-\alpha_P} \qquad (5.18)$$

$$K_t^P = (1-\delta)K_{t-1}^P + I_t^P \qquad (5.19)$$

$$L_t^P(1+R_{t+1}^P) = m_P K_t^P(1-\delta)(1+\pi_{t+1}) \qquad (5.20)$$

$$(1-\tau_P)Y_t^P + L_t^P = w_t^2 N_t^2 + L_{t-1}^P\frac{1+R_t^P}{1+\pi_t} + C_t^P + I_t^P + \Psi_P(U_t^P)K_{t-1}^P \qquad (5.21)$$

式（5.18）至式（5.21）中的变量、参数的设置和经济含义与国有企业类似。私营企业的控制变量为：C_t^P，N_t^2，I_t^P，K_t^P，L_t^P，通过动态优化运算可得最优一阶条件

$$\alpha_P(1-\tau_P)A_t\,(U_t^P K_{t-1}^P)^{\alpha_P-1}\,(N_t^2)^{1-\alpha_P} = \xi_1^P(U_t^P-U_0^P)+\xi_2^P \qquad (5.22)$$

$$(1-\alpha_P)(1-\tau_P)A_t\,(U_t^P K_{t-1}^P)^{\alpha_P}\,(N_t^2)^{-\alpha_P} = w_t^2 \qquad (5.23)$$

$$\frac{1}{C_t^P} + \frac{m_P(1-\delta)(1+\pi_{t+1})}{1+R_{t+1}^P}\left(\beta_P\frac{1}{C_{t+1}^P}\frac{1+R_{t+1}}{1+\pi_{t+1}}-\frac{1}{C_t^P}\right)$$

$$= \beta_P\frac{1}{C_{t+1}^P}\left[\alpha_P(1-\tau_P)A_{t+1}\,(U_{t+1}^P K_t^P)^{\alpha_P-1}U_{t+1}^P\,(N_{t+1}^2)^{1-\alpha_P}+(1-\delta)-\Psi_P(U_{t+1}^P)\right]$$

$$(5.24)$$

3. 银行

参照 He 和 Wang（2011）与 Chen（2012）等，本文假设银行体系中有 N 个相互独立的银行，N 足够大，以致没有一家银行能够单独决定利率。银行从居

民手里吸收存款，对企业贷款，也可以购买政府债券，同时需要缴纳法定存款准备金。银行需要满足资金约束和利润约束两个条件：

银行按存款基准利率 R_t^d 从家庭获得存款，扣除需上缴的存款准备金，剩余资金用于向国企和私营企业贷款，并购买政府债券，债券收益率为存款基准利率，则银行资金约束方程为

$$(D_t^1 + D_t^2)(1 - b_t) = L_t^S + L_t^P + B_t \qquad (5.25)$$

其中，b_t 为存款准备金率，B_t 为政府债券。银行从企业贷款和国债中获取利息收益，用于支付存款的利息成本，并保持一定的利率 R_0 用于支付营运费用。即银行的利润约束函数为

$$(D_{t-1}^1 + D_{t-1}^2)(R_t^d + R_0) = L_{t-1}^S R_t^S + L_{t-1}^P R_t^P + B_{t-1} R_t^d \qquad (5.26)$$

私营企业的贷款利率 R_t^P 为市场化利率，由私营企业的贷款需求和银行的贷款供给共同决定，受到存款基准利率、存款准备金率等因素的影响。同时，国有企业的贷款利率 R_t^S 满足

$$R_t^S = R_t^P - \chi \qquad (5.27)$$

其中，$\chi > 0$ 反映了银行的信贷偏好程度，χ 越大，相应地，银行的信贷偏好程度也越大，即银行更愿意以较低的利率水平向国有企业提供贷款。

4. 政府

政府的资金来自税收，以及国债发行。除偿还上期国债外，剩余资金用于政府投资和政府消费。其中，政府投资属于社会总投资的一部分；而政府消费则包括社会福利等消费性支出，进入家庭的效用函数，因此政府的预算平衡方程为

$$\tau_s Y_t^s + \tau_P Y_t^p + B_t = G_t + B_{t-1} \frac{1 + R_t^d}{1 + \pi_t} \qquad (5.28)$$

其中，G_t 为政府支出，I_t^G 为政府投资，C_t^G 为政府消费，m_G 为政府支出中用于政府投资的比例，$(1 - m_G)$ 为用于政府消费的比例

$$I_t^G = m_G \times G_t \qquad (5.29)$$

$$C_t^G = G_t(1 - m_G) \qquad (5.30)$$

5. 中央银行

Zhang（2009）分别估计得到了中国货币政策的价格法则和数量法则，发现两者都能较好地拟合中国的实际经济情况，因此，这里参考 Zhang（2009）的研究结论，设定通货膨胀率满足

$$\tilde{\pi}_t = \gamma_0 E_t \tilde{\pi}_{t+1} + \gamma_1 \hat{Y}_t + \gamma_2 \tilde{R}_t^d + \gamma_3 \tilde{b}_t + \varepsilon_t^\pi \qquad (5.31)$$

$$Y_t = Y_t^S + Y_t^P \qquad (5.32)$$

其中，$\tilde{\pi}_t$ 是通货膨胀率关于稳态值的偏离，$\hat{Y}_t$ 为产出的实际增长率，$\tilde{R}_t^d$ 和

$\tilde{b}_t$ 分别为存款基准利率和存款准备金率相对于稳态值的偏离，ε_t^π 为随机误差项。存款基准利率与存款准备金率的决定公式如下

$$R_t^d = R_{ss}^d e^{\varepsilon_t^{rd}} \tag{5.33}$$

$$b_t = b_{ss} e^{\varepsilon_t^b} \tag{5.34}$$

其中，R_{ss}^d 和 b_{ss} 分别为相应变量的稳态值，而 ε_t^{Rd} 和 ε_t^b 分别为存款基准利率和存款准备金率的外生冲击，由中央银行决定。当央行实施扩张货币政策时，将给予负向冲击，以相应降低存款基准利率或存款准备金率；当央行实施紧缩货币政策时，将给予正向冲击，以相应提高存款基准利率或存款准备金率。

6. 市场出清

企业产出最终用于消费、投资、净出口（NE_t）以及消耗于经济运行成本 Adj_t，Adj_t 主要包括通胀带来的损失以及企业维持产能利用率所形成的成本，即有

$$Y_t^s + Y_t^P = (C_t^1 + C_t^2 + C_t^S + C_t^P + C_t^G) + (I_t^S + I_t^P + I_t^G) + NE_t + Adj_t \tag{5.35}$$

$$
\begin{aligned}
Adj_t &= \left[D_t^1 + D_t^2 - (D_t^1 + D_t^2) \frac{1 + R_t^d}{1 + \pi_t} \right] + \left(L_{t-1}^S \frac{1 + R_t^S}{1 + \pi_t} - L_t^S \right) \\
&\quad + \left(L_{t-1}^P \frac{1 + R_t^P}{1 + \pi_t} - L_t^P \right) + \left(B_{t-1} \frac{1 + R_t^d}{1 + \pi_t} - B_t \right) \\
&\quad + \Psi_S(U_t^s) K_{t-1}^s + \Psi_P(U_t^P) K_{t-1}^P
\end{aligned}
\tag{5.36}
$$

净出口为外生变量，对总需求产生影响，其动态方程满足

$$NE_t = (NE_{ss}) e^{\varepsilon_t^{ne}} \tag{5.37}$$

其中，NE_{ss} 为 NE_t 的稳态值，ε_t^{ne} 为随机误差项。

（二）参数校准

参数校准依赖于基础数据的时间窗口，考虑到数据的一致性、可得性，以及模型的设定条件，这里选取时间窗口为 1993—2014 年。一方面，1993 年前后，中国的经济结构发生了重大转变，相关统计数据的口径也进行了较大调整；另一方面，自 1993 年确立利率市场化改革的基本设想，截至 2006 年底，贷款利率的上限完全放开，下限调整为基准利率的 0.9 倍，而存款利率下限放开，但上限浮动范围并没有扩大，这与上述模型构建的假设条件基本相符，由此时间窗口校准得到的参数能够较好地刻画存款利率管制下经济金融运行的实际情况。

技术冲击参数：技术冲击参数 ρ_a，可以根据 1993—2014 年的索洛剩余序列估算得到。设定整体经济中资本、劳动的收入份额都为 0.5，则索洛剩余序列为

$$S_t = \ln(GDP_T) - 0.5\ln(K_t) - 0.5\ln(N_t)$$

其中，资本存量 K_t 采用雷辉（2009）的数据，对索洛剩余序列进行剔除趋势处理，并对其短期波动部分进行一阶自回归，得到技术冲击参数 $\rho = 0.61$。

贴现率参数：家庭1和家庭2的贴现率参数 β_1 和 β_2，参照国内外大多数文献的设定，$\beta_1 = \beta_2 = 0.99$；关于国有企业和私营企业的贴现率 β_s 和 β_p，参考 Carmichel 等（1999）对发展中国家的校准结果，设定 $\beta_s = \beta_p = 0.91$。

资本收入份额参数：从行业分布来看，国有企业主要集中在资本密集型行业，如石油、电力、燃气等，而私营企业则集中在劳动密集型行业，如纺织业、服装业等领域，因此，可以通过估算行业的资本收入份额，并参考资本密集型和劳动密集型行业的资本收入份额来设定相应参数。基于上述思路，通过估算1993—2014年工业各行业的资本时收入份额，最终设定国有企业的资本收入份额 $\alpha_s = 0.7$，私营企业的资本收入份额 $\alpha_p = 0.35$。

贷款价值比参数：由于缺乏细分行业信贷数据，这里选用总负债减去应付账款、应交所得税、应交增值税之后近似估算行业贷款，估算贷款值除以行业总资产求得贷款价值比，历年数据平均后估算出国有企业的贷款价值比 $m_s = 0.45$，私营企业的贷款价值比 $m_p = 0.3$。

税率：历年平均数据显示，按全口径计算的中国政府财政收入约占 GDP 的 1/3，因此设定私营企业的税率 $\tau_p = 0.33$，考虑到国有企业往往额外承担了部分社会福利项目，因此设定国有企业的税率 $\tau_s = 0.4$。

消费者效用函数中的权重参数：在参考 Christensen 和 Dib（2008）校准值的基础上，设定闲暇权重 $\mu_{n1} = 5.5$，$\mu_{n2} = 0.5$，并设定存款权重 $\mu_{d1} = 0.3$，$\mu_{d2} = 0.7$。

通货膨胀率决定公式中的参数：采用季度数据加以估计，得到相应的参数估计值为 $\gamma_0 = 0.31$，$\gamma_1 = -0.00083$，$\gamma_2 = -0.16$，$\gamma_3 = -0.069$。

部分均衡值的设定：根据人民银行历年数据，设定均衡时的存款准备金率 $b_{ss} = 0.2$，存款基准利率 $R_{ss}^d = 0.03$，通货膨胀率 $\pi_{ss} = 0.06$；设定均衡时的产能利用率水平 $U_0^S = U_0^P = 1$。

其他参数设定：依据历年数据，政府投资占财政支出的比重在50%左右，因此设定 $m_G = 0.5$；参考已有文献，设定资本折旧率 $\delta = 0.1$；根据上市银行的历年财务报表，银行的利息净收入占存款总额的2.5%左右，因此设定 $R_0 = 0.025$；设定国有企业维持产能利用率的成本参数 $\xi_1^s = 1.2$，$\xi_2^s = 1.0$，私营企业维持产能利用率的成本参数 $\xi_1^p = 1.0$，$\xi_2^s = 0.8$。

六、外部冲击与政策工具操作的脉冲响应函数分析

本文运用 DYNARE 工具箱，在 Matlab 软件中编程完成上文的理论模型仿真，通过脉冲响应对比分析不同经济外部冲击时，不同金融市场环境和政策调

控下微观经济主体的不同反应，进而考察利率管制、信贷偏向、政策操作与产能波动的关系。根据我国经济金融发展的阶段特征和宏观经济波动的实践，本文主要考察以下三种冲击类型：消费偏好冲击式（5.5），技术冲击式（5.16）和外需冲击式（5.37）三类冲击，其中，消费偏好冲击和外需冲击可以理解为需求端冲击对宏观经济产生的影响，技术冲击可以理解为供给端冲击对宏观经济产生的影响。

（一）消费偏好冲击下产能波动与政策效应分析

消费偏好冲击是指家庭部门突然变动当期消费水平对经济产生的影响。正向的消费偏好冲击能够通过增加消费、投资、产出及相应的加速乘数效应使经济出现过热倾向，产生需求拉动型通胀和产能的快速扩张，应对的手段在于采取紧缩性政策抑制需求。由图 11 所示，不存在信贷偏向的情况下，由于银行可贷资金的限制，国有和私营企业投资增长有限，因此两者之后的产能波动相对平缓；存在信贷偏向的情况下，由于国有企业贷款需求优先得到满足，其投资增幅高于私营企业，造成国有企业产能过剩，私营企业产能存在一定不足。

在货币政策效应方面，如果央行通过数量型方式（提高存款准备金率）紧缩银行流动性，减少银行可贷资金，那么在政策利率不变的情况下，国有企业的贷款需求保持政策操作前的水平，相应投资增速不变，银行配置信贷资金的结果是减少私营企业的贷款供给，从而其实际投资相应收缩，下一期产能进一步不足，而国有企业的产能过剩并不能得到改善（如图 11 所示），数量操作抑制产能结构性过剩和结构性不足的效应有限；就价格工具而言，政策利率的提升不仅可以通过提高融资成本紧缩投资，而且也可以通过存款利率的抬升，刺激居民储蓄从而紧缩消费，并增加资金供给，因此政策利率的上升一方面能够紧缩国有投资，同时在一定程度上促进私营企业投资的增长，国有企业产能过剩和私营企业的产能不足相应得到缓解，所以价格操作抑制产能结构性过剩和结构性不足比较有效。

在财政政策方面，政府消费支出的减少能在一定程度上抵消消费偏好正向冲击下的消费增长，国有企业投资增长得到一定程度的抑制，融资需求相应减少，私营企业融资相应增加，国有企业的产能过剩和私营企业的产能不足相应得到缓解；政府投资的减少一方面可以直接抑制国有企业投资增长，同时在需求端进一步抵消偏好正向冲击下的消费增长，间接抑制国有企业投资增长，私营企业融资约束进一步得到缓解，因此政府投资的减少在抑制产能结构性过剩和结构性不足并存现象的效果相应更好（见图 11）。

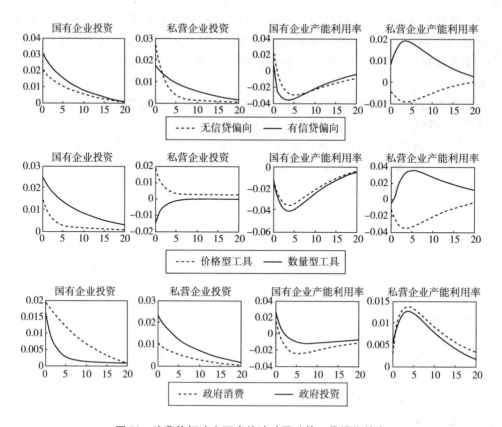

图11 消费偏好冲击下产能波动及政策工具操作效应

（二）技术冲击下产能波动与政策效应分析

技术进步和技术替代打破了原有经济的均衡，对产业部门产生较大冲击并引起投资决策的变动和相应的经济波动。技术冲击可以理解为某项新技术外生随机出现（技术引进或者自主创新），当技术进步给总量生产函数带来正向冲击时，资本的边际产出提升，引致大量厂商和资本涌入，初期会有生产能力的大幅提升，但是投资热潮之后，大量同质产品在市场上涌现，产能释放，供给超过需求，形成产能过剩。如图12所示，不存在信贷偏向的情况下，国有和私营企业产能均相应过剩；存在信贷偏向的情况下，由于国有企业投资增幅高于私营企业，国有企业产能过剩更为严重。

在货币政策效应方面，如果人民银行通过提高存款准备金率的数量型方式紧缩银行信贷金，那么国有企业的贷款需求和相应投资增速保持不变，私营企业的实际投资相应收缩，国有企业产能过剩没有改善，但私营企业产能过剩得到缓解（如图12所示）；就价格工具而言，政策利率的上升能够紧缩国有企业投资，但同时在相应增加私营企业投资，另外，政策利率的提升刺激居民储蓄从而紧缩消费，抵消国有企业产能过剩改善，加剧私营企业产能过剩。因此，数量工具操作抑制总体性产能过剩相对较好。

在财政政策方面，政府消费支出的减少进一步加剧需求不足，使国有和私营企业产能过剩更加严重；政府投资的减少可以直接抑制国有企业投资增长，但同时在一定程度上加剧了私营企业产能过剩。总体而言，政府投资的减少抑制整体产能过剩方面的效果更好（见图12）。

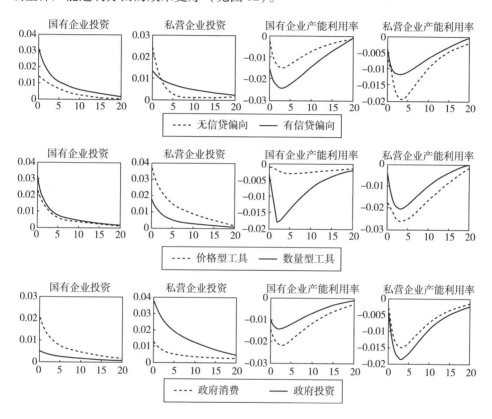

图12 技术冲击下产能波动及政策工具操作效应

（三）外需冲击下产能波动与政策效应分析

外需冲击主要是指由于经济（金融）危机、贸易冲突、能源危机等外部的、突发性的、不可预测的事件，对国内经济产生的影响。负向的外部冲击直接造成总需求下降，企业产能过剩，进而导致投资与产出下降，对经济会产生负向的影响，因此应对外需冲击时一般采取宽松性政策刺激需求，从而促进经济回归稳态。如图13所示，由于在外需冲击下，企业需求下降，无论是国有企业还是私营企业的投资意愿都会下降，相对于银行的信贷供给，企业的信贷需求不足。

在货币政策方面，不管存不存在信贷偏向，国有企业和私营企业产能均相应过剩。如果人民银行通过降低存款准备金率的数量型方式增加银行可贷资金，那么在政策利率不变的情况下，国有企业的贷款需求和实际贷款变化不大，而私营企业收缩投资之后的融资需求在之前也基本得到满足，因此并不会增加新的融资需求，导致数量工具扩张性操作对经济的刺激作用和产能过剩缓解效果有限（如图 13 所示）。就价格操作而言，政策利率的下降可以降低融资成本，刺激国有企业和私营企业的投资需求增长，带动总需求扩张；同时利率下降会减少居民储蓄从而扩张消费，进一步促进总需求增长，在一定程度上熨平外需下降造成的产能过剩。

在财政政策方面，政府消费支出的增加可以弥补外需下降，使国有企业和私营企业需求下降导致的产能过剩得到抑制；政府投资的增加引致国有企业投资增长，虽然在短期形成需求，同样弥补外需下降造成的总需求减少，抑制产能过剩，但长期来看，投资最终形成产能供给，造成滞后性的更加严重的产能过剩。总体而言，政府消费的增加在抑制外需冲击下的产能过剩问题效果更好。

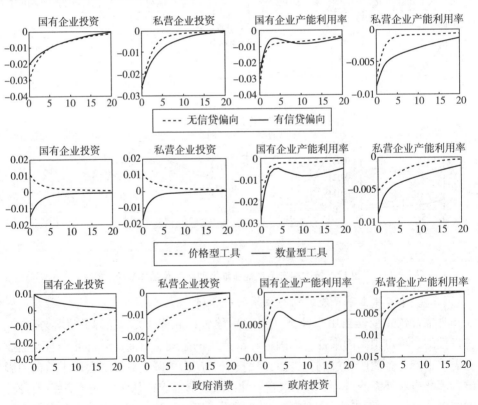

图 13　外需冲击下产能波动及政策工具操作效应

（四）分析结果归纳

不同政策工具应对不同经济冲击下产能波动的效果不同。消费偏好冲击时，如果存在信贷偏向，国有企业产能过剩和私营企业产能不足现象并存，货币政策价格工具应对效果比数量工具更好，在财政政策方面，相对政府消费，政府投资的减少应对效果相应有效。技术冲击时，如果存在信贷偏向，总体性产能过剩出现，相对于价格工具，货币政策数量工具抑制效果相对较好；在财政政策方面，政府消费减少加剧产能过剩，而政府投资减少可以抑制企业投资，有效缓解整体产能过剩。外需冲击下，不管信贷偏向存在与否，企业产能均过剩，货币政策价格工具熨平过剩的效果更好；政府消费增加可以弥补外需下降，熨平产能过剩，而政府投资增加虽然在短期形成需求，暂时缓解产能过剩，但最终形成产能供给，造成滞后性的更加严重的产能过剩。应对不同冲击时，政策工具应对效果如表3所示。

表3　　　　　　　　　　　政策工具应对冲击的操作效果

经济冲击	经济指标	无信贷偏向	有信贷偏向	货币政策数量工具	效果	货币政策价格工具	财政政策政府消费	效果	财政政策政府投资
消费偏好冲击	国有投资	上升 -	上升 +	上升 ++	<	上升 -	上升 -	<	上升 --
	私营投资	上升 -	上升 --	下降		上升 -	上升 --		上升 -
	国有产能	过剩 -	过剩 +	过剩 ++		过剩 -	过剩 -		过剩 --
	私营产能	过剩 -	不足 -	不足 --		不足	不足 -		不足
技术冲击	国有投资	上升	上升 +	上升 +	>	上升	上升 +	<	上升
	私营投资	上升	上升 -	上升 --		上升	上升 -		上升 +
	国有产能	过剩 -	过剩 +	过剩 +		过剩 -	过剩 ++		过剩
	私营产能	过剩 -	过剩 --	过剩 ----		过剩 +	过剩 +		过剩
外需冲击	国有投资	下降	下降	下降	<	上升	下降 -	>	上升
	私营投资	下降	下降	下降		上升	下降 -		下降 --
	国有产能	过剩 -	过剩 -	过剩 -		过剩	过剩		过剩 ++
	私营产能	过剩 -	过剩 -	过剩 -		过剩	过剩		过剩 +

七、主要结论及启示

本文将经济和金融的非市场化因素引入投资与产能波动的理论和实证分析框架，刻画了利率管制、信贷偏向对国有经济、私营经济等不同经济主体投资活动差异化影响，以及在产能波动周期形成的作用渠道，在此基础上研究了我国货币政策和财政政策工具在不同经济冲击时对不同经济主体的影响机制和熨平产能波动的最终效果。根据本文的研究结构可以得到如下主要结论。

　　第一，在利率管制、信贷偏向同时存在的情况下，经济最终出现国有企业产能过剩和私营企业产能不足并存的现象；在利率管制放松，同时存在信贷偏向的情况下，经济出现结构性产能过剩，即国有企业产能过剩，私营企业产能实现均衡。在利率管制放松，并且不存在信贷偏向的情况下，企业产能最终向均衡状态收敛，不会出现产能周期性波动。

　　第二，当经济面临消费偏好冲击下的国有企业产能过剩和私营企业产能不足并存问题时，数量型货币政策工具进一步抑制私营企业投资，恶化其产能不足，而价格型工具不但可以紧缩国有投资，同时促进私营投资，应对产能过剩和产能不足的作用相对有效；在财政政策方面，相对于政府消费，政府投资的减少一方面可以抑制国有投资，另一方面在需求端抵消消费增长，能够有效抑制产能结构性过剩和结构性不足。

　　第三，当经济面临技术冲击下产能过剩时，价格型货币政策工具虽然能抑制国有投资，但政策利率的提高会紧缩消费，使总体性产能过剩加重，而数量型工具通过紧缩私营投资从而在抑制总体性产能过剩方面相对有效；在财政政策方面，政府消费支出减少进一步加剧需求不足，使企业产能过剩更为突出，而政府投资减少可以直接抑制企业投资增长，在控制总体性产能过剩方面效果更好。

　　第四，当经济面临外需冲击下产能过剩时，政策利率的下降能够有效刺激企业投资，同时抑制储蓄并扩张居民消费，因此，相对于数量型工具，价格型工具能够在投资、消费两方面拉动需求，是应对外需冲击下产能过剩的较好工具；在财政政策方面，政府消费支出的增加可以弥补外需下降，有效缓解产能过剩；而政府投资的增加虽然在短期形成需求，暂时缓解产能过剩，但最终形成产能供给，造成其后更加严重的产能过剩问题。

　　本文理论与实证分析结果对从金融的角度认识产能周期的运行规律和思考相应的政策应对具有一定的参考意义。从金融市场环境的角度来看，解决中国式产能过剩的一个重要方面是放松利率管制的同时，不断矫正银行信贷偏向。银行信贷偏向的根本驱动因素是国有企业与私营企业之间的地位和待遇差异，以及银行同质化的竞争环境。矫正信贷偏向需要不断推进国有企业向现代企业制度转变，减少政府干预，合理控制其产能扩张的内在冲动；进一步提高银行经营自主权，优化银行竞争环境，抑制非市场因素对信贷资金流向的影响；同时完善资本市场结构，逐步提高企业直接融资的比例，减少企业对于银行信贷的依赖。在政策应对方面，各类政策工具对国有经济和私营经济产生不同的影响，加之利率管制和信贷偏向的存在，使企业投资及其相应的产能波动呈现差异化特征，因此货币政策和财政政策调整时，应考虑外生经济冲击和企业产权差别对政策效果的影响，从而提高政策的针对性和有效性，并加强各类工具的协调配合。需要强调的是，在外需冲击分析时，我们发现，政府投资的增加虽然在短期形成需求，暂时抑制产能过剩，但最终形成产能供给，造成滞后性的产能过剩。2008 年，为了应对金融危机带来的当期冲击，我们以大规模政府投入来增加投资需求，弥补外需的缺口，托底经济下滑，虽然在当时能起到一定的纾解作用，但从长期来看，投资一旦转化为资本和实际供应能力，在一定程度上加剧了产能周期的波动，成为本轮产能过剩现象的一个重要原因。

参考文献

［1］董敏杰、梁泳梅：《中国工业产能利用率：行业比较、地区差距及影响因素》，载《经济研究》，2015（1）。

［2］耿强、江飞涛、傅坦：《政策性补贴产能过剩与中国的经济波动——引入产能利用率模型的实证检验》，载《中国工业经济》，2011（5）。

［3］何风隽：《中国转型经济中的金融资源配置研究》，社会科学文献出版社，2010。

［4］韩国高、高铁梅、王立国、齐鹰飞、王晓姝：《中国制造业产能过剩的测度、波动及成因研究》，载《经济研究》，2011（12）。

［5］纪志宏、纪敏、王新华、牛慕鸿等：《我国产能过剩风险及治理》，载《新金融评论》，2015（1）。

［6］雷辉：《我国资本存量测算及投资效率的研究》，载《经济学家》，2009（6）。

［7］林毅夫、姜烨：《发展战略、经济结构与银行结构：来自中国的经验》，载《管理世界》，2006（1）。

［8］林毅夫、巫和懋、邢亦青：《潮涌现象与产能过剩的形成机制》，载《经济研究》，2010（10）。

［9］刘西顺：《产能过剩、企业共生与信贷配给》，载《金融研究》，2006（3）。

［10］潘英丽：《金融转型与整体金融改革》，载《中国金融》，2013（6）。

［11］杨振兵、张诚：《中国工业部门产能过剩的测度与影响因素分析》，载《南开经济研究》，2015（6）。

［12］周黎安：《晋升博弈中政府官员的激励与合作——兼论我国地方保护主义和重复建设问题长期存在的原因》，载《经济研究》，2004（6）。

［13］Abel A., and J. Eberly: "Investment and q with fixed costs: an Empirical Analysis" ［R］. Wharton School, University of Pennsylvania, 2002, WP/02/3.

［14］Barham B, Ware R.: "A sequential entry model with strategic use of excess capacity" ［J］. Canadian Journal of Economics, 1993, 26（2）: 286 – 298.

[15] Banerjee, A. : "A simple Model of Herd Behavior" [J]. Quarterly Journal of Economics, 1992, 107 (3): 797 – 817.

[16] Chamberlin, E. H. : "The Theory of Monopolistic Competition" [M]. Harvard University Press, 1933.

[17] Carmichel, Keita, Samson: "Liquidity constraints and business cycles in developing economics" [J]. Review of Economic Dynamics, 1999, 2 (2), pp. 370 – 402.

[18] Christensen I. , Dib A. ,: "The financial accelerator in an estimated New Keynesian model" [R]. Review of Economic Dynamics, 2008, 11 (1), pp. 155 – 178.

[19] Diego Anzoategui, Mali Chivakul, and WojciechMaliszewski: "Financial Distortions in China: A General Equilibrium Approach" [R]. IMF working paper, 2015, WP/15/274.

[20] Jean – FrancoisFagnart, Omar. Licandro and Franck Portier: "Firm Heterogeneity, Capacity Utilization, and the Business Cycle" [J]. Review of Economic Dynamics, 1999, 21 (2), pp. 433 – 455.

[21] Kornai J. : "The soft budget constraint" [J]. Kyklos, 1986, 39: 3 – 30.

[22] Zhang W. : "China's monetary policy: Quantity versus price rules" [R]. Journal of Macroeconomica, 31 (3), pp. 473 – 484.

浙江企业杠杆率的现状、评估与建议

——基于工业行业"合意杠杆率"的视角

中国人民银行杭州中心支行课题组*

一、引言

2008 年以来，我国非金融企业部门的高杠杆问题日益突出，引起社会各界的广泛关注。选取"债务/GDP"作为杠杆率的衡量指标，数据显示，2015 年，我国非金融企业部门的杠杆率高达 166%，远远高于国际惯用的 90% 这一杠杆率警戒线①。经验表明，高杠杆率往往伴随着经济泡沫和系统性金融风险，随着我国经济增速逐步放缓，结构性矛盾日益凸显，杠杆率过高带来的经济金融风险正在不断地积累，在这样的大背景下，推动实体经济"去杠杆"，特别是降低非金融企业部门的杠杆率水平已成为我国现阶段经济发展中的一项重要任务，2015 年底的中央经济工作会议，也把"去杠杆"作为 2016 年结构性改革的五大任务之一。

从浙江的情况来看，"高杠杆"的问题尤为突出，"去杠杆"的需求也显得更为迫切。改革开放以来，浙江经济金融发展走在全国前列，其发展经验被誉为"浙江模式"和"浙江现象"；但是随着 2011 年"温州民间金融风波"的爆发，浙江经济发展中长期积累的诸多问题和矛盾开始显现，其中，企业普遍高负债的经营模式，成为社会各界关注和讨论的焦点，这也被认为是引发"温州民间金融风波"的重要因素之一。数据显示，浙江企业杠杆率的整体水平不仅高于全国平均水平，而且也高于广东、江苏等经济大省（截至 2015 年底，浙江工业企业资产负债率达到 57.3%，高出全国平均水平 1.1 个百分点，分别高出广东、江苏 0.3 个百分点和 4.2 个百分点）。基于上述实际情况，我们认为，探寻合理的"去杠杆"途径、破解经济发展中面临的困局，对浙江来讲，更具有重要的理论和现实意义。本文拟以此为出发点，将浙江的工业行业作为典型样本，来考察浙江企业的"高杠杆"和"去杠杆"问题，希望通过本文的研究，

---

* 课题主持人：徐子福

课题组成员：王去非　贺　聪　易振华　项燕彪

① 2015 年，国际清算银行（BIS）发布企业部门的杠杆率警戒线为 90%。

能够为正确认识浙江实体经济的"高杠杆"问题、探索合理的"去杠杆"途径，提供一定的参考和借鉴。

　　本文的章节安排如下：除了第一部分引言外，第二部分研究思路与文献综述，提出了本文的研究思路，并从杠杆率的特点分析、合理性评估等方面对现有文献进行综述；第三部分浙江工业行业杠杆率分布的现状分析，基于多个维度，通过横向和纵向的比较，分析和挖掘出浙江工业行业杠杆率分析的特点及趋势；第四部分行业杠杆率合理性评估，在现有评估方法的基础上，提出行业"合意杠杆率"的概念，并以实际杠杆率与合意杠杆率的偏差作为衡量标准，对浙江工业行业的杠杆率合理性进行测度和评估；第五部分政策建议，在前文分析的基础上，提出浙江工业行业杠杆率优化的"结构性"策略，并进一步给出了具体的实践措施。

二、研究思路与文献综述

　　从宏观层面来看，关于去杠杆的方式，一般包括紧缩政策、高通货膨胀、拖延债务、经济增长（经济增长速度高于债务增长速度）等，在不同的经济环境下，各种去杠杆方式的效果也有所不同。当前，我国经济最大的风险在于经济增速下滑可能引发的偿债危机，因此，在去杠杆的过程中，应更加注重"稳增长、守底线"，即通过经济持续稳定地增长来逐步化解高杠杆。基于这一逻辑，陆铭（2016）提出的结构性去杠杆的策略得到了较多学者的关注和肯定。他认为，去杠杆要防止"一刀切"，如果采取均一的去杠杆策略，很有可能对一些需要加杠杆的有效率的企业形成伤害，特别是民营部门；为此，他提出去杠杆的"空间思维"，即依靠区域间的资源配置效率的提高和更快的经济增长，用有效率地区的经济增长来偿还低效率地区的负债。施康和王立升（2016）也提出了类似的观点，即去杠杆不能"一刀切"，需要根据不同企业的规模、所有权特征、行业特征以及区域特征，鼓励"好的杠杆"，去掉"坏的杠杆"，优化信贷资源的均衡配置。

　　本文认同上述结构性去杠杆的策略，并以此作为研究和探讨浙江企业去杠杆问题的逻辑主线。具体来看，在整个课题的研究过程中，我们需要回答三个问题：第一，浙江工业企业的杠杆率具有怎样的结构性特征。第二，从行业层面，如何客观地评估浙江各工业行业杠杆率水平的合理性，以区分"好杠杆"和"坏杠杆"。第三，如何提出符合浙江实际情况的结构性去杠杆策略，并给出具体的实践途径。针对上述三个问题，本文的研究思路设计如下：首先，以资产负债率作为衡量杠杆率高低的指标，对浙江工业行业杠杆率水平的现状进行分析，挖掘其结构性特征。其次，提出行业"合意杠杆率"的概念，并将实际杠杆率与合意杠杆率的偏离程度（定义为"过度杠杆化"）作为衡量标准，对浙江省主要工业行业杠杆率的合理性做出相对客观的评估。最后，在前两步分析的基础上，提出符合浙江实际情况的"结构性去杠杆"策略，并从金融端、企业端和政府端，就如何实践结构性去杠杆，提出具体的政策建议。

对企业杠杆率特点的分析，现有文献主要是基于所有制特征、行业属性、区域结构等视角来展开的。李超（2016）等通过对工业企业资产负债率对比分析，发现国有企业的杠杆率明显偏高，尤其是2007—2011年国有企业的杠杆率经历了一个快速上升的过程；进一步地，在国有企业中，大中型国有企业的杠杆率偏高，亏损企业的杠杆率要高于盈利企业，地方国企的杠杆率要高于中央国有企业。罗文波（2016）等从资本密集型行业、技术密集型行业、制造型行业、大消费类行业和盈利改善行业等多个角度考察了企业的杠杆率变化规律。施康和王立升（2016）基于企业所有权类型的角度对金融危机后企业杠杆率的变化进行分析，发现国有企业的杠杆率上升，私有企业的杠杆率下降；同时，研究还发现，产能过剩与高污染行业杠杆率偏高，轻工业则相对较低；内陆地区企业的杠杆率较高，其次是沿海地区，中部地区的杠杆率最低。

对于杠杆率水平是否合理的判断上，一些学者也给出了分析的视角和思路。周天勇（1998）通过对美、英、日、韩等国的比较分析，给出了杠杆率（资产负债率）风险程度的一个区间判断标准，即在正常的利息率和盈利水平下，平均55%以下是一个风险相对可控的负债比率区间，55%～70%是一个中等风险的区间，而70%以上则是一个高风险区间。然而，更普遍的一类观点认为，资产负债率作为杠杆率的重要指标，是一个静态指标，其水平往往与行业属性、经济周期等因素紧密相关，如果仅仅采用这一单一指标来比较和评估各行业杠杆率的合理性，同样存在一定的缺陷。中国人民银行杠杆率研究课题组（2014）认为，对于杠杆率适度性的判断，不仅要参考杠杆率绝对值的水平，还要参考杠杆率的动态变化，即分析杠杆率的增长与经济增长是否同步，经济增长能否覆盖债务成本的增长。罗文波（2016）等将净资产收益率指标与杠杆率指标结合起来，分阶段地考察不同行业盈利能力和负债风险，研究发现，对盈利能力改善的企业来讲，较高的杠杆率能够提高收益，但对盈利能力恶化的企业来讲，可能会使之陷入困境。与上述采用多指标的评估方式相比，通过考察实际杠杆率与"被认为合理的杠杆率[①]"之间的偏离程度来评估杠杆率的合理性，可能显得更具逻辑性和缜密性，但是这方面的研究大多基于微观（企业）层面，在中观（行业）层面仍处于空白状态。张会丽和陆正飞（2013）以集团型上市公司为研究对象，考察了控股水平、负债主体与公司资本结构适度性（实际资本结构与目标值之间的偏离程度）之间的关系。陆正飞（2015）等认为企业具有目

---

① 这里"被认为合理的杠杆率"，是基于一定的经济理论与实证分析而得到的杠杆率水平值。

标负债率（或最优负债率），并将过度负债程度（实际负债率与目标负债率的偏差）作为考察企业负债合理性的指标，检验了企业产权性质与过度负债之间的关系。

综合上述文献来看，对于杠杆率特点的分析，主要"结构性"的视角包括产权结构、行业结构、区域结构等，这为我们的分析提供了一定思路。在杠杆率合理性评估方面，难点和争议主要集中在方法的选择上；能否找到一个相对客观、合理的评估方法，准确地区分"好杠杆"和"坏杠杆"，是厘清"高杠杆"问题的关键，也是提出"去杠杆"思路和路径的重要前提与基础。本文研究的是中观（行业）层面的杠杆率问题，而已有的文献大多基于"资产负债率＋其他指标"的多指标方式来评估其合理性，往往缺乏理论基础，也不够严谨和简洁，对此，我们将在方法上进行一定的创新，即将"过度负债程度作为衡量企业负债合理性"的思想运用到行业杠杆率水平的评估上，提出行业"合意杠杆率"的概念，并通过理论与实证分析得到行业的"合意杠杆率"，再将实际杠杆率与合意杠杆率的偏离程度作为行业杠杆率合理性的评估指标，对浙江主要工业行业的杠杆率水平做出评判。

三、浙江工业行业杠杆率分布的现状分析

高负债经营一直都是浙江企业运行中一个较为普遍的现象。近年来，随着经济增速的放缓，以及担保链因素的发酵，浙江企业"高杠杆"的弊端逐步显现，也引起了社会各界的关注。客观地讲，浙江企业的杠杆率过高，既有经济周期、宏观政策环境等共性因素影响的结果，也是由浙江"民营经济为主、中小企业众多"的经济特点所决定。本文以资产负债率作为衡量指标，从多个维度，通过横向和纵向的比较分析，对浙江工业企业杠杆率的现状、特点及变化趋势做一个较为全面的分析①，同时也为下文构建各行业"合意杠杆率"模型提供经验依据。

（一）整体分析

数据显示（见图 1），2007 年以来，浙江工业企业②的整体杠杆率水平基本维持在 60% 左右，趋势上呈现出逐年缓慢递减的特点，2014 年末，资产负债率为 58.8%；横向比较来看，2007—2014 年，浙江工业企业的整体杠杆率均高于全国水平，也明显高于同为经济大省的广东、江苏、山东、河南等省份，在一定程度上反映出浙江企业的"高杠杆"问题仍较为严峻。

---

① 由于分行业工业企业主要指标的相关数据来源于统计年鉴，因此数据只能更新至 2014 年，这里选择 2007—2014 年的年度数据进行分析。

② 这里的工业企业都指规模以上工业企业，下同。

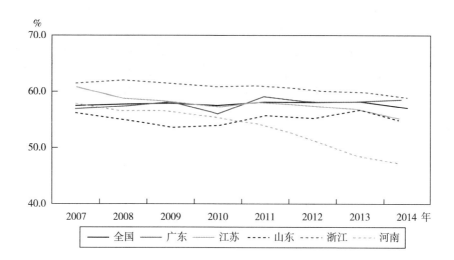

图1　工业企业杠杆率水平的横向比较

（二）基于企业所有制类别的分析

一些专家学者指出，近年来国有企业加杠杆是我国非金融企业部门杠杆率高企的重要原因。数据显示（见图2），2008年以来，全国工业企业中国有控股企业与私营企业的杠杆率走势明显分化，国有控股企业的杠杆率水平呈现逐年走高之势，而私营企业的杠杆率水平则逐年下滑，两者的"剪刀差"不断扩大。

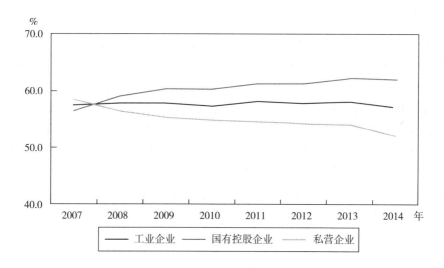

图2　全国国有控股工业企业与私营工业企业杠杆率走势对比

与全国的情况不同，浙江是民营经济大省，工业中国有控股的资产占比较低，私营企业处于主导地位。数据显示，截至 2014 年末，全国工业中，国有控股企业资产与私营企业资产的比值为 1.73，而浙江的比值则为 0.43，在所有省份中最低。从杠杆率的情况来看（见图 3），其走势也体现出浙江"民营经济占主导"的特点：2007 年以来，浙江国有控股企业的杠杆率水平呈现出较为明显的下降趋势，且低于整体水平；而私营企业的杠杆率则基本维持在同一水平（65% 左右），高出整体水平近 5 个百分点。

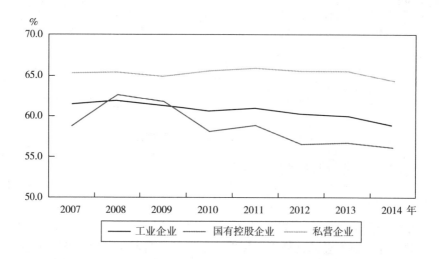

图 3 浙江国有控股工业企业与私营工业企业杠杆率走势对比

上述分析结果说明，与全国层面高杠杆走高的成因不同，私营企业杠杆率居高不下是造成浙江企业杠杆率过高的重要因素。为进一步论证这一观点，选择同为民营经济大省的江苏①进行对比：从图 4 中可以看出，浙江工业企业的杠杆率水平整体要高于江苏，且两者的差值呈现逐年放大的趋势；图 5 反映了浙江、江苏两省不同所有制类别工业企业杠杆率的变化趋势，可以发现，虽然都是私营企业在工业中占据主导地位，但是江苏的私营企业杠杆率水平却是呈现出较为明显的下降趋势，且显著低于国有控股企业的杠杆率水平，这与浙江私营企业杠杆率居高不下形成鲜明对比，也进一步凸显了浙江私营企业杠杆率过高这一问题的特殊性。

---

① 江苏与浙江同为经济发达省份，且江苏的民营经济也较为发达，工业中国有控股企业资产与私营企业资产的比值为 0.58，仅高于浙江，排在全国倒数第二位。

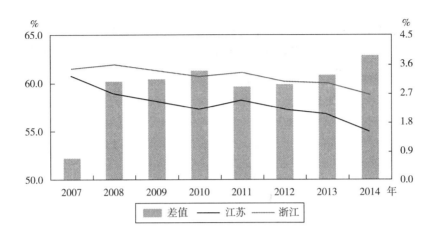

图4　浙江与江苏工业企业杠杆率水平的比较

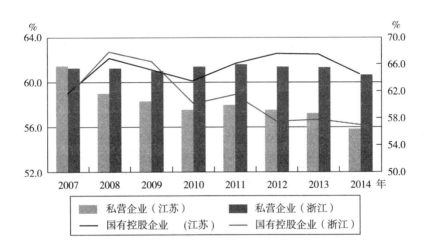

图5　浙江、江苏两省不同所有制类别工业企业杠杆率走势比较

（三）基于企业规模的分析

部分学者认为，银行信贷配置中的产权歧视已经日益被规模歧视所取代；施康和王立升（2016）的研究也有一个有意思的发现：在2013年，小规模的非国企的杠杆率远低于国企，但非国企的杠杆率随着规模的增加而提高，最大规模的国企与非国企的杠杆率差别很小。上述观点意味着，随着企业规模的扩大，企业融资的便利性越高，相应地，企业的杠杆率水平也越高。从全国与浙江工业企业的情况来看（见图6），可以发现，全国大中型工业企业的杠杆率水平要高于工业企业的平均水平，且呈现出平缓上升的趋势，这在一定程度上印证了上述观点；但是，令人意外的是，浙江大中型工业企业的杠杆率水平却要低于全省工业企业的平均水平，且其下降趋势更为明显，两者的"剪刀差"逐年增大。这一看似"背离"的现象说明，相较于大中型企业，浙江中小企业杠杆率过高的问题更加突出。

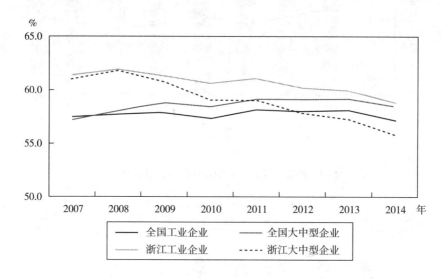

图6　全国与浙江大中型工业企业杠杆率水平的比较

（四）基于债务期限结构（流动性风险）的分析

按照一般负债偿还顺序，企业首先要偿还短期负债，因此短期负债虽然属于成本最低的筹资方式，但同时也是风险最大的融资方式。分析中，一般常用流动负债占比（流动负债占总负债的比例）和流动比率（流动资产对流动负债的比率）两个指标来分别衡量企业的短期财务风险和短期偿债能力。图7展示了2007年以来全国、浙江及江苏工业企业流动负债占比的变化趋势，可以发现，浙江工业企业的流动负债占比基本维持在86%左右，显著高于全国平均水平（76%左右），也略高于实体经济特点相近的江苏；从短期偿债能力来看（见图8），浙江工业企业的流动比率虽呈现逐年改善的趋势，但整体上与全国的平均水平相差无几，且低于江苏工业企业的流动比率，与一般认为的最低流动比率（2:1）相比，也存在较大的差距。因此，综合短期财务风险和短期偿债能力两方面的情况来看，浙江企业高杠杆的背后隐含着更大的短期流动性风险，一旦经济出现较大波动，更容易引发区域性的企业经营困境，进而对地区经济金融发展造成较大冲击。

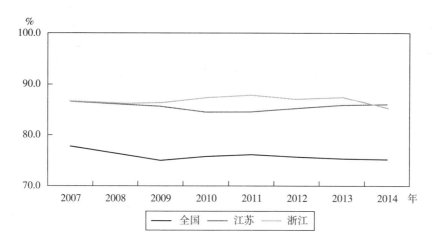

图7　浙江工业企业流动负债占比走势及横向比较

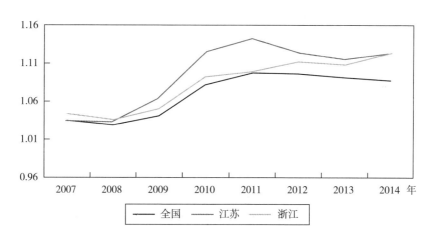

图8　浙江工业企业流动比率走势及横向比较

（五）分行业分析

为进一步挖掘浙江工业企业杠杆率在中观（行业）层面的结构性特点，本文依据 2014 年末的统计数据，在浙江工业行业中选择工业总产值占比在 1% 以上的 23 个行业①进行比较分析，具体如表 1 所示。

---

①　国民经济行业分类自 1984 年以来经历了三次修订，分别是 1994 年、2002 年、2011 年。为了统一数据口径，本文选用的行业名称以 2011 年修订后的标准为主，并做了一定的调整，不考虑 2011 年修订后新增的"开采辅助活动"和"金属制品、机械和设备修理业"这两个行业，并且将"汽车制造业"和"铁路、船舶、航空航天和其他运输设备"两个行业仍合并为交通运输设备制造业。

表1　　　　　　　　　浙江工业总产值占比在1%以上的23个行业　　　　　单位：%

序号	行业	产值占比	序号	行业	产值占比
1	纺织业	9.01	13	纺织服装、服饰业	3.73
2	电气机械和器材制造业	8.98	14	非金属矿物制品业	3.15
3	化学原料和化学制品制造业	8.78	15	石油加工、炼焦和核燃料加工业	2.71
4	通用设备制造业	6.76	16	专用设备制造业	2.48
5	交通运输设备制造业	6.42	17	皮革、毛皮、羽毛及其制品和制鞋业	2.36
6	电力、热力的生产和供应业	6.40	18	文教、工美、体育和娱乐用品制造业	2.01
7	橡胶和塑料制品业	4.33	19	造纸和纸制品业	1.81
8	计算机、通信和其他电子设备制造业	4.04	20	医药制造业	1.76
9	黑色金属冶炼和压延加工业	4.02	21	农副食品加工业	1.60
10	化学纤维制造业	3.86	22	家具制造业	1.23
11	金属制品业	3.83	23	仪器仪表制造业	1.10
12	有色金属冶炼和压延加工业	3.78			

横向比较来看（见图9），在23个行业中，有13个行业2012—2014年平均杠杆率水平要高于工业企业的整体水平（59.7%），其中排在前三位的分别为黑色金属冶炼和压延加工业（68.5%），有色金属冶炼和压延加工业（66.8%）和家具制造业（64.8%）；杠杆率水平排在倒数三位的行业分别为医药制造业（46.1%），仪器仪表制造业（49.0%）和计算机、通信和其他电子设备制造业（51.4%）。综合来看，杠杆率水平较高的行业中，中上游产业（如黑色金属冶炼和压延加工业，有色金属冶炼和压延加工业，纺织业等）居多；而杠杆率水平较低的行业，则带有明显的技术密集型特点（如医药制造业，仪器仪表制造业，计算机、通信和其他电子设备制造业等）。

与全国工业各行业的杠杆率水平比较来看（以2014年的数据为例，见图10），浙江的23个工业行业中，绝大部分行业（23个行业中有20个）的杠杆率水平高于全国的行业杠杆率水平，仅有石油化工、炼焦和核燃料加工业，计算机、通信和其他电子设备制造业，电力、热力生产和供应业3个行业的杠杆率低于全国水平，此外，文教、工美、体育和娱乐用品制造业，黑色金属冶炼和压延加工业，有色金属冶炼和压延加工业3个行业的杠杆率也与全国水平相近。由此大致可以看出，对于重工业尤其是国有经济成分占比相对较高的行业，浙江的杠杆率情况要相对好于全国水平。

纵向比较来看（见图11），与2008年的杠杆率水平相比，23个工业行业中仅有5个行业的杠杆率水平[①]有所提升，即所谓的加杠杆，分别为文教、工美、

―――――――――――

① 这里的杠杆率水平同样指的是2012—2014年的平均水平。

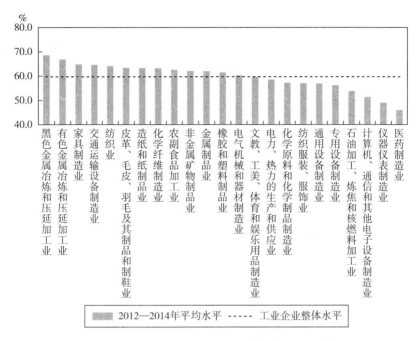

图 9　浙江各工业行业 2012—2014 年杠杆率平均水平

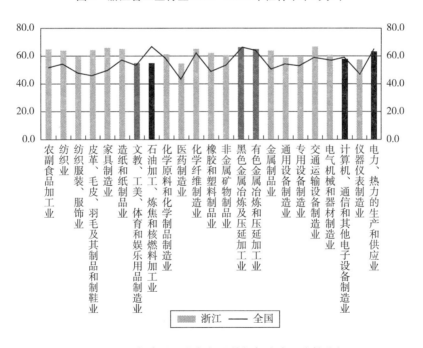

图 10　浙江与全国工业各行业的杠杆率水平比较分析

体育和娱乐用品制造业，有色金属冶炼和压延加工业，家具制造业，非金属矿物制品业，以及电气机械和器材制造业；其余18个行业的杠杆率水平都有所下降，其中下降幅度最大的五个行业分别为石油加工、炼焦和核燃料加工业，仪器仪表制造业，电力、热力生产和供应业，医药制造业，以及农副食品加工业。进一步，若将2008年各行业杠杆率与工业整体杠杆率水平的差值定义为横向偏差，而将各行业2012—2014年平均杠杆率与2008年杠杆率水平的差值定义为纵向偏差，绘制成象限图①（见图12），可以发现，家具制造业以及有色金属冶炼和压延加工业这两个行业处于第一象限，意味着本身杠杆率水平相对较高，但仍在加杠杆；而纺织服装、服饰业，化学原料和化学制品制造业，医药制造业，通用设备制造业，专用设备制造业，计算机、通信和其他电子设备制造业，以及仪器仪表制造业七个行业则处于第三象限，意味着本身杠杆率水平相对较低，却在进一步地去杠杆。

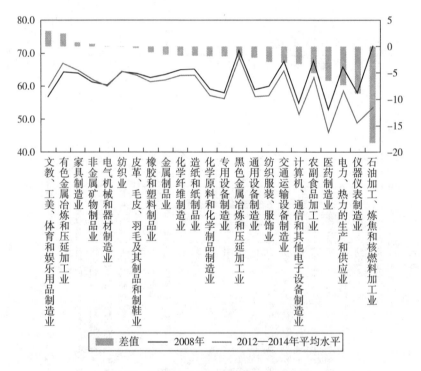

图11　浙江各工业行业杠杆率变化趋势

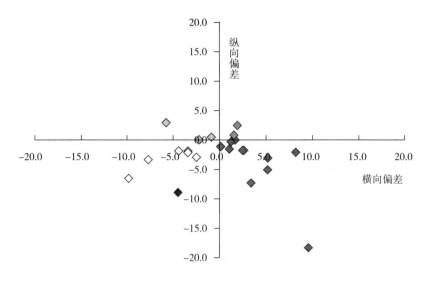

图 12　横向比较与纵向比较象限图（以 2008 年为基准）

（六）小结

综合上述分析，浙江工业企业杠杆率水平在现状和趋势上呈现出以下几个主要特点：一是工业企业整体杠杆率水平相对过高，"去杠杆"步伐缓慢；二是私营企业杠杆率居高不下，是造成工业企业杠杆率过高的主导因素；三是相较于大中型企业，中小企业杠杆率过高的问题更加突出；四是债务期限结构不合理，短期财务风险过高，与短期偿债能力不匹配；五是从行业的视角来看，中上游产业（如黑色金属冶炼和压延加工业，有色金属冶炼和压延加工业，纺织业等）的杠杆率水平较高；而技术密集型产业（如医药制造业，仪器仪表制造业，计算机、通信和其他电子设备制造业等）的杠杆率水平则偏低；此外，在杠杆率水平的变化趋势方面，大部分工业行业（23 个行业中有 18 个行业）在逐步地去杠杆，仅有 5 个行业仍在加杠杆；这其中，部分行业的杠杆率变动呈现出类似"马太效应"的趋势，即低杠杆行业（包括纺织服装、服饰业等七个行业）进一步去杠杆，而高杠杆行业（家具制造业以及有色金属冶炼和压延加工业两个行业）却仍在"加杠杆"。

四、行业杠杆率合理性评估——基于"合意杠杆率"的视角

通过上文的分析，有利于我们从整体上把握浙江工业企业"高杠杆"问题的本质和症结所在。然而，需要指出的是，基于行业视角的杠杆率现状及趋势分析，仅仅反映了杠杆率在行业间的分布特点，无法评判其合理性。事实上，上述分析结果也在一定程度上说明，行业杠杆率水平的高低，不仅与其行业特

征、发展周期等内在属性相关,同时,也受到区域经济特点、发展环境等外在因素的影响,如果抛开这些因素而单纯地比较孰高孰低,显然缺乏理论基础,其结果也就变得毫无经济学意义。对此,本文将从理论分析着手,提出行业"合意杠杆率"的概念,并结合浙江工业行业杠杆率的特点,构建符合浙江实际情况的行业合意杠杆率模型,在此基础上,采用行业实际杠杆率与合意杠杆率的偏离程度(定义为"过度杠杆化")作为衡量指标,来评估各个工业行业杠杆率水平的合理性,为最后提出具体的结构性去杠杆策略提供重要的参考依据。

(一) 理论分析

微观视角的研究发现,企业一般都存在目标杠杆率(或最优杠杆率),且目标杠杆率受到企业特征及外部因素的影响(陆正飞和高强,2003;姜付秀等,2008;Goyal,2009;Chang等,2014),因此不同企业的目标杠杆率可能不同,判断企业杠杆率是否合理不应从实际杠杆率高低出发,而应看实际杠杆率是否偏离目标杠杆率及其偏离程度。这一思想,为我们考察行业杠杆率的合理性提供了一定的思路,即类似企业的目标杠杆率一样,能否找到行业杠杆率合理性或适度性的一个衡量基准? 理论上讲,行业是同一类企业的有机集合,因此行业内企业的公共属性也在很大程度上决定了行业的特征,基于这一逻辑,借鉴企业目标杠杆率的思想,我们认为,行业层面的杠杆率水平也存在一个"潜在"的目标值——合意杠杆率,它是由行业内生因素和外部环境因素共同决定的(见图13),其中,行业内生因素是决定合意杠杆率水平的主导因素,不同行业之间,由于其内生因素往往有着系统性的差异,也就导致了行业间的合意杠杆率水平存在显著的不同;外部环境因素则是影响行业合意杠杆率水平的不确定因素,随着外部环境的变迁,行业合意杠杆率水平往往会有一个相应的波动,以适应外部环境的改变。

具体来看,在行业内生因素方面,对合意杠杆率有着重要影响的决定性因子主要包括行业生命周期、行业资产结构和行业竞争程度。行业生命周期一般可分为幼稚期、成长期、成熟期和衰退期四个阶段;在同一时期,不同行业所处的生命周期阶段存在差异,处于不同生命周期阶段的行业具有不同的经营风险等级;由于预期的财务困境和代理成本的存在,处于经营风险大的行业阶段的公司债务融资难度大,从而该行业的合意杠杆率较低,反之则合意杠杆率较高。行业资产结构往往与行业内企业生产经营的具体业务模式相关,并在很大程度上决定了行业的融资方式及规模;经营要求拥有大量固定资产或存货的行业,其经济规模要求投入的资本起点就高,而且资产具有较大抵押价值,能承担更大的举债额度,所以行业整体的合意杠杆率也就高;而以技术研究开发为主的行业,由于其资产结构中无形资产所占比重较多,相应的破产成本较高,因此整体负债往往较少,即合意杠杆率相对较低。竞争程度不同的行业,其产业壁垒、产业集中度都存在差异，相应的合意杠杆率水平也有所不同。行业的竞争程度越大，行业内企业倒闭或破产的可能性越大，相应的破产风险也越高，则行业整体的负债水平较低；相反，行业的竞争程度越低，往往意味着行业壁垒较高，垄断性更强，则行业整体的盈利稳定性更好，相应的合意杠杆率就越高。

在外部环境因素方面，经济周期波动、宏观经济政策以及区域经济特点是影响行业合意杠杆率水平的三个重要因素。在市场经济条件下，任何国家和地区的经济都是在波动中发展的，这种波动大体上呈现出复苏、繁荣、衰退和萧条的阶段性周期循环。一般而言，在经济衰退、萧条阶段，由于整个经济不景气，行业中多数企业经营举步维艰，财务状况常常陷入困境，为维持生计，企业往往会被动地提高负债，合意杠杆率有所上升；而在经济复苏、繁荣阶段，由于经济走出低谷，市场供求趋旺，行业利润上升，行业获得现金的能力提升，整体负债会有所下降，合意杠杆率也相应地降低。对于宏观经济政策，国内外学者大量的实证研究表明，利率、税率等宏观经济政策指标会对行业资本结构产生影响。一般而言，行业整体的杠杆率水平会随着贷款利息率的降低而提高，而税率对行业杠杆率的净效应是正的，即税率越高，行业的合意杠杆率水平也越高。区域经济特点则是考察区域杠杆率问题过程中不能忽视的一个重要因素，同一行业由于受到不同区域经济特点的影响，其整体的合意杠杆率水平可能会有所不同。例如，上文的分析中指出，在全国层面，国有企业加杠杆是导致杠杆率水平过高的重要因素，而对于民营经济大省的浙江来讲，私营企业的高杠杆可能才是问题的关键所在，因此，在测度浙江工业各行业的合意杠杆率水平时，产权性质是一个不可或缺的重要因素。

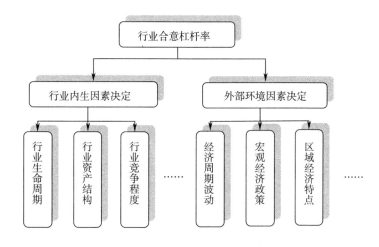

图 13　行业合意杠杆率及其决定因素

　　基于"合意杠杆率"这一衡量基准，行业杠杆率的合理性可以通过采用实际杠杆率与合意杠杆率的偏离程度来反映，当实际杠杆率高于合意杠杆率时，意味着行业存在过度杠杆化的现象，需要去杠杆；当实际杠杆率低于合意杠杆率时，则认为行业资本结构还没有达到相对更优的水平，理论上存在一定的加杠杆空间。

　　（二）模型设计与变量选择

　　在微观层面，对企业目标杠杆率的测度，一般采用两种方式：第一种方式是通过资产负债率对其主要影响因素进行回归，将得到的拟合值作为目标杠杆率；第二种方式是直接将行业负债率中位数或均值作为目标杠杆率水平。相比较而言，第一种方式综合考虑了企业特征、行业和宏观因素对目标杠杆率的决定因素，较为全面，在实际应用中也更受推崇。具体而言，测度企业目标杠杆率的回归模型可以表示为

$$LEVB_t = \alpha_0 + \sum_{j=0}^{k} \sum_{i=1}^{n} X_{it-j}$$

其中，$LEVB$ 为目标杠杆率，X_i 为企业资产负债率的影响因素。借鉴这一模型，在考察行业合意杠杆率水平时，我们同样采用因素回归的方法来测度合意杠杆率；同时，在回归模型的解释变量选择时，结合理论分析的结果，我们从行业内生因素和外部环境因素两方面，主要选择行业生命周期、行业资产结构、行业竞争程度、经济周期波动、宏观经济政策和区域经济特点六个变量作为备择解释变量，模型具体设计如下[①]

$$\begin{aligned}FZL_{it} = \alpha_0 &+ \alpha_{01}FZL_{i,t-1} + \alpha_{11}GRH_{it} + \alpha_{12}GRH_{i,t-1} + \alpha_{21}FATA_{it} + \alpha_{22}FATA_{i,t-1} \\ &+ \alpha_{31}CR_{it} + \alpha_{32}CR_{i,t-1} + \alpha_{41}ROA_{it} + \alpha_{42}ROA_{i,t-1} \\ &+ \alpha_{51}TFZL_{it} + \alpha_{52}TFZL_{i,t-1} + \alpha_{61}PRE_{it} + \alpha_{62}PRE_{i,t-1}\end{aligned}$$

其中，FZL 为行业合意杠杆率，行业生命周期的代理变量为主营业务收入增长率（GRH），行业资产结构的代理变量为行业固定资产占总资产的比重（$FATA$），行业竞争程度的代理变量为行业大中型企业资产占总资产的比重（CR），经济周期波动的代理变量为总资产利润率（ROA），宏观经济政策的代理变量为行业杠杆率的全国水平（$TFZL$），区域经济特点的代理变量为私营企业资产占行业总资产的比重（PRE），具体变量的定义见表2。

　　[①]　在企业目标杠杆率模型的设计中，一些学者（例如，胡国柳和黄景贵（2006））仅考虑解释变量的当期影响，而一些学者（例如，陆正飞（2015）等）考虑了解释变量的一阶滞后影响，我们的模型中同时纳入了当期和一阶滞后影响，并通过逐步回归的方式来筛选变量。

表 2　　　　　　　　　　　　　　　变量说明

变量	定义	变量	定义
FZL	总负债/总资产	ROA	利润/总资产
GRH	主营业务收入增长率	TFZL	国家层面的行业杠杆率水平
FATA	固定资产/总资产	PRE	私营企业资产/行业总资产
CR	大中型企业资产/行业总资产		

（三）实证结果与分析

考虑到数据的可得性，选择表 1 中 23 个工业行业 2009—2014 年的面板数据进行分析，实证过程中，结合模型设定的相关检验结果，选择混合最小二乘估计（Pooled OLS）进行参数估计，并采用逐步回归的方式筛选变量，最终得到模型的估计结果如表 3 所示。可以看出，模型整体拟合度较高，且各解释变量的系数在 95% 的水平上均通过了显著性检验。

表 3　　　　　　　　　合意杠杆率模型参数估计结果

变量	系数	标准差	T 值	P 值
C	36.356	5.328	6.824	0.000
$FZL_{i,t-1}$	0.283	0.083	3.403	0.001
$GRH_{i,t-1}$	0.040	0.016	2.483	0.015
$FATA_{it}$	−0.292	0.141	−2.072	0.041
$FATA_{i,t-1}$	0.317	0.132	2.404	0.018
ROA_{it}	−1.055	0.225	−4.687	0.000
$ROA_{i,t-1}$	−0.565	0.212	−2.665	0.009
$TFZL_{i,t}$	0.708	0.221	3.200	0.002
$TFZL_{i,t-1}$	−0.509	0.237	−2.146	0.034
PRE_{it}	0.109	0.030	3.643	0.000
R − squared = 0.805		Ad R − squared = 0.789		
DW = 1.924		P（F − statistic）= 0.000		

具体来看，在解释变量中，$FZL_{i,t-1}$ 的系数为正，说明行业的杠杆率水平存在一定的惯性，上一期的杠杆率水平会对当期的杠杆率水平产生正向影响。$GRH_{i,t-1}$ 的系数为正，说明行业越具有成长性，则对应的杠杆率水平越高，这一点同样与实际相符；在行业的快速发展阶段，往往具有较强的规模扩张冲动，对债务融资的需求也越旺盛，相应地，行业的杠杆率水平也越高。（$FATA_{it} - FATA_{i,t-1}$）的系数为负，而 $FATA_{i,t-1}$ 的系数为正，说明上一期行业的抵押能力越强，相应的杠杆率水平则越高，但是固定资产比重增长的幅度越大，意味着资产端扩张的幅度越大，这在一定程度上会导致资产负债率的降低，即对行业杠杆率产生负效应。

ROA_{it} 和 $ROA_{i,t-1}$ 的系数均为负，说明行业的盈利能力越强，杠杆率越低，这与实际相符；因为行业的盈利能力越强，代表获得现金的能力越强，对债务融资的依赖性则越弱，相应地，杠杆率也越低。（ $TFZL_{i,t} - TFZL_{i,t-1}$ ）与 $TFZL_{i,t-1}$ 的系数均为正[1]，说明全国层面的行业杠杆率水平及其变化趋势对浙江工业行业的杠杆率水平存在正向影响，宏观杠杆率高企的大环境势必会在一定程度上加剧了浙江工业行业的"高杠杆化"。PRE_{it} 的系数为正，说明行业的私有化程度越高，对应的杠杆率水平也越高，这与浙江工业行业杠杆率水平的特点相符合。值得注意的是，最终的合意杠杆率模型中并没有出现行业竞争程度这一解释变量，说明行业中企业整体的规模化程度对于行业合意杠杆率的影响并不显著，这一结果与现状分析中"浙江中小企业杠杆率偏高"的特点相吻合。

　　将上述模型得到的杠杆率拟合值作为浙江各工业行业的合意杠杆率，并将实际杠杆率与合意杠杆率的偏离程度定义为"过度杠杆化"，由此可以得到浙江各工业行业杠杆率合理性的评估结果。图14展示了23个工业行业2012—2014年期间平均的"过度杠杆化"程度，可以看出，8个行业存在一定程度的"过度杠杆化"现象，其中皮革、毛皮、羽毛及其制品和制鞋业，橡胶和塑料制品业，家具制造业，有色金属冶炼和压延加工业，交通运输设备制造业五个行业的过度杠杆化问题较为严重；其余15个行业则不存在"过度杠杆化"现象，这其中，文教、工美、体育和娱乐用品制造业，仪器仪表制造业，造纸和纸制品业，通用设备制造业，专用设备制造业，电气机械和器材制造业，医药制造业，纺织服装、服饰业，计算机、通信和其他电子设备制造业九个行业的杠杆率水平与目标杠杆率水平差距较大，可以认为存在一定的加杠杆空间。

　　进一步地，以各工业行业2012—2014年平均的"过度杠杆化"程度作为横坐标，同时，将2012—2014年各行业平均杠杆率与工业整体平均杠杆率水平的差值定义为杠杆横向偏差，并作为纵坐标，绘制成象限图[2]（见图15），可以发现，金属制品业，纺织业，化学纤维制造业，黑色金属冶炼和压延加工业，农副食品加工业，电气机械和器材制造业，造纸和纸制品业七个行业处于第二象限，意味着本身杠杆率水平相对较高，但是从合理性来讲，行业的杠杆率水平相对合理，并不存在过度杠杆化的现象；而石油加工、炼焦和核燃料加工业，电力、热力的生产和供应业等两个行业处于第四象限，意味着本身杠杆率水平较低，但是相对于行业自身的合意杠杆率水平来讲，仍然是超出了合理的范畴，

---

　　[1]　做如下简单的变换：$0.708TFZL_{i,t} - 0.509TFZL_{i,t-1} = 0.708（TFZL_{i,t} - TFZL_{i,t-1}）+ 0.199TFZL_{i,t}$。

　　[2]　四个象限的含义分别是：第一象限的行业是"杠杆高且过度杠杆化"，第二象限的行业是"杠杆高但不存在过度杠杆化"，第三象限的行业是"杠杆低且低于合意杠杆率"，第四象限是"杠杆低但已过度杠杆化"。

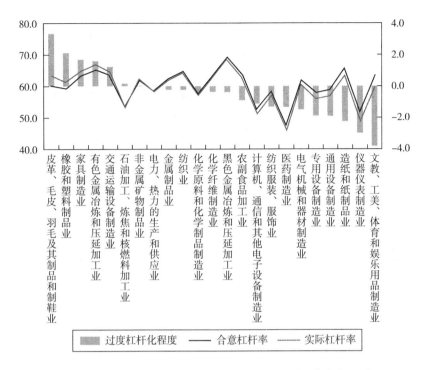

图 14　浙江工业行业 2012—2014 年平均"过度杠杆化"程度

存在过度杠杆化的现象。这些结论也再次说明，若仅仅采用行业杠杆率的绝对值作为衡量合理性的标准，会存在一定的偏差。

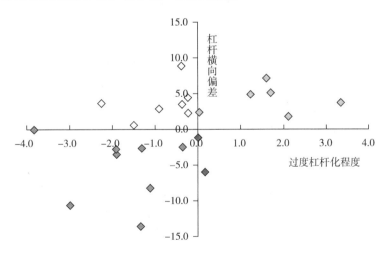

图 15　过度杠杆化程度与杠杆横向偏差象限图

（四）小结

本文借鉴微观视角的相关理论和方法，提出行业"合意杠杆率"的概念，并构建符合浙江实际情况的行业合意杠杆率模型，在此基础上，采用行业实际杠杆率与合意杠杆率的偏离程度（定义为"过度杠杆化"）作为衡量指标，对浙江省 23 个主要工业行业的合理性进行了评估，结果显示，其中有 8 个行业存在一定程度的"过度杠杆化"现象，皮革、毛皮、羽毛及其制品和制鞋业，橡胶和塑料制品业，家具制造业，有色金属冶炼和压延加工业，交通运输设备制造业五个行业的过度杠杆化问题较为严重；其余 15 个行业则不存在"过度杠杆化"现象，其中，文教、工美、体育和娱乐用品制造业，仪器仪表制造业，造纸和纸制品业，通用设备制造业，专用设备制造业，电气机械和器材制造业，医药制造业，纺织服装、服饰业，计算机、通信和其他电子设备制造业九个行业的杠杆率水平与目标杠杆率水平差距较大，可以认为存在一定的加杠杆空间。

五、政策建议

本文基于结构性去杠杆的逻辑主线，对浙江工业行业的杠杆率现状及特征进行了深入分析和挖掘，并创新性地提出"行业合意杠杆率"的概念，对各工业行业杠杆率的合理性做出评估。综合上述分析结果，对于浙江工业行业去杠杆的策略及具体措施，我们提出如下政策建议：

（一）浙江工业行业杠杆率优化的"结构性"策略

1. 需要重点关注民营中小企业的高杠杆问题

从横向及纵向的比较分析来看，浙江工业企业高杠杆问题有其一定的特殊性，即与全国层面国有企业杠杆率走高的特点不同，浙江私营工业企业的杠杆率问题更为突出；从企业规模来看，相比于大中型企业，中小企业的杠杆率更高，去杠杆的形势更为严峻。这一特点，很大程度上是由浙江"民营经济发达、中小企业众多"的经济特点所决定的，相应地，在去杠杆的过程中，也应该更加注重民营企业特别是民营中小企业的降杠杆问题。

2. 需要进一步优化债务期限结构，降低短期负债的比重

综合短期财务风险和短期偿债能力两方面的情况来看，浙江企业高杠杆的背后隐含着更大的短期流动性风险，一旦经济出现较大波动，更容易引发区域性的企业经营困境，进而对地区经济金融发展造成较大冲击。对此，可以从企业端和金融端着力，来进一步优化债务期限结构。一方面，加强企业自身建设，树立起长远的、更为审慎的经营观念，摒弃"求快求大"的高负债经营理念；另一方面，加快推动金融供给侧改革，通过优化信贷期限结构，大力发展股权融资，提升金融资源的配置效率，增加金融有效供给。

3. 需要进一步优化行业间杠杆的配置结构，去杠杆与加杠杆相结合

根据合理性评估结果，皮革、毛皮、羽毛及其制品和制鞋业，橡胶和塑料制品业，家具制造业，有色金属冶炼和压延加工业，交通运输设备制造业五个行业的过度杠杆化问题较为严重，可以作为去杠杆的重点行业；同时，结合浙江的产业规划，可以在文教、工美、体育和娱乐用品制造业，仪器仪表制造业，通用设备制造业，专用设备制造业，电气机械和器材制造业，计算机、通信和其他电子设备制造业等文化创意、信息经济、高端装备制造相关领域加大金融资源的投入，以提升杠杆的整体利用效率。

（二）具体实践措施

基于上述结构性去杠杆的策略，进一步地，我们从金融端、企业端和政府端三个方面提出具体的措施，即通过优化银行信贷结构、大力发展股权融资、建立和完善现代企业制度、推动民营中小企业通过市场化方式化解高杠杆问题、加大去杠杆的政策引导和支撑作用、强化政府的保障和监督功能等路径，来推动民营中小企业降杠杆，优化金融资源配置的期限结构、行业结构，积极稳妥地推进浙江工业行业的去杠杆。

1. 优化银行信贷结构，提升资金配置效率

加强对关键领域、重大项目和薄弱环节的信贷支持，压缩退出对环保、安全生产不达标且整改无望的企业、落后产能、严重过剩产能以及"脏乱差"、"低小散"企业（作坊）的相关贷款。加大银行机构信用贷款、抵（质）押贷款发放，严格控制和规范保证类贷款，降低保证类贷款占各项贷款比重。完善和推广企业授信总额联合管理机制，合理控制企业信贷总额和对外担保总额。

2. 大力发展股权融资，提高直接融资比重

积极对接多层次资本市场，大力推动银行间市场债务融资工具、公司债券和企业债券发行，进一步扩大企业股权、债券融资规模，提升企业资本实力，改善负债结构。有序开展市场化银行债权转股权，鼓励金融资产管理公司、保险资产管理机构、国有资本投资运营公司等多种类型实施机构参与开展市场化债转股；支持银行充分利用现有符合条件的所属机构，或允许申请设立符合规定的新机构开展市场化债转股。

3. 建立和完善现代企业制度，强化民营中小企业管理层资产负债管理责任

建立健全现代企业制度、完善公司治理结构，对企业负债行为建立权责明确、制衡有效的决策执行监督机制，加强企业自身财务杠杆约束。合理设计激励约束制度，合理安排债务融资规模，处理好企业长期发展和短期业绩的关系，树立审慎经营观念，防止激进经营过度负债，有效控制企业杠杆率，形成合理资产负债结构。落实企业股东责任，按照出资义务依法缴足出资，根据股权先于债权吸收损失原则承担必要的降杠杆成本。

4. 推动民营中小企业通过市场化的方式解决高杠杆问题

积极采取增资扩股、资产重组、破产清算等方式清理资不抵债企业；引导企业精益化经营，突出主业，通过出售转让非主业或低收益业务，降低企业资金低效占用，提高企业运营效率和经营效益；对土地、厂房、设备等闲置资产以及各类重资产，采取出售、转让、租赁、回租、招商合作等多种形式予以盘活，实现有效利用；加快企业股份制改造，鼓励中小企业在新三板和省股权交易中心挂牌；加大对产业集中度不高、同质化竞争突出产业的联合重组，加强资源整合，发展规模经济。

5. 加大去杠杆的政策引导与支撑作用

推进政府产业基金规范化管理和实质性运作，促进各类基金集聚发展，加大对企业的股权投资力度；发挥好产业政策的引导作用，鼓励过度杠杆化的行业企业加大兼并重组力度，引导增量资金流向"加杠杆"空间较大的行业；发挥积极的财政政策作用，落实并完善企业兼并重组、破产清算、资产证券化、债转股和银行不良资产核销等相关税收政策；落实产业升级配套政策，进一步落实重点行业产业转型升级的配套支持措施，加大对重点行业和产业整合的支持力度。

6. 强化政府的保障和监督功能

加强省级层面的统筹协调，完善工作机制，形成齐抓共管的工作局面；抓好责任落实，妥善化解处置去杠杆过程中的各类矛盾和问题，发挥政策协同作用；监督、维护公平竞争的市场秩序，保持社会稳定，确保降杠杆在市场化、法治化轨道上平稳有序推进；严格督查考核，加强对去杠杆任务落实情况的督促检查，并作为绩效考核的重要依据。与此同时，政府在推动降杠杆过程中，要依法依规、遵循规律、规范行为，不干预降杠杆工作中各市场主体的相关决策和具体事务。

参考文献

［1］黄志龙：《我国国民经济各部门杠杆率的差异及政策建议》，载《国际金融》，2013（1）。

［2］姜付秀、屈耀辉、陆正飞、李焰：《产品市场竞争与资本结构动态调整》，载《经济研究》，2008（4）。

［3］李超、王宇鹏、张晶：《中国在去杠杆？加杠杆？影响如何？》，华泰证券研究报告，2016。

［4］李扬、张晓晶、常欣：《中国国家资产负债表2015：杠杆调整与风险管理》，中国社会科学出版社，2015。

［5］陆铭：《去杠杆需要结构性策略》，中国经济开放论坛，2016。

［6］陆正飞、高强：《中国上市公司融资行为研究——基于问卷调查的分析》，载《会计研究》，2003（10）。

［7］陆正飞、何捷、窦欢：《谁更过度负债：国有还是非国有企业?》，载《经济研究》，2015（12）。

［8］罗文波、曾岩：《从 ROE 和杠杆率出发寻找成长行业》，中泰证券研究报告，2016。

［9］施康、王立升：《分清"好杠杆"和"坏杠杆"》，中国经济开放论坛，2016。

［10］王宇、杨娉：《我国高杠杆的成因及治理》，载《南方金融》，2016（1）。

［11］伍中信、李芬：《国有控股、投资效率与信贷资源配置》，载《财经问题研究》，2010（11）。

［12］徐诺金、姚余栋：《中国经济仍有适度加杠杆的空间》，载《经济研究信息》，2013（10）。

［13］张会丽、陆正飞：《控股水平、负债主体与资本结构适度性》，载《南开管理评论》，2013（5）。

［14］中国人民银行杠杆率课题研究组：《中国经济杠杆率水平评估及潜在风险研究》，载《金融监管研究》，2014（5）。

［15］周天勇：《高负债发展模式的金融风险》，载《经济研究》，1998（5）。

［16］Chang, C. , X. Chen, and G. Liao, What are the Reliably Important Determinants of Captial Structure in China?, Pacific Basin Finance Journal, 87 – 113.

［17］Goyal, V. K. F. , Capital Structure Decisions：Which Factors Are Reliably Important?, Financial Management, Vol. 38, 1 – 37.

利用资本市场推进浙江省供给侧
结构性改革的思考与建议

中国证券监督管理委员会浙江监管局课题组*

供给侧结构性改革旨在提高供给体系质量和效率，增强经济持续增长动力，其落实关键在于完成好去产能、去库存、去杠杆、降成本和补短板五大重点任务。从理论角度看，需要通过改善劳动、资本、技术等资源的配置来提高全要素生产率，进而提高供给体系的质量和效率，而资本市场本身就致力于优化资本的高效配置，具有服务供给侧结构性改革的先天优势。本文以浙江为样本，从去杠杆、降成本和去产能的角度出发，运用定量和定性手段分析资本市场发挥的具体作用、取得的成效，并就继续发挥资本市场的作用提出建议，以期更好地服务供给侧结构性改革。

一、资本市场服务浙江省供给侧结构性改革之去杠杆

去杠杆是供给侧结构性改革的主要任务，也是浙江省经济转型升级的重要路径。实践表明，资本市场对浙江省企业降杠杆具有显著意义，且仍有较大潜力可挖。

（一）浙江省实体经济杠杆率较高

1. 浙江省实体经济整体资产负债率较高

从宏观角度看，实体经济主要由政府部门、居民部门和非金融企业部门构成（剔除金融部门）。其中，政府部门债务规模包括地方政府债务和或有负债（或有负债暂不统计），2015 年浙江省地方政府债务限额为 9 188.3 亿元；居民部门债务主要是贷款，截至 2015 年底，全省居民贷款规模约为 23 546.47 亿元；非金融企业部门债务主要有银行信贷、金融市场发债和类影子银行的信用融资（主要包括信托贷款、委托贷款、未贴现银行承兑汇票），截至 2015 年末，浙江省非金融企业贷款 52 613.78 亿元，债券存量 6 518 亿元，类影子银行信用融资 13 154.28 亿元，合计 72 286.06 亿元。

综上所述，截至 2015 年底，浙江省政府债务约为 9 188.3 亿元、居民债务

---

* 课题主持人：吕逸君
课题组成员：王怀章　贾　婕　沈绿野　胡亦盛

为23 546.47亿元、非金融企业债务约为 72 286.06 亿元，三者合计约为 105 020.83 亿元①，全省 GDP 为 42 886 亿元，实体经济杠杆率为 244.88%（债务规模/GDP），其中浙江省非金融企业杠杆率达 168.6%，按相同统计口径均高于全国实体经济杠杆率219.59% 和非金融企业杠杆率156.1%。

2. 浙江省实体企业整体资产负债率较高

与全国及兄弟省份相比，浙江省规模以上工业以及实体企业②的整体资产负债率偏高，杠杆经营明显。从纵向比较看，2011—2015 年浙江省规模以上工业企业以及实体企业的资产负债率虽趋于下降，但仍维持高位（见图1），近五年的实体企业资产负债率和规模以上工业资产负债率分别为 63.27% 和 59.53%。从横向比较看，2015 年浙江省规模以上工业企业以及实体企业的资产负债率均高于全国 1 个百分点左右。与兄弟省份相比，浙江省实体企业的资产负债率低于广东，但远高于山东和江苏；规模以上工业企业的资产负债率略低于广东，但高于山东、江苏。

浙江省规模以上工业和实体企业资产负债率（2011—2015年）

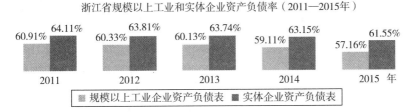

2015年山东、江苏、浙江广东及全国规模以上工业和实体企业资产负债表

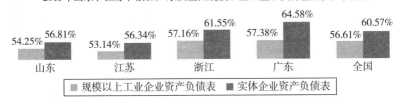

图1　浙江省规模以上工业和实体企业资产负债率情况

（二）资本市场对浙江省企业去杠杆作用显著

1. 资本市场股权融资降杠杆作用显著

资本市场的股权融资有着去杠杆的天然属性，且越高层级的资本市场帮助企业去杠杆的效果越明显。从整体影响来看，截至 2015 年底，浙江省上市公司

①　政府部门中的地方融资平台与非金融企业存在一定重复，由于地方融资平台占比无法获取，故暂不统计。

②　本文所指实体企业主要包括规模以上工业企业、建筑企业、限额以上批发零售贸易企业、限额以上住宿餐饮企业。

累计实现股权融资4 794亿元，对浙江省实体企业资产负债率直接影响约为5个百分点。具体来看，浙江省2014年新上市企业的资产负债率从上市前的41.25%迅速降至上市后的26.48%，2015年新上市企业则从50.36%降至36.64%，分别下降了约15个和14个百分点；而浙江省2014年新挂牌新三板企业的资产负债率从挂牌前的53.86%下降至50.11%，2015年新挂牌新三板的企业则从64.7%降至58.13%，分别下降了约4个和7个百分点。从浙江省各层级企业群体看，在上市公司整体资产负债率长期保持最低，新三板挂牌企业次之，实体企业（剔除上市、挂牌企业）则最高，梯队效应明显（见表1）。

表1　　　　**浙江省不同层级企业资产负债率比较（2010—2015年）**　　　　单位：%

类别 年份	2010	2011	2012	2013	2014	2015
A股上市公司	52.73	51.42	51.89	53.36	52.08	49.93
新三板挂牌企业	—	—	—	—	60.71	51.73
实体企业（剔除上市挂牌公司）	64.92	66.22	65.87	65.58	65.30	64.32

注：上述类别均剔除金融行业。

2. 资本市场对浙江省企业降杠杆效果优于全国

从全国来看，我国上市公司整体资产负债率低于实体企业，但优势并不明显。如2015年全国上市公司资产负债率60.25%略低于全国实体企业的60.57%。与全国不同，浙江省上市公司资产负债率不仅优于全国上市公司水平，近年来优势还呈逐步扩大的趋势（见图2），从2010年资产负债率低于全国水平的5个百分点到2015年低于全国的10个百分点。与省内实体企业相比，浙江省上市公司资产负债率长期低于浙江省实体企业近10个百分点，比较优势尤为明显。

以占浙江省经济主导的制造业来看，对比各细分行业①的上市公司、规模以上工业的资产负债率（见表2），可以发现上述行业中浙江省上市公司资产负债率低于全国，而规模以上工业资产负债率则高于全国，呈现两极分化现象。从上市公司看，除医药制造业和化学纤维制造业资产负债率略高于全国水平外，其余行业均大幅低于全国水平；从规模以上工业看，除化学原料和化学制品制造业、计算机、通信和其他电子设备制造业低于全国水平外，其余各行业均不同程度地高于全国水平，其中非金属矿物制品业高于全国8个百分点，纺织业高于全国9个百分点，去杠杆空间还较大。

---

① 鉴于我国去杠杆行业主要集中在工业，而浙江省产业结构又以工业为主，因而主要选取浙江省较有代表性的几个工业细分行业，比如非金属矿物制品业，纺织业，化学原料和化学制品制造业，医药制造业，化学纤维制造业，通用设备制造业，专用设备制造业，汽车制造业，电气机械和器材制造业，计算机、通信和其他电子设备制造业等。

图2　2010—2015 年浙江省及全国上市公司资产负债率比较

表2　　　　2015 年部分细分行业上市公司、规模以上企业资产负债率比较　单位：%

	全国规模以上企业	全国上市公司	浙江规模以上企业	浙江上市公司
非金属矿物制品业	52.42	52.61	60.46	50.71
纺织业	52.2	46.67	61.25	34.32
化学原料和化学制品制造业	57.02	55.91	54.51	35.82
医药制造业	41.48	36.36	42.04	39.21
化学纤维制造业	60.02	55.74	60.39	56.15
通用设备制造业	52.23	58.59	53.2	42.27
专用设备制造业	53.07	51.84	55.26	41.13
汽车制造业	57.72	57.19	59.59	48.17
电气机械和器材制造业	56.55	53.66	57.33	45.14
计算机、通信和其他电子设备制造业	57.46	49.73	49.94	38.2
平均	54.02	51.83	55.4	43.11

（三）进一步发挥资本市场去杠杆的作用

资本市场不仅能帮助企业通过股权融资直接发挥去杠杆功能，还能吸引 PE/VC 等民间资本进入大量未上市、未挂牌企业，帮助这些企业降低杠杆。考虑到浙江省杠杆水平整体偏高的客观事实，下一步浙江省推动实体经济去杠杆需要继续发挥资本市场的作用。

一是持续推动企业进入多层次资本市场。树立多层次资本市场思维，持续推动浙江省企业通过 IPO、新三板挂牌、浙江股权交易中心展示挂牌等全方位对接多层次资本市场；推动有条件的企业、资产通过借壳、并购重组等方式进入资本市场，获取资本市场融资；继续推进"浙江省小微企业三年成长计划"、"三转一市"等基础性工作，夯实资本市场后备基础；在着力推动创新创业企业进入资本市场的同时，要更加注重引导资产负债率较高的传统制造业开展资本运作。

二是发挥私募股权融资对非上市企业的去杠杆功能。依托浙江财富管理中心以及钱塘江金融港湾建设，使用好产业引导基金，积极设立、引进股权投资机构，做大做强浙江省股权投资行业，逐步引导浙江省民间投资由储蓄存款向股权投资转移；引导非上市企业积极对接PE/VC等股权投资机构，尽早实现股权融资；在规范的前提下，积极争取开展股权众筹试点，有序发展互联网股权融资。

三是积极鼓励企业利用新型融资工具。目前，资本市场各类新型融资工具日趋成熟，需要及时将股权融资的思维转向股债融资相结合思维。在注册制、战略新兴板等改革被推迟的情况下，当下市场上推出的永续债、可转债、可交换债、优先股等融资工具，具有股债结合的属性，并可通过附加条款约定在股、债之间转换，都具备一定降杠杆性质，建议加大对这类融资工具的宣传推广力度，鼓励企业研究并使用这些新型融资工具，逐步培养企业股权融资文化。

四是大力支持上市公司开展并购重组。与国内同行业上市公司，以及省内同行业实体企业相比，浙江省上市公司资产负债率较低，如浙江省化学原料和化学制品制造业、纺织业等行业的上市公司资产负债率只有35%，而全国同类上市公司和浙江省同类规上企业资产负债率高达50%。为发挥杠杆经营的最大效用，可以鼓励浙江省资产负债率较低的上市公司，通过并购重组等方式整合省内同行业企业资源，或通过并购省内创新创业企业，从整体上降低浙江省企业负债率。

二、资本市场服务浙江省供给侧结构性改革之降成本

降成本是供给侧结构性改革的主要任务，也是激发企业活力的有力手段。实践表明，资本市场在帮助浙江省企业降成本方面具有显著意义，下一步要继续推动浙江省企业实现融资渠道从间接向直接、从债权向股权、从贷款向债券的三个转变以及原料采购从传统模式向期现模式的转变，进一步降低企业成本，发挥资本市场在降成本方面的重要作用。

（一）浙江省企业运营成本相对较高

1. 浙江省企业运营总成本高于全国

近年来，面对不断高涨的企业生产经营成本压力，浙江省多管齐下助推企业降本增效，企业减负工作取得了一定成效。但从2010年至2015年，浙江省规模以上工业企业主营业务成本占主营业务收入的比重（以下简称成本比重）为

85.54%，仍高于全国同期平均水平 84.68% 近 1 个百分点。

2. 浙江省企业间接融资成本高于全国

目前，企业的成本大致由制度性交易成本、工资成本、税费成本、社保费用、融资成本、要素成本、物流成本等方面构成。尽管融资成本在企业总成本中占比不高，但企业在创立、生存和发展的每一阶段都离不开资金的支持，"融资难、融资贵"的问题始终困扰着浙江省企业发展。

从银行贷款利率看，随着我国基准利率的逐步下调，贷款利率呈现持续下降趋势，但浙江省贷款加权利率一直略高于全国水平（见图3），2015 年浙江省一般贷款加权平均利率 6.53%，高于全国 6.22% 约 0.31 个百分点。按 2015 年底浙江省非金融企业 5.26 万亿元的贷款规模计算，浙江省企业仅 2015 年一年的贷款融资成本就多支付近 164 亿元。

图3 2010—2015 年浙江省及我国银行贷款加权利率比较

与银行贷款相比，浙江省还有不少企业难以获得银行贷款，但为维持企业运营不得不依赖更高成本的民间借贷。从民间借贷监测利率上看，尽管利率水平持续走低，但基本维持在 20% 的高位（2011—2015 年分别为 25.91%、24.71%、23.81%、21.61% 和 19.40%）。与高企的融资成本相比，2015 年浙江省规模以上工业企业的主营业务收入利润率仅 5.9%，近 20% 的融资成本与不到 6% 的利润率显然难以匹配。

（二）资本市场有效降低浙江省企业成本

不管是从全国还是从浙江省的角度看，上市公司的成本比重长期低于规模以上工业企业（见表3）。从近六年的成本比重平均数来看，浙江省规模以上工业企业的总成本高于全国水平，而浙江省上市公司的总成本却低于全国上市公司水平。浙江省上市公司比规模以上工业企业的成本比重低近 7 个百分点，而全国上市公司比规上工业企业仅低3个多百分点，这从侧面说明浙江省企业利用资本市场融资更加充分，在降成本方面的效果要优于全国。而且，浙江省企业借助期货市场降低生产成本，提升竞争力的作用开始显现。

表3　　2010—2015年浙江及全国规模以上企业和上市公司的成本比重比较

单位：%

项目 ＼ 年份	2010	2011	2012	2013	2014	2015	六年平均
全国规模以上企业	83.88	84.11	84.42	84.79	85.22	85.69	84.68
浙江规模以上企业	85.68	85.82	86.04	85.52	85.34	84.80	85.54
全国上市公司	80.09	81.14	81.86	81.92	81.57	80.68	81.21
浙江上市公司	78.61	79.11	79.41	79.03	78.21	79.77	79.02

1. 资本市场直接降低浙江省企业融资成本

一方面，企业利用资本市场股权融资降低融资成本效果显著。由于我国资本市场新兴加转轨的特征明显，股票市盈率高、股息率低以及股权融资无须偿还等特征导致与国外发达国家的融资啄食顺序理论不同，我国资本市场的股权融资成本远低于债权融资以及其他间接融资的成本。另一方面，资本市场债权融资有效节约企业融资成本。公司债作为资本市场债权融资的主要形式，近年来发行利率一直低于同期贷款加权利率，尤其在2015年公司债扩容后，公司债的融资优势逐步显现出来。据Wind统计，2015年浙江省发行的公司债券加权平均发行利率仅为4.98%，低于浙江省同期一般贷款加权平均利率6.53%近1.6个百分点。换言之，仅2015年浙江省非金融企业通过交易所债券市场就节省融资成本近10亿元。

2. 资本市场间接降低浙江省企业融资成本，且效果优于全国

得益于资本市场有效增强企业信用，在企业被辅助成为拟上市企业后，银行对企业间接融资的支持力度大幅提高，企业从银行融资的成本降低，便利性提高。与浙江省整体企业相比，浙江省上市公司近六年的贷款加权利率[①]低近1.8个百分点。与全国上市公司相比，在浙江省整体企业的贷款加权利率高于全国平均水平的背景下，浙江省上市公司贷款加权利率反而低于全国上市公司水平。而且与兄弟省份相比，2015年浙江省上市公司的贷款加权利率均低于广东、山东和江苏。可见，资本市场对降低浙江省企业融资成本的效果不仅优于全国，也优于江苏、山东、广东等兄弟省份（见表4）。

———————

① 上市公司贷款利率＝利息支出/借款总和，由于部分上市公司利息支出中包含债券利息，故实际上市公司贷款加权利率低于计算所得。

表 4　　　　　2010—2015 年浙江省以及兄弟省份上市公司贷款加权利率比较　单位：%

项目＼年份	2010	2011	2012	2013	2014	2015	六年平均
浙江整体企业	6.32	7.57	7.56	7.17	7.32	6.53	7.08
浙江上市公司	5.14	5.09	5.94	5.35	5.57	5.10	5.36
江苏上市公司	4.71	5.47	6.30	5.91	6.13	5.93	5.74
山东上市公司	4.55	5.50	6.77	6.54	6.78	6.95	6.18
广东上市公司	4.05	4.89	5.70	5.70	5.63	5.13	5.19
全国上市公司	4.71	5.47	6.30	5.91	6.13	5.93	5.74

3. 期现结合有助于降低浙江省企业生产成本

近期，通过发挥期货市场风险管理功能，浙江省形成了以永安资本、热联中邦为代表的期现模式。以温州地区塑料产业（主要原料为 PVC）为例，与传统采购模式不同（中小企业自主判断 PVC 价格走势，低价囤积原料，高价消化库存，且需向 PVC 经销商预付全款），期现模式将期货技术、策略运用到现货贸易中，如永安资本根据 PVC 期货盘面为企业提供连续、低价、平稳的原料价格，其中远期点价方式仅需企业预付 20% 的保证金直接向永安资本购买 PVC 现货。通过 PVC 期货的实物交割，去除了 PVC 厂家到下游企业的中间经销环节，节约了原料成本，以 5 000 元/吨的 PVC 价格为例，往往能节约 50～100 元/吨。同时，PVC 现货存储于各大交割库中，在工业用地匮乏的温州也有助于降低实体企业的仓储成本。而且，相较于传统全款预付，20% 的预付款提高了企业的资金效率，无形中降低了企业的资金成本。更为重要的是，期现贸易模式利用期货市场为实体企业提供了相对平稳的原料价格，在经济下行、企业微利的背景下，降低了因原料价格剧烈波动严重侵蚀企业利润，甚至导致企业破产的风险。

（三）进一步发挥资本市场降成本的作用

资本市场不仅有助于降低企业总成本，而且在降低企业融资成本方面作用显著。在当前供给侧结构性改革的背景下，浙江省企业运营成本总体仍相对较高，需要继续发挥好资本市场降成本的作用。

一是间接融资转向直接融资。继续坚持大力发展直接融资的理念，持续宣传多层次资本市场体系，推动浙江省企业通过 IPO、新三板挂牌、浙江股权交易中心展示挂牌等全方位对接多层次资本市场，积极利用资本市场降低浙江省企业融资成本及总成本；继续借助"三转一市"，大力推进企业股改，做大股份制公司基数，丰富资本市场发展后备资源。

二是债权融资转向股权融资。依托浙江财富管理中心及钱塘江金融港湾建设，积极引进发展股权投资机构，打造浙江股权交易中心、创投机构和挂牌企业的股权融资生态圈；积极鼓励企业利用永续债、可交换债和优先股等股债属性的新型融资工具，逐步引导浙江省债权文化向股权文化的转变。

三是贷款融资转向债券融资。与贷款融资相比，公司债具备明显的发行利率优势，企业通过低利率的公司债发行置换原来的高成本的贷款融资，有效节约企业融资成本，化解存量债务风险；继续加大公司债的宣传推广力度，推动浙江省企业发行公司债，并积极争取创投债、项目收益债、创新创业债等创新品种在浙江省的试点发行。

四是传统模式转向期现模式。相较于传统模式，期现模式有助于降低原料、仓储等生产成本，提高企业资金使用效率，帮助企业降低原料价格的波动风险，支持企业专注于生产经营，提高核心竞争力。目前，浙江省块状经济众多，集聚效应明显，很多块状经济区域消耗的原材料有对应的期货品种。而且，在企业微利时代，原料价格的波动风险关乎企业生存以及块状经济的健康发展。可以说，浙江省开展期现模式的条件和时机相对成熟，积极发挥浙江省期货公司（风险子公司）多、实力强的优势，进一步深入探索，如在永康开展有色、在诸暨开展PTA等期现试点，待成熟后推广至全省。

三、资本市场服务浙江省供给侧结构性改革之去产能

去产能是供给侧结构性改革的首要任务，同样离不开资本市场的服务和支持。浙江省是传统制造大省，产能过剩问题较突出，以银行为主体、市场为主导的去产能模式虽取得一定成效，但也导致银行业面临的压力增大，对后续推进去产能将产生一定影响，客观上要求更好地发挥资本市场在去产能中的作用。

（一）浙江省工业去产能任务较重

在全国产能过剩的背景下，浙江省作为传统制造大省，去产能任务较艰巨。直观来看，近年来浙江省规模以上工业企业的产能利用率保持低位运行，2012—2015年产能利用率基本维持在75.5%左右，且规模越小的企业产能过剩更严重，如2015年上半年全省规模以下工业企业产能利用率仅为70.3%，远低于合理水平（欧美国家一般认为，产能利用率在79%至83%区间属于产需合理配比）。2016年以来，浙江省大力推进去产能，2016年前三季度工业产能利用率上升为77.8%，取得了较大成效，但仍低于合理水平。间接来看，如果一个行业同时存在高负债率和低利润率的现象时，存在产能过剩的概率较大。从2013年到2015年，浙江省工业增加值增速从8.5%降到4.4%，企业亏损面从2013年12.47%扩大到13.02%，资产负债率虽有所降低仍保持57.16%的高位，上述指标都不同程度地劣于2015年全国平均水平（6.1%、12.86%、56.61%）。从工业细分行业看，鉴于各细分行业在浙江省经济中的重要性以及行业现状，综合亏损率、资产负债率和净利润率等指标，浙江省重点去产能行业主要集中在纺织业、黑色金属、有色金属、非金属矿物制品业和金属制品业

等，与全国略有不同（见表5）。

表5　　　　浙江与全国近3年规模以上工业细分产业企业相关指标对比情况 单位：%

细分产业	浙江（2013—2015年三年平均）				全国（2013—2015年三年平均）		
	产值占比	亏损率	资产负债率	净利润率	亏损率	资产负债率	净利润率
有色金属冶炼和压延加工业	3.76	18.96	66.85	2.76	18.56	64.21	3.29
黑色金属冶炼和压延加工业	3.89	13.16	65.23	3.04	19.34	66.97	2.04
化学纤维制造业	3.85	12.48	62.25	4.12	18.06	61.88	4.08
纺织业	9.11	9.70	62.95	5.05	10.36	53.80	5.73
金属制品业	3.78	12.22	60.85	5.14	10.72	51.77	6.09
电气机械和器材制造业	9.15	13.08	59.17	5.59	12.15	57.26	6.32
化学原料和化学制品制造业	8.60	12.68	56.34	5.64	11.97	57.67	5.61
纺织服装、服饰业	3.75	16.09	55.98	5.75	10.65	48.20	6.34
橡胶和塑料制品业	4.30	11.37	59.57	5.77	10.81	49.44	6.49
非金属矿物制品业	3.06	13.68	61.55	6.37	10.88	53.58	7.13
通用设备制造业	6.63	11.18	55.44	6.76	11.01	53.49	6.81
汽车制造业	4.54	9.96	60.28	7.64	11.55	57.36	8.88
电力、热力的生产和供应业	6.54	6.74	58.33	7.79	22.83	64.45	7.75
计算机、通信和其他电子设备制造业	4.13	14.04	50.55	9.59	16.81	58.19	4.95

（二）以银行为主导推进去产能的压力增大

目前，浙江省各地主要采用以银行为主体、市场为主导的去产能模式，银行在去产能过程中发挥了决定性作用。实践中，浙江省去产能的重要抓手是处置僵尸企业，温州、金华两地的2016年处置僵尸企业数量较多，去产能形式相对严峻，其去产能过程中形成的经验做法在全省具有代表意义。从温州做法来看，在处置僵尸企业过程中，坚持"一行一企一策"分类处置，主要通过自主协商、政府主持协商、市场化重组等方式，利用贷款平移、担保置换、分期付款、协议打折代偿、资产重组等市场化手段处置僵尸企业；金华也针对企业的不同实际情况，分类推进债务重组、兼并重组、破产重组，救助有困难但有前景的企业，兼并产能过剩但管理良好的企业，破除没价值的僵尸企业。客观地来看，两地推进僵尸企业出清的方式，比如贷款平移、分期付款、协议打折代偿等方式，基本以银行为主导。

但面对经济持续下行、两链风险高发和逃废债形势严峻的复杂环境，浙江省银行业不良贷款率趋于上升，风险处置压力较大，客观上对以银行为主导的去产能做法产生一定影响。从全省来看，近年来浙江省不良率持续上升，2014年至2016年上半年，浙江省银行业不良贷款率分别为1.96%、2.37%和2.46%。同时，不良贷款的先行指标仍在高位运行，截至2016年9月底，浙江关注类贷款余额3 591亿元，关注类比例4.46%；逾期贷款余额3 196亿元，逾期90天以上贷款与不良贷款比例120%，高于年初13.5个百分点。从地区上看，处置僵尸企业任务最重的金华、纺织业为支柱行业的绍兴目前不良贷款率都在3.5%左右，关注类贷款也居高不下。可以看出，浙江省银行业自身已面临严峻形势，继续以银行为主导推进去产能的空间变小、压力增大，迫切需要寻找新的支持。

（三）资本市场可为去产能提供支持

随着去产能工作的持续推进，并购重组、破产清算、转型升级等去产能方式将会越来越多地被混合使用，而这些方式都与资本市场密切相关。

1. 利用并购重组提高行业集中度，助力化解过剩产能

2015年中央经济工作会议明确了"多兼并重组，少破产清算"的去产能总体思路。通过并购重组提高行业集中度来化解过剩产能的重要性不言而喻。具体到浙江省来看，纺织业、黑色金属、有色金属、非金属矿物制品业和金属制品业将是重点并购重组行业，而这些行业中具有优质资源的困难企业将是并购重点。具体路径上，一是鼓励支持浙江省行业中的龙头企业通过资本市场发行高收益债券、优先股、可转换债券或其他创新融资工具，募集并购重组过程中化解负债、整合资产所需要的资金，促进兼并后的企业顺利完成"减量置换"目标；二是推动设立浙江省去产能重点行业的并购重组基金，引导私募基金、各类资产管理公司参与并购重组基金，并持续强化证券公司等中介机构的财务顾问能力；三是积极利用债转股降低杠杆率和提升再融资能力，通过引入战略投资者，在深层次上实现产能过剩行业的重组，继续支持四大资产管理公司在浙江省展业，充分发挥浙江省两家地方资产管理公司的功能，通过财政注资、贴息、增信等方式，有选择性地收购各地产能过剩行业中有技术、有前景但短期出现困难企业的债务实施债转股。

2. 利用资产证券化处置不良资产，助力淘汰落后产能

从美国经验来看，资产证券化能运用结构化金融手段隔离银行不良资产风险，并获得现金注入，帮助银行业实现不良资产的批量处置并摆脱危机困境。2015年末，浙江省不良贷款率2.37%，高于全国约0.45个百分点；2016年上半年，浙江省不良贷款率为2.46%，高于全国约0.65个百分点。可以预见，在浙江省两链风险高发及去产能的环境下，还会出现一批破产清算的企业，将继续加大浙江省银

行业的坏账压力。一方面，利用我国不良资产证券化重启的时机，积极争取浙江省银行业机构开展不良资产证券化试点，盘活资金存量，提高资本效率。另一方面，引导浙江省私募基金参与不良资产处置市场，鼓励发展市场化不良资产投资基金，发挥其差异化的重整运营和价格发现专长，加速资产处置。

3. 利用私募基金推动新兴产业发展，助力培育新型产能

为确保浙江省经济的稳健发展，大力推进去产能的同时，必须要发展新兴产业，培育新型产能。其中，私募股权投资善于运用价格、交易、管理等多种方式推动新兴产业的成长和发展。相较于全国，浙江省在计算机、通信和其他电子设备制造业等行业产能效率较高（见表1），这也正是私募股权机构所重点支持的行业。以杭州为例，自2014年以来，各类PE/VC等股权投资机构共投资工业企业数量126例，披露的投资金额近140亿元，其中仅投资计算机、通信和其他电子设备制造业的项目达92例，披露的投资金额约91.39亿元，分别占投资工业总数的73.02%和66.31%。得益于杭州创业氛围好、股权投资机构集聚的优势，杭州工业总体发展趋缓，但转型却在持续加快。2015年，杭州的计算机、通信和其他电子设备制造业产值增长16.6%，而六大高耗能行业产值则下降6.4%。应该说，私募股权投资行业是加快资本与科技产业对接的首选。在产能去旧育新的环境下，需要浙江省依托浙江财富管理中心及钱塘江金融港湾建设，积极引进发展股权投资机构，打造浙江股权交易中心、创投机构和挂牌企业的股权融资生态圈。

4. 利用期货市场推动现有产能升级，助力提升产能质量

期货市场作为资本市场的重要组成部分，其期现结合模式对提升现有产能的效率在去产能过程中同样重要。一方面，利用期现结合开展产能保值。比如浙江省热联中邦的"钢厂产能保值"模式，根据钢厂实际情况，通过与钢厂签订铁矿石、钢材购销合同的方式，为钢厂提供铁矿石等原材料并负责钢材销售，帮助钢厂锁定铁矿石、钢材的价格。另一方面，利用期货交割提升产能质量。以华东的胶合板产业为例，胶合板期货推出后，浙商期货发挥设在嘉兴的胶合板交割库优势，通过仓单向生产企业订购胶合板，并由其风险子公司统一送至交割库进行交割，提高了企业开工率。而且，由于交割标准较高，带动了整体行业生产品质的提升。浙江省是传统的制造大省，也是期货大省，两者的结合创新出了提升现有产能效率的创新模式。而且浙江省块状经济众多，集聚效应明显，很多块状经济区域消耗的原材料具有对应期货品种，应该说借助期货的期现结合或是期现交割来服务产业的功能还可以进一步挖掘推广。比如加大力度支持钢厂产能保值模式和胶合板交割模式，待模式成熟后，积极宣传推广，提升浙江省产能质量。

跨界与融合：商业银行渠道生态圈建构设想及路径

中国工商银行浙江省分行课题组[*]

商业竞争，渠道为王。渠道间的竞争是商业银行的永恒主题。但随着商业模式和技术手段的变化，渠道竞争的表现方式也有所不同。尤其是近年来在互联网和大数据等技术推动下，银行渠道竞争方式正由数量和规模的比拼转向渠道承载力、融合力和互动力的较量，也即更加注重渠道在整个社会经济体系中的地位及其对不同业态、不同主体、不同行业的吸纳与整合能力。在此背景下，构建全渠道协同、全领域覆盖、全方位服务的渠道生态圈，融合线上渠道与线下渠道、传统金融与新兴金融、金融服务与非金融服务等各类资源、服务和场景就显得尤为重要。为此，本文通过系统梳理有关研究文献，首次定义了渠道生态圈的概念及特征，系统比较了银行现有渠道模式与渠道生态圈间的差异，分析了国内银行渠道生态圈建设现状及存在问题，并在此基础上提出构建渠道生态圈的设想及路径，以更好地适应新技术、新金融和新经济发展。

一、文献综述：渠道生态圈研究回顾及述评

"生态圈"是一个生物学概念，其指在自然界的一定空间内，生命物质与非生命物质组成的开放、复杂且相互影响的自我调节系统。"渠道生态圈"作为"跨界"概念，兼具生物学与金融学双重特点，但目前业内外尚未对其给出权威定义与解读，而更多的是从银行渠道转型视角展开研究。经过认真梳理和归纳，相关文献大致可分为以下三类。

1. 关于"商业生态圈"的研究。梳理文献可以发现，商学界与生物学的"跨界研究"早已起步，尤其是"商业生态圈"这一概念早在 20 世纪 90 年代就已提出。从国外来看，Moore（1993）在《哈佛商业评论》上首次将生态系统和生态圈等生物学概念引入企业竞争战略，并提出了"商业生态圈"的概念，即以各种不同组织——包括产品提供者、供应商、分销商、顾客、互补产品提供

---

* 课题主持人：沈荣勤
   课题组成员：沈荣勤　俞　栋　王晓暾　邱　韬

者、竞争者、政府及其利益相关者——相互作用、互利共赢为基础的经济联合体。Peltoniemi 和 Vuori（2004）进一步阐释了上述定义，认为其是由企业所有相关组织共同构成的系统，具有生态、经济、复杂适应等特点，且未来企业竞争将是商业生态圈内部主导权与话语权的分配及生态圈之间的对抗。Moore（1996）指出在商业生态圈中，企业的关注点应从单纯提升个体竞争力转向增强企业所参与的整个商业网络的整体能力上。从国内来看，学者对商业生态圈的研究多集中于企业定位与竞争策略，如田秀华（2006）等强调企业的经营大环境是个互为依赖的共生系统，故企业在商业生态圈中应转变传统的"单赢"观念，树立"双赢"甚至"多赢"新理念。江远涛（2016）研究了互联网时代生态圈兴起的背景、"互联网生态圈"的四种形态以及未来发展趋势，其认为在互联网时代建设生态圈将是企业的必然选择和战略方向。

2. 关于"金融生态圈"的研究。伴随金融市场尤其是互联网金融的快速发展，作为"商业生态圈"子系统的"金融生态圈"日益受到业内外重视。徐诺金（2005）提出"金融生态圈"定义，其认为金融生态圈是各种金融组织之间在长期联系中，通过分工、合作所形成的具有一定结构特征、执行一定功能作用的动态平衡系统。其目标是通过调节和优化外部环境以促进金融系统自身发展。巴曙松（2012）认为，在互联网背景下，金融生态圈不再是以往单一的内部资源整合型业态，而将呈现出全新的混业形态。李沛伦（2013）认为在互联网金融背景下，金融生态圈将向综合化、平台化方向发展，各类金融机构将共同为客户提供一站式金融服务。王千（2014）基于"共同价值理论"的逻辑，认为互联网金融生态圈应注重货币、数据、核心能力柔性化的价值创造和转移，以同时满足多边群体价值转移多元化需求，最终构建起双向协调、创新驱动的互联网金融生态圈。

3. 关于银行渠道转型的研究。面对互联网金融的冲击，业内外专家围绕银行渠道转型的方向与措施等展开了深入探讨。姜建清（2001）提出，随着网络经济的兴起和发展，发展"移动金融"和"数据银行"将是银行渠道转型的主要突破口。马蔚华（2011）认为互联网背景下，银行应努力打破渠道间界限，形成银行全渠道互促互补的良性建设局面。中国农业银行产品创新规划项目组（2013）进一步指出网点在移动金融生态圈构建过程中要坚持营造开放包容的发展环境、提供个性化和差异化的服务、关注客户体验与场景应用以及重视数据分析服务。马骏（2015）认为互联网技术冲击下，传统网点转型方向在于发挥其体验感、区域性和可靠性三大优势，可从经营特色、服务质量、智能化三个方面重点提升。刘刚等（2015）认为银行开展互联网金融转型需从拓展非金融服务、搭建服务平台和打造应用场景等方面入手。

综上所述，上述研究都围绕银行渠道转型做了初步研究，并在渠道生态圈构建方面有所涉及，但其整体性、系统性和可操作性相对欠缺，故本文将在吸取现有研究成果和实践经验的基础上，对渠道生态圈构建进行破题性、实践性研究。

二、概念界定：银行渠道生态圈的概念、特点及发轫

（一）渠道生态圈的概念与特征

鉴于"渠道生态圈"是一个全新概念，笔者在综合研究基础上将其定义为：渠道生态圈是以金融服务为内核，以提升渠道"张力"为目标，以互联网和信息化技术为手段，以融入生活（产）场域为路径，各主体间相互依存、自我更新、不断演进的渠道生态系统。其主要有以下"四高特征"。

1. 高异质性：根据生态学理论，生物多样性和异质性对维系生态系统的功能至关重要。同样，一个健康、活跃的渠道生态圈也应具备异质、多元、跨界的参与主体，并承载更丰富的业态和功能。例如，淘宝网在早期引入即时通信和支付功能，之后又在物流运输、广告联盟、运费保险和金融服务等领域广泛引入伙伴，以增强异质性，丰富"圈"构成。

2. 高融入性：渠道生态圈群落成员之间高频互动、高效合作、高度融入。这有助于提升和放大全体成员的共同价值，形成彼此互补、融合并进的良性生态环境。例如，小米强调的"参与感"，阿里尝试的"社交化"，乐视追求的"生态闭环"都旨在加强生态圈要素间的依赖性，以提高融入度。

3. 高竞争性：在渠道生态圈中，各群落成员及其所处位置等并非一成不变，而是根据其价值、贡献与作用而动态调整的。那些异质性强、融入度高、贡献度大的主体将在金融生态圈中处于更有利地位。这也是保证渠道生态圈"活性"的重要条件。正如自然生态系统的进化机制一样，只有通过优胜劣汰和新陈代谢，方能促进渠道生态圈的良性循环，增强整个"圈"的价值创造力。

4. 高演进性：渠道生态圈具有较强的自适应、自修复、自生长能力，可以随着外部环境的变化而不断进化、成长。并且，一旦受到内外界冲击或是由于其他原因使渠道生态圈的平衡被打破，其都可以通过动态调整重回平衡、持续演进。并且，渠道生态圈的异质性越高、复杂性越大，其演进的要求越高，进化的动力也越强。

（二）渠道生态圈的发轫

近年来，伴随技术手段发展和市场竞争加剧，各行各业都在从打造价值链向构建生态圈转变。尤其是国内商业银行无不将打造生态圈作为自身转型再造的重要战略目标和发展方向。一是源于技术手段推动。这是构建渠道生态圈的基础条件。渠道具有较强的技术依赖性，其演进自然离不开技术推动，如自助设备、网上银行、手机银行和智能平台等的诞生就是佐证。特别是随着互联网、

大数据、云计算和人工智能等信息科技的不断进步和日趋成熟，为提升金融运行效率，促进线上与线下渠道融合，加快金融与其他行业资源整合等提供了技术条件，也为渠道生态圈的构建奠定了技术基础。二是源于客户需求变迁。这是构建渠道生态圈的市场导向。随着经济社会变迁和民众金融意识的提升，其对金融服务可得性、操作便捷性、响应时效性、体验舒适性和场景丰富性等都提出了更高要求。商业银行传统服务渠道已难以满足上述需求，迫切需要重整各类资源，构建更具活力和黏性的渠道生态圈。三是源于跨界竞争倒逼。这是构建渠道生态圈的内生动力。随着近年来互联网金融的快速兴起，其凭借开放的发展理念、先进的技术手段、强大的"触达"能力和良好的客户体验，对商业银行各个领域展开全面冲击。不仅挤压了市场空间，分流了银行客户，还隔离了银行与客户长期以来形成的密切关联，使银行逐渐失去对信息流和资金流的掌控，甚至沦为互联网金融企业的"通道"。因此，商业银行亟须因势而变，加快金融创新与渠道转型步伐，而构建渠道生态圈无疑就是抢占未来竞争优势的必然选择。

三、差异比较：银行现有渠道模式与渠道生态圈的优劣势对比分析

渠道生态圈作为一种全新的运营模式和商业业态，其渠道质态、构成要素、运营模式、客户关系及支撑体系等与传统银行渠道大相径庭。经过认真梳理和比较，现将两者的主要差异归纳如下（见表1）。

表1　　　　　　　　　银行现有渠道模式与渠道生态圈比较

比较维度		银行现有渠道	渠道生态圈
渠道质态		有形渠道与无形渠道并行	以无形渠道、虚拟平台为主
构成要素	参与主体	银行＋客户＋同业	银行＋客户＋同业＋商户＋中介＋……
	产品服务	金融服务	大金融服务＋泛金融服务
	业务载体	物理网点＋电子银行	金融平台＋体验门店
运营模式	基本功能	揽存＋获客＋销售	引流＋聚合＋共生
	交互方式	人人交流＋人机交流	远程交流＋人机交互
客户关系	应用场景	金融场景	金融场景＋生活场景＋生产场景＋……
	客户体验	现场服务＋被动接受	虚拟服务＋自主选择
支撑体系		人＋机具＋网点	大数据＋云计算＋人工智能＋……

从渠道业态的演进逻辑和发展趋势来看，渠道生态圈无疑是对银行现有渠

道的再造与重构，故其在许多方面均优于银行现有渠道。在渠道质态上，渠道生态圈以无形渠道和虚拟平台为主，其更符合互联网金融时代的竞争要求和客户需求。在参与主体上，现有渠道仅限于商业银行和金融同业以及客户等有限主体，而渠道生态圈则更具包容性、开放性和延展性，其参与主体的类型不受限制，可以是有助于满足客户需求的任何主体、任意行业。在产品服务上，渠道生态圈囊括了金融服务与非金融服务，其服务更具深度和广度，可以更好地满足客户"泛金融"服务需求。在业务载体上，渠道生态圈的线上金融平台更具承载力和聚合力，可以容纳各类产品与服务，并辅以一定数量的线下体验门店，从而形成了更全面的服务渠道网络。在基本功能上，渠道生态圈的引流、聚合、共生等职能更有利于促进内外部资源的整合，也更有助于提升银行核心竞争力。在交互方式上，渠道生态圈主要通过远程交互、全息视频等IT技术进行交流，可以有效提升交流效率和覆盖面。但需注意的是，其对不熟悉互联网等现代信息科技的客户则构成了一定障碍。在客户关系上，渠道生态圈既可以满足客户金融需求，也可以满足其生活（产）需求，且直接融入客户生活（产）场景，故其体验感、接受度和依赖性也更高。在支撑体系上，渠道生态圈的优势在于其更多地依靠大数据、云计算和人工智能等先进技术与手段，故运营更高效、服务更精准、风控更严密。

四、实践探索：国内银行渠道生态圈建设进展及存在问题

回顾国内商业银行渠道业态的"演进史"，可以发现其先后经历了从"点"到"网"①，再到"链"直至"台"②的多次进化。目前，随着区块链、全息互动和生物识别等新技术、新工具、新手段的快速兴起及深入运用，银行渠道业态正朝着"圈"的方向进一步演化和升级。

（一）国内银行渠道生态圈的探索

近年来，面对互联网金融等新兴业态的激烈挑战和冲击，尤其是对客户流、信息流和资金流的阻断与隔离，国内银行普遍加快金融网络化转型步伐，尝试搭建自身的渠道生态圈。其中，工商银行、建设银行等大型商业银行起步较早，力度较大，在渠道生态圈构建上已有一定先发优势，而招行、平安、华夏银行等也各具特色（见表2）。

---

① 即指银行物理网点从最初相对孤立进化到逐步联网。

② 即银行建立了一系列特色化专营网点，构建了金融上下游链式服务体系，之后由升级为金融综合服务平台。

表2　　　　　　　　　　　国内银行构建渠道生态圈的进展

银行	总体战略	构想与进展	组织架构	建构方式
工商银行	E‑ICBC 2.0战略	打造三平台（融e购、融e行、融e联），三产品（支付类、融资类和投资类），一中心（网络融资中心）。其中，浙江分行自主研发的"工银聚"平台已形成"网上接单、网上结算、网上评审、网上授信、网上融资、网上理财"的供应链网络金融服务体系	已成立由电子银行部主导，网络融资中心和渠道管理部等协同推进的组织架构	自我构建
建设银行	由互联网金融参与者成为领跑者	建设三大渠道（手机银行、网络银行和微信银行），三大平台（善融商务、悦生活、惠生活），三大产品线（在线缴费支付、网上投资理财和网络信贷融资），三大智慧技术（大数据、金融云、智能客服）	已成立独立的网络金融部	自我构建
交通银行	打造线上"第二交通银行"	形成涵盖理财（快溢通）、电商（交博汇）、网贷（e贷通2.0）和移动金融（e动交行）的金融生态圈服务体系	采取"事业部+子公司"模式，已成立互联网金融业务中心，并注册小贷公司和P2P公司	自我构建+借用外力
招商银行	建设轻型银行和未来银行	塑造一个平台（小企业E家）、一个账户（E+账户）	依托其网络金融部	自我构建+借用外力①
平安银行	"互联网金融+供应链金融"战略	构建一扇门（通过"任意门"衔接应用场景），两个聚焦（资产云和健康云），三个平台（资产管理平台、健康管理平台、生活服务平台），五个市场（资产交易市场、积分交易市场、汽车交易市场、医疗健康服务市场、房产金融市场）	依托"产品+平台"的事业部模式，分别成立了公司网络金融事业部和零售网络金融事业部	自我构建+借用外力
华夏银行	平台金融战略+移动金融生态圈战略	打造包含智慧网银、智慧移动银行、智慧微信银行、智慧直销银行、智慧网站、智慧客服在内的"智慧"特色电子银行服务体系	主要依托其电子银行部来推进	外包（蚂蚁金服）合作

———————

①　招商银行选择与电商合作，由后者引流，招商银行提供行业应用。

综观上述银行渠道生态圈，如果从业务覆盖面、融合度和完整性来看，可分为综合模式和专业模式。

一是综合模式。该模式以工商银行、建设银行和平安集团为代表，其业务覆盖面、产品丰富度和架构完整性较高，不仅囊括网络支付、网络理财和网络融资等金融业务，还包括电子商务、数据服务及社交网络等非金融服务。因此，其对商业银行的品牌信誉、渠道资源、科技实力和创新能力等有较高要求，相对而言更适合大型商业银行。

二是专业模式。该模式不要求面面俱到，而是聚焦于互联网金融的某一细分领域（如电商领域），并以此为支点衍生扩充成渠道生态圈，故其通常适合规模较小的商业银行。如光大银行就依托其"e 点商"电商平台，并利用技术手段将信息流、资金流、物流进行整合，建构了基于电商平台的渠道生态圈，为客户提供集销售中介、支付中介及信用中介与会员管理等一体化服务。

若从构建方式来看，还可以分为独立模式和合作模式。

其一，独立模式。指商业银行在渠道生态圈构建中采取独立决策、独立运营、独立核算的事业部制，比较适合体制机制灵活或改革创新意愿强烈的大中型金融集团。如交通银行利用推进混合所有制改革之机，在国有大型商业银行中率先采取事业部模式，并计划引入民营资本合作设立互联网金融子公司。平安银行也沿用事业部制，并依托平安集团综合化金融布局优势，先后布局了陆金所、万里通、车市、房市、支付、移动社交金融门户等业务，打造了"橙 e 网"、"行 e 通"、"橙子银行"和"金橙俱乐部"四大平台，将金融服务融入客户"医、食、住、行、玩"等生活场景，形成相对完善的渠道生态圈。

其二，合作模式。该模式更注重对外部资源的整合利用，比较适合科技实力相对较弱的股份制商业银行。例如，招商银行依据"外接流量、内建平台、流量经营"的总体思路，利用其零售金融优势，通过与电商企业合作获取其商流和信息流，再利用大数据技术挖掘信息价值，为客户提供有关网络金融服务。又如，华夏银行与"蚂蚁金服"开展合作，旨在利用后者在互联网支付、互联网理财、互联网征信、云计算和大数据风控等方面的优势，借力打造渠道生态圈。

（二）当前国内银行渠道生态圈中存在的问题

1. 渠道融合度不高。在商业银行现行的组织机构体系下，各类渠道之间有所割裂，融合程度仍显不足，这导致渠道生态圈中各要素成员的联系不够紧密，难以发挥其整体效能。究其成因，主要是由于商业银行各类渠道多是在不同时期，采用独立标准陆续建成。由于缺乏统一规划和部署，各渠道所依托的后台管理系统存在差异明显，所遵循的规则要求也不尽相同，以致渠道间"壁垒"丛生、信息割裂、运行不畅。并且，各专业条线出于自身利益考量，也没有推动渠道信息整合的内在动力。

2. 平台包容性不够。目前各家银行的渠道生态圈仍具有较强的"排他性"。在其渠道生态圈尤其是核心的金融综合服务平台上，仍以自家产品和签订合作协议的证券、保险、基金等同业机构产品为主，而对于其他银行及其产品则基本"谢绝"。但从渠道生态圈的本质特点来看，其本身应该是开放、动态、包容的，凡是有利于满足客户需求的产品、服务与机构等皆应纳入生态圈，从而实现共赢共生的目标，促进生态圈良性运转。

3. 场景构建力不强。高频度、高互动、高黏性的应用场景是保持渠道生态圈活性的重要保障。但遗憾的是，商业银行普遍存在场景构建能力弱、场景营销活力低等问题，以致其应用场景稀少且十分"冷清"，尚未实现吸引客户、集聚流量的目标。相比之下，互联网金融企业如支付宝、理财通等均已构建了涵盖商超、售卖、医院、教育、餐饮、百货、物流、会展、票务、酒店、便民、景区、停车场等数十个典型场景的解决方案和扩展方案，可以较好地满足客户需求。

4. 人才匹配度不足。建设运行良好、生机勃勃的渠道生态圈，需要既能准确把握当前金融市场竞争态势，又能清晰地预判未来银行转型和信息技术发展趋势；既懂得"生态圈"顶层设计和系统架构，又擅长各类渠道"嫁接"与资源整合；既熟悉商业银行业务，又了解大金融业务和泛金融服务；既能开展大数据挖掘、分析与运用，又善于创意策划和市场创新的跨界型人才。而商业银行现有人才队伍的学科背景、专业特长和素质能力等与上述要求差距较大。

五、建构思路：银行渠道生态圈的构建设想与发展路径

如果说互联网企业间的竞争是基于生态圈的"入口竞争"和"流量竞争"，那么未来商业银行间的竞争也必将是渠道生态圈的角力和比拼。因此，商业银行亟须顺应渠道转型发展趋势，加速渠道营运模式"进化"，努力构建起贯通线上线下、协调前中后台、运转高效顺畅、充满生机活力的渠道生态圈，牢牢占据竞争制高点，掌握市场主动权。

（一）渠道生态圈的建设原则及建构设想

1. 建设原则：渠道生态圈构建并非简单的"渠道＋"或"金融＋"，其必须遵循以下三大原则。

（1）以我为主。坚持商业银行"主角"定位，充分掌握"话语权"，由银行主导渠道生态圈的顶层设计、逻辑架构、功能模块、运营模式和构建节奏等。并在此基础上与金融同业和商圈商户等合作伙伴密切协作，共同为客户提供大金融和泛金融服务，更好地满足客户各类需求。

（2）无缝衔接。注重内外部渠道和资源的衔接与融合，依靠管理创新、制

度创新、技术创新和产品创新等多种方式，实现线上与线下渠道、银行与金融同业、客户与商圈商户等各类主体的有效对接，提升渠道生态圈中各成员之间的匹配度和融合度。

（3）和合共生。强化渠道生态圈中各成员的共同价值，塑造彼此互补、互助、互利的良好氛围和运营机制，实现银行、客户、同业、商户和合作伙伴乃至全社会金融生态的共生共赢，不断增强渠道生态圈的黏合力与凝聚力。

2. 建构设想。根据上述原则，笔者提出渠道生态圈的建构设想，即"一核多圈全域"：

"一核"是指以商业银行为核心圈，其又包含线上虚拟平台和线下体验门店两部分。其中，线上虚拟平台通常由金融服务平台、电子商务平台、社交网络平台、直销银行平台等多个平台组成，其还将作为"孵化器"，进一步演化生成整个渠道生态圈；线下体验门店则由传统银行网点进化而来，是构成渠道生态圈 O2O 闭环的重要"触角"，旨在不断改善和提升客户体验。

"多圈"是指客户圈、同业圈和伙伴圈等外围圈层。其中，客户圈又分为生产商和消费者两类，建设渠道生态圈的目标就是为了更好地适应形势变化、满足客户需求；同业圈既包含银行、证券、基金、保险、信托、租赁、期货和征信等在内的传统金融同业，又涵盖第三方支付、互联网金融等新兴业态；伙伴圈则是与完成金融服务密切相关的会计、审计、税务、法律、担保、评级和资产评估等中介机构，以及各类企业、商户等可以满足客户需求的非金融服务机构。

"全域"是指覆盖所有的生活（产）应用场景。建设渠道生态圈需要将金融产品、金融工具、金融服务乃至各种非金融服务更好地融入客户生产环节，渗入人们生活轨迹，并利用大数据、云计算等"底层技术"搭建起一系列独具特色的应用场景，如制造业金融场景、供应链金融场景、R&D① 金融场景、商贸金融场景等生产贸易性场景，以及美食金融场景、娱乐金融场景、旅游金融场景和健康金融场景等生活消费性场景，最终实现"金融生活（产）化，生活（产）金融化"（见图1）。

---

① R&D 即指研究与开发，是英文 Research and Development 的缩写。

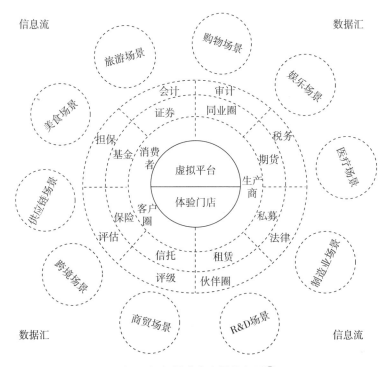

图1　银行渠道生态圈构想图①

（二）渠道生态圈的全景绘像

根据上述建构设想，渠道生态圈各主体既各具功能，又彼此互补；既独立运作，又紧密协同；既单线串行，又动态循环。其功能及目标主要见表3。

表3　　　　　　　　　　　渠道生态圈的功能及目标

渠道生态圈	构成	功能	目标
一核	网络平台 （金融、电商、社交）	获客、引流、聚财	一个平台（APP） 就是一家银行
	体验门店 （旗舰、专营、便利）	产品体验、品牌展示、 公众形象	品牌展示与服务体验中心
多圈	客户圈	维护客户、稳定客户、 扩大客户	建立各主体的利益共同体
	同业圈	协同银行完成金融服务	
	伙伴圈	配合银行完成金融及非金融服务	

---

①　各个圈以及圈内部的分割界限均用虚线表示，意味着其分割并不严格、刻板，而是可以根据实际需要相互渗透、互相融合。

续表

渠道生态圈	构成	功能	目标
全域	供应域	打造供应链金融	金融生活（产）化 生活（产）金融化
	生产域	打造产业金融	
	流通域	发展商贸金融	
	消费域	提供消费金融	

（三）渠道生态圈的评价维度、评价模型及其应用

1. 评价维度。根据上述构想，要衡量一家银行渠道生态圈的"成熟度"，则需从以下五个维度来考察和评估。

（1）平台承载能力（p）。哈佛大学托马斯·艾斯曼教授研究表明，在全球市值最大的100家互联网公司中，有60家主要收入来自平台商业模式，尤其是在排名前15位的公司中[①]，无一例外都采取了平台商业模式。可以说，平台已成为互联网时代的典型社会现象、经济现象和组织现象。同样，对于渠道生态圈而言，平台就是其建"圈"之基，故平台承载能力的高低决定了渠道生态圈的基础是否够稳固，边界是否可延伸，容量是否能扩展。

（2）网络聚合能力（n）。当前，在商业银行与竞争对手普遍遵循平台模式，且在不断加快自身平台建设的背景下，渠道生态圈成功与否在很大程度上就取决于其网络聚合能力，即能否吸引和集聚各类机构、主体和业态"入驻"渠道生态圈，持续增强其异质性、适应性和生态活性，为渠道生态圈的"自生长"、"自修复"、"自循环"奠定基础。

（3）渠道协同能力（c）。建设渠道生态圈不是将各类渠道简单对接，而要求有较高的协同能力。既能对线上与线下渠道、内部与外部渠道、银行与非银渠道等进行有效整合，又善于将不同渠道与各类金融产品、服务、流程和技术等紧密衔接。可以说，协同能力的强弱在很大程度上决定了渠道生态圈是否可以持续、顺畅、高效地运转。

（4）场景构建能力（s）。构建渠道生态圈就是要尽可能地融入客户生活（产）场景，占领客户生活（产）时空，使金融服务成为其不可或缺的基本要素。同时，丰富的生活（产）场景也有助于激发客户需求，提升参与热情，挖掘客户潜能，增强用户黏性。因此，场景构建能力的高低直接决定了渠道生态圈的吸引力和生命力。

（5）基础支撑能力（f）。如果说金融服务是客户生活（产）的"阳光雨露"，那么大数据和云计算能力就是商业银行的"空气土壤"。在渠道生态圈构

---

① 其中4家为中国公司，其余11家为美国公司。

建过程中，无论是打造综合平台，还是整合各类渠道；无论是构建应用场景，还是开展营销与风控，都需要强大的数据能力和 IT 技术支撑。

在此基础上，将五大能力作为研究变量，则可以构建出渠道生态圈"成熟度"评价模型，用于综合评价一家商业银行渠道生态圈的建设进展及成熟状况。

2. 评价模型。对商业银行渠道生态圈"成熟度"的综合评价，其本质是一个不确定环境下的信息评判问题。为此，本文借助近年来最新发展的语言信息决策理论，并提出如下假设：设评估团队专家 EP_h （ $h=1, 2, \cdots, k$ ）对商业银行渠道生态圈 CE_j （ $j=1, 2, \cdots, n$ ），利用语言评估标度集 $S = \{s_i | i = 1, 2, \cdots, t\}$ ，从平台承载能力（ p ）、网络聚合能力（ n ）、渠道协同能力（ c ）、场景构建能力（ s ）和基础支撑能力（ f ）五大能力方面进行评估，则可得专家 EP_h 给出的渠道生态圈 CE_j 的语言评估值（ $s_{jh}^p, s_{jh}^n, s_{jh}^c, s_{jh}^s, s_{jh}^f$ ）。

为提高评估的准确度和精细度，本文还将考量上述五大能力各自的权重，因为本质上其对渠道生态圈的影响各有差异。假设五大能力的权重为 $w = \{w_p, w_n, w_c, w_s, w_f\}$ ，其可由评估专家用层次分析法（Ho W，2008）、粗糙集法或模糊分析法等确定， $w \geq 0$ ，且（ $w_p + w_n + w_c + w_s + w_f$ ） $= 1$ 。

基于上述假设并利用语言信息决策理论的有关运算法则，本文设计了渠道生态圈"成熟度"评价模型，其具体评价及运算流程如图 2 所示。

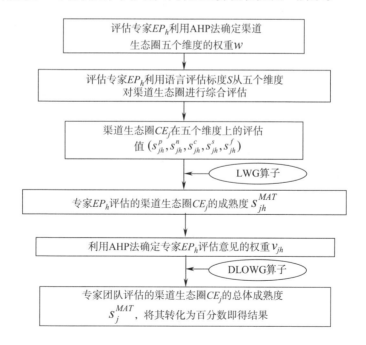

图 2　渠道生态圈"成熟度"评价流程

　　3. 模型应用。鉴于目前工行、农行、中行、建行四大行均在推进自身渠道生态圈建设,且其经营定位、业务范围、渠道网络、科技实力和人才队伍等级别相仿,可比性强,故择其为评价和研究样本。

　　为准确评估四大行渠道生态圈的"成熟度",本文在充分考量专家团队多元性与专业性基础上,分别邀请来自银行客户、监管部门、合作伙伴及金融专家4个群体的若干代表共同组成评估专家团队,并从每个群体中随机抽取评估专家,由其根据上述模型对四大行渠道生态圈"成熟度"进行量化评估与分析。经过计算,求得四大行渠道生态圈"成熟度"分别为:工行(CE_1)=80.25%,农行(CE_2)=60.40%,中行(CE_3)=64.13%,建行(CE_4)=74.59%。可见,四大行渠道生态圈"成熟度"还是存在较大差异的。其中,工行超过80%,相对较为成熟;建行约为75%,居其次;而中行和农行则不足七成,表明其渠道生态圈尚未搭建完成,还需持续推进建设步伐。

　　(四)渠道生态圈的发展路径

　　渠道生态圈是商业银行未来转型发展的重要方向,其建设也不能一蹴而就,需要循序渐进、远近结合、稳步实施。

　　1. 打造"泛金融"平台。这是支撑渠道生态圈运行的载体。首先,应由商业银行建立功能完备、开放包容、承载力强的金融综合服务平台,将各类金融服务导入平台,并使金融服务功能模块化、构件化,便于客户"按需定制",以满足其标准化或个性化需求。其次,不断扩充平台服务,丰富平台功能,尤其是要增加电商、社交、搜索等主流功能,提升平台的覆盖面、体验感和延展性,使其逐渐升级为涵盖线上与线下、金融与非金融的"泛金融"平台。最后,通过大数据、云计算等技术疏通金融平台与关联行业和不同机构之间的"接口",统一数据与信息标准,形成"共同语言",为后续的业态对接、群落"入驻"和功能扩展提供技术保障。

　　2. 引入"异质性"群落。这是提升渠道生态圈活性的"触媒"。渠道生态圈要维持"活性",须扩大其中的"生态群落",广泛吸纳客户、同业和商户乃至政府等各类异质性伙伴进入生态闭环,不断丰富群落主体,激活生态元素,优化生态环境。一是与客户合作。邀请客户参与渠道生态圈建设全程,尤其是在电商平台打造、社交网络搭建、合作伙伴引入、同业产品嫁接和应用场景构建等关键环节,更要广泛采集客户意见,充分挖掘客户需求,深入吸收客户智慧,使渠道生态圈更好地反映"客户心声",赢得客户认同和信任。二是与同业合作。加大与保险、证券、基金、信托等传统金融同业以及第三方支付和互联网金融企业等的合作力度,在"泛金融"平台嵌入更多更受市场欢迎的金融产品与服务,扩大客户选择面,提升用户活跃度。三是与商户合作。依托庞大的线下客户资源,网罗和筛选优质商户进入生态圈,以提振消费性客户动力;按行业属性吸引供应商、经销商、代理商及广告商等进入生态圈，满足各类生产性客户需求。四是与伙伴合作。根据客户需求及业务发展的实际需要，引入会计、税务、法律、担保、评级、资产评估等各类合作伙伴，制定合作规范，简化业务流程，提升运行效率，为客户提供"一条龙"、全方位服务。五是与政府合作。抓住当前政府部门大力推进智慧交通、智慧医疗、智慧城市建设之机，与其开展深入合作，将医疗预约、公积金查询、租车约车等各种便民服务纳入生态圈中，进一步丰富生态圈的群落多样性。此外，要充分发挥优胜劣汰机制，通过品牌信誉、数据资产、客户资源等吸引和稳定优质伙伴，增强其依赖度和归属感，同时逐步淘汰流量较小、贡献较少的合作者，增强生态圈活力。

3. 丰富"场景化"业态。这是增强渠道生态圈吸引力的关键。网络时代，场景制胜。因为其既是获取信息、集聚流量之地，也是应用数据、产生实效之所。为此，要加大创新力度，充分借助大数据、人工智能和区块链等前沿技术，提升场景构建、布局和嫁接能力，努力建构起涵盖各个领域、融入生产生活的应用场景。在供应领域，根据客户行业特点和实际需求，部署订货、接单、议价、签约等采购性场景，打造"供应链金融生态圈"。在生产领域，部署研发、设计、制造、加工、装配等生产性场景，建设"制造业金融生态圈"、"研发金融生态圈"等。在流通领域，部署物流、贸易及跨境等流通性场景，逐步形成"物流金融生态圈"、"商贸金融生态圈"和"跨境金融生态圈"等。在消费领域，部署餐饮、酒店、出行、旅游、购物、娱乐、教育、医疗、体育和健康服务等各类生活场景，以及水、电、气、费（如话费、油费）等日常缴费场景，并内嵌金融产品与服务，逐步形成"美食金融生态圈"、"旅游金融生态圈"、"医疗金融生态圈"等消费性金融生态圈。并通过"场景化"营销功能和一体化解决方案，全方位满足客户生产生活需求，努力形成"场景获取数据，数据完善信用，信用进化场景"的良性循环。

4. 促进"再生式"成长。这是提升渠道生态圈凝聚力的基础。从学理上讲，金融生态圈可分为共生、互生和再生三个层次。其中，共生是指成员之间通过不断地投入来共同创造新的价值；互生则是通过价值分享来促进彼此的循环更替，从而维护整个生态圈的良性发展；再生则是通过自我提升和改革来适应持续出现的新需求和新变化，最终推动整个生态圈的进化。因此，当平台、群落和场景等要素基本齐备、渠道生态圈初具雏形后，就要保证生态圈顺畅运营、成员间紧密协作。为此，应贯通线上金融平台与传统线下渠道，重点解决渠道协同性、服务连续性和体验舒适性等问题，打破渠道"隔离带"，填补服务"空白点"，建立"任意方式接入、线上线下融通、服务全程响应、客户体验一致、满足多元需求"的渠道运营体系。并广泛吸纳客户、同业、商户和合作伙伴等各类主体，利用高黏度、频互动的应用场景增强客户参与度和忠诚度，促进银行、客户、同业、商户和伙伴等各主体之间的联动协同，提升群落成员的共同价值，并增强其自我变革、自我修复、自我调整能力，形成"聚变效应"和"再生效应"，推动渠道生态圈持续进化。

（五）渠道生态圈的保障措施

1. 理念先行。渠道生态圈的建设是互联网思维在商业银行渠道转型中的直接体现。为此，需要转变相对保守、封闭、静态的传统观念，更加开放包容地对待客户、同业乃至合作伙伴，从而推动竞争方式由单体竞争、供应链竞争和价值链竞争向渠道生态圈竞争转变，促进经营目标由银行自身利益最大化向生态群落所有合作伙伴价值最大化转变。

2. 架构跟上。建设渠道生态圈是一项系统工程，涉及方方面面。要更好地推进其建设，就必须改革商业银行现有的管理体系、专业设置和组织架构，设立专门机构统筹推动渠道生态圈建设，以打破渠道间、专业间、机构间的分割与疏离。

3. 机制驱动。一是建立信息共享机制。打通各渠道信息壁垒，实现跨渠道数据与信息的共享共用，为基于大数据的精准营销和精确风控奠定基础。二是深化专业联动机制。明确各专业的职责分工，合理划分所得收益，不断凝聚各方力量，形成协同并进的渠道生态圈建设格局。三是完善考核激励机制。坚持短期目标与长远效益相结合、专项考核与综合评估相结合，既注重对平台构建、伙伴引入等近期性工作的考核，又强化对流量增长、效益转化等持续性工作的评价。四是强化风险控制机制。渠道生态圈具有技术集成、信息富集等特点，故在其运营中需加强对技术更迭、恶意攻击和信息泄露等的防范，做好技术风险防控与信息安全管理。同时，鉴于其承载着银行及同业乃至其他行业的各类产品与服务，还需做好声誉风险的管控。

4. 人才支撑。通过外引内培，尽快建设一支跨界综合人才队伍，更好地适应渠道生态圈的建构要求。尤其要培养具有较强资源整合能力和跨界沟通能力的人才团队；建设充满创意、思维活跃、想象力强的商务创意与策划团队；打造精通业务、擅长分析、勇于创新的数据分析与管理团队；培育熟悉互联网思维，掌握 SEO（搜索引擎优化）、SEM（搜索引擎广告）、价值包装和软文撰写等互联网营销技术的市场营销与推广团队，努力提升互联网时代的核心竞争力。

参考文献

[1] 巴曙松：《中国金融改革的方向》，载《经济》，2012（12）。

[2] 姜建清：《展望新世纪 实现新发展》，载《中国金融》，2001（2）。

[3] 江远涛：《商业生态圈》，当代世界出版社，2016。

[4] 李沛伦：《网络金融生态圈：SBI 集团发展历程》，复旦大学出版

社，2013。

[5] 刘刚、何启翔、刘君、方渊：《构建社区金融生态圈　引领互联网金融新常态——银行发展社区金融的一些思路》，载《金融电子化》，2015（12）。

[6] 马骏：《互联网金融对银行传统网点的影响及转型策略研究》，载《金融监管研究》，2015（12）。

[7] 马蔚华：《C时代的移动金融》，载《IT经理世界》，2011（12）。

[8] 田秀华：《浅析商业生态系统内企业长期共存的条件》，载《商业时代》，2006（2）。

[9] 王千：《互联网企业生态圈及其金融生态圈研究——基于共同价值的视角》，载《国际金融研究》，2014（11）。

[10] 徐诺金：《论我国金融生态问题》，载《金融研究》，2005（4）。

[11] 徐泽水：《基于语言信息的决策理论与方法》，科学出版社，2008。

[12] 中国农业银行产品创新规划项目组：《商业银行在移动金融生态圈中的定位及经营策略》，载《农村金融研究》，2013（10）。

[13] Ho W. Integrated analytic hierarchy process and its applications – A literature review [J] . *European Journal of Operational Research*, 2008, 186 (1): 211 – 228.

[14] Moore J F. Predator and prey: A new ecology of competition [J] . *Harvard Business Review*, 1993, 71 (3): 75 – 83.

[15] Moore J F. The death of competition: Leadership and strategy in the age of business ecosystem [J] . *Ecosystem*, 1996.

[16] Peltoniemi M, Vuori E. Business ecosystem as the new approach to complex adaptive business environments [C] . *Conference Proceedings of eBRF*, Tampere, Finland, 2004: 267 – 281.

[17] Wu Z B, Chen Y H. The maximizing deviation method for group multiple attribute decision making under linguistic environment [J] . *Fuzzy Sets and Systems*, 2007, 158 (14): 1608 – 1617.

[18] Xu Z S. On generalized induced linguistic aggregation operators [J] . *International Journal of General Systems*, 2006, 35 (1): 17 – 28.

[19] Xu Z S. Dependent uncertain ordered weighted aggregation operators [J] . *Information Fusion*, 2008, 9 (2): 310 – 316.

[20] Yager R R. Families of OWA operators [J] . *Fuzzy Sets and Systems*, 1993, 59 (2): 125 – 148.

融入大金融打造浙江"黄金海岸"

——对浙江省海洋港口经济金融服务体系构建的研究

中国建设银行浙江省分行课题组*

一、研究背景与意义

2015 年，浙江省启动省内五大港口一体化发展的战略规划，旨在建成具有国际地位和世界影响力的区域港口群系统，实现"四个全球一流"① 的战略目标。这是浙江省推动海洋经济发展与浙江经济转型升级，参与实施长江经济带、"一带一路"和"走出去"等国家战略的重要举措，具有重大历史意义。

经济与金融相生相息。综观世界一流的航运中心，不论是腹地型为主的纽约、中转型为主的新加坡和中国香港，还是以提供交易和综合服务为主的伦敦，同时都是国际金融中心。金融作为经济发展的基础要素，以其配套性、渗入性的特征，始终贯穿于港口乃至海洋经济建设发展的各阶段、各方面，浙江省港口经济与海洋经济的发展也必将离不开配套金融体系的繁荣发展。

目前浙江省尚缺少专业服务于港口经济的金融体系和金融机构。现有的各类金融机构，特别是商业银行所能提供的专业配套服务较为有限。因此，本文以浙江港口经济战略发展为蓝图，旨在提出发展港口经济所应建立的与之相适应的金融体系和金融生态圈，及打造具有浙江特色的海洋"蓝色金融"的实施路径。

二、浙江海港经济金融发展现状

（一）世界强港的评价标准

港口的竞争力一般主要通过以下几方面评价：港口的区位条件及腹地资源、港口的软硬件设施、港口的开发能力和运行效能、港口的现代化管理水平和服务质量、港口盈利能力、港口的政策环境等。

---

* 课题主持人：陈建东

课题组成员：胡 越 韩文静

① 即全球一流现代化枢纽港、全球一流航运服务基地、全球一流大宗商品储运交易加工基地和全球一流港口运营商。

当今世界强港主要有以下特点：能以完善的港口设施和畅通的集疏运网络为基础，以先进的港口物流为核心，以发达的贸易、金融、信息等港航服务业为支撑，以功能齐全、集约高效的管理机制为保障，以绿色生态、环保建设为基础要求，拥有较高国际化水平的金融服务体系，能够实现全球资源要素配置，具有较强的国际竞争力和可持续发展的综合性能力[①]。综合前期专家研究成果，我们认为，可以从物流服务能力、综合服务能力、资源配置能力和港城互动能力等方面归纳建立国际强港的评价指标体系。

（二）浙江港口的发展现状与存在的问题

以宁波—舟山港为例，目前其几项指标与世界强港尚有一定距离。一是港口建设与利用方面。包括岸线资源紧张与浪费并存；码头设施布局有待优化；内陆腹地为混合腹地区域，与周边港口存在竞争关系；集疏运结构待调整等。二是物流服务水平方面。包括物流服务种类待丰富、水平待提高；物流园区建设相对滞后；港航配套服务能力不足；一体化物流服务能力薄弱；运营组织现代化程度待提升；缺乏航运物流金融服务等。三是国际贸易资源配置方面。包括高附加值商品交易市场有待开发；贸易网络体系尚需健全；大宗商品交易瓶颈亟待突破等。四是港城一体化协调发展方面。包括港、城、业统筹协调规划发展进程待加快；临港产业衔接不够紧密；信息资源整合能力待提高等。五是对外开放政策环境方面。包括政策环境开放性有待提高；口岸政务服务水平待提升等。六是大宗商品交易体系待完善。作为浙江省大宗现货商品的综合性交易中心、结算中心和物流中心，甬商所在2015年9月中国金融要素市场排行榜中名列第八，浙商所排名第十六。两大交易市场在现货贸易基础上，逐步形成了以基于实物商品为交易标的物的电子仓单交易模式，通过搭建电子商务平台和配套第三方物流、质检、连接产销环节，整合信息流、资金流与物流等流量经济，发挥了立足现货、提升现货、服务现货的基础功能。尽管两家交易所建立了电子交易市场，还存在①缺乏现货交易基础，电子成交量远高于交割量，平均交割率不足1%，远低于国际平均水平；②实物交割主要通过线下交易完成，线上转换率低（<20%）；③交易品种多而杂，定位不明确，品牌不突出，价格体系不完善；④会员客户拓展不足，投机商占比高，结构和质量需提高等问题。

综上所述，我们认为要提高浙江省港口群的综合竞争力，充分发挥港口运输节点和开展相关经济活动的两大功能，提高自身经营效率和收益率，迈入世界"强港"的队伍，除了首先要完成五大港口及港区、内河港及集疏运体系的建设外，还要加快配套增值产业的发展。包括完成临港园区及配套产业，大宗

---

① 贺向阳：《宁波港与国际强港的实证比较》，载《集装箱化》，2012（5）。

商品、航运交易、第四方物流等相关综合性平台的建设；完成港口运营管理集团公司的整合和运营能力的提升；完成价值创造方式由地理和劳动要素向市场和知识技术要素的转型；进一步完成港口建设对旅游、环保、渔业、生物医药、海洋能源等海洋经济的带动。

（三）海港建设需要的金融支持与现状

"大金融"既是港口软实力的重要组成因素之一，又是港口建设发展的"助推器"，具有双重身份。换句话说，港口不但在建设过程中需要金融的配套支持，更需将金融作为港区的一种配套服务提升对外吸引力。与港口经济发展相配套的港口金融包括项目建设金融、投资金融、物流金融、航运金融、贸易金融、财务金融、互联网金融等。

表1　　　　　　　　　浙江港口经济发展需要的配套港口金融情况表

港口经济形态	港口及集疏运系统基础建设	货物仓储、运输等物流建设	航运建设	航运配套服务	临港产业	综合平台建设
配套港口金融	投融资金融	物流金融	航运金融（包括船舶融资、航运保险等）	融资金融、支付结算金融	制造融资、贸易金融、服务金融等	互联网金融、支付结算金融

从目前浙江省拥有的金融资源看，尚缺乏专业的金融服务和专业人才，省内港口发展的金融支持仍主要依赖于传统商业银行贷款和基本投行业务，金融发展与创新无法满足港口经济未来发展需要。

三、浙江港口经济金融发展路径与规划

根据浙江港口的发展现状和战略，及世界强港发展的历史经验，笔者认为，浙江省港口发展可以通过"三步走"的方式逐步实现"四个一流"[①] 的战略目标。即世界"大港"—世界"强港"—"自由港"，进而由点及面，打造出最具经济活力的"黄金海岸"。

"世界大港"，主要谓规模之大。衡量港口规模的指标主要包括货物吞吐量、港口服务航运量及港口码头水线长度等[②]。宁波—舟山港已以综合通过能力7.74亿吨、吞吐量8.73亿吨，位世界海港前列。整合嘉兴、温州、台州港、义乌国际陆港，可称之为世界大型港口群。

---

① 即全球一流现代化枢纽港、全球一流航运服务基地、全球一流大宗商品储运交易加工基地和全球一流港口运营商。

② ［荷兰］德兰根，宋炳良译：《港口经济、政策与管理》，上海人民出版社，2009。

"世界强港",应拥有较强的核心竞争力,具有一定的国际地位和世界影响力。当前世界强港能集运输、物流、工贸、金融、信息和多式联运为一体,通过整体运营管理,为各方提供全方位增值服务,使自身及各方利益最大化。目前浙江省港口群规模虽大,但与世界"强港"仍有一定距离。

"自由港",是在"强港"的基础上,辅以更为自由便利化、市场化的自由贸易政策,使之成为可在全球范围内调动、配置资源的枢纽,世界贸易物流、经济金融的中心。现我国的上海等多个港口正尝试向此发展,这也将是浙江省港口群未来的发展方向。

"黄金海岸",是对包含港口群系统在内的浙江省海洋经济发展提出更高的战略愿景。它将是围绕浙江省海洋资源,实现港口和城市经济中心、长江三角洲经济腹地、沿海特色海洋产业带形成的经济网线共同发展的社会经济系统。

在由世界"大港"向世界"强港"、"自由港"和"黄金海岸"发展的过程中,笔者认为并不一定必然是每阶段逐个推进的过程,而会是并行、共同发展的行进轨道。即在"大港"的基础上,会随内外部资源的变化,同步发展"强港"、"自由港"和"黄金海岸"所需关键要素。

基于经济与金融相生相长的特征,在发展港口经济的同时应建立与之相适应的金融体系和金融生态圈。以宁波—舟山港为先导区,其他港口跟进推广应用,开展金融政策、组织体系、产品与服务的建设与创新,打造具有浙江特色的海洋"蓝色金融"。让金融除了发挥投融资、支付结算、清算汇兑等功能,还能随着经济发展的需求而不断地变革创新,共同清除"发展阻碍",更能以外延广阔的"大金融"形式,在大港口体系、大服务基地、大交易平台、大运营商的建设中发挥作用,伴随浙江海洋港口战略发展"三步走",推动浙江省海港区域系统成为商业流、货物流、资金流、技术流、信息流和人才流的汇集中心,实现发展战略目标。

(一)第一阶段:统筹建设迈向世界强港阶段

笔者认为,当前浙江五港一体化发展,最迫切的就是按照"世界强港"的要求来推进各项工作,完成港口的软硬件建设、提升港口的运营管理能力,实现港口软、硬实力"两手齐建,两手都强"。在此阶段,应在发挥省海港集团自身投融资功能、引入发展相对成熟的金融机构的同时,筹建新型金融组织,合作创新,构建为"强港"建设提供配套金融产品与服务、渐进式地推进金融创新、可作为"药引"提升港口综合竞争力与吸引力的"港口金融服务体系"。

1. "强港"金融服务体系构架设计

引进有相关资质的银行、证券、保险、信托、租赁等金融机构,构建完备的金融服务市场,打造园区内多层次、结构多元化的港口经济金融服务体系。拟构建的浙江省港口经济金融服务体系(如图 1 所示)主要包含传统金融业务、创新金融工具与服务、金融服务平台和金融政策法律支撑四大要素，由投融资子系统、资金结算子系统、保险子系统、衍生服务子系统、综合服务子系统等组成。五大子系统有机结合，相互配合，共同实现港口金融服务功能。其中，①投融资子系统为港口建设、临港产业、航运服务、物流服务解决资金来源问题；②资金结算子系统为港口内的经济体解决现金管理、支付结算与清算、汇兑等问题；③航运保险子系统为航运企业提供保险服务，吸引航运企业入驻；④衍生服务子系统提供资金配置、增值保值服务及避险工具，满足相关方规避风险、资金增值的需求；⑤综合服务子系统，通过与港口经济体合作，共同搭建港口综合化服务平台，提供金融咨询、个人金融服务等，提高港口的竞争优势，吸引贸易、物流、航运和航运配套服务企业，及优秀人才等汇聚于港口。

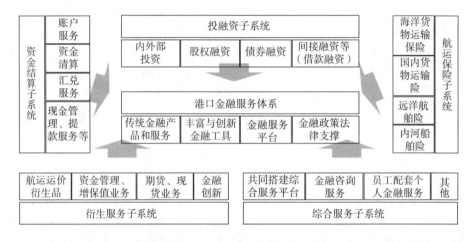

图1　浙江港口金融服务体系构架设计图

2. 金融体系服务支撑港口经济的实施路径

（1）建设港口、港区及集运输体系方面

要完成"层次分明、结构合理、功能完善、安全高效"、"一主四辅多联"现代化港口群系统的前期基础性建设，需要巨大的资金投入。在这个过程中，省海港集团可以在运用其投融资板块功能的同时，充分借助外部金融机构力量，满足重大项目建设的基本需求。

①实施省海港集团自身的对内外投资

利用浙江省海港投资运营集团的平台和下属财务公司，统一港口的资本运作。一是将自有资金直接投资于港口及配套设施的建设。二是以股权投资的方式参与配套集疏运建设投资，有效实现规模经济效应、增加母港在国际航线中的节点作用。主要包括以合资新建、改扩建、管理输出等模式。三是选取港区内优质的物流企业、航运及航运服务企业，以股权方式投资，加强对港口及集疏运设施建设的主导性，强化对港口行业的整合，在做大做强宁波—舟山主枢纽港的同时加速嘉兴、台州和温州港的发展，避免重复建设和资源浪费、滥用。

②使用外部融资产品与服务

股权融资：利用宁波港集团上市公司平台，通过发行股票或定向增发等方式在证券市场上融资。此方式具有成本低、周期长等优点，但会稀释所有者权益，且经营效益直接影响股票收益，存在一定风险。

债券融资：可凭借自身较高的信用，利用金融机构在银行间债券市场的承销优势和沟通协调能力，使用债务融资工具融资，包括：企业短期融资券、中期票据、超短期融资券、私募债券等，满足自身低成本、高效率的融资需求。

借款融资：这是满足基础设施建设和企业日常经营资金需求的最基本方式。包括：银行借款、融资租赁、信托融资，以及产业投资基金、PPP项目贷款、资产证券化（ABS）等各类融资工具。具体包括以下8点。

• 传统项目建设贷款。包括银行基本建设贷款、技术改造贷款、海洋经济建设贷款、项目融资等多种中长期融资产品，满足港口在建设期、项目开发等方面的大额资金需求。大型银行还可以利用自身在银行业中的市场地位，针对大额融资需要，组织银团贷款。

• 成立港口建设基金。由省海港集团或金融机构发起，通过非公开的方式募集特定投资人的资金，组成"浙江省海洋港口建设基金"，同时引入第三方投资人（可以是财政，也可是企业），由专业金融机构或省海港集团作为管理人负责股权投资管理和退出，再把所获收益分给基金投资人，海港集团作为管理人也可享有部分收益分成。

• 资产证券化（ABS）。港口基础设施项目建设规模较大、投资额较高、建设周期较长，对金融机构和省海港集团的流动性都带来压力。资产证券化可以港口所拥有的资产为基础，以资产可带来的预期收益为保证，通过在资本市场发行债券来募集资金，盘活港口大量固定资产，改善企业收益水平，拓宽融资渠道，有效解决这一问题。此外，还可通过设立SPV公司①，将港口当前运营的部分码头出售给SPV公司，由SPV公司通过证券公司将码头及其未来的现金流收入打包，在资本市场发行证券融资。SPV公司再将筹集的资金支付给港口集团，用于建设新的码头或港口。由于资产证券化融资模式实现资产分离，融资人是SPV公司，由SPV担保发行证券，减少了企业的融资风险，可改善企业财务状况，且企业仍然拥有码头或港口的经营决策权，证券到期后剩余资产及其收益归属SPV公司，企业可进行回购。

---

① SPV公司是指特殊目的机构/公司，是在离岸资产证券化过程中，购买、包装证券化资产和以此为基础发行资产化证券，向国外投资者融资的组织。

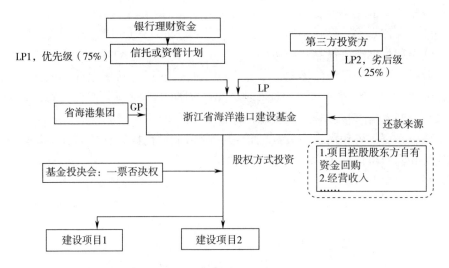

图2　浙江省海洋港口建设基金示意图

●融资租赁。由银行与租赁公司合作，将港口码头建设的大型机器设备等作为租赁资产，由租赁公司向作为承租人的码头业主企业提供融资支持。具有融资期限长，还款方式灵活，可美化报表等优点。

●基础资产权益类融资。可将所持商业承兑汇票、应收账款、其他应收款、存货、固定资产、股权（宁波港），及其他产生收益的特色收益权等特定资产或特定资产收益权作为投资标的，在银行等金融机构通过发行理财产品融资。

●PPP项目贷款。我们建议可在两方面采用PPP项目融资：一是在建设铁路、公路、内河航道和管道等集疏运网络的过程中，组建集疏运网络的PPP项目。二是在整合港口业主码头的过程中，由省海港委作为公共角色，吸纳原业主码头的经营商作为基础设施的投资者，推动港口一体化布局与整合建设。

●信托融资。由信托投资公司通过发行一定期限的集合资金信托计划，为海港集团筹集社会资金。主要包括债权信托（由银行将海港集团在银行的信贷资产出售给信托公司）和股权信托（由信托公司通过募集资金，对海港集团以股权方式进行投资。具体包括股权投资、阶段性持股、优先股、阶段性优先股等）。相比之下，股权信托更适合省海港集团。基于港口建设特点，利用信托投资公司发行股权信托计划，募集资金对港口企业增资，不仅可调整港口企业的资产负债结构，满足港口建设项目资本金需要，又不会失去对项目的实际控制权。

●日常经营流动性支持。由银行提供支持港口日常经营周转的流动性支持，包括流动资金贷款、国际与国内贸易融资贷款、银行承兑汇票、保函、票据贴现、法人账户透支、信贷证明等。

③满足日常金融服务需求

一是利用银行等金融机构的全面资金管理、债务管理等服务，更好地管理集团资金，提高资金效率，包括账户服务、现金管理、电子银行和短信银行服务、增值理财和企业年金服务等。二是充分应用金融机构咨询、顾问、资产管理及其他增值服务。三是在港口、港区及集疏运体系建设中，选用金融机构提供的专业造价咨询服务。四是使用金融机构理财产品、互换、掉期、期权、即远期和外汇买卖等利率及汇率金融衍生工具，降低利率及汇率风险，实现资金保值增值。五是采用集团员工的全面个人金融服务和财富管理服务，满足员工基本诉求，稳定企业人才。

④通过不断金融创新满足港口经营发展需求

一是与银行、证券等金融机构共同研发、创新适应省海洋港口建设的金融产品，如海洋经济建设贷款、海域权、河域权质押贷款等。共同根据省海港的建设发展的阶段和需求，渐进性地创造符合实际需求的金融产品。二是根据港口资金特点，以一种或多种金融衍生产品组合创新符合海港集团需求的结构化金融工具。

（2）建设临港配套产业方面

临港工业是港口发展的动力和核心，其中物流业更被认为是一国经济发展的动脉，世界著名港口无一例外都具有强大的物流功能，建立了物流中心。浙江省港口群要在港口建设配套的物流园区和产业园区，在依托原有货物装卸、堆存和储运功能的基础上，发展港口物流业与航运服务、临港工业和旅游业等相关临港产业，形成全球一流的物流中心、产业中心和航运服务基地。港口的临港工业，特别是物流产业能否很好地利用金融合理配置资源的特性，有效缩短资金占用周期，是未来提升竞争力和获得利润的关键。

①临港工业

可依托港口物流和产业链聚集的优势，开办供应链金融业务，解决临港小企业缺少抵押物、融资难的问题，提高港口核心大企业的话语权和定价权。如图3所示，具体包括订单融资、动产融资、保单融资和国内保理、应收账款融资等。还可为园区内贸易企业提供国际、国内贸易融资服务，以及跨境结算、清算、汇兑服务等。

②物流业

全球物流的供应链一体化发展不断对港口服务提出更高要求，而"物流业的未来决胜点在于金融服务"①。未来浙江省港口群要充分利用混合腹地优势建立综合化物流园区，将宁波港下属物流公司逐步发展成具有规模效应的大型物

---

① 夏露、李严锋：《物流业的未来决胜点在于金融服务》，载《物流工程与管理》，2013（5）。

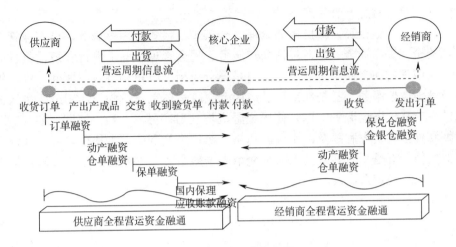

图 3　供应链融资示意图

流公司，进而利用港口拥有的物流信息发展物流金融，为港口客户提供高质量、高附加值的物流与加工服务；提供间接或直接的金融服务，提高供应链中各环节的效率，有效降低港口客户的经营和资本运作成本；吸引非港口客户入港办理业务，实现优势互补，达到金融机构、港口客户和港口的三方共赢。物流金融服务的内容包括：融资、评估、担保、监管、资产处理、金融咨询等，要将物流与金融集成式的创新服务，协助港口和港口企业建立资本纽带，增加港口物流链整体收益。

一是发展融资类物流金融产品，包括：代客结算业务（垫付货款和代收货款）、质押监管类融资（融通仓、保兑仓、海陆仓、反担保融资等）、物流卡业务、特定产品（如石油及制品、LNG、水产品等）融通业务等。二是除引入银行和保险类金融机构外，还应引入配套的会计、审计、评估、投资咨询、经纪公司、保险精算、数据处理、金融信息等多种辅助机构及服务平台，尽可能规避因信息不对称而导致的潜在风险。三是搭建（第四方）物流与物流金融平台。资讯化、网络化、智慧化、柔性化、标准化和社会化将是未来物流业的特点。省海港可以"互联网＋"、"物流园"的模式，利用物流园区拥有货物流和采集信息流的天然优势，及金融系统掌控资金流的功能，在发挥宁波港原有的"口岸服务"和"EDI 服务"的基础上，引入第三方支付公司，整合物流园区资源，创新港口金融服务功能，搭建第四方物流平台及第四方物流金融平台。并在整合其他港口一体化发展过程中，将其他港口的海关、国检、边检、海事、口岸信息，及码头集装箱、船舶/船期、集卡和报文信息，堆场、码头、船舶代理与货运代理等信息整合于平台上，通过提供共享及发布信息服务，帮助园区内企业实现降低成本和有效整合资源，构建成一个集信息化系统、智能化设备、管理咨询、金融服务及其他增值服务为一体的集成服务平台。同时，尝试由金融机构向平台上的企业授信，平台上企业将港口中转货物质押给银行而获得信用贷款，盘活企业资金，满足融通需求。而作为物流中间平台的港口物流中心则扮演货物监管角色，实时监管货物动态，降低金融风险同时获得增值收益。

③非物流航运服务业

发展航运业是实现港口经济效益的重要途径和载体，港口配套的航运服务是吸引航运企业汇聚的关键因素之一，其中也包括丰富的航运金融服务。航运金融产业主要包括航运融资、航运保险、资金结算、航运价格衍生品交易四大细分产业。具体包括：航运融资、船舶融资与租赁、航运信托、权益融资、航运保险、航运产业基金、船舶担保、航运金融期货、航运会计服务和航运教育与培训等。

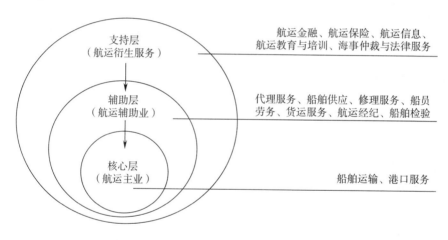

图4 主要航运服务业构成图

一是可为港区内航运企业，及提供配套航运服务的船舶运输、船舶修理、船舶代理、货运代理、航运咨询、拖船作业、码头服务、集装箱堆场、海损理算、航运经纪、船舶检验、航运教育与培训等企业提供配套金融服务。二是可探索省海港担保航运贷。由金融机构基于浙江省海港集团的担保，利用金融机构全球机构，特别是海外分行的资源优势，为港口主要合作航运公司提供融资支持。通过以省海港集团增信的方式，增加浙江省海洋港口对航运企业的吸引力、航线与定价的话语权等。三是加快发展航运交易电子商务综合平台。以"互联网+"、"航运交易所"模式，整合货主、航运企业、金融机构等多方面战略资源，构建包括公共信息服务、航运交易业务、航运增值服务的综合平台，并将上文所述航运配套服务企业聚集于交易平台，实现船舶买卖、船舶租赁、航运物流、航运人才、航运金融五大交易市场落地平台。整合航运服务的综合信息，发布反馈给各方，利用大数据的信息共享，有效控制风险的同时拓展金融增值业务。同时，通过航交所形成运营高效的业务流程与协同发展的产业链条，提升宁波"海上丝路"集装箱指数的区域性影响力，打造能为客户提供集航运交易、航运金融、航运经纪、信息咨询、政策研究、政务服务为一体的"一站式"服务的"智慧航运"综合服务平台。

其中，航运公共信息服务包括船员劳务、船舶交易、航运供求信息、运价运力、航运指数、企业诚信指数、航运行业宏观信息等航运信息的加工与发布，航运公约的宣传与推广，航运行业相关政策解读及建议，航运信息动态提醒、货物安全信息追踪等。航运交易业务主要涉及航运物流交易服务、船舶买卖服务、船舶租赁服务等。货主、航运企业、船舶厂商等各方在交易平台发布需求及服务信息，由航运交易所负责审核交易信息的真实性，并对真实有效的买卖双方信息撮合，并提供资金清算服务。航运增值服务主要涉及航运金融服务业务、航运人才服务业务和航运代理合同签订与谈判、验船服务、仲裁服务、航运招标服务、船舶托管服务、广告服务、咨询管理服务、信誉评估服务、售后回租服务和法律服务等其他配套增值服务。

④旅游业及其他临港服务业

可提供港口金融系统中融资服务、资金支付结算服务、理财和财务顾问服务、衍生服务和综合服务子系统的功能。特别可针对物流港区内生产企业、贸易企业、代理服务商等客户，提供国内外贸易融资、本外币增值业务，即通过提供利率错配和结构化安排以及各类组合型资金产品、复合式金融衍生品，帮助航运企业及配套服务产业规避汇率与利率风险，实现套期保值、资金增值。

(3) 建设增值服务交易平台方面

"以航运高端服务为特征的伦敦和以航运基本服务为标志的新加坡、德国汉堡等国际航运中心都具有完善的航运服务信息整合能力，本质上也是国际航运信息整合中心。"① 与世界强港相比，浙江省港口群的信息整合范围、信息平台集成水平、权威信息发布和政策自由度等存在明显差距。本文认为提升浙江港口群核心竞争力的关键路径之一，就是立足大数据时代，集成管理港口现有和潜在资源，以"互联网 +"模式，以港航物流为基础，协同金融打造全方位、"多流合一"、信息化的综合平台。依托港口贸易大数据资源的分析与共享，推动信息化建设，从港口单环节经营扩展为贸易供应链全流程服务平台，构建交易中心线上交易和港口贸易物流线下服务的一体化经营体系，互助互促、协同

---

① 蒋元涛等．国际航运中心航运服务信息整合研究．上海市社会科学创新研究基地、上海发展战略研究所汪传旭工作室研究成果。

发展，促进港群系统迎接 DT 时代、取得话语权、稳固国际枢纽及国际"强港"地位。

除上文所述"第四方物流及物流金融平台"及"航运交易平台"外，还应充分利用港口大宗商品的物流资源，从三个市场参与主体（政府、交易所、交易商）的角度出发，将甬商所和浙商所资源整合，融合金融机构平台，共同搭建信息化、金融化的中国（浙江）大宗商品交易中心，为线上企业提供套期保值工具和资金清算服务。

①着力打造第三方大宗商品服务平台

• 市场定位。以发展现货交易服务为核心功能，以支撑实体经济、服务贸易物流为目标定位，主要满足有真实贸易背景、进行现货交割的终端商和贸易商的交易需求，发挥套期保值功能，实现稳定的价格发现、规范的市场秩序、公信度高的品牌效应，打造具有国内乃至国际影响力的综合性大宗商品服务平台。

• 运作模式。着力做好信息、物流、交易和资金四项服务的架构设计、制度安排、硬件和软件配套支撑，致力于打造成有市场竞争力的综合型大宗商品交易平台。通过电子交易平台，连接产销，建立交易双方信用评估体系，加快商品物流储运速度，优化配置资源，提升市场管理能力和市场运行效率，促进行业间和交易对手间的信息沟通。

• 信息服务。信息服务是大宗商品交易市场作为发挥平台效应的核心服务，主要包括咨询和交易两类。实现咨询信息服务方面，第一，培育专家团队，调研分析市场行情；第二，与国内以行业咨询服务为主的大宗商品服务平台合作，共享信息资源，提升平台咨询服务能力，打造市场品牌。强化交易信息管理方面，一是促成供需方要约达成，激发有效交易量，增加贸易物流；二是与银行合作，搭建数据共享平台和客户信用评估体系，强化信用平台功能，整合客户资源，应用交易、账户、物流等信息数据，配套增值服务，由点及面挖掘潜在交易需求，拓展有效客户，扩大市场空间；三是加强对交易方信息完整性、准确性、及时性、安全性的管理。

• 物流服务。规划建设专业化大宗商品储运基地和交割仓，加快全国布局建点。与大型有信誉的第三方物流合作，搭建物流运输体系，降低物流成本；完善集疏运网络体系，提高货物交收效率，发挥港口大宗商品集散中转优势，加速拓展商品储存、加工增值功能，逐步形成集中交易、多点交割、就近物流配送的交易机制。借鉴天津渤海商品交易所经验，搭建企业"买货、卖货、融资、融货"平台，构建遍布全国的原材料交割仓库网络，设立六大片区物流交割监管中心，在全球建立国际物流管理中心，完善销售和采购渠道，降低贸易成本，实现生产者增收、消费者节支、经营者轻松交易、交易量稳步攀升。

● 资金管理和融资服务。加强与银行在运营模式、交易信息和结算方式等方面的合作。运用银行支付结算体系、交易账户管理和融资金融服务，提升平台的业务运营效率和风险控制能力。银行可提供包括统一标准接口下各类客户的资金结算、交易资金管理和平台注册客户的综合金融服务需求，提升注册客户对交易平台的黏合度。打造全流程的第三方大宗商品在线交易和在线融资平台，提供商品交易、仓储、融资、交割和结算等服务，整合生产企业、贸易商、终端用户、仓储物流、银行和担保公司等全产业链各方主体，提供综合金融服务。

● 交易品种和模式。

A. 交易品种发展分析与建议。主要依托港口现货贸易集散地，避免上海大宗商品市场的"阴影效应"制约，重点发展资源互补性、区域优势性交易品种，将浙江大交所打造成具有品牌特色、资源优势、市场持续竞争力的综合交易平台。如依托于镇海液体化工产品有形现货市场和镇海港口液体化工产品的物流基础设施，及国内最大的塑料原料产品集散地宁波余姚等，发展具有优势的大宗商品交易品种。

B. 大宗商品电子交易模式与扩展建议。逐步完善交易模式，做好挂牌交易、竞价交易、中远期交易等主流模式，打造核心市场，逐步扩展其他交易模式，如订单交易、招标交易、商场交易、超市交易、仓单交易、专场交易等。一是以国内贸易为主的大宗商品交易模式。做大做强化工原料、煤炭、粮食现货即期交易，根据细分市场商品特点差别化发展挂牌、竞价、招标、订单等现货交易模式，同步提升交易量和交割量；对于发展成熟的细分市场，逐步扩展现货中远期交易模式，进一步提升市场的价格发现能力和风险对冲功能；对于农林牧渔等有区域资源优势的商品，学习上海大宗农产品市场经验，建立服务全国农产品批发市场、农贸市场、超市、团体采购单位的电子交易、结算、物流、交割体系，丰富交易品种，满足多产业大宗商品交易需求，提升综合服务能力。二是以国际贸易为主的大宗商品交易模式。积极争取国家政策支持，加快发展液化天然气、石油、铁矿石等以进出口贸易为主的大宗商品细分市场，加强与国际贸易商、海运商的紧密合作，争取入园注册，引导线上交易，培育和扩展交易品种、市场和投资者，提升交易规模和交割量，对接国际大宗商品市场规则和交易模式，为市场内交易商提供可对抗国际商品价格波动的风险对冲工具，逐步争取大宗商品国际定价的话语权，实现市场在套期保值和资产配置等方面的多元化功能。

● 提升大宗商品交易市场的增值服务能力。有机整合宁波航运交易所子平台，集聚航运要素和资源，提供第四方物流配套服务，为交易供需方、第三方物流提供供应链集成服务，提升交易中心中高端航运服务水平，并在平台上提供资金结算和监管、供应链融资、信用中介等综合金融服务。

②交易商管理

• 存量交易商管理。加快推进线下交易向线上转化，一是争取政府税收优惠政策，差别化政策利好电子交易类会员；二是完善业务响应、材料审核，物流管理、资金服务等方面流程，提高线上交易效率，提升线下配套服务能力；三是引入银行综合融资服务，解决交易资金问题，降低客户财务成本，提升商品交易活跃度。

• 新交易商市场拓展。积极拓展全国有实力的授权服务机构，建立覆盖范围广泛的营业机构，拓宽市场营销渠道，扩大市场交易规模。在交易终端商和贸易商方面，依托港口贸易物流大数据资源，分析和应用港口大宗商品物流交易信息，锁定潜在目标客户主动对接拓展；依托银行客户资源，积极合作和共享数据信息，将银行供应链客户转化为交易中心的会员客户，共同制定交易、物流仓储和结算融资等一揽子综合服务，扩展交易终端商和贸易商会员群体。

• 第三方支付机构合作与资源共享。发挥市场信用中介作用，引进银行等金融机构作为交易中心的第三方支付机构提供配套资金和结算服务，如部分银行可提供"E商贸通"系列网上平台配套服务。

③风险管理

• 交易信用风险管控对策。一是建立企业信用风险约束机制，规范信用行为。可依托银行合作平台，对企业进行信用评级，选择优质客户。二是健全信息披露制度，减少不确定性风险因素。通过外部信息、客户提交信息和银行共享信息，充分了解客户财务和经营状况，防范逆向选择和道德风险。三是采用先进的风险管理方法，建立完善风险预警体系，强化风险监管机制。

• 交货仓库货物监管质押的管理风险。一是做好事前控制。加强内部环境建设，建立融资质押监管组织执行机构和考核激励机制，健全项目合同等相关档案管理，并根据市场情况和评估结果控制融资上限，以防范和降低企业内部风险；加强对出质客户资质的审查评价，建立客户资信档案及其调查核实制度、客户信用动态分级制度、财务管理制度等以防信用风险；建立项目评审机制，依据业务操作流程制定合同，注重合同的完备性和可操作性，防范法律风险。二是做好事中控制。货物质押监管业务中要重视现场管理，严格执行货物仓储保管规则和相关协议，定期收集、交换监管商品的信息数据，现场核库质押财产，防止因监管人员的工作失误带来风险，建立和完善机制灵活快速的大宗商品信息收集和市场信息反馈体系，防范因质押物价格变动带来的市场风险。三是做好事后反馈控制。在事前、事中控制的基础上定期对执行完毕的项目总结、评审、考核和反馈，发现项目执行期间存在的问题或经验，总结用于指导当前或后期项目。

● 交易市场对会员所缴纳保证金的挪用风险。一是引入银行作为保证金和交易资金托管机构，发挥第三方资金监管功能，帮助交易中心实现信息流、资金流的监管分离，以银行信誉提高交易商对交易中心的认同度；二是实行后台集中管理，防范内部风险；三是完善外部监管，要求存管银行提供完整的会员保证金、第三方存管运营报告等，通过交易中心监控系统的数据接口和存管银行提供的账户数据，对不同数据源比对分析，及时监管会员的异动和风险；四是规范市场管理。成立专门的监管部门，制定规章制度，杜绝买空卖空的类期货型中远期交易。加强对交易商经营情况的调查了解，合理限制采购额度，防止发生垄断行为；加强交易中心的信息化建设。有效管控市场秩序，线下管理可要求卖方出示有效有货凭证，要求买方针对交易量提供有效用途用量说明；线上管理可引入金融机构共享客户经营与信用信息，根据大数据应用分析判断买卖双方实际需求与交易信息。

● 交易客户对大宗商品交易的认知风险。一是根据交易商的主要特点制定合理的电子交易流程和相应的管理办法，公告电子交易中心的所有交易商。二是交易商应与电子交易中心签订电子交易合同，在规定时间内交换、结算货物、货款，按合同约定认真履约。

(4) 培养专业人才方面

与金融机构建立"人才共同培养"计划与"人才互输"机制。依托浙江省海港的战略地位与业务规划，由金融机构设立专营分支机构，派驻海港集团就近办公，专项为集团企业及员工提供配套金融服务。并互派员工挂职学习，由海港集团派员在金融机构学习相关业务，由金融机构派员学习港口业务、提供贴身金融服务。同时，由双方派员成立项目团队，共同研究、探讨针对省海洋港口建设的个性化金融服务方案，探讨金融与省海港集团协同发展的举措。

(二) 第二阶段：国际战略建立全球自由港阶段

1. "自由港"建设的基本思路

要升级为具有国际影响力的"自由港"，浙江港口群要着手建立由完善的法规体系、优惠的税收政策、发达的基础设施、良好的配套服务、先进的信息化管理体系、宽松的金融环境、统一的管理体制等要素有机集成的国际化港口经济生态。通过创新管理体制机制，扩大开放力度，建设一个国际化、法治化、自由化的营商环境，培育浙江港口经济面向全球竞争的新优势，逐步从贸易转口港提升为综合经济港，推进形成在物流、贸易、航运、金融、制造加工、投资、旅游、教育文化等领域更有综合竞争力的"全球重要自由港"。

目前，全球有 600 多个自由贸易港，按范围可分为自由港市和自由港区，前者包括港口及所在城市全部地区，如新加坡和中国香港；后者仅包括港口或其所在城市的一部分，如汉堡、哥本哈根等。

宁波—舟山港作为上海国际航运中心南翼支点，是长江三角洲及长江沿线地区重要的物资转运枢纽，可弥补上海洋山港大型集装箱深水港区的不足，嘉兴等地更是上海港的补给基地。各港口的平衡发展直接关系到区域港口群在东北亚地区的核心竞争力，上海自贸区的建立对长三角港口群双枢纽之一的宁波—舟山港形成了新的外生需求，加速了其寻求优惠政策环境，推动自由港建设的步伐。按宁波—舟山港的条件，为避免与上海功能重叠，我们认为其适宜"以港立区"，即以港口服务为基础构建自由区，逐步实现投资、金融的自由化开放。

2. 国际重要自由港的经验借鉴

根据 2014 年集装箱吞吐量排名①，本文选取了世界部分排位靠前、特色明显、国际影响力较大的自由港进行比较分析。

（1）主要港口的基本情况

①香港。地理位置优越，航线通达五大洲四大洋的运输网，具有重要国际地位。当地并未划设特定区域或特别法令，而是致力于使全区发展成自由贸易港区。政府在区内提供各项便利设施，加强海、陆、空运输基础设施建设，简化海关税制、减免关税、提供便利性的出入境管理等配套措施，使其拥有全世界最繁忙的货柜码头和机场，成为亚洲主要的国际和地区航空、航运枢纽。

②新加坡港。全球运输网络的重要节点，港口设备先进完善，计算机化情报系统强大，凭借世界先进港口电子信息管理能力和综合化物流服务能力，被公认是全球首屈一指的综合性海港与国际物流服务中心，具有全球影响力。新加坡关税限制少，除酒、石油产品、烟草制品和汽车之外的所有货物都免关税。其建立自由贸易港的过程是先立法后设区，1969 年通过的《自由贸易园区法案》授权相关部门视地区发展需要建立自由贸易园区，发挥转口贸易优势。1996 年施行政企分离的管理体制，海关 24 小时通关，企业通过 TradeNet 系统申请进出口或转运许可证，15 分钟可完成通关，海关以文件控管方式实现高效率的货物流通。当地的金融自由化水平高，区内外政策无差异，实施优惠投资政策和简便的出入境管理。通过实行海外战略，其在全球 8 个国家参与了 13 个港口发展项目。

③迪拜港。中东地区最大的自由贸易港，以转口贸易发达而著称，是发展中国家的成功典型。为鼓励转口业务，政府规定在自由贸易区免税存入仓库，入关后再给予商品全部退税。港口使用费和码头费率属世界上最低之一，其装卸货物效率高，拥有多种适应各种需求的仓库设备，能独自进行可靠的路上运

---

① 2015 年 7 月，波罗的海国际航运中心发展指数报告（2015）. 国家金融信息中心指数研究院、波罗的海交易所。

输，提供各种先进的货物控制系统和物流管理系统，为货物快速周转提供有力保障。目前，迪拜已经建造了大批现代化商务大楼和仓储基础设施，从世界范围 100 多个国家招商引进了 2 800 家合营和独资公司，现已形成 8 个自由贸易园区，在区内企业和个人可从事仓库、进出口、转口、简单加工、制造、加工等活动，还可从事金融、咨询等服务业，呈现产业集群的趋势，每个自由区均有独特的产业，实施外汇自由政策和优惠的投资政策。

④汉堡港。拥有世界上最大的仓储城，因位于欧洲自由贸易联盟和经互会这个欧洲市场中心，成为欧洲最重要的中转海港，被称为"德国通向世界的门"和"欧洲最快的转运港"。汉堡港建立了欧洲一流的港口情报系统——DAKOSY（数据通信系统）。该系统不仅能在港内进行数据交换，还可用于各种运输手段之间的协作，帮助货主选择最佳运输方案的手段。目前其正着手把与汉堡有关的各界和顾客连成数据网络，与铁路全面联网以提高铁路货物的运输，与海关联网通过计算机输入报关等事项。

（2）世界自由港的主要政策特点

①实施贸易自由化和投资便利化政策。作为免予海关监管的特殊区域，普遍按照"境内关外"原则实行高度自由化、便利化的经济政策，包括自由贸易政策、低税政策、自由通航政策、人员自由流动政策、自主投资企业政策和货币自由汇兑政策等。

②实行便利化的通关措施和海关监管制度。海关对自由港的监管以便利为原则，报关大多采用事后报单、电子报关、无须报关等形式，通过建立一种极为自由灵活的海关监管系统，对进出的船只和货物给予最大限度的自由，协调推动整个区域经济的良性发展。

③推行优惠的税收和产业政策。制定减免税收、简化流程等各项优惠措施和产业政策，吸引投资、扩大贸易活动。

④自由港功能日趋复合化和综合化。自由港的基本功能一般包括储存、展览、拆散、分类、分级、修理、改装、重新包装、重新贴标签、清洗、整理、加工和制造、与外国的原材料或所在国的原材料混合、进出口贸易、转口贸易及金融保险、商贸、代理、货运等。由于各国开放程度、经济发展水平及自然条件等存在差异，港口的功能定位分为转口集散型、出口加工型和储运销一体化型自由港等。从发展趋势看，各国港口都向大型化、专业化、集装箱化、工业化多功能的方向发展，自由港功能也随之日趋复合化和综合化发展。

3. 建立"自由港"的实施途径

（1）建立差别化管理体制，实施制度和政策创新

①在管理体制和机构设置上，建立"自由贸易港区"体制，设立专设管理机构负责自由港区发展重大事务，构建机构精干、协调有力、服务高效的自由

港区特区行政管理体制，减少行政体制束缚，集聚政策性资源，增强整合发展能力。

②在自由港发展类型选择上，在自由港软件建设尚不成熟阶段，可选择条件较好、潜力较大的部分岛屿港区，划定隔离区域，辟建自由贸易港区，实施类香港的发展模式，实行全区开放化、信息化、集约化管理。重点发展国际中转、国际配送、国际采购、国际转口贸易、出口加工及其他相关业务，协同上海航运中心的发展。

③在海关监管和税收政策上，创新监管模式，建立和完善自由港区综合信息系统，综合海关、检验检疫、边检、海事等口岸管理事务，形成集监管、税收等为一体的统一平台，实现"一次申报、一次查验、一次放行"。

④在政府职能转变和制度创新上，逐步建立"以准入后监督为主，准入前负面清单方式许可管理为辅"的投资准入管理体制。探索建立国际上通行的负面清单管理模式，即对外资准入的限制条件确定一个"负面清单"，对负面清单之外的领域由核准制改为备案制，充分发挥市场在资源配置中作用。

（2）实施金融自由政策，与国际规则有效接轨

放宽金融和外汇管制，简化审批手续，实行人、财、物等要素自由出入自由港区的鼓励性政策；放宽经营企业的资本额、股权比等限制；允许从事转口贸易，开放服务贸易市场；鼓励多元资本的银行、保险、信托、基金等金融机构进入新区设立机构，区内金融机构可自主信贷规模，实行浮动利率。实行货币自由兑付的外汇政策，尝试资本项目自由汇兑、离岸金融等业务试点，逐步构建自由化金融体系。

（3）打造产业集群，发挥区域聚集效应

借鉴新加坡发展的经验，打造产业集群，避免港城分离等问题，以巩固国际地位。以新加坡的石化产业为例，其重要特征就是"产业群"。政府采用产业链招商的方式，对产业聚集和规模经济培育，企业之间共享基础设施和公用工程，使物料和产品通过管道在园区内传输，形成了企业间上下游产业一体化的发展模式。由于产业集群内聚集了大量的市场需求，形成了原料、成品无库存，最大限度地降低了企业投资成本和物流费用，使各企业扎根港区。浙江港群背靠我国经济腹地，资源丰富，产业集群投资吸引力更强，具备对区域经济的带动能力。

4. 建立"自由港"的金融政策分析

金融自由化是衡量自由港自由化程度的重要标志。构建适应港口发展的金融政策是全面推动自由港建设、激发区内市场活力的重要引擎。浙江省港口群应从区内注册企业、试点金融机构、境外机构、监管机构"四类主体"着手，在外汇管理、人民币流通以及资本项目等方面争取更加开放自由的金融政策。

（1）外汇业务管理

简化经常项目收结汇，购付汇单证审核；允许融资租赁公司境内收取外币租金，解决融资租赁公司收入和支出的币种问题；授权银行办理直接投资外汇登记及变更登记；实行区内外商投资企业外汇资本金意愿结汇；放宽区内企业境外外汇放款管理；取消对外担保和向境外支付担保费的行政审批；取消境外融资租赁债券审批；开放总部经济外汇资金管理政策，整合跨国公司总部外汇资金集中运营管理、境内外币资金池和国际贸易结算中心外汇管理试点；允许银行与区内客户以人民币结算大宗商品衍生品柜台交易的盈亏。

（2）人民币业务管理

按照宏观审慎政策，通过分账核算单元核算，区内非银行金融机构和企业可以从境外借用人民币资金；放开集团内跨境人民币资金池业务；开展人民币集中收付业务；适当放开个人或个体商户经常项下和直接投资项下的跨境人民币结算业务；支持跨境电商人民币支付结算；支持商品交易所在区内发展跨境人民币交易服务；与外汇交易中心、上海黄金交易所、中国金融期货交易所等金融机构合作。

（3）资本项目管理

实施区内机构投融资汇兑便利政策，在区内就业并符合条件的境外个人可按规定在区内金融机构开立非居民个人境内投资专户，按规定开展包括证券投资在内的各类境内投资；区内金融机构和企业可按规定进入区内的证券和期货交易场所进行投资和交易；区内企业的境外母公司可按国家有关法规在境内资本市场发行人民币债券；根据经营需要，注册在试验区内的中外资企业、非银行金融机构以及其他经济组织（以下简称区内机构）可按规定从境外融入本外币资金。

（4）其他金融政策

稳步推进外币利率市场化，放开小额外币存款利率，推进金融机构大额可转让存单业务等，同时各项监管制度逐步与国际接轨。

5. 银行对"自由港"金融服务体系可提供的支持

结合自由港发展的特点和要求，在此阶段，金融服务系统应增加自由港差异服务子系统。其中，银行作为核心金融机构，在自由港的建设中发挥着重要作用，特别应承担金融政策的落实和执行。

（1）资金的自由流动需要建立自由贸易账户体系

外汇管理、人民币管理、各项资本项目以及各项监管举措都离不开自由贸易账户。实现完全自由化前，为保证资金流通，设立自由贸易账户是必要步骤。大型银行在资金支付结算和汇兑等方面具有丰富的经验积累和技术手段，其广泛的海外布局以及国际化视野，能为区内外资金流动提供便利。

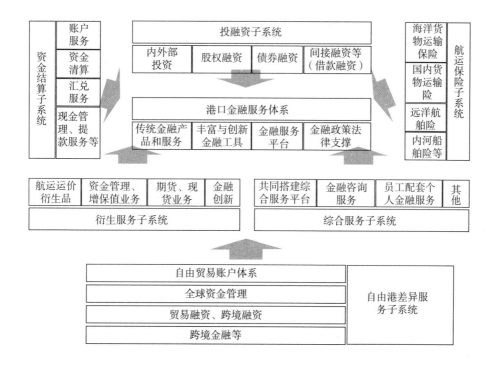

图5　自由港金融服务体系架构图

（2）全球资金管理服务需要金融机构全程保驾护航

自由港区外各类跨境商业活动丰富，均需金融机构提供全球化的资金管理服务，包括但不限于外汇自由兑换结算、跨境外币资金池、跨境双向人民币资金池、经常项下跨境人民币集中收付、证券投资等。同时，银行可为区内企业供应链金融一站通服务，协同企业发展。

（3）跨境融资服务需要国际化、集团化大型银行的资源共享

贸易周转、区内建设存在大量的融资需求。大型银行可利用国际化背景和牌照优势，落实跨境人民币借款、外币融资或境外证券融资等开放性金融举措。

（三）第三阶段：港城一体打造黄金海岸阶段

浙江省港口群在推进第一、第二阶段工作，整合、再配置全省资源，推进海洋经济发展的进程中，应逐步与长江三角洲腹地连为一体，辐射浙江全省、江苏、安徽、福建、江西等更为广阔的区域，形成一条"港口、城市、产业"一体化发展，"海域、陆域、空域"全方位布局的"黄金海岸线"。笔者认为，这将是浙江人实现"蓝色海洋经济梦"、践行国家"一带一路"、"走出去"战略的必经之路。

1. 推进港口、城市和产业互促发展

从世界港口与城市的发展演变看，港口与城市、产业无论在空间布局还是功能定位上都一直紧密相连，共生共荣。当今港口发展更显现社会化趋势，港口与城市、相关产业互为载体、互相依赖、互相促进、共同发展。一方面，港口的发展，离不开与城市和相关产业的联系，城市服务功能的提升能为港口发展创造条件；另一方面，港口作为重要的区域因素，可以改变城市的区位条件，是带动港口地区经济增长和增强港口城市综合竞争力的重要手段，同时城市的经济社会活动也会不断地对港口发展提出更新、更高的要求。港口与城市和周边区域经济发展互相带动的功能正日益增强，可以用"城以港兴，港为城用"来简要地概括彼此的关系。

浙江省港群系统，未来作为有能力整合全国乃至全球资源的强港、自由港，可以强有力地拉动浙江城市建设、产业发展，以建港形成的海、陆、空域便捷通达的立体交通网络，向城市输送、输出资源和服务；以临港产业集群和产业经济带创建新的城区、带动老城发展；以高附加值的交易、金融、信息平台，汇聚和整合资本、资金与资源；以教育培养的各类人才，投入城市与产业的建设；以建设港口、发展海洋经济为契机，带动全省经济结构调整与转型升级。反过来，港群系统可充分利用、整合港区城市及长江三角洲腹地城市的政策、资源、资金与人才优势，发挥城市已有资源和建设规划对港口建设的促进作用，发挥城市经济对港口经济的布局与推动作用，推动"以城促港，以港建业；以港带城、以城展业"，"港、城、业"的整体上升发展。

在这过程中，"大金融"可作为"港、城、业"发展的纽带，贯穿始终，协调资源的整合和再分配，优化资源要素禀赋的配置和结构，通过助力浙江省海洋经济发展，推动浙江省整体经济结构重塑和转型升级。长江三角洲，特别是浙江省，是中国经济金融最为活跃的区域之一，金融创新与发展始终走在全国前列。浙江港群系统的建设，可以依托浙江发达的金融体系与勇于创新的精神，城市中相对成熟的金融体系的助推作用，引导城市金融机构入驻港区，专注为港口建设和发展、港区产业建设与升级提供专业金融服务。以金融作为疏通城与港、港与业的资金与服务渠道，并在港区和临港产业未来发展中遇到金融"阻碍"时，以双方合作创新的方式加以排除，实现金融创新与"港、城、业"建设轮换提升、不断升级。同时，浙江港群系统可以将港口建设发展过程中，创新的金融产品与服务、构建得更为完善的金融体系，辐射输送给省内城市，带动城市金融服务体系的健全与发展，进而更好地服务地方经济。

2. 以港口发展推进海洋经济建设

海洋是世界贸易的主要通道，蕴藏着巨大的经济宝藏，海洋经济对世界上众多海洋国家的国民经济作出了巨大贡献。浙江，作为海洋资源大省，除了港口还拥有渔业、旅游、油气、滩涂、生物医药、海岛和海洋能源等丰富的资源。在这片"蓝色省域"上,实现"海洋—经济—社会"系统的协调发展、可持续发展,是我们未来不遗余力发展奋斗的目标。

浙江省港口群,作为浙江省海洋经济发展中的建设核心及沿海空间布局中的关键载体,既是渔业等海洋自然资源和油气等能源的集散运输中心,也是旅游、科教、工业、物流、商贸、金融、信息技术和航运服务等临海产业的落脚地,更是自身本就为海洋经济中资本、人才聚集度最高、经济产出最多、附加价值最丰厚的业态,还能通过自身的发展和实力的不断壮大助力海洋经济的其他业态,"反哺"浙江省内经济发展,推动海洋经济发展目标的实现。

在港口发展的过程中,除继续发挥宁波、舟山地区原有渔业、船舶业等优势产业的同时,还可重点发展几方面产业。一是旅游业。港口建设的大型现代化设施本身就是一项参观游览价值很高的特色旅游项目。浙江省可学习鹿特丹等港口的经验,挖掘自身的港口风景、油轮旅游、产业园文化区等资源,将港口本身建成"旅游胜地",形成由浙江沿海诸岛组成的、具有区域特色的瑰丽"珍珠链"。并加大对港口客运服务的建设,实现客流量运输的提高,带动几大港口海洋等自然风光、渔业特产、佛教文化、休闲园区等特色旅游业的进一步发展,打造以舟山地区为代表的浙江特色海洋旅游业。同时,进一步利用海洋资源,加大港口周边海洋旅游业的开发利用,并推动腹地旅游业的发展。二是教育业。学习中远集团等航运企业办学经验,借鉴青岛远洋船员职业学院办学的先进理念和方式,与浙江大学、金融机构和大型航运、物流企业合作,共同开办港口经济金融专业学校,培养专业人才,输送给省内各港口产业链上的企业,服务于港口经济建设。

除借助港口经济体自身力量服务支撑浙江省海洋经济的整体发展外,还可将港区发展的先进经验复制到其他领域,其中包括在港口建立的金融服务体系(见图6)。利用港口发展过程中建立、健全的"大金融"服务系统,充分发挥其各大子系统的金融工具和服务,满足海洋经济发展需求。

通过浙江省海洋经济金融服务体系的支撑与服务,在加快几大港口核心区域发展的基础上,提升以环杭州湾产业带及其近岸海域为北翼、以温州和台州沿海产业带及其近岸海域为南翼的"两翼"发展水平和带动作用;做大做强杭州、宁波、温州三大都市圈;加快九大产业集聚区的建设与发展,打造浙江现代海洋经济产业体系、服务体系、科教文化创新体系、交通与信息网络体系,实现浙江海洋经济的全面发展与升级。

3. 推动与国内外港口、上下游企业的战略联盟

作为国家海洋经济战略发展的重要组成部分,浙江省港口群系统的建设,要与周边经济带形成呼应,形成资源互补、防止恶性竞争,成为与国际发展接

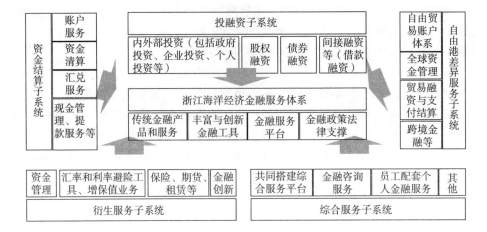

图6　浙江海洋经济金融服务体系构架设计图

轨,实施"走出去"、"引进来"的窗口。在这个过程中,通过建立显性或隐性战略联盟、战略投资,形成区域性港口从空间串联到内核协同的发展合作,推进海洋资源利用与发展的全球布局。

(1)建立与上海、江苏、福建横向利益协同的联盟,共同推进长江三角洲地区、闽东南区海洋经济发展

形成长江三角洲港口群联盟,是几大港口,特别是浙江省港口群在战略发展期降低港口成本、应对国内外港口竞争的必然选择,也是推进港口良性发展的有效途径。一是浙江省港口群在发展中可以学习借鉴上海、连云港等港口发展的先进经验,不断完善自身建设。二是利用联盟内部资源,弥补自身不足,有效拓展市场,加大对综合腹地的经济发展促进作用。三是通过联盟,使港口功能日趋协调,发挥各港优势,协同对外竞争,提高市场占有率与话语权,特别是在当前国际航运市场逐渐形成大航运联盟的形势下,深化区域性港际战略联盟,有助于提升国际竞争力,更好地应对航运市场变化。四是联盟可有效整合区域资源,有利于节约有限岸线资源,推进合理布局,提高产能,不断提升港口战略联盟的综合效益。五是共同打造综合交易、金融信息服务平台,推动大数据的深入开发与利用,最大化整合、公布航运信息,实现资源共享、利益均享、风险共担。

(2)建立省海港集团与上下游企业、相关单位纵向利益协同的联盟,提升浙江省港口群的核心竞争力

一是通过将海港集团与上下游企业和相关单位联盟,形成浙江省区域内自成系统的港口供应链。其中,省海港集团作为供应链核心平台,将上下游及港区内的生产商,供应商,装卸、加工、运输、仓储、保管、配送、金融等服务

商，及航运公司等各节点、各链段结合而形成一个有机整体，建设整个供应链成本最低的功能性网络，实现协同发展、集成管理、信息共享、利益共创，强化多式联运与物流系统的连续性与稳定性，提高港口整体的竞争力和收益能力。

二是推进与航运企业、物流企业的战略合作。目前世界集装箱航运市场基本形成 P3①、G6②、CKYHE ③三大联盟巨头"三足鼎立"抗衡的局面，其市场份额总和超过七成甚至八成。大型航运公司掌握众多航线资源，港口与它们合作就等于掌握了较稳定的、大量的货源，建立起稳定的战略合作关系对于省内港口的发展至关重要。

三是随着货物运输越来越强调门到门服务，使海上、铁路和公路运输在港口、内陆集装箱货运站衔接起来，形成一个综合的运输网络。加强省海港集团与各种物流运输企业之间的合作，特别是要加强与铁路运输部门的战略合作，提高港口的集疏运能力，有利于提升港口综合竞争力。因此，建议由省海港委牵头组建国内运输营运与物流联盟，整合省内外海运、河运、铁路和公路运输企业，搭建网络信息服务平台，推动物流体系共享经济的发展。港口、航运、物流联盟的形成，将组成了一条高效率的物流链。供应链金融将被发挥到极致，满足港口产业链融资、清算、控制风险的多重需求。

（3）通过对外战略投资等方式，布局全球网络化港口，建立国际港群战略联盟，提升在世界经济中的影响力

在世界上诸多强港发展的历史过程中出现了形态各异的港口联盟。未来浙江省港口群或可借鉴国际经验，积极实施海外战略，通过投资国外港口码头、物流企业、航运公司、咨询服务公司，建立国际港口发展联盟，实现全球布局，提升自身在世界海洋经济中的竞争力与国际地位。"大金融"在此过程中，可凭借国际分支机构，整合境外资源，为国家"走出去"战略提供跨国并购、国际担保、出口信贷、资金清算、资金汇兑与增保值等金融服务。

①基于港口投资的战略性质，建议可由政府引导出口信保公司、政策性银行提供对海港集团海外投融资支持；引入政府政策性资金参与海港集团"走出去"的融资活动；建立商业保险和风险基金互为补充的风险保障制度成立企业海外投资基金，引入社会资金，满足多元化融资需求。

②由银行金融机构利用自身的海外网点布局、丰富的银行产品做支撑，给予各港口全球化授信支持，以境内母公司为授信主体，并针对具体海港项目，提供内保外贷、双向人民币资金池母公司放款、并购贷款等融资方式为企业的

---

① 由目前全球前 3 大班轮公司马士基、地中海航运、达飞轮船组建。
② 由美国总统轮船、商船三井、赫伯罗特、日本邮船、现代商船公司组建。
③ 由中远集运（C）、川崎汽船（K）、阳明海运（Y）、韩进海运（H）和长荣海运（E）5 方组成。

海外扩张筹集资金；在境外资产抵押、未来现金流保证、建立共管账户、储备账户及资源担保、资源合作开发等新方式执行过程中，以项目贷款、优惠贷款和商业贷款相结合的混合贷款方式，提供一揽子项目服务方案。

③面对复杂的国际市场风险，金融机构还可提供项目所在国的风险评估报告，同时为当地货币提供汇率、利率及其相关衍生产品服务，帮助解决企业错币风险。

四、总结与展望

笔者相信，融入"大金融"的力量，浙江省港口必将能建成规模化、标准化、系统化、多功能化、信息化、绿色化、智能化、国际化高度整合的现代化区域港群体系，并由点至面，由港口延伸出一条布局合理、结构丰富的沿浙江海岸线经济产业带，辐射至长江三角洲、皖赣、闽东南地区，连为经济共同带动区。从世界"大港"逐步走向世界"强港"，迈进具有世界影响力的全球化"自由港"，最终打造出与国内外联盟港和联盟企业并肩发展的"黄金海岸"，实现"四个全球一流"的战略目标，为发展浙江海洋经济，参与实施国家"一带一路"、"走出去"等战略作出重要贡献。

参考文献

［1］宋炳良、（荷）德兰根编著：《港口经济、政策与管理》，格致出版社，2009。

［2］滕帆：《海洋经济战略下服务贸易发展研究》，浙江大学出版社，2014。

［3］程刚：《浙江海洋经济核心区发展战略研究》，经济科学出版社，2015。

［4］吴桥：《浙江省港口大宗商品物流中心建设研究》，浙江大学出版社，2015。

［5］（美）比利安娜、（美）罗伯特、张耀龙、韩增林：《美国海洋政策的未来：新世纪的选择》，海洋出版社，2010。

［6］盖健：《海洋高端产业全球创新资源分布路线图》，中国海洋大学出版社，2012。

［7］朱芷娴：《创新金融发展促进营口港转型升级》，载《中国商论》，2016（24）：130－131。

［8］上海海洋大学航运金融课题组编：《航运金融》，中国金融出版社，2012。

［9］程刚主编：《浙江海洋经济核心示范区发展战略研究：以宁波舟山联动发展模式为例》，经济科学出版社，2015。

［10］陈航、栾维新：《港口和城市互动的理论与实证研究》，经济科学出版

社，2010。

[11] 张伟主：《和谐共享海洋时代：港口与城市发展研究专辑》，海洋出版社，2012。

[12] 陈雪玫：《现代港口的投资经济效应》，上海社会科学院出版社，2012。

[13] 张猗、尹传忠主编：《港口物流》，上海交通大学出版社，2012。

[14] 王立坤编：《现代港口理论与实务》，上海交通大学出版社，2011。

[15] 陈洪波：《港口与产业互动关系实证研究》，浙江大学出版社，2013。

[16] 黄顺泉、曲林迟、余思勤：《全球供应链与集群经济共同环境下的港口功能研究》，格致出版社，2013。

[17] 赵亚鹏：《国际港口功能演变与国际强港建设研究》，经济科学出版社，2013。

[18] 阳明明：《产业空间演化与港口物流增长》，东北财经大学出版社，2016。

[19] 赵娜：《港口战略协同》，浙江大学出版社，2012。

[20] 刘巽良：《航运中心建设纵横谈》，格致出版社，2011。

[21] 钟昌标、俞立平编：《海港城市竞争力评价报告》，经济科学出版社，2014。

[22] 王彦、吕靖编：《国际航运经济与市场》，大连海事大学出版社，2013。

[23] 王学锋主编：《航运公共管理与政策》，上海交通大学出版社，2011。

[24] 汪传旭、柯蓉、董岗：《航运中心比较与上海实践》，格致出版社，2013。

[25] 真虹：《国际航运中心的形成与发展》，上海交通大学出版社，2012。

[26] 计小青等：《上海国际航运中心建设的金融引擎》，上海财经大学出版社，2012。

[27] 王宇熹主编：《物流金融》，上海交通大学出版社，2013。

[28] 宋华：《供应链金融》，中国人民大学出版社，2016。

[29] 高艳波、彭伟：《我国海洋高新技术和新兴产业发展战略研究》，海洋出版社，2012。

[30] 谢斐、侯克强、年四伍等：《自贸区大宗商品交易及风险管理》，上海人民出版社，格致出版社，2015。

[31] 孙泽生等：《大宗商品市场定价格局与影响因素研究》，经济科学出版社，2015。

[32] 蔡纯：《大宗商品与金融市场研究》，中国金融出版社，2012。

［33］陈进主编：《大宗商品电子商务》，化学工业出版社，2013。

［34］袁志刚主编：《中国（上海）自由贸易试验区新战略研究》，格致出版社，2013。

［35］王力主编：《中国自贸区发展报告2016》，社会科学文献出版社，2016。

［36］郭晓合等：《中国（上海）自由贸易试验区建设与发展》，社会科学文献出版社，2016。

［37］（美）史蒂文·西瓦兹：《金融创新与监管前沿文集》，上海远东出版社，2015。

［38］叶向东、陈思增主编：《现代海洋经济理论与实践》，电子工业出版社，2013。

［39］张连波、刘锡财编：《海洋经济发展战略研究》，中国言实出版社，2013。

［40］宋汉光主编：《金融护航海洋经济发展的实践与探索》，中国经济出版社，2013。

［41］金文姬、沈哲：《海洋旅游产品开发》，浙江大学出版社，2013。

浙江银行业金融机构互联网金融创新实践：挑战、探索和思考

中国银行业监督管理委员会浙江监管局课题组[*]

近年来，以数字化、虚拟化、智能化为主要特征的信息技术创新深度推进，云计算、大数据、移动互联网、物联网等技术广泛普及，互联网金融新业态风生水起，给经济生态尤其是传统金融业带来巨大的机遇和挑战。国务院《关于积极推进"互联网＋"行动的指导意见》、人民银行等十部委联合发布的《关于促进互联网金融健康发展的指导意见》、中国银监会牵头制定的《网络借贷信息中介机构业务活动管理暂行办法》等制度办法相继出台，互联网金融的顶层设计更加完善。面对挑战和冲击，以银行业金融机构为代表的传统金融业也不断求新求变，深化与互联网融合发展，积极探索互联网金融创新。

一、国内外研究现状

近年来，随着互联网金融快速发展、相关业态模式日趋丰富，国内外对互联网金融的研究也逐渐增多。第一类是对互联网金融整体发展的研究。例如，2012 年，中投公司副总经理谢平在《互联网金融模式研究》中阐述了互联网金融的概念，并对其内涵和外延进行了阐述，指出互联网金融是不同于商业银行和资本市场的"第三种"融资模式。宫晓林（2013）指出，传统金融服务可以借助互联网实现服务的延伸。侯彬鑫（2013）、潘意志（2012）、张竞（2013）、周林（2009）等分别分析了支付宝、余额宝、在线小额贷款、P2P 网络借贷、第三方支付等互联网金融新业态的产生、发展及与银行业的竞争合作情况。胡振虎（2014）、贾兆德（2013）等分析了互联网金融新业态存在的主要风险。

第二类是对互联网金融监管的研究。例如，刘士余（2014）认为，互联网金融发展中存在机构法律定位不明、资金第三方存管制度缺失、内控制度不健全等问题，应对其进行恰当的监管。马强伟（2015）等认为对互联网金融实施监管应当坚持审慎监管、行为监管以及强化消费者权益保护三大原则。刘志阳（2015）从金融规制的角度对互联网金融监管进行研究，认为对互联网金融的监

---

* 课题主持人：傅平江

课题组成员：徐小平　陈志法　林祖松　朱莉莉　孙云龙　吴钟涛

管应当具有长期性、稳定性和持续性。

第三类是对传统金融业互联网金融实践的研究。例如，孟祥轲（2013）研究了证券公司互联网金融业务的实践，刘镟（2011）研究了电子供应链业务的开展情况。

在国外，Allen（2002）等对早期的网络金融与传统金融进行了对比分析。Makinen（2007）指出互联网金融是金融创新的重要代表。整体来看，现有研究更多着眼于互联网金融新业态及其对传统金融业影响，对传统金融机构尤其是银行业互联网金融实践及监管的系统研究相对较少。

二、"互联网＋"时代对银行业的重塑与挑战

（一）"互联网＋"对传统金融业的重塑作用

根据互联网对产业影响的速度和深度，可以将所有产业划分为四个类型：重塑型行业、互补型行业、适应型行业和迟钝型行业。其中，互联网对传统金融具有很强的重塑作用，属于重塑型行业，将同时带来巨大的机遇和极强的挑战。

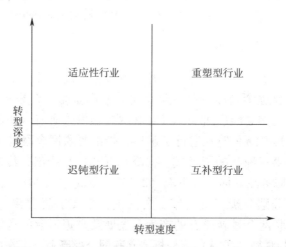

图1　互联网时代的四大产业类别

整体来看，迟钝型行业变革速度较慢、变革程度不高，建筑业、农业等属于这一类型。适应型行业的变革速度较慢，但能够利用互联网大幅度地改善行业生态，如物流业。互补型行业能够快速地利用互联网技术开发新业务，并且这些基于互联网的新业务与企业传统业务相互促进，如出版业、娱乐业、传媒行业属于这一类型。重塑型行业对互联网的适应性较强，变革程度最深，相关企业的原有业务都可以依托互联网开展，原有模式逐步被互联网渠道所替代。证券行业、商业银行的绝大多数业务都属于这一类型。在实践中，同一行业的

不同业务类型在互联网转型深度和转型速度上也存在差异，例如，商业银行的转账汇款、账户查询、小额信贷等更多具备重塑型行业特征，而公司贷款、投资银行、私人银行等业务属于互补型行业。

（二）互联网对传统金融业影响的三个阶段

互联网对传统金融的影响可以分为三个阶段：第一个阶段是技术应用阶段，表现出"金融电子化"的特征。在互联网出现以后，金融业即开始应用互联网技术改造金融产品和服务。第二个阶段是初步融合阶段，表现出"金融信息化"的特征。从20世纪90年代中期到2010年左右，专业的互联网金融新业态正式出现。同时，传统金融机构开始广泛使用信息技术，在大量关键领域完成对传统业务流程的替代。第三个阶段是重塑阶段，表现出"金融互联网化"特征。从2011年以来，互联网金融加速发展、类型日益丰富，非金融机构借助大数据和移动互联网技术纷纷进入互联网金融领域。同时，传统金融业自身的改革创新也进一步加强，经营理念、服务方式、服务内容都有了深刻变化。例如，借助互联网技术，商业银行推动自身信贷等业务的审批执行更加快捷和更具效率。

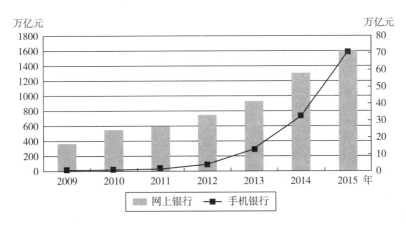

图2　国内银行机构网上银行和手机银行业务发展情况

表1   国内部分银行机构互联网金融布局情况

银行机构	直销银行	电商平台	与互联网平台合作	其他
工商银行	融E行	融E购		
建设银行		善融商务		
中国银行		中银e商	与百度在消费金融等领域合作	报关及时通
农业银行		E商管家		
交通银行		交博会		
招商银行		掌上生活	与联通合作建立消费金融公司	小企业E家

续表

银行机构	直销银行	电商平台	与互联网平台合作	其他
兴业银行	钱大掌柜		与蚂蚁金服合作	银银平台
民生银行	民生银行直销银行	民生电商		
浦发银行	浦发银行直销银行	Spdb+		
中信银行	百信银行（尚未正式推出）		与百度合作探索建立直销银行	POS 商户贷
平安银行	橙子银行		与阿里巴巴、腾讯共同成立众安保险公司	保理云，橙 e 网

（三）"互联网＋"时代对银行业的"六大挑战"

1. 在负债端：对碎片化的长尾资金竞争更为激烈。互联网金融真正进入社会公众的视野就是"余额宝"的上线，其具备的门槛低、购买便捷、用户体验好等特征成为互联网金融的重要标志。同时，"余额宝"更大的意义还在于理念的冲击，阿里巴巴通过放弃"支付宝"沉淀资金的收益，收获了客户新增的海量碎片化资金以及"支付宝"金融服务的迅速推广。现在，微信对接的"财富宝"、百度"百赚"、京东"小金库"等互联网余额理财层出不穷，商业银行、证券公司等传统金融机构也推出各类余额理财工具。但银行业金融机构已经不可避免地面临资金成本上升和存款流失的双重考验。

2. 在资产端：风控技术从主要依靠人工转为更加依托大数据。商业银行的传统风险管理策略属于人工化模式，通过客户调查—客户评级—业务审批—贷后跟踪的流程，侧重于人工线下搜集数据，模式相对粗放和简单，有效信息挖掘不够，与自动化、海量化的现代风险管理要求还有差距。2011 年，麦肯锡公司发布《大数据：下一个创新、竞争和生产力的前沿》，最早从经济和商业维度阐释大数据发展潜力。2015 年，国务院出台《关于运用大数据加强对市场主体服务和监管的若干意见》。短短 5 年内，大数据技术已经从一个前沿概念转变为对社会经济产生深刻影响的重要工具。在金融投资领域，借助大数据技术，能够极大提升风险识别的准确性。例如，阿里巴巴"蚂蚁花呗"和"蚂蚁借呗"是新型的消费金融产品，通过阿里巴巴平台上积累的用户海量数据，可以快速核定个人的授信额度。腾讯旗下的微众银行发布"微粒贷"产品，通过分析客户的社交信息等数据，提供小额信用贷款。银行机构也在探索运用大数据技术促进风险控制手段的升级，推动风险防控从主观人工判断向机器自动归类转变、定期人工排查向计算机实时监控转变。

3. 在支付领域：具有更优异的客户体验。在支付领域，第三方支付已经成为电子商务领域运用最为广泛的支付模式。在这种模式下，金融消费者在第三方支付平台开立虚拟账户，并向虚拟账户"充值"，通过支付平台将该账户中的资金划转到收款人的账户。第三方支付机构借助流程便捷、体验友好、场景丰富等优势，已经成为线上线下领域重要的支付服务提供者。

4. 在销售渠道上：具有更强的适应性。目前，商业银行竞争同质化特征较为显著，在营销模式上表现出"广撒网"的特征，销售活动效率偏低。2016 年10 月，毕马威在其银行业分析报告中提出，到 2030 年银行及其服务可能"消失"，智能化的人工助手通过对客户的大数据分析为客户提供金融解决方案。目前，在银行竞争更加激烈的环境下，传统的标准化服务模式已经无法满足消费者个性化的金融服务需求。互联网企业依托自身庞大的客户群和平台优势，提供互联网理财、互联网保险、互联网基金等销售渠道，对传统银行业形成极强的分流作用。以阿里巴巴支付宝平台为例，用户可以购买基金、保险以及互联网理财产品。银行机构也需要探索更好树立客户需求导向，利用互联网技术进行客户群筛选和目标客户传导。

5. 在服务平台上：具有更强的协同性。互联网企业打造的互联网金融平台往往具有网络化、关联化的特征，与自身原有业务和庞大的固有客户群具有很强的适应性和协调性。例如，阿里巴巴的支付宝平台依托于淘宝、天猫等电商平台的客户基础，仅淘宝平台就拥有近 5 亿人次的注册用户，每天超过 6 000 万人次的固定访客，都成为支付宝提供的附加金融服务的潜在客户。腾讯的"微信钱包"也拥有微信海量的用户基础，目前的用户数已超过 6 亿人次。

6. 在竞争格局上：具有更强的排他性。在互联网"聚光灯"作用下，"强者恒强"的马太效应更为显著，同一业务领域往往只有个别几家优秀的公司能够留住消费者。以第三方支付平台为例，目前支付宝和财付通两大支付公司合计占据了 80% 的市场份额。在"互联网＋"时代，金融服务逐步突破线下的地域和物理网点限制，同类金融服务的提供者在互联网的平台上"面对面"竞争，用户的转换成本大幅降低，金融服务的优劣将被显著放大，进一步加速优胜劣汰过程。能够提供最好服务和最佳产品的金融机构将集聚更多的客户；反之，缺乏核心竞争力的金融机构可能面临客户和资金加速流失的困境。

（四）银行业与互联网能否有效融合的 7S 模型分析

7S 模型由麦肯锡咨询公司研究开发，是用于战略规划和分析的重要工具。7S 模型通过综合对比和考虑架构（Structure）、制度（System）、文化风格（Style）、员工（Staff）、技能（Skill）、战略（Strategy）、共同价值观（Shared Value）七个因素，为行业或企业的战略选择和规划提供依据。我们使用这一工具对银行业与互联网融合发展进行分析。

1. 架构角度：如何适应互联网金融发展的需要。互联网行业普遍采取柔性、扁平、灵活的组织架构，决策层更容易及时掌握项目实施中的创新性建议，并及时作出响应。例如，阿里巴巴集团先后实施了将淘宝网一分为三、将整个集团分拆为 30 家公司等组织架构改革，保障每一块业务推进的独立性。银行业的组织架构相对稳定和传统，采取总分支行的层级结构，对市场环境变化的响应较慢。要适应"互联网＋"时代持续改进的创新模式，银行业的组织架构也要适当打破层级制组织结构，探索创新更有弹性的组织方式，甚至在既有体制外再造组织，充分授权。

2. 制度角度：如何更有力地激发员工积极性和创造性。互联网行业在管理上更为宽松，通过股权激励等中长期的激励方式，并且更加强调客户增速、客户满意度等非财务指标。而基于银行业的组织架构，在内部的人员和流程管理上更强调严格的控制，并建立起以财务指标为核心的绩效考核机制。要更好地适应"互联网＋"时代，银行业的内部管理和制度构建也要及时转变思路，可以建立专门的互联网金融部门，并实施更为灵活的激励机制。

3. 文化角度：银行业的文化是否有利于培养互联网金融成长的土壤。在《大数据时代》一书中提到，大数据价值链有三大构成要素：数据、技术与思维，对很多优秀公司来说，技术条件往往相差不大，让它们脱颖而出的是创新思维。BAT为代表的知名互联网企业虽然已经成长为行业巨头，但普遍保有创业型"草根文化"的特点，保持对商业模式和技术创新的开放性，对项目失败和风险有较强的包容性。相对而言，银行业的文化更加谨慎和保守，对新产品开发的容错性较低，某种程度上弱化了创新的活力。

4. 员工角度：如何吸引熟悉互联网金融运作模式的人才。在互联网金融风生水起的背景下，互联网金融机构对熟悉金融运行本质、具有良好管理能力、拥有风控经验的金融人才也有很大的需求。例如，据2015年上市银行公告，超过40名银行"董监高"辞职，并且与以往银行业体系内流动不同，有多名银行高管选择进入互联网金融领域。获取人才、激发人才潜力以及留住人才，将是银行业应对互联网金融挑战的关键之一。

5. 技能角度：科技系统、员工素质是否与推进互联网金融发展相适应。整体来看，银行业金融机构拥有丰富的金融人才，相对完善的科技系统。但是，现有人才的专长更多集中在传统业务领域，对互联网行业的理解以及技能储备相对不足，互联网相关培训还不充分。如何发挥"金融＋互联网"、"1＋1＞2"的效果有待探索。

6. 战略角度：是否针对与互联网融合发展制定了科学的战略。优秀的互联网企业善于将创新的思路迅速转换为强大的市场份额，因此在战略实施上更加注重中长期的发展，有选择性地放弃短期利益。例如，采取免费或低价的服务，对客户使用服务的奖励，有助于增强客户黏度的积分奖励以及网络"传染式"宣传推广等。银行业金融机构在切入互联网金融领域时，因为内部制度、监管政策等多方面因素的考虑，在产品营销推广、服务定价等方面相比互联网企业还存在一定差距。

7. 共同价值观角度：银行业各条线员工和高层管理者是否对推进互联网金融创新有统一的思路和目标。在银行管理半径较长、层级较多的情况下，总行与分支机构间、总行不同部门间、高管与基层员工间对工作的目标和战略需要有统一的思想认识，工作推进和业务管理的协调难度较大。例如，很多银行机构的高管层仍然更加重视收入占比较高的传统业务，推进互联网金融创新的动力较弱，间接限制了基层机构的创新活力。

三、国际实践

从国际上看，互联网信息技术自产生以来就给传统经济带来了深远的影响，特别是在 20 世纪末 21 世纪初达到了高潮，此后却陷入低谷，直到 2007 年以后，随着云计算、移动互联网等技术的大范围应用，又掀起了一股新的热潮。

（一）纯网络银行

1995 年，全球第一家网络银行——安全第一网络银行（Security First Network Bank，SFNB）在美国成立。该行充分发挥在线经营的便捷性和安全性，在几个月内就拥有 6 000 多万美元的存款。在当时网络科技处于起步阶段的情况下，SFNB 开发出环球网系统，系统用户可以使用个人计算机上的浏览器，直接进入银行主页，获取产品查询、基本电子支票、信用卡、储蓄、货币基金购买等金融服务，基本涵盖了传统银行机构存贷汇的业务。

（二）商业银行自身的互联网化

随着互联网应用的不断深入，商业银行积极探索互联网化发展。根据咨询公司 Novantas 调查，以网上银行、手机银行和电话银行为代表的电子银行成为消费者的首选。在 2010 年，美国用户使用网上银行进行转账业务、账户结余查询、购买银行产品的用户比例已经分别从 2005 年的 34%、44%、46% 上升到 67%、76%、77%。

（三）互联网理财行业蓬勃发展

相比传统的柜面理财产品，在线理财产品具有购买灵活、选择范围广、产品更新速度快等特点。互联网理财的代表性企业包括全球最大的互联网理财交易公司嘉信理财、依托支付功能的 PayPal 平台以及由传统证券经纪公司转型的代表美林公司等。其中，PayPal 平台于 1999 年推出世界上第一只互联网货币市场基金，将产品购买成功嫁接到支付平台上。美林公司于 1999 年开始就将业务搬到网上，促进网上交易与传统服务的融合。

（四）金融科技开发成为热点

根据穆迪发布的研究报告，全球对金融科技相关的投资从 2011 年的 24 亿美元增长到 2015 年的 190 亿美元。全球金融科技相关的创业公司数量达到 4 000 家左右。金融科技公司在贷款服务、支付业务、区块链、智能投顾、健康保险等领域进行了积极的研发，特别是在贷款服务等方面与传统银行业建立了广泛的合作关系。例如，区块链作为数字货币的底层技术，引起更多金融机构的重视，可以借助其去中心、不可篡改的特征，促进信息传递，在供应链金融、小额信贷、跨境支付、押品管理等领域具有广泛的应用前景，可能对金融行业基础设施产生巨大的影响。

四、浙江辖内互联网金融发展概貌

在浙江辖内，受益于商贸活跃、电商产业发达以及互联网行业领先的优势，互联网金融创新尤为活跃，已经形成了良好的集聚效应。

（一）互联网金融企业发展蓬勃

总体而言，浙江互联网金融起步早、发展快、创新强，互联网金融主要业态发展处于全国领先地位。拥有支付宝等第三方支付公司10余家，恒生电子等互联网金融技术服务公司10余家，互联网理财平台、互联网金融门户、互联网金融后台、互联网消费金融、网络借贷平台以及众筹等新业态也纷纷涌现。

（二）纯网络银行率先起步

在全国首批成立的5家民营银行中，浙江网商银行和深圳前海微众银行是在互联网平台上运营的纯网络银行，其运营方式、模式和理念都与传统银行有显著不同。一是服务支撑数据化。网商银行的客户群体来源于以淘宝为核心的阿里巴巴系电商平台，主要围绕平台商户和消费者开展金融服务。阿里巴巴电商平台以及阿里系消费、支付、征信等软件获取的海量数据成为开展业务的重要支撑。二是整体经营网络化。不设立物理网点，业务全流程嵌入信息科技系统，经营活动全通过计算机指令以"人机对话"形式实现。网商银行的产品研发、业务拓展、客户信息获取都通过模型分析实现，提高了管理集约化程度，人力资源和运营成本进一步降低。三是风险管理网络化。风控模式是将客户评级、贷前调查、贷中审查、贷后管理的风险控制全流程一体化，通过数据模型对客户大数据进行分析，风控全流程实现集成化。

（三）金融机构自身互联网化加速推进，呈现"四大特征"

传统金融机构积极借鉴互联网金融产品优点，推出类余额宝理财产品以及网络快捷支付功能，打造电商平台与综合金融服务平台，较好地提升了服务效率，提升优化业务流程，改善客户服务体验。典型的有建设银行的"善融商务"、工商银行的"大电商平台"、农业银行的"互联网金融实验室"，平安集团"陆金所"互联网投融资平台，民生银行直销银行等。辖内银行业金融机构也将与互联网的融合作为重要的发展战略，从对互联网金融的观望和学习向实践和创新转变。例如，浙商银行成立网络金融部，统筹推进互联网金融发展；浦发银行杭州分行争取总行支持，在杭州成立总行互联网金融中心；招商银行杭州分行专门成立互联网金融中心。具体来看，银行业金融机构自身互联网化呈现四大特征：一是移动金融普及化。浙江辖内主要法人机构网上银行、手机银行、微信银行等电子渠道对柜面替代率普遍超过70%。中小商业银行积极布局直销银行业务。消费者可以在线注册、核查身份和开立电子账户，直接购买储蓄、低风险理财、基金等金融产品。二是网点服务智能化。辖内银行业金融机构探索"智慧银行"转型，在营业场所广泛应用移动PAD、智能柜员机、自助预填单机等设备，减轻柜面人工操作的压力，改善服务体验，同类业务的办理时间可以节省近70%。三是服务平台综合化。探索服务平台的综合化，在平台中嵌入缴费充值、消费购物、医院挂号等功能，积极创新平台服务，搭建供应链金融服务平台。四是线上产品多样化。互联网理财产品成为主流，包括浙商银行"增金宝"、杭州银行"幸福添利"、金华银行"聚息宝"等，通过与基金公司合作，为投资者提供余额理财服务。线上融资产品更加便捷。以建设银行"快贷"为例，通过对客户在建行的资产、负债和其他信用信息进行分析，实现贷款的全程网上操作。

五、专题一——银行业自建电商平台探索

（一）理论背景

1. 客户偏好从"二八效应"向"长尾效应"转变。商业银行传统的经营理念体现了"二八效应"的思想，即服务"头部客户"——带来80%利润的20%的客户。而长尾理论表明，大量的个人和小微企业客户也非常重要，得益于"互联网+"技术和理念应用，拓展长尾客户的经济效益明显提升。推动银行业尤其是中小银行机构更加重视个人和小微企业客户。而建设自己的电商平台，正是获取这类"长尾客户"的重要渠道。

2. 风险管理从定性判断向定量分析转变。最新的研究表明，一方面，数据已经成为金融业最重要的资源，银行业要推动风险管理水平的提升，必须高度重视大数据的应用，提高风险量化能力，完善基于大数据的风险模型。但另一方面，相关研究也发现，银行业数据有不对称性，表现在数据积累多，应用分析少；金融数据多，行为数据少。借助自身的电商平台，银行业金融机构能够补足这块短板，获取客户的消费习惯、支付能力、支付偏好等数据，完善风险管理所需的数据体系。

3. 发展模式从工业时代向云时代转变。《云商业的大创想》一书中提出，工业时代的商业运作具有线性控制、标准化、封闭化的特征；而云时代更强调商业模式的网状协同，努力构建更多元、多向的生态系统。互联网企业对各类跨业跨界企业的收购就是在朝构建一个商业的生态系统方向演进。推进自建电商平台是传统银行机构适应"互联网+"发展趋势、发挥各业务板块协同效应

的重要途径。

（二）辖内实践

2014 年以来，辖内工商银行浙江省分行、浙商银行、杭州银行和浙江省农信联社四家机构结合自身优势和特点，开展自建电商平台的探索，已经拥有客户超过 100 万人，累计实现销售收入超过 5 000 余万元，初步形成"三类平台，四个品牌"。

1. 工商银行浙江省分行、杭州银行跨境电商平台。工商银行浙江省分行争取总行支持，抓住杭州跨境电商综试区建设的机遇，于 2015 年 8 月推出"融 e 购"国际频道，并入驻杭州跨境电商产业园。运营模式上，采取"海外分行营销、国内平台销售"的模式，利用工商银行 40 多家海外分支机构以及境外合作银行，发展当地商户入驻"融 e 购"，产品覆盖各国的主流商品。截至目前，已经上线法国、日本、澳大利亚等 19 个国家/地区。配套建设上，专门开发并上线杭州跨境电商金融支持平台，将"融 e 购"与外汇局、浙江电子口岸等监管部门以及物流、仓储企业等服务机构对接，达到订单、支付单、物流单的实时在线保管，优化了跨境电商业务流程。

杭州银行于 2014 年推出"e + 生活圈"网上商城，以满足社区居民对海外商品需求为目标，重点推进"跨境购"业务。运营模式上，与宁波跨境电商综合平台合作，上线商品主要由跨境保税区进口。

2. 浙商银行 B2B 电商平台。浙商银行于 2014 年 3 月推出 B2B 电子商务金融综合服务特色平台，包括"购销 e 网"和"购销通"，其中，"购销 e 网"为企业客户信息发布、交易撮合搭建平台，并具有商圈管理功能，目前，已经有电商客户 1.3 万户，并与中国诚商网、网盛生意宝等 40 余个电商平台合作。"购销通"为电子商务平台提供金融综合服务解决方案，包括支付结算、监管支付、票据支付等服务。

3. 省农信联社农村电商平台。借助自身农村地区渠道和客户基础优势，浙江省农信联社于 2015 年 6 月上线农村电商平台"丰收购"，便于农户销售农产品以及购买生活用品。目前，平台注册用户 90 余万人，入驻商户近 4 000 家，实现销售金额 2 860 万元。在运营上，采取省县两级运营模式，即省联社负责主页运营，各县市机构负责地方特色运营。

（三）优劣势分析

一方面，银行业推进电商业务有自身优势：一是拥有大量的客户群。以工商银行"融 e 购"平台为例，拥有超过 5 亿的银行客户可以成为潜在用户。二是线上线下互动基础较好。商业银行具有较好的网点布局，例如，省农信联社在农村地区有大量网点和便民服务店，有利于业务宣传推广、提供产品展示、产品集中采购等。三是金融服务配套好。商业银行电商平台可以充分借助自身消费信贷、支付结算等金融服务优势，为消费者提供综合化购物体验。但是，银行业发展电商业务仍处于起步阶段。据统计，2015 年，浙江省网络零售总额 7 610亿元，相比较而言，辖内银行业电商平台的业务仅占很小比例。除了发展时间较短的背景外，银行业推进电商平台建设还存在如下瓶颈和问题。

1. 定位于传统业务支持角色，获得资源相对有限。对于中小法人银行机构，发展电商业务主要是为了更好地服务现有客户，增加客户黏性。在组织推进上缺乏独立性，例如，杭州银行的电商业务由电子银行部负责推进，现有的客户主要为银行自身客户。与独立电商平台相比，获得的资源相对有限，在营销推广、考核激励、人才储备、系统建设等方面差距较大，制约业务发展。

2. 配套体系未跟上，用户体验有待提升。电商平台直接面向消费者，消费者的转换门槛低，用户体验至关重要。一方面，与大型电商平台相比，银行电商平台在物流、仓储、售后服务等方面相对欠缺，网页更新和维护滞后，难以达到同等服务体验。另一方面，受发展规模限制，银行电商平台商品在价格、品类方面也缺乏优势。以某款手机为例，工商银行、招商银行网上商城的价格比京东自营平台的价格高出 4% ~ 5%。例如，杭州银行"跨境购"产品，在价格上普遍高出网易"考拉海购"、京东"全球购"等平台 20% ~ 40%。

3. 电商产业集中程度高，银行业"突围"难度大。我国的电商产业从 2000 年发展至今，已经形成了相对集中的产业格局和封闭完整的生态圈，消费者、零售商的购物和销售推广主要围绕淘宝、京东等几大电商平台，银行业要进入电商领域既是对原有电商平台的"挑战"，也是对消费者、经营者习惯的"再造"。如淘宝网于 2003 年就上线运营，已经发展形成注册用户 5 亿人，注册经营户 700 余万人，占据整个 C2C 市场 95% 的份额。京东在自营 B2C 电商市场的份额达 56%。银行电商平台在这一领域"突围"，将面临很大的竞争压力。

此外，电商业务直接影响银行声誉，业务管理需要加强。电商业务是银行业与金融消费者之间的纽带，特别是在平台上有商户入驻的情况下，对商户的日常监管有待完善。

（四）相关启示

整体来看，辖内银行业金融机构发展电商业务有所起步，但与大型电商平台在配套体系、资源支持、业务基础等方面还存在全方位的差距，如何提升业务开展可持续性、协同性还有待探索。

1. 要进一步推动银行业完善内部管理。银行业自建电商处于发展起步期，需要密切跟踪和关注发展情况、存在问题以及风险因素。督促银行业金融机构制度先行，建立配套的内部制度体系，充分了解可能出现的操作风险、声誉风险等因素，在风险可控前提下开展业务。

2. 要进一步引导银行业结合自身定位开展业务。银行电商平台的定位要更加清晰，应当"跳出电商做电商"，借助电商平台获得金融场景入口，整合金融消费者、电商平台、生产制造企业等上下游资源。引导银行业综合分析自身优势和制约因素，防止盲目跟进和同质化竞争。推动银行业充分发挥在消费信贷、支付结算、自身信誉、客户资源、线下渠道等方面的优势，扬长避短，提升差异化竞争能力。

3. 要进一步深化与电商平台及企业合作。对不具备足够资源发展电商业务的中小银行机构，鼓励其探索与细分领域电商平台和电商企业合作，提供综合化金融服务。积极支持创业型电商平台和电商企业发展，实现优势互补、互利双赢，逐步探索适应"互联网＋"的发展新模式。

六、专题二——银行业创新发展直销银行

（一）国内外直销银行发展情况

1. 基本概念。直销银行（Direct Bank），又称直营银行、互联网银行，是一种虚拟银行。这一经营模式下，银行没有营业网点，不发放实体银行卡，而是通过互联网技术提供服务，用户主要通过互联网、移动终端、电话等远程渠道获取银行产品和服务。

2. 主要发展模式。直销银行诞生于20世纪90年代，首先出现在欧洲及北美等地区，经过近30年的发展，市场份额稳步扩大，已经成为各国银行业重要的组成部分。从运营模式看，主要有纯网络银行和线上线下相结合两种模式。一是纯网络银行。以美国安全第一网络银行（SFNB）为代表，是全球第一家纯粹的网络银行。开业初期，SFNB只有15名员工，但能够通过电子邮件、电话等渠道为12 000多位互联网用户提供几乎全部的基本金融服务，包括账单支付、支票业务、储蓄业务、ATM、CDS、信用卡等。日本乐天银行也是一家纯网络银行，依托于日本最大的电商——乐天集团，为客户提供支付结算、存款、线上贷款等业务。二是线上线下相结合模式。以荷兰直销银行ING Direct为代表，ING Direct精确捕捉西方消费者的生活模式，在重要城市开办了具有金融服务功能的咖啡馆，为客户提供投资咨询、理财顾问等服务。目前已经成为全球规模最大的直销银行。从组织模式看，可以分为子公司模式和事业部制模式。一是子公司模式，依托母公司，面向独立的目标客户群体开展业务。例如，隶属于荷兰国际集团（ING Groups）的直销银行子公司ING Direct，隶属于德意志银行集团下的直销银行品牌Noris bank等。二是事业部模式。以汇丰First Direct为代表，First Direct是汇丰银行的一个事业部，作为客户的附属增值账户，强调模式创新和低成本运营。

国内直销银行的发展时间相对较短。2013年9月18日，北京银行率先在北京、南京、济南和西安推出直销银行试点，成为国内第一家直销银行。2014年，

民生银行、兴业银行等相继推出直销银行，标志着直销银行在国内正式进入实践阶段。目前，国内直销银行数量已超过 60 家，设立主体涵盖国有商业银行、股份制商业银行、城市商业银行、农村商业银行以及新设立民营银行。

3. 主要特点。直销银行模式一般具有以下三个特点：一是目标客户定位明确。国外直销银行的客户定位为具有一定资产基础和网络基础的中产阶层客户。如 ING Direct 将其目标客户定位为具有良好教育背景和稳定职业，熟悉网络生活模式，具有独立自助理财习惯的中产人群。二是产品结构简单清晰。直销银行一般提供较为简单、标准化的金融产品，包括或其定期存款、理财投资、网上交易支付、转账汇款、按揭贷款等。由于直销银行的运营成本相对较低，能够提供更有价格优势的金融产品，增强对客户的吸引力。三是管理模式独立化、扁平化。国外直销银行主要采用两种组织形式，即法人制和事业部制，打破了总分支行的组织架构，管理模式更加独立化和扁平化。

（二）辖内直销银行发展形成三种模式

整体来看，辖内银行机构尤其是中小法人机构积极推进直销银行创新，主要形成了三种发展模式。

1. 内设部门模式。辖内浙商银行、杭州银行、温州银行、稠州银行、台州银行、泰隆银行 6 家法人银行机构已上线直销银行；嘉兴银行、绍兴银行、民泰银行正在进行直销银行平台开发或试运行。组织模式上，平台开发、业务管理等均由总行网络金融部、电子银行部、个人银行部等内设部门负责。截至 2016 年 11 月末，辖内法人机构共拥有直销银行客户 118 万户，主要开展代销货币基金、理财销售、存款等业务。

2. 纯网络银行模式。浙江网商银行是全国两家纯网络银行之一。浙江网商银行依托于阿里巴巴集团强大的技术支撑，采取全线上经营的模式。目前主要提供贷款、转账、代销货币基金等服务。浙江网商银行通过运用生物识别技术等手段，提升了网络交易安全性。在贷款产品上，网商银行应用系统批量化、低成本的流水线式信贷审批模式，开发专门针对电商的信用贷款"网商贷"、面向农村市场的"旺农贷"、供应链金融产品"任性付"以及阿里云贷款、菜鸟货押融资、大数贷、淘客贷等新型数据化融资产品。

3. "总分结合"模式。对于总行在辖外的银行分支机构，直销银行的平台开发、产品设计等活动主要由总行统一管理和实施，辖内银行分支机构负责客户营销和引入。由于直销银行还在推广试验阶段，总行对分支机构暂未进行考核，也未进行收入分成，大多只公布分支机构客户数。

（三）直销银行发展存在五个制约因素

1. 政策上存在制约。目前关于个人银行账户管理的规定中将个人银行账户分为Ⅰ类、Ⅱ类和Ⅲ类。其中，允许通过电子渠道开立Ⅱ类和Ⅲ类户，解决了直销银行的远程开户问题。但目前对这两类账户的限制较多，影响客户使用体验。对 Ⅱ 类账户，只能存款、买理财以及单日累计限额不超过 1 万元的消费及支付，不能向他人转账、取现；开立 Ⅱ 类账户，需要绑定开户申请人的同名 Ⅰ类户，作为核验开户申请人身份信息的手段之一。

2. 管理模式存在制约。国内直销银行在组织管理架构上普遍以传统银行发起设立的一级、二级部门或事业部为主，一般隶属总行电子银行条线或零售银行条线管理。直销银行依附在传统银行框架内，业务独立性不强，内部资源的支持和保障不足，对业务推进的激励机制不够健全，制约了业务开展。此外，直销银行在发展初期，客户的增加往往是银行存量客户转化而来，可能损害存量客户所在分支机构的利益。如何建立科学的考核激励机制、有效协调直销银行与银行现有渠道的关系也有待研究。

3. 业务开展的风险需要关注。直销银行主要依托互联网开展业务，面临很多新型风险，包括操作风险、信息技术风险、声誉风险等。例如，通过直销银行的平台开展线上融资类业务，涉及对客户真实意愿的确认、还款能力调查等一系列问题，单纯依托线上渠道不能保证对客户审核的全面性，存在一定风险。又如，直销银行采取 24 小时线上运营模式，需要具备稳定安全的后台系统以及完善的呼叫中心。

4. 互联网金融平台竞争冲击大。一方面，客户体验上存在差距。互联网金融平台依托母公司的技术优势以及线上业务的丰富经验，往往能够更加精准地把握客户需求，在客户营销、产品开发、平台操作、品牌推广等领域更加贴合用户偏好。银行业金融机构需要积极借鉴优秀互联网金融平台的成功经验，增强"换位思考"意识，进一步"读懂"消费者的需求，在此基础上开发产品和提供服务。另一方面，由于直销银行尚处于发展初期，还不具备规模效应，降低运营成本的作用不显著，相关金融产品收益率缺乏优势，对增量客户的吸引力不足。

5. 产品同质程度高。在直销银行发展过程中，各家银行已相继推出了各自的直销银行品牌，如工商银行的"工银融e行"、平安银行的"橙子银行"、光大银行的"阳光银行"、广发银行的"广发有米"、杭州银行的"杭银直销"等。但从产品上看差异并不大。直销银行产品主要集中在货币基金、银行理财及存款业务，少数直销银行推出了保险及信用卡业务。目前的直销银行更像是银行获客渠道的补充，在直销银行定位、特色产品开发、与客户互动等方面还需要深入研究与探索。

（四）相关启示

1. 引导商业银行找准直销银行的发展定位。通过创新组织架构、运营体系和激励政策。突出直销银行"简单、快捷、实惠"的特点，明确直销银行的细分市场及目标客户。结合国内客户的特点，探索与现有网点有机结合的直销银行模式，提供更有针对性的服务。处理好直销银行产品与现有产品间、直销银行渠道与现有渠道间的关系，在发展到一定阶段后探索直销银行的独立运营，努力打造有知名度的直销银行独立品牌。

2. 切实强化风险防控。推动银行业在具备必要的风控基础上开展业务。牢固树立安全意识，打造过硬的网络技术，提升安全标准，保障系统稳定。创新精细化的风险管控模式，加强数据的采集、筛选与分析，提升风险量化能力。探索与线上金融服务相契合的消费者权益保护体系，更好地提升用户服务体验。

3. 推动构建良好的政策环境。优化对直销银行相关政策规定，在严格监管的基础上适当放开对商业银行电子账户的功能限制，扩大商业银行电子账户的使用范围，提供业务发展更多创新空间。尝试直销银行独立牌照的发放，以便直销银行真正能够独立运营，进一步体现直销银行的优势。

七、专题三——银行业创新发展移动支付业务

（一）基本情况

移动支付是指用户使用移动终端对所消费商品或服务进行账务支付的模式。当前，随着移动互联网快速发展，移动支付已经成为支付业务中至关重要的组成部分。根据易观智库统计，从 2015 年第二季度开始，移动支付的规模已经超过 PC 端支付。根据中国互联网络信息中心《中国互联网络发展状况统计报告》，截至 2016 年 6 月末，我国手机支付用户规模已经达到 4.24 亿人。以银行的支付服务为例，在 30 多年的发展历程中，银行卡支付先后经历了磁条银行卡、联网通用、互联网支付、移动支付等多个阶段。随着移动互联网、芯片（IC）卡、近场通信（NFC）等技术的推广和应用，支付方式正快速进入移动支付阶段，支付的便利性进一步提升。第三方支付机构也从支付网关模式、解决信任问题的中介模式向移动金融服务平台转变。根据易观智库统计，2015 年，中国第三方支付移动支付市场规模达到 16 万亿元，达 2006 年的 4 848 倍。

（二）移动支付的发展现状

按照技术特征划分，移动支付可以分为近场支付和远程支付两类。第一类是近场支付。例如，银联"云闪付"，与苹果 Apple Pay 等合作，目前已经支持苹果、三星等在内的 50 余款智能手机终端，合作银行机构 20 余家。又如，条码（二维码）支付便于消费者通过扫描二维码将线下交易转为线上交易，得到快速普及。从 2013 年开始，支付宝、微信支付等通过推广条码支付拓展线下移动支付市场。2016 年，人民银行就条码支付业务规范征求意见，在政策上规范和放开条码支付业务，银行机构也将加速在条码支付领域的布局。第二类是远程支付，本质上为移动化的网络支付。主要包括使用手机银行以及支付宝、微信支

付手机客户端进行转账支付。同时，随着区块链技术的研究和探索，由于其分布式、去中心、不可篡改等特征，在未来也可能对支付领域产生重要的影响。

国际上，根据各国不同的经济社会特点，形成了多样化的移动支付创新模式。以美国为例，Square公司开发外接刷卡器，利用智能移动终端实现POS功能，得到快速发展。日本的近场支付非常发达，消费者使用的手机多数配有NFC芯片，可以实现近场支付。在非洲部分国家，运营商推动的移动支付直接跨越了银行卡支付阶段，成为金融覆盖不足地区居民的主要支付手段。用户在运营网点用现金为手机充值，再通过短信进行转账支付。

（三）辖内实践

辖内主要法人银行机构电子银行对柜面替代率普遍超过70%，网上银行、手机银行、微信银行等电子渠道已经成为银行业金融机构的最主要渠道。一是场景应用更广泛。应用领域已经快速拓展到消费零售、旅游出行、金融理财等各方面。例如，银联浙江公司与杭州地铁合作，推广银行卡"云闪付"购票。浙商银行推出"电商付"产品，为合作电商平台与其客户的交易提供转账、电票、托管等支付结算业务。二是支付手段更多样。为提升用户体验、增强支付安全性，金融机构开发和应用指纹支付、声波支付、光子支付等新型支付方式。三是跨境支付更普及。随着跨境旅游、海淘等的普及，对跨境支付结算的需求日益增加。一方面，收单网络覆盖更广，银联卡已经可以在多数境外国家和地区使用。另一方面，跨境网上支付更加便捷。银行机构与具有跨境支付牌照的第三方支付公司对接，开展跨境电商支付结算服务。又如，工商银行浙江省分行建设互联网金融跨境清算机制，为跨境电商企业提供更便捷的跨境支付结算服务。

（四）银行机构在移动支付领域的优劣势分析

整体上，银行机构推进移动支付具有客户资源丰富、风控健全、信誉度高等特点，在大额支付领域优势较为显著。但是，与第三方支付机构相比，存在三个不足。

一是在用户体验上存在不足。银行机构移动支付仍存在操作烦琐、交互不够人性化、体验相对较差的问题。相比较而言，第三方支付机构的支付流程更加契合小额支付场景的需求，流程简单，操作便捷，更容易为消费者接受。

二是在商业生态系统上存在不足。互联网时代高度强调产品和服务的黏性。支付宝、微信支付等第三方支付机构借助母公司的强大平台，已经构建立起较为完善的商业生态圈。以支付宝依托的阿里巴巴集团为例，自身就拥有在电商销售、交通出行、社交平台、视频娱乐等领域重要的平台公司，与其他平台也构建了长期的合作关系，能够与自身支付业务形成良好的协同效应。而目前商业银行的支付业务主要停留在金融领域，向其他应用场景渗透的难度较大，导致支付业务的使用频度偏低。

三是在发展理念上存在不足。第三方支付机构植根于互联网行业的土壤，与客户需求结合得更加紧密，内部管理更为扁平化，对市场状况响应灵敏，并结合消费者的需求开展了大量针对性的营销推广活动。相比较而言，银行机构对安全性、审慎性考虑更多，存在反应速度慢、创新步伐不够快等问题。

（五）相关启示

一是要注重大数据的积累。商业银行自身在经营过程中积累了大量的数据资源，但是存在金融数据多、行为数据少的问题。通过创新移动支付业务，拓展支付领域，能够推进支付信息与商品和服务的品种、数量、价格等信息相融合，有助于了解客户服务偏好、提供精准服务，提升风险的动态监测和量化分析水平。二是要注重业务协同。支付业务具有很强的连接性，能够将银行、商户、消费者等纳入一个生态体系，形成业务的协同，拓宽金融服务的空间。三是要注重普惠金融理念。移动支付具有便捷、高效、成本低的特点，能够提升银行业金融机构对城乡和农村居民的服务水平。

八、专题四——银行业与互联网行业深度合作

（一）与电商行业合作

辖内银行业金融机构与电商平台、电商企业、信息科技公司等互联网企业开展广泛的业务合作，完善自身产业链，实现优势互补。一是支持电商行业发展。据不完全统计，浙江银行业金融机构与天猫、淘宝、博库网等大型电商平台合作，服务电商企业2 000余家；"网贷通"、"电商贷"等电商贷款成为辖内银行业的特色产品。二是与跨境电商合作方兴未艾。2015年3月，国务院批复杭州作为跨境电子商务综合试验区，辖内银行业金融机构积极对接试验区。例如，工商银行浙江省分行、中信银行等多家银行业金融机构赴杭州下沙、下城、空港三大电子商务产业园调研，与10余家电商平台就开展全流程业务合作进行了探讨。中国银行浙江省分行与杭州跨境电子商务综合试验区签署战略合作协议，开发跨境电商（进口）直联产品，为跨境电商平台、海外商户、境内个人提供线上支付、跨境清算、国际收支申报、反洗钱、人民币跨境申报等综合金融服务。三是与互联网技术公司优势互补。与大数据、云计算等互联网技术公司合作，提升数据分析能力，为开展电商信用贷款等业务提供支撑。

（二）与互联网金融企业合作

金融机构与互联网金融企业合作加速。一是与第三方支付机构合作。辖内银行业金融机构与第三方支付公司合作建立了较为密切的合作关系，具体包括网关支付、手机支付、快捷提现、代收付、网银B2C等业务。二是为网络借贷平台提供资金存管服务。银行业金融机构与网络借贷平台、众筹融资平台的合

作还处于探索阶段。在银行机构与互联网金融平台开展存管等合作的实践中，存在混淆合作性质、夸大银行责任、信息披露不到位等问题，引发投资者投诉信访、诉讼，给相关银行带来法律风险和声誉风险。今后，随着相关指导意见对互联网金融新业态定位的明确以及银行业金融机构资金存管要求的细化，银行业与互联网金融企业的合作将更加深入。

（三）与互联网企业集团合作

浙江拥有互联网行业巨头——阿里巴巴集团，给银行业的业务发展提供了巨大的合作空间。辖内银行业金融机构与阿里巴巴集团的合作较为普遍。一是直接授信。例如，辖内银行业金融机构与阿里巴巴小额贷款公司开展合作，向其提供贷款支持。二是与招财宝平台合作。与招财宝平台建立合作关系，开展票据质押贷款、个人存单质押贷款、推荐融资企业等业务。三是与支付宝合作。辖内主要银行业金融机构均与支付宝建立了合作关系。四是获取技术支持。五是共同推进普惠金融发展。建设银行浙江省分行与阿里巴巴农村淘宝项目合作，目前已在阿里巴巴德清农村淘宝店设立 6 个助农服务点。

（四）相关启示

1. 积极借鉴，弥补不足。坚持"竞争中合作，合作促竞争"的思路，在风险可控的基础上，主动与互联网行业及互联网金融企业开展合作，特别是要与具备特色数据、特色技术、特色客户群的互联网企业开展合作，在合作过程中要特别注重学习优秀互联网金融企业的发展理念，积极弥补自身开展互联网金融业务的不足。比如，通过合作获得互联网企业的实时消费记录等"软信息"，丰富贷前调查、资金监控的渠道，解决小额信贷的信息不对称问题。

2. 深化合作，实现共赢。一是合作开发新产品。整合商业银行的资金、人才、风控、线下网点布局等优势，以及互联网企业数据分析、线上营销、流量导入等优势，开发差异化的新型金融产品。二是合作建设信用信息共享平台。将传统银行业征信平台与互联网企业的网络交易、社交网络等信息相结合，建立覆盖面更广、数据来源更翔实的信用信息共享平台。

3. 建设场景，创新服务。在探索与互联网行业合作过程中，要善于搭建平台，创造金融服务场景，整合金融消费者、电商平台、生产制造企业等上下游资源，不断扩大金融服务领域，通过场景嫁接金融和实体经济需求，在支付结算、信贷支持、投资理财、财务顾问等领域创新金融服务。

4. 严格准入，防控风险。一是要严格准入，推进合作机构名单制管理，选择发展理念科学、内部管理健全、科技安全有保障的企业开展合作。二是要持续跟踪管理。加强合作期间的持续跟踪管理，掌握合作机构是否存在借助与银行合作进行不实宣传、侵害消费者合法权益等行为，并对风险较大的合作机构及时实施退出。

九、对银行业互联网金融创新实践的思考

在推进互联网与金融融合发展的过程中，因为传统金融业结构化、集中化、垄断性等特征，与"互联网＋"的发展要求存在差距，将面临跨界融合的内部阵痛和跨界冲击带来的严峻挑战。

（一）服务创新与依法合规的矛盾

"互联网＋"经济模式是典型的平台经济，形成的生态链、生态圈，打破了时间、空间和行业界限，对现有的国民经济分类管理包括准入、统计、税收制度等，对基于传统经济管理模式下的行业法律法规和监管规则形成冲突和矛盾。以信托产品为例，我国的信托产品属于私募性质，且具有较高的投资门槛，合格的个人投资者应符合认购金额不少于 100 万元人民币等标准，而通过与 P2P 平台合作构建的互联网理财产品打破了这一门槛，存在合规性风险；部分互联网理财产品采取分批设立的方式试图回避 200 人的限制，但目前并没有法律支持一个 SPV 主体下，分批募集的资金为独立财产，存在法律争议。例如，互联网可以超越地域甚至跨国界，但是银行互联网化业务的展业半径如何确定、纠纷如何解决、监管如何跟进等，现有规定难以适用，做出进一步探索和明确。

（二）互联网快速应变理念和传统金融业严谨文化的矛盾

互联网行业具有组织扁平、产品周期短、应变反应快的显著特点，相比较而言，传统金融机构长期以来形成严谨的合规文化，对风险的态度更为审慎，业务授权、产品开发和事后监督等控制环节较多，可能导致对互联网行业发展的适应性不足。例如，部分银行机构虽然开办了在线贷款业务，但仅是提供了线上申请贷款的渠道，授信调查、贷款审批等环节采用传统的手段和流程，过程复杂、速度较慢、资源消耗多。又如，在与电商平台合作开发电商贷业务中，因为大量电商企业缺乏必要的基础资料，不符合银行内部信贷政策要求，需要内部审批流程的重大突破。

（三）"具互联网之形"和"缺互联网之实"的矛盾

一方面，在风险控制上，未能有效应用大数据技术来克服信息不对称问题。例如，真正的网络借贷 P2P 平台，承担信息中介职责，能够通过海量的客户发掘，在很大程度上破解流动性、资金匹配的难题。以全球首家 P2P 公司 Zopa 为例，在后台将单个投资者的资金分为 10 英镑一份，分别投资到一揽子借款人上，保证风险有效分散；美国最大的互联网金融平台 Lending Club 成功的关键在于有一套科学严谨的风险评估体系，90% 的借款申请都被其拒绝，贷款违约率保持在较低水准。而国内大量互联网金融企业只是将传统金融业务搬到线上，既缺乏足够分散的客户群，也没有可靠的信用评价机制，管理薄弱、脱实向虚以及风险集聚等问题更加突出。另一方面，在服务体验上，尽管传统金融机构

已经建立互联网渠道和移动 APP 渠道，但更多的只是将网点的流程电子化、网络化，仍是从金融机构流程管理的角度进行设计，而非从客户需求和便利的角度进行改造，与阿里巴巴、腾讯等互联网公司搭建的服务平台仍存在很大差距。

（四）业务快速发展和风险管控不适应的矛盾

互联网与金融的创新融合，并没有使互联网和金融本身的风险消失，有些问题反而更具有挑战性和扩散性。一是信息披露有效性不足。互联网技术的运用简化了投资者购买相关金融产品的流程，同时产品投资运作等环节的披露也相对简单，产品宣传重于"吸引眼球"，轻于揭示风险，给投资者带来误导。二是合作风险有待关注。近年来，部分互联网金融企业风险逐步暴露，产生资金链断裂引发的信用风险、挪用第三方账户资金形成的操作风险、资金诈骗导致的非法集资风险等。据网贷之家统计，2016 年前三季度，浙江地区出现"跑路"、提现困难等问题的 P2P 平台达 201 家。银行业金融机构与其合作存在声誉风险、信用风险、操作风险等风险传染的问题。三是科技风险不容忽视。特别是随着移动互联网的飞速发展，各银行业金融机构均开发了相应的 APP 手机应用及微信银行平台，不法分子通过伪基站、恶意软件、钓鱼网站等手段获取客户金融信息，危害银行客户资金安全。

（五）数据爆炸式增长与数据应用和管理不足的矛盾

一方面，传统金融机构虽然坐拥海量的数据，但在实践中对数据采集、存储、整合、分析不足，特别是在互联网金融与生活场景结合更加紧密的情况下，互联网金融企业"垄断"交易数据，银行机构无法掌握客户行为数据和交易数据，不能对客户信用状况、消费者行为和偏好、市场变动趋势进行分析，在金融服务产业链中价值下降，有陷入 OTT[①] 模式的风险。另一方面，互联网金融涉及对海量数据的收集、存储、处理，信息泄露、丢失和损害风险客观存在，相关案例已经敲响警钟。例如，2005 年，美国万事达、VISA 和运通公司主要服务商的数据处理中心网络被黑客程序侵入，导致 4 000 万个账户信息被黑客截获；2013 年，中国人寿 80 万名客户的个人保单信息泄露；2016 年 12 月，据央视报道，京东发生用户数据外泄事件，包括消费者的用户名、密码、邮箱、联系方式、身份证号等多数千万条信息。

十、银行业金融机构互联网金融实践的监管探讨

整体来看，互联网与金融的融合形成了良好的发展态势，在提升客户体验、加强数据挖掘、转变经营模式、填补服务空白等方面都有所进展。但是，银行

---

① OTT，来源于篮球等体育运动，即"Over the Top"，过顶传球的意思，在互联网等行业中引申为互联网公司越过运营商等中间机构，直接向用户提供数据服务等业务。

业金融机构的互联网金融实践时间还比较短，在很多业务领域仍然存在空白，合规风险约束、风险管控不足、数据应用有限等问题仍然制约"互联网＋金融"发展的有效性，有待环境营造、创新引领、监管改革等方面共同努力突破。

（一）完善监管法规政策，营造传统金融与互联网融合发展的良好环境

建议在人民银行等十部委发布《关于促进互联网金融健康发展的指导意见》的基础上，进一步完善监管法规和政策，引导和规范互联网与传统金融融合发展。一是明确监管导向。对银行业互联网金融业务的监管，引导坚持鼓励创新与防控风险相结合。要营造相对宽松的发展环境，更多地采取底线监管的思维，引导银行业金融机构规范开展业务。二是填补法律空白。制定银行业互联网化及银行业与互联网行业合作的相关政策，对市场准入、技术标准、安全防范、风险承担等法律责任分配和争端解决程序进行立法，规范业务有序健康发展。三是优化法规政策。根据互联网金融的特点，研究修改不适应互联网发展要求的相关法规和政策，坚持适度监管的原则，在风险可控的基础上，鼓励银行业与互联网融合创新。四是增强监管标准的一致性。应当将维护互联网金融交易的公平性和有效性作为监管的重要目标之一，对于风险特征相同、仅是从线下搬到线上的业务，应按照统一的规则监管。五是建立市场预警机制。对相关业务建立监测预警机制，实现智能化的实时监测，防止风险苗头的扩散，避免出现更大的风险。六是推动完善配套机制。积极推进与互联网金融相关的资金托管、个人信息保护、电子签名、电子票据等方面配套法规建设。

（二）推进监管改革创新，构建与互联网思维相适应的新型监管体系

金融与互联网的融合带来了全新的业态和业务模式。银行业互联网金融实践本身具有金融与互联网双重特征，对相应的监管带来更大挑战。需要探索构建以风险监管为核心、协同监管为基础、信息化监管为依托的新型监管体系。一是推动建立适应"互联网＋"新经济业态的跨部门、跨区域、跨行业风险防控联动协调工作机制，制订风险防控预案，防范突发性、系统性风险。二是加强对大数据技术的应用，建立适应互联网金融特点的数据监测统计制度，尝试从单一风险监测为主的监管指标体系转变为识别、缓释多元交织复杂风险的综合监管体系。探索建立与互联网金融业务发展相匹配的专项统计报表，逐步形成常态化的监测和评估机制。建立和完善互联网金融征信体系，解决互联网金融机构之间以及互联网金融机构与传统金融机构之间信息割裂的问题，构建统一、完备的征信体系，并形成在此基础上的信用标准评价体系、失信惩戒机制等。三是加强功能监管。针对互联网金融实践中业务新、发展快的特点，探索从机构监管向功能监管转型，加强对重点业务的跟踪研究和监管。四是优化科技监管。随着物理网点智能化、人脸识别技术等广泛应用，银行机构传统业务流程将发生根本性的变化，对员工行为等监管也要更加依托于智能化的监管手

段。要充分关注银行机构信息系统的科学性、安全性。在具体监管上，不仅要对其信息系统的硬件设备、系统配置等明确标准要求，而且要对其信息系统建设情况进行验收把关，确保其信息系统建设符合安全标准。五是加强复合型监管人才培养。推动监管人员积极学习互联网相关知识和理念，培养既懂金融专业知识又掌握互联网技术原理的复合型金融监管人才。

（三）积极发挥行业协会作用

互联网金融实践还处在不断尝试和创新的过程中，除了对重要、原则性的内容进行监管规范外，还需要市场主体的自发调整。一是成立专门的自律组织。应当充分发挥行业自律机制，在银行业行业自律组织框架下，成立专门的互联网金融工作委员会，就行政规范中不宜过细的领域制定经营管理规则和行业标准，推动机构之间的业务交流和信息共享。在规范同业竞争、抵御行业风险等领域加强合作。二是充分发挥行业"领头企业"作用，重点做好与市场占比高、客户基数大、业内影响广的机构联系协调，切实规范业务开展，鼓励牵头制定行业自律标准和约束惩戒机制，积极营造行业发展的良好环境。三是加强与互联网金融行业自律组织的联动。在信用信息共享、消费者权益保护、风险预警及应急处置等领域加强交流与共同推动。例如，共同建立跨行业的信用信息数据共享平台，实现信用信息的跨行业查询，提升对资产风险的识别能力。对于行业自律规范中形成的适应性强、行之有效的举措，可以加以吸收，作为制定监管政策的参考。

（四）切实做好金融消费者权益保护

银行业金融机构借助互联网载体为更大范围的金融消费者提供服务，但也带来消费者保护滞后、投诉处理难、对消费者风险评估不恰当等问题。一是建立互联网消费者保护体系，推进互联网时代跨区域、跨行业、多元化的消费者矛盾纠纷化解，督促银行业互联网金融创新中做好信息披露、风险提示等工作。二是加强投资者适当性管理。针对互联网渠道的金融产品要做好可行性研究和分析，加强对产品风险状况的尽职调查，科学确定产品风险等级，向投资者推荐符合其投资需要和风险偏好的金融产品或投资策略。三是积极开展消费者权益保护的宣传教育，逐渐培育消费者的风险意识与契约精神，引导消费者形成"卖者有责、买者自负"的科学投资观念。四是建立强制性信息披露制度，根据业务的特点确定披露的事项，确保金融消费者信息获取的及时性、全面性、准确性以及真实性，有效保护金融消费者知情权。同时，也要使信息披露模式更加适应互联网消费者的需求，便于消费者更清晰地掌握重要的业务数据。对于违反信息披露制度或者有意造假的，要及时予以查处。五是督促银行业金融机构加强互联网金融安全体系建设，积极研究互联网金融新技术、新标准，提高信息安全水平，妥善保管客户资料和交易信息，保证客户信息的安全。

参考文献

［1］谢平：《互联网金融模式研究》，载《金融研究》，2012（12）。

［2］宫晓林：《互联网金融模式及对传统银行业的影响》，载《金融实务》，2013（5）。

［3］侯彬鑫：《浅析余额宝对我国银行业的影响》，载《财会金融》，2013（12）。

［4］潘意志：《阿里小贷模式的内涵、优势及存在问题探析》，载《金融发展研究》，2012（3）。

［5］张竞：《互联网金融对传统融资模式的影响和对中小企业融资难的缓解作用》，载《现代经济信息》，2013（16）。

［6］周林：《第三方支付：机遇与挑战并存》，载《西南金融》，2009（2）。

［7］胡振虎：《中国互联网金融风险及监管对策》，载《中国经济时报》，2014。

［8］贾兆德：《对互联网企业进军金融领域的思考》，载《金融天地》，2013（11）。

［9］刘士余：《秉承包容与创新的理念，正确处理互联网金融发展与监管的关系》，载《清华金融评论》，2014（2）。

［10］马强伟：《互联网金融监管的必要性与核心原则》，载《现代经济信息》，2015（23）。

［11］刘志阳、黄可鸿：《梯若尔金融规制理论和中国互联网金融监管思路》，载《经济社会体制比较》，2015（2）。

［12］孟祥轲：《中小型券商发展互联网金融的模式研究》，载《金融财税》，2013（8）。

［13］刘镟：《供应链信息共享策略》，载《物流科技》，2007（3）。

［14］Franklin Allen，James Mcandrews，Philip Strahan：E – finance，An Introduction. Journal of Financial Services Research. 2002（22）：5 – 27.

［15］Makinen. Assessing business model concepts with taxonomical research criteria：A preliminary study. Management Research News. 2007.

小微企业银行融资风险的影响因素分析

——基于 2012—2015 年中国银行小微企业授信实践的实证研究

中国银行浙江省分行课题组[*]

一、引言

(一) 研究背景和目的

随着我国经济的发展,小微企业在国民经济中的重要地位逐渐被认识,小微企业融资难的问题也被社会广泛关注。为缓解小微企业融资难,政府出台了一系列措施,要求银行在控制风险的基础上创新贷款技术和贷款模式,促进银行提高对小微企业的信贷投放。近年来,四大国有商业银行相继推出了针对小微企业的贷款模式,但由于专业开展小微企业授信业务的时间较短,在小微企业贷款技术创新方面研究较少,目前商业银行仍然以财务报表分析、担保条件等要求作为小微企业融资的主要评判标准。特别是在经济下行的现阶段,商业银行主要采取上收审批权限、提高小微企业授信准入门槛(如要求提高抵押担保占比)等方式控制风险,这与小微企业财务信息不透明、自身实力有限,抵押担保能力弱的融资特点并不相吻合。

小微企业的经营特点决定了其授信风险特征不同于大型企业,不能仅以财务指标为主要授信判断标准,在市场经营环境快速变化、银行不良事件高发的现阶段,商业银行更需加强对小微企业授信风险特征的针对性研究,进一步提高服务小微企业的业务能力。

本文在应用银行对小微企业授信传统经验判断法的基础上,通过大样本数据和多因素指标的运用,对小微企业客户授信的风险点进行量化分析,通过计量模型客观识别银行在授信过程中需要重点关注的风险预警指标,为小微企业贷款技术创新和降低企业信用风险提供技术支持,进一步提高银行对小微企业授信的技术水平,为破解小微企业融资难问题提供一个新的视角和方法。

---

* 课题组主持人:程 雷
课题组成员:汪 勤 王 雪 王军辉 王浩锦

（二）研究思路和方法

1. 基本思路：通过对小微企业信用违约风险的度量，使银行能准确掌握小微企业的信用风险状态和违约概率，甄别小微企业的偿债能力和偿债意愿。在测度信用违约风险的基础上，根据信用风险的大小来决定是否对小微企业进行授信。同时对小微企业的授信风险因素进行识别，找出影响企业授信风险的关键指标，实现对授信客户风险的早发现、早预防，探索商业银行开展小微企业信贷技术的有效途径，达到降低小微企业信贷风险、减少不良发生的目的。

2. 研究方法：在中国银行浙江省分行近年开展中小企业"信贷工厂"业务模式的基础上，以该行 2012—2015 年约 10 000 家小微企业授信客户为研究样本，采取"问卷调查法"和"专家头脑风暴法"对影响企业授信风险的关键指标进行经验判断，将可获取数据的指标引入计量模型，考察各项指标的显著性水平并建立预测模型，最终识别对企业授信风险具有关键作用的影响因素，并应用于实践。

二、小微企业概念界定

（一）工业和信息化部口径的小微企业标准

根据 2011 年 6 月工业和信息化部、国家统计局、国家发展和改革委员会及财政部四部委联合下发的《关于印发小微企业划型标准规定的通知》（工信部企业〔2011〕300 号），按"大类行业、销售额、资产总额、从业人员数"四项标准，把企业划分为：大型、中型、小型、微型，共四种类型。例如，工业企业中，营业收入 40 000 万元及以上与从业人员数 1 000 人及以上的工业企业认定为大型企业；营业收入 2 000 万 ~4 亿元与从业人员数 300 ~1 000 人的工业企业认定为中型企业；营业收入 300 万 ~2 000 万元与从业人员数 20 ~300 人的工业企业认定为小型企业；营业收入 300 万元以下与从业人员数 20 人以下的工业企业认定为微型企业，其中一项标准不满足，企业划型下调一档。

（二）银监会对银行业金融机构的小微企业考核指标口径

按照《中国银监会关于深化小微企业金融服务的意见》（银监发〔2013〕7号）的划分标准，将小微企业定义为：工信部口径的小型企业和微型企业，以及个体工商户和小微企业主。此种划型标准，主要用于中国银监会考核金融机构是否完成对小微企业授信支持的"三个不低于"指标要求。该标准对小微企业的统计不仅包含了企业贷款，还包含了个人贷款，统计范围较工信部口径小微企业贷款更宽泛。

（三）四大国有商业银行内部的小微企业口径

四大国有商业银行根据自身小微企业授信业务模式和流程，也分别设置了不同的小微企业内部管理口径。其中，工商银行浙江省分行开展小企业贷款业务模式，内部管理口径的小微企业标准为：授信总量3 000万元及以下的所有企业。农业银行浙江省分行内部管理口径的小微企业标准为：授信总量3 000万元及以下，且销售收入5 000万元或总资产8 000万元及以下的企业。建设银行浙江省分行内部管理口径的小微企业标准为：销售收入1亿元及以下或总资产1.2亿元及以下的企业。中国银行浙江省分行推行"中银信贷工厂"业务模式，内部管理口径的小微企业认定标准为：销售收入不超过1亿元（其中，批发类企业年销售收入不超过1.5亿元）的企业法人客户，且授信总量不超过2 000万元。

三、小微企业银行融资现状

（一）小微企业数量多、对经济综合贡献大

根据国家工商总局数据，2015年我国工信部口径的小微企业达到1 334.97万户，占全部企业总量（不含分支机构）的96.99%，较2014年提升5.41个百分点。小微企业创造的经济价值占到我国GDP的60%以上，企业纳税额占到全部工商企业纳税总额的50%以上。在扩大就业方面，小微企业贡献48.83%的力量，其中，新设小微企业在吸纳就业方面贡献达到81%。2015年度浙江省小微企业从业人数位居我国全部省份的第三位，仅次于广东和江苏。与大中型企业相比较，小微企业在紧跟市场需求、灵活调整经营机制方面具有天然优势，在保障充分就业、推动技术创新、克服劳动力成本不断上升方面具有不可替代的作用。

（二）浙江省小微企业银行融资情况

与小微企业对国民经济的贡献度相比，小微企业在银行的融资占比长期偏低，且伴随着我国经济的持续低位运行，自2016年以来，小微企业（工信部口径）在银行的融资总量呈下降态势。

截至2016年9月末，浙江省四大国有商业银行小微企业（工信部口径）授信客户数3.22万户，较年初下降0.32万户，小微企业授信客户数占四大行公司授信客户数的59.8%；四大国有商业银行小微企业授信余额合计4 360.9亿元，较年初下降126.4亿元，小微企业授信余额占四大行公司授信余额的34.7%；小微企业不良率为3.99%，比年初下降0.05个百分点，低于公司授信平均不良率0.01个百分点。

（三）小微企业银行融资难原因分析

1. 小微企业在银行融资占比低的原因

（1）企业自身原因。小微企业经济实力普遍不强，经营风险较大，财务信息透明度低。与大中型企业相比，小微企业的经营规模小，经济实力弱，产品市场竞争力较弱、市场地位较低，导致小微企业经营活动的稳定性和抵御外界经济环境波动的能力较差，持续经营的风险较高，有研究表明，我国大约有

30%的小微企业存续期不到 2 年，60%的小微企业存续期不到 5 年。同时小微企业大多属于家族经营或合伙经营的企业，大部分信用意识淡薄，财务管理制度不健全，信息披露不充分，缺乏可作抵押的实有资产，导致难以从银行处获得授信支持，即使获得贷款，利率也较高。

（2）银行方面原因。与大中型企业相比，小微企业具有贷款金额小、贷款期限短的融资特点，但银行由于对小微企业信息不透明、银企间信息不对称等风险因素的审慎考量，在小微企业授信流程和授信技术方面与大中型企业并没有明显差异，发放一笔小微企业贷款，审批手续烦琐，管理成本和违约成本高，投入产出不成比例，银行对小微企业普遍存在"惜贷"现象。

（3）市场机制问题。由于信贷市场机制不健全，难以为企业融资提供必要支持。当前我国小微企业信用担保机制还不健全，信用担保机构存在运作不规范、起点低、层次参差不齐等问题。同时，我国的信用担保机构在担保方式、担保比例、损失追偿等方面也没有形成统一的规范，制约着担保机构对小微企业贷款提供服务的功能。二是政府作为小微企业贷款市场的重要参与者，缺乏统一的为小微企业提供融资服务的专门机构，在小微企业资信评估系统和个人信用评估系统等信息共享方面仍然滞后，在缓解小微企业贷款难问题方面发挥的作用非常有限。

2. 小微企业在银行融资总量下降的原因

（1）企业自身原因。当前我国处于供给侧结构性改革，去产能去杠杆的关键时期，小微企业融资难出现两极分化现象。一些产能过剩、生产效率低下的行业如纺织业、钢铁行业受到冲击，企业业务量下降，成本不断攀升，部分小微企业收缩自身经营，对银行的融资需求下降。而一些生产经营稳健、行业前景好、发展潜力大的小微企业，各金融机构纷纷加大了支持力度，企业对授信银行的选择面更广，也降低了企业对单一银行的授信需求。

（2）银行方面原因。出于控制风险的考虑，银行提高了对小微企业的授信门槛，在授信准入环节要求更加严格，除对小微企业盈利能力、负债能力、运营能力及企业所处行业、授信实际需求等方面加强常规审查外，为防范担保链风险，也提高了保证担保的准入标准，小微企业需要提供更多的抵押担保。同时，在经济环境下行时，大中型企业具有更强的抗风险能力，银行更加倾向于将授信资金投放给大中型企业，在一定程度上挤压了小微企业的授信规模。

3. 银行小微企业信贷业务技术现状及问题

目前银行业评价小微企业信用风险，虽然决策模式和程序在各银行间有所不同，但其依赖的技术原理却基本一致：支持贷款决策主要是依赖信贷专家，通过烦琐的信贷调查和审查程序来控制风险。一笔小微企业贷款一般要经历客户经理调查、资料收集、内部信用评级、信贷审查、有权审批人审批等程序。

在此过程中，财务因素和非财务因素都要进行深入分析研究。财务因素一般从偿债能力、经营能力、盈利能力和发展能力四个方面进行考察，非财务因素则包括行业分析、企业经营分析、担保条件分析、借款人特征分析、企业实际资金需求分析等方面。

商业银行对小微企业的信贷业务流程，虽然较大公司信用风险审查的流程有所缩短，例如，减少了在信用审查和有权审批人审批之间的信贷评审委员会评议环节，但是，其所依赖的技术原理与大公司基本一致，即对财务因素和非财务因素都要面面俱到地进行审查。但是，这与小微企业财务信息不透明、不规范的现实情况并不相符合，所以在对小微企业授信时，银行更加注重第二还款来源，即企业提供担保的风险缓释作用，对小微企业是否能提供足额抵押担保给予更多的关注，而这又与小微企业自身资金实力弱、资产量小的情况不相符合。

目前我国宏观经济仍将长期低位运行、商业银行在信贷风险管理机制方面的问题短期内难以改变，担保机构和政府作用的提高则还需要一个过程。基于以上分析，我们认为，通过信用风险度量模型改进银行对小微企业融资的授信技术，是解决银企信息不对称、缓解小微企业融资难的切实可行方案。

四、小微企业银行融资风险的实证分析

（一）国内关于小微企业融资风险的研究现状

国内关于企业授信信用风险的研究一直以大中型企业为主，尤其是以大型上市企业为研究对象最普遍，专门针对小微企业信用风险的研究则非常有限。这其中一个重要原因是因为小微企业的数据获取比较困难。在企业授信风险研究的样本选择上，国内多数研究文献主要采取上市公司的企业公开信息，或者通过调查问卷方式，获取非上市小微企业的数据，并在此基础上建立了企业授信风险度量模型。虽然也有极少数的研究使用了商业银行的小微企业贷款数据来度量小微企业的信用风险，但是受数据来源的限制，能获取的企业数量一般较少，或者单一企业信息内容较少。国内学者主要考虑以财务失败事件作为企业发生风险的替代变量，来研究小微企业的信用风险度量问题。

（二）数据来源

1. 小微企业标准界定

本文选取的小微企业标准，是中国银行内部管理口径的新模式小微企业客户，即年销售收入在1亿元及以下（批发业年销售收入1.5亿元及以下），且授信总量一般不超过2 000万元的企业客户。

2012—2015年，中国银行新模式小微企业年均客户数超过7 000户，户均授信余额约500万元。对比工信部口径的小微企业，中国银行内部管理口径的新

模式小微企业客户，与工信部口径的小微企业客户重合度为 90%，另 10% 的新模式小微企业客户为工信部口径的中型企业，该样本可以较好地说明小微企业融资情况。

2. 样本构建

以中国银行 2012—2015 年年均授信余额不为零的全部新模式客户为样本构建数据池。共采集样本数 32 152 份，剔除数据缺失和明显异常样本后，有效样本数 27 958 份。其中，9 799 家企业连续 2 年或 2 年以上年末有贷款余额，分别计入样本数。

根据企业是否上报预警（业务部门在企业发生信用风险事件时，立即上报预警，后续根据企业风险事件发展情况转为不良或解除预警），将样本划分为出险组和正常组两类，其中，出险组数据 720 份。

（三）计量模型的选择

1. 模型比较

违约问题是一个典型的二元选择问题，即发生违约即为 1，不发生即为 0。最常用于分析二元选择问题的是 Logit 和 Probit 模型。Probit 模型和 Logit 模型分析都采用极大似然估计，主要差异在于 Logit 假设样本服从 Logistic 分布，而 Probit 则假设企业样本服从标准正态分布。

根据中心极限定理，样本数量足够大时趋近于正态分布，能较好地吻合 Probit 模型的假设前提，且 Probit 模型的概率函数的特性与本文预测企业违约风险发生概率的要求相符合，故选取 Probit 模型作为本文的计量模型，同时采用线性回归模型和 Logit 模型作为参考。如果 Probit 模型估计结果与线性回归模型和 Logit 模型估计结果接近，那么 Probit 模型估计是比较稳健的。

2. Probit 模型设定

Probit 模型是假设事件发生概率服从累积正态分布函数的二元分类因变量模型。即假设每一个个体（考察对象）都面临两者择一的选择（在本文中表述为企业是否发生风险预警），且其选择依赖于可分辨的特征，该模型的目标是寻找描述个体的一组特征与该个体所做某一特定选择的概率之间的关系。

模型公式可表述为

$$\Pr(Y_{it} = 1) = \alpha + \sum \beta_j X_{ijt} + city_i + scale_i + ind_i + \varepsilon_{it}$$

其中，i 表示企业，t 表示年份，j 表示第 j 个解释变量。Y 为被解释变量，表示在授信企业风险评估中，代表企业发生不良或预警的倾向。当 $Y_{it}{}^* > 0$ 时，则认为 Y 值为 1，即授信企业违约，当 $Y_{it}{}^* < 0$ 时，则认为 Y 值为 0，即授信企业不违约。X 为解释变量，表示影响被解释变量 Y 的数据指标。City 表示企业所属市级层面虚拟变量，scale 表示企业所属工信部企业规模口径虚拟变量，ind 表

示企业所属行业。ε_{it} 为残差项，表示 X 以外的其他因素对 Y 产生的影响。

本文通过 STATA12.0 统计软件完成模型参数的估计及检验。

3. 小微企业授信违约影响因素（解释变量）分析

企业向金融机构的借款都要按照贷款合约规定的条款，按约定的期限、商定的利率和方式进行还款。但是当企业因各种原因发生难以履行向银行还款责任的事件时，就被认定为发生风险预警（违约）事件。

导致小微企业发生预警（违约）事件的原因是多方面的，除了小微企业自身的生产、经营、发展等情况外，外部环境变化，如担保企业担保能力变化、企业所处行业景气程度、市场上下游供需方的履约能力等都可能对企业是否发生预警（违约）事件产生重要影响。

4. 选取小微企业发生风险因素的关键授信指标

（1）问卷调查法识别

通过向中国银行浙江省分行 9 位小微企业授信专家（小微企业审批人）征求影响小微企业违约的十大关键性风险识别问题，按敏感性从高到低排序，整理得出 20 个专家关注的主要风险因素，根据指标的可获得性，纳入变量的风险因素共 11 项，如表 1 所示。

表1　　　　　　　　　　　　　　　风险影响因素

序号	关键性风险识别点	是否纳入模型变量	判断数据可得性	变量设置
1	融资总额/经营规模（销售收入）	纳入	非中国银行融资金额难以获取	结算量/同期销售收入
2	担保能力	纳入		抵（质）押担保/授信余额
3	企业主素质	不纳入	是否有负面信息在审批环节识别并剔除	——
4	对外担保	不纳入	难以取数	——
5	合作银行家数	不纳入	难以取数	——
6	投资（主业）	不纳入	审批环节识别并剔除	——
7	关联企业	不纳入	难以取数	——
8	个人走账	纳入	个人走账数据难以获取	（企业存款＋企业主个人存款）/授信余额
9	中国银行结算量	纳入		结算量/同期销售收入
10	报表不真实	不纳入	难以取数	——
11	行业	纳入		行业

续表

序号	关键性风险 识别点	是否纳入 模型变量	判断数据 可得性	变量设置
12	现金流	不纳入	难以取数	—
13	存货周转	纳入	存货难以取数	销售收入/总资产
14	贷款用途	不纳入	审批环节识别并剔除	
15	贷款占用比例高	纳入		贷款余额/授信总量
16	负债	纳入		总负债/总资产
17	股东结构	纳入		股东人数
18	第三方抵押	不纳入	难以取数	—
19	销售收入下降	纳入		销售收入
20	资金周转率	纳入		销售收入/总资产

（2）经验判断法补充

再根据银行在授信过程中关注的主要风险因素，采取经验判断法，按贷前、贷中、贷后三个环节，对影响企业发生信用风险的关键指标进行补充完善。

依据可获取、可量化的原则，本文最终选取了 21 项小微企业授信风险因素，作为模型的解释变量，具体见表 2。其中财务指标 4 项，包括了企业盈利能力、运营能力、负债能力及销售增长共四个维度的指标，非财务指标计 17 项，包括企业外部经济环境指标（选取浙江省年度工业增加值）、企业所在区域、行业、工信部四部委口径企业划型标准、企业经营年限、与银行合作紧密度及银行内部评级情况、定价情况、审批情况及用款情况等指标。

表 2   变量说明

序号	类型	指标名称	变量		意义
X1	宏观经济指标	浙江省年工业 增加值	IAV		浙江省内年度工业生产总值较 上年的增长率（%）
X2	企业基本 情况指标	所在区域	area	area1	杭州
				area2	温州
				area3	绍兴
				area4	金华
				area5	台州
				area6	嘉兴
				area7	湖州
				area8	衢州
				area9	丽水
				area10	义乌
				area11	舟山

续表

序号	类型	指标名称	变量		意义
X3	企业基本情况指标	所属行业	industry	industry1	农、林、牧、渔业
				industry2	采矿业
				industry3	制造业
				industry4	电力、热力、燃气及水生产和供应业
				industry5	建筑业
				industry6	批发和零售业
				industry7	交通运输、仓储和邮政业
				industry8	服务业
				industry9	文教卫生类
X4		企业规模	scale	scale0	工信部小型企业
				scale1	工信部中型企业
X5		股东人数	shareholders number		股东人数
X6		企业经营年限	living		企业持续经营年数
X7	银企紧密度	银企合作年限	period		企业在中国银行融资的时长（年），以首次放款计
X8		基本户	depth（basicdeposit）	0	基本户不在中国银行
				1	基本户在中国银行
X9	贷前评价指标	信用评级等级	credit	credit1	BBB－及以上
				credit2	B＋～BB＋
				credit3	C～B
X10		授信品种	product	product1	流动资金贷款、银承
				product2	非流贷、银承
X11		担保情况	guarantee		抵押担保占授信余额比
X12		定价水平	interest rate		放款利率
X13	主要财务指标	净利润率	profit		上年（净利润/销售收入）
X14		总资产周转率	S/A		上年（销售收入/总资产）
X15		资产负债率	D/A		上年（总负债/总资产）
X16		销售收入增长率	sale		（上年销售收入－前年销售收入）/上年销售收入
X17	贷中审批指标	审批类型	exam	0	正常审批
				1	有复议、实质性变更等

续表

序号	类型	指标名称	变量		意义
X18	贷中审批指标	审批类型	exam	0	批复金额同比增加、不变
		审批结果	examchange	1	批复金额同比减少
X19		用款程度	degree of loan		贷款余额/授信总量
X20	贷后监管指标	用款匹配程度	Match degree		企业结算量/本年销售比
X21		存贷比	LDR		（企业存款 + 企业主个人存款）/授信余额

（四）实证分析

1. 模型稳健性检验

使用三种模型（线性回归模型、Probit 模型和 Logit 模型）进行回归分析，将中国银行 2012—2015 年的小微企业样本数据输入 STATA 软件，观察解释变量在各模型中的符号方向和显著性是否一致。从三个模型的运行结果来看，各解释变量在不同模型中的符号和显著性差别不大，说明解释变量对 y 的影响比较稳定。从回归情况来看，发现部分解释变量（风险因素）对企业是否发生风险的影响不显著，具体包括企业股东人数（股权结构）、贷款利率（贷款定价）、企业经营年数、授信品种、所处行业、企业总资产周转率、用款匹配程度共 7 个变量。各模型估计结果如表 3 所示。

表3　　　　　　　　　　　　　三种模型估计结果比较

VARIABLES	变量名	线性回归	Probit 模型	Logit 模型
		（1）	（2）	（3）
iav	浙江省年工业增加值	− 0.016 ***	− 0.179 ***	− 0.394 ***
		(0.005)	(0.046)	(0.105)
number	股东人数	0.000	− 0.005	− 0.001
		(0.001)	(0.006)	(0.011)
linterest	贷款利率对数	0.007 **	− 0.033	− 0.127
		(0.003)	(0.047)	(0.109)
lprofit	净利率对数	0.142	1.421 ***	3.216 ***
		(0.089)	(0.540)	(0.893)
lsale	销售收入对数	0.045 ***	0.723 ***	1.418 ***
		(0.014)	(0.138)	(0.309)
lloan	用款程度对数	0.043 ***	0.728 ***	1.557 ***
		(0.012)	(0.184)	(0.384)

续表

VARIABLES	变量名	线性回归 （1）	Probit 模型 （2）	Logit 模型 （3）
lmatchdegree	用款匹配度对数	−0.004	0.064	0.164
		（0.006）	（0.029）	（0.071）
examchange	审批结果	0.044 ***	0.484 ***	1.000 ***
		（0.004）	（0.049）	（0.117）
period	银企合作年限	0.035 ***	0.386 ***	0.807 ***
		（0.005）	（0.022）	（0.048）
depth	是否基本户	−0.014 ***	−0.202 ***	−0.389 ***
		（0.003）	（0.034）	（0.077）
living	企业经营年数	0.000	−0.006	−0.012
		（0.001）	（0.009）	（0.020）
credit	信用评级等级	0.058 ***	0.654 ***	1.358 ***
		（0.013）	（0.078）	（0.161）
lguarantee	抵押担保占授信余额比对数	−0.023 ***	−0.405 ***	−0.834 ***
		（0.006）	（0.086）	（0.176）
lsa	总资产周转率对数	0.007	−0.132	−0.293
		（0.007）	（0.115）	（0.234）
lda	资产负债率对数	0.054	0.908 ***	1.903 ***
		（0.032）	（0.371）	（0.775）
lldr	存贷比对数	−0.002	−0.588 **	−1.979 **
		（0.002）	（0.237）	（0.796）
exam	是否有复议、变更	0.027 ***	0.300 ***	0.645 ***
		（0.009）	（0.066）	（0.111）
产品因素	基准组：流贷、银承			
product1	非流贷、银承	−0.008	−0.030	−0.140
		（0.005）	（0.108）	（0.248）
区域因素	基准组：杭州			
2	温州	0.026 ***	0.390 ***	0.836 ***
		（0.003）	（0.040）	（0.088）
3	绍兴	−0.006 ***	−0.171 ***	−0.270 ***
		（0.004）	（0.036）	（0.094）
4	金华	0.000	−0.006	0.056
		（0.004）	（0.034）	（0.092）

续表

VARIABLES	变量名	线性回归 （1）	Probit 模型 （2）	Logit 模型 （3）
5	台州	− 0. 005 * （0. 003）	− 0. 102 *** （0. 024）	− 0. 195 *** （0. 056）
6	嘉兴	− 0. 022 *** （0. 002）	− 0. 581 *** （0. 031）	− 1. 273 *** （0. 058）
7	湖州	− 0. 010 *** （0. 001）	− 0. 159 *** （0. 018）	− 0. 347 *** （0. 058）
8	衢州	0. 005 （0. 005）	0. 066 （0. 057）	0. 207 （0. 155）
9	丽水	0. 018 *** （0. 004）	0. 251 *** （0. 039）	0. 589 *** （0. 112）
10	义乌	0. 015 *** （0. 005）	0. 345 *** （0. 057）	0. 675 *** （0. 115）
11	舟山	0. 013 *** （0. 003）	0. 154 *** （0. 072）	0. 299 *** （0. 116）
行业因素	基准组：农林牧渔业			
2	采矿业	0. 177 （0. 193）	1. 654 * （0. 948）	3. 477 ** （1. 694）
3	制造业	0. 021 （0. 030）	0. 160 （0. 281）	0. 448 （0. 593）
4	电力、热力、燃气及 水生产和供应业	0. 008 （0. 062）	0. 000 （empty）	0. 000 （empty）
5	建筑业	0. 032 （0. 035）	0. 222 （0. 324）	0. 575 （0. 646）
6	批发零售业	0. 003 （0. 027）	0. 008 （0. 260）	0. 161 （0. 545）
7	交通运输业	− 0. 017 （0. 034）	− 0. 371 （0. 415）	− 0. 628 （0. 898）
8	服务业	0. 000 （0. 031）	− 0. 198 （0. 351）	− 0. 304 （0. 714）

续表

VARIABLES	变量名	线性回归	Probit 模型	Logit 模型
		(1)	(2)	(3)
9	文教卫生类	0.002	0.000	0.000
		(0.028)	(empty)	(empty)
企业规模因素	基准组：小微型企业			
scale	中型企业	-0.009*	-0.200**	-0.326*
		(0.005)	(0.093)	(0.185)
_cons		-0.065	-3.127***	-6.078***
		(0.059)	(0.498)	(1.119)
		18 632	18 632	18 632
R^2		0.1747	0.2790	0.2873

注：括号内为标准差．*** $p < 0.01$，** $p < 0.05$，* $p < 0.1$。常数项略去。解释变量：是否发生预警事件。

2. Probit 模型估计结果

采用 Probit 模型中的显著变量作为最终变量，剔除企业股东人数（股权结构）等 7 个不显著的变量，保留 14 个显著变量，再次进行回归分析。模型估计过程中考虑了异方差、多重共线性问题，并通过相关命令进行了解决。模型估计结果如表 4 所示。

表 4　　　　　　　　　　　Probit 模型估计结果

VARIABLES	变量名	是否发生风险
iav	浙江省年工业增加值	-0.191***
		(0.032)
lprofit	净利率对数	1.424***
		(0.397)
lsale	销售收入对数	0.452***
		(0.115)
lloan	用款程度对数	0.825***
		(0.086)
examchange	审批结果	0.479***
		(0.042)
period	银企合作年限	0.395***
		(0.032)

续表

VARIABLES	变量名	是否发生风险
depth	是否基本户	− 0. 237 ***
		(0. 022)
credit	信用评级等级	0. 572 ***
		(0. 077)
lguarantee	抵押担保占授信余额比对数	− 0. 374 ***
		(0. 084)
lda	资产负债率对数	0. 711 ***
		(0. 249)
lldr	存贷比对数	− 0. 734 ***
		(0. 210)
exam	是否有复议、变更	0. 270 ***
		(0. 067)
区域因素:	基准组: 杭州	
2	温州	0. 348 ***
		(0. 035)
3	绍兴	− 0. 034
		(0. 029)
4	金华	0. 046 **
		(0. 019)
5	台州	− 0. 042 *
		(0. 024)
6	嘉兴	− 0. 125 ***
		(0. 028)
7	湖州	− 0. 006
		(0. 021)
8	衢州	0. 042
		(0. 032)
9	丽水	0. 344 ***
		(0. 027)
10	义乌	0. 524 ***
		(0. 050)
11	舟山	0. 013
		(0. 028)

续表

VARIABLES	变量名	是否发生风险
企业规模因素	基准组：小微型企业	
scale	中型企业	-0.179^{***}
		(0.058)
_ cons	常数项	-2.949^{***}
		(0.266)
观测值		27 958
对数似然率		$-3\,409.3366$
R^2		0.2523

　　注：括号内为解释变量标准差。$^{***}\ p<0.01,\ ^{**}\ p<0.05,\ ^{*}\ p<0.1$。常数项略去（表示解释变量的显著程度）。

　　根据模型估计结果，省内年工业增加值、净利润率、销售收入变化、用款程度（贷款余额/授信总量）、审批结果（批复金额较上期变化）、银企合作年限、是否在中国银行开立基本户、信用评级等级、抵押担保比例、资产负债率、存贷比情况、是否有复议变更等情况及地区因素、企业规模因素共 14 项解释变量，与企业发生风险的概率显著相关。从 R 值结果看，该模型对企业发生风险的解释力可以达到 50%。

　　（1）宏观经济因素

　　从宏观经济层面来看，"省内年工业增加值"与企业发生风险的概率负相关，浙江省内年工业增加值越高，企业发生不良的概率越低。

　　（2）企业基本情况因素

　　从企业所在地域因素来看，各地区企业发生风险的概率有所不同。以杭州为基准，温州、金华、丽水、义乌四地区企业的风险发生概率高于杭州，台州、嘉兴两地区的企业风险发生概率低于杭州，绍兴、湖州、衢州、舟山四地区的企业的风险发生概率与杭州没有明显差异。

　　从企业规模因素来看，同样为中国银行浙江省分行"信贷工厂"业务模式下的授信客户，工信部口径的小微企业发生风险的概率高于工信部口径的中型企业。

　　企业另外两项基本情况指标，即企业股东人数多少、持续经营 2 年及以上的小微企业经营年限长短（中银信贷工厂准入企业要求是企业持续经营 2 年及以上）与是否发生风险没有明显关系。

　　（3）银企紧密程度因素

　　①"基本户"开在中国银行的企业比"基本户"不在中国银行的企业发生风险的概率更低，②企业在中国银行贷款的时间长（银企合作年限）的企业比

在中国银行贷款时间短的企业，发生风险的概率要小。

（4）银行对企业贷款前的评价因素

企业信用评级等级、抵押担保占比两项贷前评价指标与企业是否发生风险的概率显著相关。而企业的利率定价及对企业的授信品种，与企业发生风险的概率没有明显关系。具体来看，企业信用评级等级越高、抵押担保占比越高，企业发生风险的概率越低。

（5）企业主要财务指标因素

从本文选取的四项财务指标来看，其中，资产负债率与企业发生不良的概率正相关，即资产负债率越高，企业发生不良的概率越大，而模型显示，净利润率上升、销售收入较上年增长的企业发生不良的概率高于两项指标较上年下降的企业。这与银行对企业在财务因素分析方面的常规认识存在较大差异，主要考虑与小微企业财务报表不规范，财务信息不真实的情况有关。而企业总资产周转率指标与企业发生风险的概率没有明显关系。

（6）银行对企业贷款审批过程中的评价因素

"审批结果变化"与企业发生不良的概率正相关，获得批复的贷款金额比上期减少的企业，比获得批复金额较上期增加或不变的（含新客户）的企业，在贷后发生风险的概率更高；有复议或实质性变更的企业发生风险的概率也高于正常审批的企业。

（7）银行对企业贷后监管的风险评价因素

本文选取的两项贷后监管指标与企业发生不良的概率有显著相关关系。其中，企业用款程度指标（贷款余额/授信总量）与企业发生不良的风险正相关，即企业占用的授信总量越高，发生风险的概率越大，这也反映了企业资金紧张，银行贷款占用充足。企业存贷比指标［（企业日均存款＋企业主个人日均存款）/企业日均贷款余额］与企业发生风险的概率负相关，说明企业在银行的存贷比越高，企业发生风险的概率越低。

（五）构建估计模型并检验

基于前面的估计结果，建立以下 Probit 估计模型，该模型可用于估算单一小微授信企业的违约概率：$\Pr(Y=1) = -0.012iav + 0.093lprofit + 0.029lsale + 0.054lloan + 0.031examchange + 0.026period - 0.015depth + 0.037credit - 0.024lguarantee + 0.046lda - 0.048lldr + 0.018exam + 0.025area2 + 0.003area4 - 0.002area5 - 0.006area6 + 0.025area9 + 0.043area10 - 0.011scale1 - 2.949$

我们对风险企业和非风险企业预测概率进行了 T 检验，检验结果表明，非风险企业的风险发生概率显著低于风险企业风险发生概率，本模型具有一定的企业风险预测能力。具体检验设置如下。

将非不良企业 Y 的均值用 mean0 表示，高风险企业 Y 的均值用 mean1 表示，

设原假设 H_0：mean0 – mean1 >0，备则假设 H_1：mean0 – mean1 ≤0。T 检验结果如表 5 所示，在 1% 的显著性水平下（P 值≤0.01）拒绝原假设，高风险企业的 Y 值显著大于非不良企业的 Y 值。

表 5　　　　　　　　Probit 模型预测风险发生概率比较

	非风险企业	风险企业	T 检验 P 值
估计风险发生概率	0.0326	0.1868	0.000

五、研究结论及建议

当前，银行融资对企业，特别是小微企业而言，仍然是最简单、最直接、最快捷、最有效的外部融资方式。商业银行作为金融体系中的重要环节，在解决小微企业融资难的问题上被赋予了更多的责任。近年来，各商业银行已经意识到调整信贷结构的必要性，努力逐步降低对大型企业客户的贷款集中度，尝试将更多的贷款资源向小微企业投入，并相继推出了许多针对小微企业融资的创新型金融产品。

然而，中国经济新常态对企业经营造成的影响近年来逐步使银行业不良资产攀升，商业银行的资产质量管控压力巨大，面对小微企业这一高风险的授信领域，银行也加大了风险控制的力度。我国商业银行小微企业金融服务起步晚、专业性弱，目前还处于探索阶段。如何实现商业银行授信结构的顺利调整，在合理控制风险的情况下将更多的贷款资源投向小微企业，本文从理论研究和工作实证研究两个角度，引入计量模型，采取更加客观、量化的方法，改进银行对小微企业授信技术，开展小微企业授信业务提出如下建议。

（一）银行授信过程中应有效识别运用关键风险指标

非财务因素有助于提高对企业的风险预警能力，对小微企业而言，应重视非财务因素在贷款决策和预警中的应用。

根据本文对近 3 万笔小微企业样本的计量分析结果来看，银行在授信过程中，对小微企业的非财务指标应该给予更多的关注。主要可预判企业风险的关键指标包括：地域因素、银企合作紧密度因素、信用评级等级等共 16 项指标。例如，在贷前审查环节，小微企业审批人可更加关注温州、金华、丽水、义乌地区的企业贷前准入风险识别，同时，对小微企业是否在银行开立基本户、在该行贷款时间较长等情况给予关注，这类企业发生风险的概率要低于新合作企业。银行审批人员常规审批过程中所关注的信用评级等级、抵押担保占比两项指标，对识别企业违约风险仍有较好作用。在贷后管理环节，关注企业用款程度指标变化等因素，有助于识别高风险客户，加强重点贷后管理。如表 6 所示，对授信风险识别应用建议列中，标明要"关注"的指标，需在授信审批过程中加强应用并纳入对企业授信准入的评判标准。

表6　　　　　　　　　　　　　授信准入评判因素

序号	类型	指标名称	指标释义	授信风险识别应用建议
X1	宏观经济指标	浙江省年工业增加值	浙江省内年度工业生产总值较上年的增长率%	关注
X2	企业基本情况指标	所在区域	杭州、温州等共11个地区	温州、金华、丽水、义乌四地企业授信风险发生概率更高，需重点关注并加强分析
X3		所属行业	农、林、牧、渔业及制造业5个行业大类	各行业风险概率相差不大，可弱化该指标
X4		企业规模	工信部小型、中型企业	小微型企业发生风险概率更高
X5		股东人数	股东人数	与企业发生风险概率关系不大，弱化
X6		企业经营年限	企业持续经营年数	同上，弱化（满足准入要求即可）
X7	银企紧密度	基本户	基本户是否开立	关注
X8	贷前评价指标	信用评级等级	BBB－及以上	关注
X9		授信品种	流动资金贷款、银承	弱化
X10		担保情况	抵押担保占授信余额比	关注
X11		定价水平	放款利率	弱化
X12	主要财务指标	净利润率	上年（净利润/销售收入）	弱化
X13		总资产周转率	上年（销售收入/总资产）	弱化
X14		资产负债率	上年（总负债/总资产）	关注
X15		销售收入增长率	（上年销售收入－前年销售收入）/上年销售收入	弱化
X16	贷中审批指标	审批类型	是否有复议、实质性变更等	关注
X17		审批结果	批复金额同比增加、不变或减少	关注
X18	贷后监管指标	用款程度	贷款余额/授信总量	关注
X19		用款匹配程度	企业结算量/本年销售比	弱化
X20		存贷比	（企业存款＋企业主个人存款）/授信余额	关注

（二）在业务实践过程中，加强量化模型的应用

本实证研究得出的 Probit 量化模型，经检验具有一定的授信企业风险识别能

力，可用于对单一小微企业授信风险的预判和识别，但还需在今后企业授信实践过程中作进一步的应用。

$$Pr（Y=1）= -0.012iav + 0.093lprofit + 0.029lsale + 0.054lloan +$$

$$0.031examchange + 0.026period - 0.015depth + 0.037credit - 0.024lguarantee +$$

$$0.046lda - 0.048lldr + 0.018exam + 0.025area2 + 0.003area4 - 0.002area5 -$$

$$0.006area6 + 0.025area9 + 0.043area10 - 0.011scale1 - 2.949$$

可考虑将授信企业逐户代入该量化模型，并在应用过程中，设定企业发生风险的指标值，用于对企业可能发生授信风险的预判及防范。初步数据显示，对单一企业运用该模型得出的 P 值，如果低于 3.26%，可认为是低风险企业，对 P 值高于 18.68% 的企业，可判定为高风险企业，需要加强管理。在 P 值为 3.26% ~18.68% 的企业，还需根据小微企业不良率，在今后实践过程中，作进一步的划分和判断。

（三）仍需数据积累和指标修正提高模型预测准确性

虽然本实证分析模式对小微企业发生风险预警的解释力可以达到50%，但受一些风险因素指标的数据难以获取（如企业合作银行家数、企业对外担保水平等数据）、历史数据记录不全或存在偏差（如企业在银行的结算量数据经后续核实系统中存在错漏）等问题，导致一些风险因素难以纳入模型进行计量或估计可能存在偏差。因此，还需要通过数据库积累企业授信风险的历史数据，做大量的数据积累和模型修正。此项工作都需在今后的实践过程中做进一步的研究和积累。

参考文献

［1］袁鹰：《银企嵌入性对中小企业融资影响研究》，浙江大学博士学位论文，2013。

［2］过新伟：《我国中小企业信用风险度量研究》，南开大学博士学位论文，2012。

［3］林强：《小企业信贷违约实证研究》，福建农林大学博士学位论文，2009。

［4］郑昱：《基于 Probit 模型的个人信用风险实证研究》，载《上海金融》，2009（10）。

［5］朱钧钧、谢识予、许祥云：《基于空间 Probit 面板模型的债务危机预警方法》，载《数量经济技术经济研究》，2012（10）。

［6］宋雪枫、杨朝军、徐任重：《商业银行信用风险评估的生存分析模型及实证研究》，载《金融论坛》，2006（11）。

普惠金融发展中的风险评估及风险防范研究

宁波市金融学会课题组*

一、导言

（一）选题意义

2013 年 11 月，中国共产党十八届三中全会正式提出"发展普惠金融，鼓励金融创新，丰富金融市场层次和产品"的国家战略。2015 年《政府工作报告》提出，要大力发展普惠金融，让所有市场主体都能分享金融服务的"雨露甘霖"。2015 年 12 月，国务院印发《推进普惠金融发展规划（2016—2020 年)》。作为我国首个发展普惠金融的国家级战略规划，确立了推进普惠金融发展的指导思想、基本原则和发展目标。普惠金融是指立足机会平等要求和商业可持续原则，以合理的成本为有金融服务需求的社会各阶层和群体提供适当、有效的金融服务。小微企业、农民、城镇低收入人群、贫困人群和残疾人、老年人等特殊群体是当前我国普惠金融重点服务对象。可见，普惠金融有效填补了目前传统金融一般不愿去涉足的一些市场空白，其服务对象基本为风险承担能力较低的社会弱势群体、低收入者。同时，我们应该清楚地认识到，可持续发展是普惠金融开展的基础，而可持续发展的关键则是风险的防控。2008 年国际金融危机爆发之前，印度、巴基斯坦、孟加拉国、尼加拉瓜、波黑和摩洛哥等国出现了小额信贷危机，根本原因在于政府忽视风险，否定市场的决定作用，盲目开展"全民小贷行动计划"，最终诱发危机。前车之鉴，值得我们关注和反思。本文以普惠金融风险分类为基础，以风险量化评估、风险影响实证研究和风险监管博弈分析为手段，以有效防范风险、维护金融稳定为目标，全面系统地对普惠金融风险展开分析研究，并在此基础上提出切实可行的风险防控措施，这对于有效加强我国普惠金融建设过程中的风险防控，推动普惠金融良性可持续发展具有积极的理论与实践意义。

（二）研究思路

本文基于以上几个核心问题，总体研究思路如下：首先，在论述普惠金融

---

* 课题主持人：宋汉光

课题组成员：周　豪　何振亚　余霞民　陈　科　俞佳佳

的沿革和特征的基础上，以全新的视角和分类，归纳总结普惠金融的风险种类和产生的原因。其次，利用层次分析法对普惠金融的整体风险和各类风险进行量化评估，得出金融创新是普惠金融风险的主要诱因，创新金融是普惠金融风险的主要领域的结论。再次，基于金融创新对普惠金融风险的重要影响，构建演化博弈分析普惠金融中金融创新与金融监管博弈关系，并计量模型进一步定量分析互联网金融对传统金融的影响。最后，在以上研究的基础上提出政策建议（见图1）。

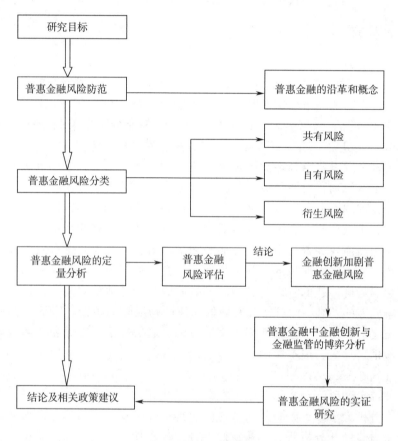

图1　本文逻辑框架图

（三）创新之处

首先，以往对普惠金融风险的研究，通常仍按传统金融风险的分类方式划分为市场风险、信用风险、操作风险、流动性风险、声誉风险等，这种主要以风险表现形式或影响后果为划分依据的分类方式，不但不能突出普惠金融风险相对于传统金融风险的独特之处，而且也难以在分类基础上对风险的成因和防控重点做出深入的分析。本文则是从普惠金融风险的产生机理入手，对风险种类进行了重新分类，这对之后开展更有针对性的定量分析和提出更为有效的政策建议打下了良好基础。

其次，由于普惠金融概念进入中国较晚，因此，现有对普惠金融风险的研究基本都停留在理论层面。本文则在普惠金融全新分类的基础上，运用大量数理模型，对普惠金融风险的风险评估、影响大小以及市场主体在风险产生和风险监管方面的行为选择等方面进行了全面系统的定量分析。其运用的定量研究方法也较为前沿，如层次分析法和模糊综合评价法、演化博弈分析法和向量自回归分析法等。全文研究方法特点鲜明，研究内容全面深入，使得所得出的结论更为精确，也更具有说服力。

二、文献综述

（一）关于普惠金融面临的风险

从金融风险的研究角度，以海曼·明斯为代表的经济周期与金融风险，提出了金融不稳定假说，他们认为由于金融创新的大量运用，金融资产价格被成倍放大，同时金融自由化促进了衍生金融工具的发展，由于这些具有高杠杆效应的衍生金融工具可以以小博大，逐渐由套期保值手段异化为投机工具，促进了泡沫经济的形成，金融风险积累，当达到一定程度时，金融风险转化为金融危机。潘功胜（2015）则认为普惠金融也是金融，而且主要是针对风险承担能力较差的弱势群体，交易成本也比较高，风险实际更大。如果不顾条件，一味追求政策宽松，降低信贷标准，甚至搞运动式普惠，效果可能适得其反。马洪范、商瑾（2010）认为构建普惠金融体系中风险防范任务艰巨，信息不对称情况更为明显，部分中小企业存在会计核算不规范、信用记录缺失或不良的情况；弱势群体中，大多数人受教育程度低；我国的信用建设相对滞后，影响和制约市场机制配置资源作用的正常发挥。当市场失灵之后，政府"看得见的手"要责无旁贷地进行干预。许桂红、周晨（2015）认为金融弱势群体没有较多的抵押物，同时难以获得贷款担保，金融机构对这类群体依然具有一定的排斥性，贷款难度较大，很难享受到便利的金融服务，这增加了发展普惠金融风险，可能影响普惠金融发展的可持续性。陈洪进（2014）认为金融机构固然在"软预算约束"下能够持续开展小额信贷，但这不利于小额信贷健康、独立、有序地发展；非政府小额信贷组织和准金融机构则普遍面临着资金来源匮乏和难以做大的问题，并且以小额贷款公司为代表的准金融机构为了降低成本和风险，还会有将贷款"非农化"的考量。温万德（2015）基于甘肃省的调查认为，薄弱的金融意识让普惠金融的服务对象难以享受高效、便捷的新兴金融服务，同时也加剧了信息不对称和金融供需矛盾。小微企业、农户和低收入群体普遍存在抗风险能力和偿贷能力弱、发展潜力不足等问题，尤其是小微企业还面临生存周期短、潜在违约风险大等问题。陆岷峰（2016）等认为由于普惠金融主要对象存在明显的信用信息薄弱、资产实力不足、风险隐患高、开发成本高等特点，加上普惠金融机构参差不齐，导致传统风控技术失灵，而中国普惠金融风险产品的严重缺失，也无法实现普惠金融风险的缓释、对冲和化解。

（二）关于风险的评估和防控

目前，直接有关普惠金融风险评估防控的研究很难找到，但国内学者对金融风险、互联网金融风险的评估和防控做了较多研究。孙涛（2010）利用遗传算法解决商业银行风险评估问题，提出了一套从原始数据离散化到数据属性约简，再到调用遗传算法获得相应分类规则的完整方案，并且在数据预处理和遗传操作等方面进行了相应的改进，提高了遗传算法的收敛速度和搜索效率。吴亚男（2006）以 COSO①《全面风险管理框架》的理论分析为基础，剖析了商业银行风险管理中的问题，并从创造良好风险管理环境、明确目标设定、健全识别流程、提高评估技术、建立风险处理体系、完善内部控制运行、完善信息沟通、建立事后评价和持续改进机制方面提出构建商业银行全面风险管理体系。姚文平（2014）认为，目前全球的互联网金融监管实践基本上还处于摸索发展的阶段，尚未形成全球性的监管体系。美国主要是以现有的法律法规来进行监管，英国则主要依靠行业自律。而我国针对互联网金融的法律法规还未建立，存在许多监管空白。谢平（2014）等认为不能因为互联网金融发展不成熟，就采取自由放任的监管理念。应该以监管促发展，在一定的底线思维和监管红线下，鼓励互联网金融创新。互联网金融的金融本质是不变的，金融风险和外部性等概念仍然适用。要从功能监管角度制定监管措施，并加强监管协调。蔡洋萍（2015）认为，为促进互联网金融的可持续发展，需通过健全互联网金融法律，建立互联网金融个人信用信息库，加强互联网金融行业自律，设立互联网金融资金第三方监管制度，防范互联网金融技术风险，加强互联网金融消费和投资者的教育六个方面对互联网金融进行风险防范。

三、普惠金融的沿革和特征

（一）普惠金融的发展沿革

普惠金融又叫包容性金融（Financial Inclusion），其发源于对金融排斥的研究。1995 年，Leyshon 和 Thrift 发现了"某些阻挡特定社会阶层或人群获得正规渠道金融服务的现象"，并称为金融排斥。2005 年，Conroy 等学者提出金融排斥的对象主要为贫困人群和弱势群体。他们将金融排斥的原因分为主观和客观两

---

① COSO，美国反虚假财务报告委员会下属的发起人委员会（The Committee of Sponsoring Organizations of the Treadway Commission）的英文缩写。

种：主观上，部分人群因为宗教等因素而不愿意获得金融服务；而客观原因则是虽然人们愿意获得金融服务，但是由于距离、成本、信息等综合因素的影响，无法获得金融服务。普惠金融的前身和最初实践，与一些国家在最近几十年中所发展的"小额信贷"与"微型金融"有着密不可分的关系。对于普惠金融，国际上最初关注重点是银行信贷的可获得性。2005 年，联合国正式提出了"Financial Inclusion"的概念。2006 年，联合国出版了《建设普惠金融体系》一书，认为普惠金融应该包括以下四个特征：一是家庭和企业以合理的成本获取广泛的金融服务；二是金融机构稳健，内控严密、接受市场监督以及审慎监管；三是金融业实现可持续发展，确保长期提供金融服务；四是增强金融服务的竞争性，为消费者提供多样化的选择。可见，普惠金融的本质是金融的包容性和公平性，其基本目标是让尽量多的经济主体能在有金融需求时，能以合适的价格及时享受到便捷高效的金融服务。普惠金融概念的提出，是现代金融理论的一大突破，在一定程度上颠覆了金融主要为富人服务的传统观念，使人们转变了对传统金融体系的认识，即庞大的弱势群体应该与富人一样得到共同的、公平的金融服务的权利。因此，构建普惠金融体系，对于完善现代金融体系，有效运用金融手段促进经济可持续发展，帮助农村和城市地区低收入群体提高生活水平、降低贫困程度，促进居民效用和社会福利的提升具有重要的意义。

（二）普惠金融的特征

综合各方对普惠金融的定义和阐述，普惠金融应具有四方面特征。

1. 公平性，强调公平合理的金融权。公平性是普惠金融发展最本质的要求，也是金融服务实现社会公平的重要体现。发展普惠金融的主要目的是实现公平，公平同时也是发展普惠金融的必要条件。它强调了"金融权是人权"的概念，社会所有的阶层，特别是金融弱势群体，都享有如同生存权、自由权、财产权等权利一样的金融权，都可以以同样的成本从金融系统获得公平合理的金融服务，从而有效改变传统金融的选择性与排斥性。

2. 广覆盖性，强调普惠所有人群。金融体系不能忽视发展中国家、落后地区、农村、中小企业和穷人的金融需求，也不能片面强调照顾穷人等弱势群体。普惠金融要能够面向所有人群，逐渐消除现有金融体系存在的二元结构，以合理的价格，便捷、灵活地提供金融服务。

3. 全面性，强调提供全面的金融服务。传统单一的存贷服务已经不能满足社会群体对金融服务提出的多元化需求，普惠金融要求建设良好的金融基础设施和多层次的金融系统、专业的技术支持和多样化的金融服务。这就要求普惠金融要在制度、产品、服务和对象等方面进行多种多样的金融创新，传统金融机构要按照普惠金融的方向转型，新兴金融机构要按照普惠金融的要求创新。创新有利于普惠金融的快速发展，有利于提高金融机构的积极性，有利于提高普惠金融发展的活跃程度。

4. 持续性，强调金融的可持续发展。普惠金融并不是片面强调帮助弱势群体的传统扶贫模式。有效完善金融机构服务弱势群体的内在激励机制，利用市场手段而非行政手段解决金融排斥现象，才符合普惠金融可持续发展的内在要求。这就决定了发展普惠金融要在充分满足社会各阶层多样化金融需求的同时，也要注重为金融业的发展拓展业务空间和盈利空间。金融机构要通过降低交易成本和控制信贷风险等手段提高业务的营利性，以适当的盈利水平保证普惠金融得以持续健康发展。

四、普惠金融风险分类

(一) 共有风险

普惠金融的本质还是金融，普惠金融服务中很多业务就是传统金融业务，因此，在很多地方普惠金融面临着和传统金融相同的风险。

1. 市场风险。是指由于市场产品价格波动使得实际、预期收益或成本发生偏离所带来的损失，包括利率风险、汇率风险等。比如，由于市场利率或汇率的波动，导致对金融服务的运营者或金融产品投资者的成本或收益带来不确定性或产生不利影响。

2. 流动性风险。是指提供普惠金融服务的运营者无法提供足额的资金来支持其流动性而导致损失的风险。这除了传统的商业银行提供的信贷产品外，网络借款平台、余额宝、理财通、百度百发等非传统理财产品同样可能因产品期限、资金结构错配或市场出现突发性事件，发生流动性资金紧缺的情况，从而造成经济损失。

3. 国家风险。是指因宏观经济或政治环境发生变化对金融造成的损失。这种风险与国家行为和宏观环境有关，而无法被金融企业或个人行为所左右，如爆发金融危机、战争、国家政权动荡、政策或法律重大变化等导致金融营业停滞、信用崩溃、货币贬值、金融资产质量恶化等情况的发生。

(二) 自有风险

由于普惠金融的内在要求是让尽量多人，特别是风险承担能力较差的弱势群体获得成本合理、方便快捷的金融服务，这样的目标和特性决定了普惠金融拥有比传统金融更大的风险。

1. 信用风险。金融作为高风险行业，若仅从防范信用风险的角度考虑，服务的高门槛有利于防范风险，而普惠金融要求为被传统金融服务所排斥的弱势群体，包括农户和城市中低收入人群也包括个体工商户和小微企业等提供更多的金融服务，这个群体通常缺乏足够的抵（质）押物，也难以获得有效的信用担保，很多人普遍文化程度较低，信用记录缺失、信用意识薄弱；农业生产受自然条件影响较大，小微企业内部管理不规范，信息不对称情况明显。降低服务门槛必然导致了金融机构风险管理难度加大，信用风险大幅增加。

2. 运营风险。普惠金融需要金融机构服务于偏远地区客户，这些区域不仅地理位置偏远，而且金融生态环境较差。在这些区域开展金融服务，一方面，不仅需要金融机构大量增加房屋租赁、设备建设和人力投入的成本，还需要加强金融产品的创新，这无疑增加了金融机构的运营成本和管理难度；另一方面，当地居民的金融消费习惯较落后、层次较底，资金需求量小而分散，使金融服务的短期回报率远低于城区的客户。高投入与低回报的矛盾导致金融机构面临经营成本过高的风险。

（三）衍生风险

为了实现发展普惠金融的目标，需要借助和运用大量金融创新手段和措施，从而会衍生出一系列风险。这主要体现在为更加有效地提供覆盖面广泛、灵活多样、方便快捷的金融服务，不但需要大量设立新型金融机构和类金融服务机构，同时，还需要广泛运用借助互联网技术和通信技术、大数据处理等相关技术的互联网金融、移动金融等创新金融。这些创新在有效推动普惠金融发展的同时，对监管、技术、政策等方面均提出了严峻的挑战。

1. 货币政策风险。互联网金融的快速发展给现行支付结算管理和货币政策调控增加困难。首先，第三方互联网支付机构可以创建自己的支付结算体系，凭借日益庞大的资金流，进行内部账目轧差，仅在日终时向银行提供轧差后的资金划转信息。这种现象会对目前由央行、商业银行、银联建立的支付清算网络形成挑战，也是央行作为支付结算管理部门需要面对的现实问题。其次，支付型互联网金融模式以及电子货币等会对流通中的现金产生替代效应，在存款准备金不变的情况下，基础货币将会减少；而理财型、融资型互联网金融产品使银行协议存款额度大幅增加，这类存款不但会推高了银行业资金总体成本，同时因其也具备与商业银行存贷款类似的货币创造能力，而又不受法定存款准备金体系的约束，这会给宏观货币供应调控带来巨大的挑战。此外，在国家对房地产及"两高一剩"行业调控政策趋紧的背景下，民间资金可能通过网络金融平台流入限制性行业，不利于国家经济结构调整和行业的转型升级。

2. 信息不对称风险。利用互联网、通信技术进行的线上模式的金融交易，特别是融资交易中，由于双方是非面对面交易，难以查证对方资信情况。以 P2P 网贷为例，网贷之家数据显示，截至 2016 年 10 月末，我国累计成立 P2P 网贷平台 4 335 家，累计成交量 29 650.33 亿元。2016 年 1—10 月，累计成交额高达 15 998.12 亿元，同比增长 124%。由于大多数 P2P 平台公司欠缺专业的风险管理人员和风险管理工具，对借款人的真实信息的识别和把握能力相对较差，也难以依靠第三方力量（如人民银行的征信系统）来评价借款人的信用状况。平台与平台之间的信息和数据尚未实现共享，这为借款人恶意骗贷提供了方便。现阶段，我国P2P网贷行业真正符合"信息中介"定义的收入为平台服务费，但此类收入仅占整个P2P平台交易额的2%~4%，难以覆盖平台运营成本。大部分P2P网贷平台选择定位于信用中介，当信用类贷款出现风险时，平台本身、贷款人都难脱"欺诈"的嫌疑，造成平台不得不为风险"埋单"的现象。

3. 技术风险。由于助推数字金融发展的相关创新技术存在缺陷，会引起交易主体资金损失。数字金融的基础是发达的互联网技术，一方面，由于互联网技术本身的不成熟或缺陷，如密钥管理及加密技术不完善、技术系统与平台客户终端软件的兼容性差、TCP/IP协议的安全性较差、开放式的网络通信系统、病毒容易扩散以及黑客攻击等，导致在金融交易时更容易发生资金风险。数据显示，360互联网安全中心2015全年（截至11月18日），共扫描出存在漏洞的网站101.5万个，占比为43.9%，其中存在高危漏洞的网站30.8万个。2015年，安卓平台各种漏洞达到2 249个，基中高风险漏洞达227个。2015年9月下旬XcodeGhos病毒爆发，苹果手机用户手机可随时随地被"恶意遥控"，保守估计，全球受此影响的用户数超过1亿人。另一方面，大多数新兴的互联网机构存在运营时间短、投资规模小等原因，导致系统稳定性较差，对突发高频交易的承载能力不足。如每年淘宝、京东等大型电商在促销活动日当天，因成交量猛增而导致其支付系统出现瘫痪的事情时有发生。很多P2P网贷平台由于投资者瞬时交易量突破系统承载能力，导致系统短时间宕机。而此时客户出于对资金安全的担忧容易引起非理性的集中提现，可能直接导致兑付危机出现，最终迫使P2P网贷平台跑路倒闭。携程网2015年5月28日曾宕机长达12小时，造成直接损失超过千万元。

4. 信息安全风险。利用大数据处理，可以降低金融交易中的信息不对称，从而降低金融交易成本。但也容易进一步造成客户信息泄露，引发金融领域信息安全问题。目前，绝大多数网络融资平台或第三方支付平台尚无专业信息保障技术和相关约束机制，平台的存在风险漏洞，极易导致黑客入侵盗取客户隐私信息，内部人员发生道德风险，因经济利益也可能人为泄露客户个人信息。国内外近年来不断爆发信息泄露事件，国内因个人信息泄露而导致的诈骗事件屡见报端，连Google、mazon、Visa、PayPal等科技或金融服务巨头同样也出现过信息泄露事件。此外，在推动普惠金融中能发挥重要作用的社会信用体系，在构建和发展的同时也面临信息不安全风险，在采集或查询个人信用信息时，因技术、制度和内控等方面的不完善会导致个人信用信息的非法外泄，不法分子可以通过获取准确的个人信息开展周密精准的诈骗活动或直接盗取账号转走用户资金，从而引起严重的社会危害。据中国互联网协会发布的《中国网民权益保护调查报告（2015）》显示：63.4%的网民通话记录、网上购物记录等信息遭泄露；78.2%的网民个人身份信息曾被泄露。而仅2015年就报道出现：机锋科技公司旗下机锋论坛存在高危漏洞，多达2 300万用户的信息遭遇安全威胁；超过30个省市卫生和社保系统出现大量高危漏洞，5 000万用户的社保信息可能被泄露；中国人寿广东分公司系统存在高危漏洞，10万客户信息存在随时大面积泄露的可能性。13个省区市超过10万高考考生信息遭泄露并在网上被肆意出售；网易163、126邮箱过亿用户敏感信息可能遭泄露等重大信息安全事故。

5. 洗钱、套现风险。由于管理和制度存在漏洞，电子银行、第三方支付平台、POS机、ATM等容易给不法分子从事套取现金、洗钱等违法违规活动提供可乘之机。以第三方支付平台为例，一方面，第三方支付机构的账户开立时进行实名认证环节缺少面签等严格审查环节，账户的真实性存在问题。特别是快捷支付模式开通以来，用户已经不需要前往银行柜面开通网上支付功能，就可以通过第三方支付机构进行银行资金划转，这在一定程度上增加了反洗钱风险。另一方面，相比于银行直接转账，由于第三方支付机构的参与，整个资金交易过程被割裂，银行无法识别这两笔交易之间的联系，因此为不法分子转移非法资金，隐蔽资金流向提供了渠道，使交易的真实背景很难被确认。例如，利用网购或POS机刷卡，可能在没有真实商品交易的情况下，利用第三方支付将虚拟的透支额度转化为现金，实现了信用卡套现。据统计，2015年仅宁波市辖区内金融机构报送洗钱重点可疑报告161份，交易金融折合2 104.04亿元，其中，信用卡套现占13%。重点可疑交易报告涉及的主要金融业务，其中，148份涉及电子银行，占37%；77份涉及ATM业务，占20%；36份涉及柜面业务，占9%；21份涉及POS机业务，占5%；17份涉及支付业务的网络支付，占4%。

6. 资金挪用风险。首先，目前多种新型快捷支付方式，包括网银支付、第三方支付平台支付、信用卡快捷支付、手机移动支付等，虽然极大地方便了资金划拨转账，提高支付效率，但也容易让不法分子通过技术手段，伪造钓鱼网站，盗取用户的银行账户、密码，从而非法转移用户的资金。截至2015年12月，中国反钓鱼网站联盟已累计认定并处理了钓鱼网站278 693个，而根据腾讯公司发布的《2015中国互联网安全研究报告》，目前，在互联网金融发展势头强劲的同时移动支付成网络安全重灾区，83.48%的网民网上支付行业存在安全隐患。2015年腾讯网址安全云共监测到恶意网址3.78亿条，其中钓鱼欺诈网址1.86亿条，在钓鱼网站的分布上，除了传统的虚假网购、中奖诈骗、伪造淘宝外，仿冒手机银行、运营商等呈爆发式增长。其次，网络融资平台中也存在资金风险，其用于资金清结算的中间账户资金归P2P平台控制，资金托管账户也缺少有效监管，资金可以被平台独立支配。在网络融资平台流程标准化和透明度不高的现状下，投资者存在较大资金被挪用风险。事实上，一些网贷平台建立之初就存在恶意欺诈的倾向，P2P平台经营者可能通过虚假交易和部分衍生产品吸引借款人的资金，隐瞒资金用途"拆东墙补西墙",最后演变成"庞氏骗局"。

7. 法律风险。目前我国现有的证券法、银行法和保险法等基本都是基于我国传统金融业而制定的,而对于新型金融机构或组织,如网络借贷平台、比特币、区块链以及一些新兴民间金融组织都还都缺乏明确的法律规定。这主要表现为三个方面:第一,已有法律法规适用性较弱。例如,《巴塞尔协议》对商业银行的资本充足率、杠杆率等做出了规定,但是它对互联网金融中的新兴业务模式起不了什么作用,限制性较弱,从而容易产生高风险的操作。第二,监管主体方面的法律法规较为滞后。目前,我国的金融监管模式是分业经营、分业监管,新兴金融业态涉及的行业、领域和业务范围等都比较广泛,交叉性强,缺乏明确的监管主体。在此情况下,要么出现多重监管,要么出现监管空白,因此,没有相关法律法规对监管主体的监管职责进行明确界定,极易形成监管的灰色地带。第三,交易流程方面的法律法规较为滞后。例如,互联网金融中电子支付采用的规则都是协议,协议中说明了双方的权利义务,然后签订合同,当出现问题时通过仲裁解决,但是在缺乏相关法律规定的情况下,出现问题后所涉及责任确定、承担以及仲裁结果执行等难题,均难以得到解决。

五、普惠金融风险的定量分析

(一) 基于层次分析法的普惠金融风险评估

在多指标综合评价记分体系中,各指标的权重赋值方法很多,主要有客观赋权和主观赋权两大类。其中,客观赋权法主要有数据包络法、主成分分析法或因子分析法等。但由于对风险本身的评定数据难以确认、界定和获取,因而,本文采取主观赋权法中的层次分析法(AHP)。

1. 建立层次结构模型。它一般包含目标层、准则层和方案层。本模型的目标层为普惠金融风险,准则层则包括3个一级指标,即共有风险、自有风险、衍生风险。在3个一级指标下是方案层,共设有12个二级指标(见图2)。

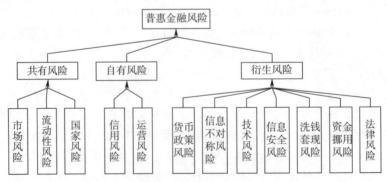

图2　普惠金融风险评估层次结构模型

2. 建立成对比较矩阵。建立层次结构后，需要对一级指标或二级指标的重要性进行判断，采用两两比较的方式确立，比较时取 1~9 的尺度（见表1）。第二层（准则层）有三个风险指标，用 a_{ij} 表示第 i 个指标相对于第 j 个指标的比较结果，$a_{ij} = \dfrac{1}{a_{ji}}$ 值，显然，此矩阵满足以下条件：

$$a_{ij} > 0 \ 、 a_{ij} = \frac{1}{a_{ji}} \ 、 a_{ij} = 1 \ (i = j)，故成对比较矩阵为正互反阵。$$

表1 比较矩阵标度及其含义

相对重要性的判断系数	定性标准	含义
9	极重要	一个因素比一个因素极重要
7	很重要	一个因素比一个因素很重要
5	重要	一个因素比一个因素重要
3	略重要	一个因素比一个因素略重要
1	相等	两个因素同样重要
2，4，6，8		相邻判断的折中
1/3	略不重要	一个因素比一个因素略不重要
1/5	不重要	一个因素比一个因素不重要
1/7	很不重要	一个因素比一个因素很不重要
1/9	极不重要	一个因素比一个因素极不重要
1/2，1/4，1/6，1/8		相邻判断的折中

3. 问卷打分。本文特别向宁波市相关金融监管部门、金融机构和高校相关专业人士发放调查问卷 27 份，对 3 个一级风险指标和 12 个二级风险指标的重要性进行对比打分，分数填入 A、B_1、B_2、B_3 四个成对比较矩阵中。

4. 一致性检验。在 n 正互反矩阵 A 中，若 $a_{ik} \times a_{kj} = a_{ij}$，则称 A 为一致性判断矩阵。这种矩阵除了满足正互反阵的特点外，还有以下性质：

（1）A 的各行成比例，则 $rank(A) = 1$；

（2）A 的最大特征根（值）为 $\lambda = n$，其余 $n - 1$ 个特征根均为 0；

（3）A 的任一列（行）都是对应于特征根 n 的特征向量。

检验 n 阶成对比较矩阵的一性指标：$CI = \dfrac{\lambda_{\max} - n}{n - 1}$，其中 $\lambda_{\max}$ 为矩阵的最大特征根，$CI = 0$，则矩阵是一致性矩阵，但由于客观事物的复杂性和人们认识的多样性，当比较指标较多时，很难达到完全的一致性。因此，引进了平均随机一致性指标 RI，其值如表2所示。

表2   1－11险平均随机一致性指标 *RI* 取值

n	1	2	3	4	5	6	7	8	9	10	11
RI	0	0	0.58	0.90	1.12	1.24	1.32	1.41	1.45	1.49	1.51

再计算一致性比率 $CR = \dfrac{CI}{RI}$，一般认为，当 $CR < 0.1$，则称矩阵通过了一致性检验，可用其归一化特征向量作为权向量，否则，该矩阵没有通过一致性。取通过一致性检验的矩阵的指标分值，进行算术平均，并作微调，得出四个综合成对比较矩阵如下：

第二层（准则层）相对于第一层（目标层）的成对比较矩阵为

$$A = \begin{pmatrix} 1 & 1/3 & 1/6 \\ 3 & 1 & 1/2 \\ 6 & 2 & 1 \end{pmatrix}$$

第三层（方案层）相对于第二层（准则层）的成对比较矩阵分别为

$$B_1 = \begin{pmatrix} 1 & 3 & 8 \\ 1/3 & 1 & 3 \\ 1/8 & 1/3 & 1 \end{pmatrix} \qquad B_2 = \begin{pmatrix} 1 & 2 \\ 1/2 & 1 \end{pmatrix}$$

$$B_3 = \begin{pmatrix} 1 & 1/3 & 1/5 & 1/7 & 1/2 & 1/6 & 1/5 \\ 3 & 1 & 1/2 & 1/4 & 3 & 1/2 & 1/3 \\ 5 & 2 & 1 & 1/2 & 4 & 2 & 1 \\ 7 & 4 & 2 & 1 & 8 & 2 & 2 \\ 2 & 1/3 & 1/4 & 1/8 & 1 & 1/5 & 1/4 \\ 6 & 2 & 1/2 & 1/2 & 5 & 1 & 1 \\ 5 & 3 & 1 & 1/2 & 4 & 1 & 1 \end{pmatrix}$$

四个综合成对比较矩阵均通过一致性检验结果。

5. 计算权重。将矩阵数据输入 yaahp 层次分析法软件，计算得出一级风险指标相对于普惠金融总体风险的权重为

$$a = \{0.1000, 0.3000, 0.6000\}$$

二级风险指标相对于一级风险指标的权重分别为

$$b_1 = \{0.6694, 0.2426, 0.0880\}$$
$$b_2 = \{0.6667, 0.3333\}$$
$$b_3 = \{0.0313, 0.0860, 0.1850, 0.3184, 0.0409, 0.1608, 0.1776\}$$

各风险指标相对于普惠金融总体风险的权重如表3所示。

表3   普惠金融风险指标权重

一级指标	权重	二级指标	权重
共有风险	0.1000	市场风险	0.0669
		流动性风险	0.0243
		国家风险	0.0088
自有风险	0.3000	信用风险	0.2000
		运营风险	0.1000
衍生风险	0.6000	货币政策风险	0.0188
		信息不对称风险	0.0516
		技术风险	0.1110
		信息安全风险	0.1911
		洗钱套现风险	0.0246
		资金挪用风险	0.0965
		法律风险	0.1065

（普惠金融风险 作为整个一级指标的总标目）

6. 建立评价集合。本文将普惠金融的风险评价等级标准定为"很高"、"高"、"中"、"低"、"很低"五个等级，即评价集为：

$V = \{V_1, V_2, V_3, V_4, V_5\}$ = ｛很高风险，高风险，中风险，低风险，很低风险｝。其中，对于这些标准划分的依据如表4所示。

表4   风险评价等级

等级	标识	描述
5	很高	一旦发生将产生非常严重的经济或社会影响，如组织信誉严重破坏、严重影响组织的正常经营，经济损失重大、社会影响恶劣
4	高	一旦发生将产生较大的经济或社会影响，在一定范围内给组织的经营和组织信誉造成损害
3	中	一旦发生将造成一定的经济、社会或生产经营影响，但影响面和影响程度不大
2	低	发生造成的影响程度较低，一般仅限于组织内部，通过一定手段很快能解决
1	很低	一旦发生造成的影响几乎不存在，通过简单的措施就能弥补

7. 多级模糊评价。再邀请10位专业人员对单指标风险等级进行打分，将打分结果的百分比填入表5中。

表5　　　　　　　　　　　　　　　单指标评价结果

一级指标	二级指标	评价结果				
		很高	高	中	低	很低
共有风险	市场风险	0.1	0.3	0.4	0.1	0.1
	流动性风险	0.2	0.3	0.4	0.1	0
	国家风险	0.7	0.3	0	0	0
自有风险	信用风险	0.1	0.4	0.2	0.3	0
	运营风险	0	0.3	0.3	0.3	0.1
衍生风险	货币政策风险	0.2	0.5	0.4	0	0
	信息不对称风险	0	0.2	0.5	0.2	0.1
	技术风险	0.2	0.4	0.3	0.1	0
	信息安全风险	0.1	0.4	0.3	0.2	0
	洗钱套现风险	0	0.1	0.4	0.4	0.1
	资金挪用风险	0.1	0.3	0.5	0.1	0
	法律风险	0	0.4	0.5	0.1	0

由表5可以得出，二级指标的主因素模糊矩阵

$$R_1 = \begin{pmatrix} 0.1 & 0.3 & 0.4 & 0.1 & 0.1 \\ 0.2 & 0.3 & 0.4 & 0.1 & 0 \\ 0.7 & 0.3 & 0 & 0 & 0 \end{pmatrix} \quad R_2 = \begin{pmatrix} 0.1 & 0.4 & 0.2 & 0.3 & 0 \\ 0 & 0.3 & 0.3 & 0.3 & 0.1 \end{pmatrix}$$

$$R_3 = \begin{pmatrix} 0.2 & 0.5 & 0.4 & 0 & 0 \\ 0 & 0.2 & 0.5 & 0.2 & 0.1 \\ 0.2 & 0.4 & 0.3 & 0.1 & 0 \\ 0.1 & 0.4 & 0.3 & 0.2 & 0 \\ 0 & 0.1 & 0.4 & 0.4 & 0.1 \\ 0.1 & 0.3 & 0.5 & 0.1 & 0 \\ 0 & 0.4 & 0.5 & 0.1 & 0 \end{pmatrix}$$

根据评判公式 $C_i = b_i \times R_i$ ，可以计算出各二级指标的评价结果为

$$C_1 = \{0.1771, 0.3000, 0.3648, 0.0912, 0.0669\}$$
$$C_2 = \{0.0667, 0.3667, 0.2333, 0.3000, 0.0333\}$$
$$C_3 = \{0.0912, 0.3563, 0.3911, 0.1487, 0.0127\}$$

得到二级指标的主因素评价矩阵为

$$C = \begin{pmatrix} 0.1771 & 0.30000 & 0.3648 & 0.0912 & 0.0669 \\ 0.0667 & 0.3667 & 0.2333 & 0.3000 & 0.0333 \\ 0.0912 & 0.3563 & 0.3911 & 0.1487 & 0.0127 \end{pmatrix}$$

根据公式 $D = a \times C$ 可以得出

$$D = \{0.0924, 0.3538, 0.3411, 0.1884, 0.0243\}$$

通过以上计算数据可知，对应的风险等级为"高"和"中"的权重值比较接近，分别为 0.3538 和 0.3411，明显大于其他三个风险等级的权重。根据最大隶属关系原则，可知目前我国发展普惠金融风险是介于"高"和"中"之间的，即为较高。一旦发生将产生较大的经济或社会影响，在一定范围内给组织的经营和组织信誉造成一定的损害。同时，根据各风险权重比例（见表3）可知，相对于共有风险和自有风险，目前普惠金融面临的最大风险是衍生风险，其中又以信息安全风险、技术风险、资金挪用风险最大。这表明，在发展普惠金融过程中，由于借助了大量的金融创新，导致普惠金融较传统金融的风险更为突出和明显，需要加强金融监管力度来加以重点防范。

（二）普惠金融创新与金融监管的博弈分析

从前文可知，在发展普惠金融的过程中，面临较高的金融风险，而其中因为加强金融创新而衍生出一系列的金融风险则是重中之重，需要加强金融监管进行重点防控。因此，在金融监管部门和金融机构之间，形成了一个金融创新和金融监管之间的博弈，通过金融创新与金融监管之间的博弈分析，可以更好地协调金融创新与金融监管之间的关系，将两者从相互敌对转变为相辅相成，即金融监管既是金融创新的动力和保障，而合理的金融创新又能够节约监管成本，提高金融监管效率。

传统经典博弈理论的一个前提假设是所有博弈各方是完全理性的"经济人"。但在现实的经济生活中，博弈各方是完全理性的条件是很难实现的。而演化博弈论分析问题的基本思路是"有限理性假设"，即当社会经济环境和人们分析决策的问题较为复杂时，博弈参与人不可能均为完全理性的"经济人"，为了保证博弈分析的价值，必须对有理性局限的博弈方之间的博弈关系进行分析，而有限理性则意味着博弈方一开始往往并不会找到最优策略，它会在博弈过程中不断学习，通过试错的方法寻找较好的策略，从而达到最优均衡点。当群体中的大多数成员都采取"演化稳定策略"时，那么一旦少量成员（突变小群体）采取其他策略，就会在自然选择的压力下不得不改变策略，甚至退出群体。

在演化博弈论中，存在两个核心的概念："复制动态"与"演化稳定策略"（ESS）。复制动态是指博弈方动态变化的速度，它与学习模仿对象的数量（这关系到群体成员观察和模仿的难易程度）和学习模仿对象利益超过平均利益之差（这关系到模仿的激励程度）成正比。ESS 表示假设存在一个全部选择某一特定策略的大群体和一个选择不同策略的突变小群体，这个突变小群体进入该大群体而形成一个混合群体，如果突变小群体在混合群体中博弈所得到的收益大于原群体中个体所得到的收益，那么小群体就能够侵入大群体；反之，就不能够侵入大群体而在演化过程中消失。如果一个群体能够消除任何小突变群体的侵入，那么就称该群体达到了一种演化稳定状态，此时该群体所选择的策略就是 ESS。

1. 博弈相关参数和假设条件

（1）两类参与人：A 监管部门和 B 金融机构。$A = \{a_1, a_2\}$ 是中央政府的行动空间①，代表监管部门维持原有监管力度还是加强监管力度；$B = \{b_1, b_2\}$ 是金融机构的行动空间，代表进行金融创新和不进行金融创新。

（2）博弈双方选择不同的行为策略，会产生不同的收益情况，具体可以分为以下四种情况：

①当监管部门维持原有监管力度，金融机构不进行金融创新，则双方的收益分别为 U_d 和 U_i。

②当监管部门加强监管力度，则需要付出 C_d 的额外监管成本，则双方的收益分别为 $U_d - C_d$ 和 U_i。

③当监管部门维持原有监管力度，金融机构进行金融创新，金融机构需要付出额外的创新成本 C_i，同时获得额外的市场收益 E。而金融创新除了会给金融机构带来额外收益，也会给全社会带来额外福利，这是监管部门想得到的额外收益，记作 F。但由于监管部门的监管力度没有跟上，则创新会带来新风险，对社会公众利益造成的损失记为 L，这时，双方的收益分别为 $U_d + F - L$ 和 $U_i + E - C_i$。

④当监管部门加强监管力度，金融机构进行金融创新，则由于监管加强使得金融机构产生了 R 的损失（也可以理解为金融机构在创新过程中出现的违规操作被核查出后，监管部门对金融机构进行的处罚）。监管部门的加强监管后，在增加监管成本的同时可以避免因金融创新给社会公众带来的风险和损失，同时也可以获得金融创新带来的额外收益。这时，双方的收益分别为 $U_d + F - C_d$ 和 $U_i + E - C_i - R$。

（3）监管部门与金融机构之间的博弈是随机的，且二者是因信息不对称而产生"有限理性"。由于市场上监管部门（"一行三局"及其分支机构）和金融机构数量众多，假设选择加强监管的监管部门比例为 x，则选择维持原有监管的比例为 $1 - x$；选择进行创新的金融机构比例为 y，则选择不进行创新的比例为 $1 - y$。

2. 博弈双方的演化分析。根据假设和条件，给出监管部门与金融机构之间

---

① 参与人的行动空间是指可供其选择的所有行动的集合（action set）。本文所有博弈模型中的行动空间均只有两种行动可供选择。

博弈的收益矩阵（见表6）。

表6 监管部门和金融机构博弈的收益矩阵

对策与收益		金融机构	
		创新 (y)	不创新 ($1-y$)
监管部门	加强 (x)	$U_d + F - C_d$, $U_i + E - C_i - R$	$U_d - C_d$, U_i
	维持 ($1-x$)	$U_d + F - L$, $U_i + E - C_i$	U_d, U_i

首先，对监管部门进行演化分析。

根据收益矩阵，则监管部门选择加强监管力度时的收益为

$$\pi_1 = y(U_d + F - C_d) + (1 - y)(U_d - C_d)$$

监管部门选择维持原有监管力度时的收益为

$$\pi_2 = y(U_d + F - L) + (1 - y)U_d$$

则监管部门的平均期望收益为

$$\overline{\pi_d} = x[y(U_d + F - C_d) + (1 - y)(U_d - C_d)] + (1 - x)[y(U_d + F - L) + (1 - y)U_d] = xyL + U_d + yF - xC_d - yL$$

可得监管部门的复制动态方程为

$$F(x) = \frac{\mathrm{d}x}{\mathrm{d}t} = x(\pi_1 - \overline{\pi_d}) = x(1 - x)(yL - C_d)$$

当 $F(x) = 0$ 时，可解出该复制动态方程的稳定临界值

$$x^* = 0, x^* = 1, y^* = \frac{C_d}{L}$$

监管部门的动态演化方向取决于初始金融机构选择进行创新的比例 y，当比例超过 $y^* = \frac{C_d}{L}$ 时，监管部门无论有多少选择加强监管力度，都是稳定的状态，即监管部门选择加强监管还是维持监管是无差异的。

当 $y^* \neq \frac{C_d}{L}$ 时，$x^* = 0$，$x^* = 1$ 都有可能成为稳定状态。根据演化分析的原理，稳定状态必然对部分"外部干扰"具有稳定性。当比例 $y > y^* = \frac{C_d}{L}$ 时，$(\pi_1 - \overline{\pi_d}) = x(1 - x)(yL - C_d) > 0$，选择加强监管的监管部门的收益将高于监管部门的平均期望收益，这时，选择维持监管的监管部门将通过观察、模仿和学习，转变为加强监管力度。可见，此时 $x^* = 1$ 是复制动态下的一个"演化稳定策略"，即这时所有的监管部门将逐步趋向并最终全部选择加强监管力度的策略；反之，当比例 $y < y^* = \frac{C_d}{L}$ 时，$(\pi_1 - \overline{\pi_d}) = x(1 - x)(yL - C_d) < 0$，$x^* = 0$ 是复制动

态下的一个"演化稳定策略"，即这时所有的监管部门将逐步趋向并最终全部选择维持原有监管力度的策略。根据复制动态方程可以绘制出监管部门在演化博弈中的动态相位示意图如图3至图5所示。

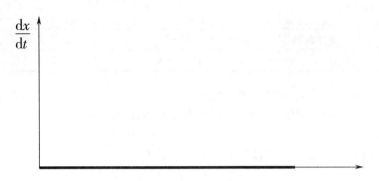

图 3　当 $y = y^* = \dfrac{C_d}{L}$ 时，监管部门的动态演化相位示意图

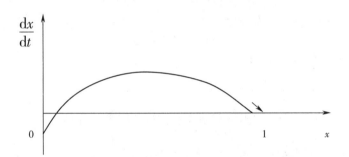

图 4　当 $y > y^* = \dfrac{C_d}{L}$ 时，监管部门的动态演化相位示意图

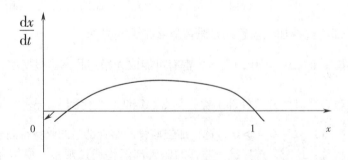

图 5　当 $y < y^* = \dfrac{C_d}{L}$ 时，监管部门的动态演化相位示意图

用同样的方法再对金融机构进行的演化分析。

可得金融机构的复制动态方程为

$$F(y) = \frac{\mathrm{d}y}{\mathrm{d}t} = y(\pi_3 - \overline{\pi_i}) = y(1-y)(E - C_i - xR)$$

当 $F(y) = 0$ 时，可解出该复制动态方程的稳定临界值

$$y^* = 0, y^* = 1, x^* = \frac{E - C_i}{R}$$

金融机构的动态演化方向取决于初始监管部门选择加强监管的比例 x，当比例超过 $x^* = \frac{E - C_i}{R}$，金融机构选择进行创新还是选择不创新是无差异的。

当比例 $x > x^* = \frac{E - C_i}{R}$ 时，这时所有的金融机构将逐步趋向并最终全部选择不进行创新的策略；反之，当比例 $x < x^* = \frac{E - C_i}{R}$，这时所有的金融机构将逐步趋向并最终全部选择进行创新的策略。根据复制动态方程可以绘制出金融机构在演化博弈中的动态相位示意图如图 6 至图 8 所示。

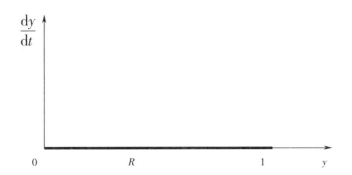

图6　当 $x > x^* = \dfrac{E - C_i}{R}$ 时，金融机构的动态演化相位示意图

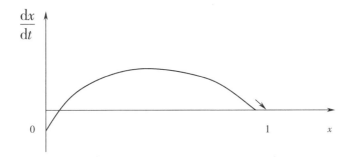

图7　当 $x < x^* = \dfrac{E - C_i}{R}$ 时，金融机构的动态演化相位示意图

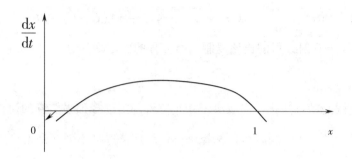

图8　当 $x > x^* = \dfrac{E - C_i}{R}$ 时，金融机构的动态演化相位示意图

3. 演化博弈的均衡点和稳定性分析。把金融机构和监管部门组合起来形成一个系统，该系统有 5 个动态系统的平衡点，分别是（0，0）、（0，1）、（1，0）、（1，1）和（x^*，y^*），现需要根据该系统相应雅克比（Jacobi）矩阵的局部稳定性，分析该系统在这些动态系统平衡点的局部稳定性，算出在 5 个动态系统平衡点各自行列式的符号和迹的符号，进而得出演化博弈稳定性分析结果。

对 $F(x)$，$F(y)$ 分别关于 x 及 y 求偏导数，可得雅可比矩阵如下：

$$J = \begin{bmatrix} \dfrac{\mathrm{d}f(x)}{\mathrm{d}x} & \dfrac{\mathrm{d}f(x)}{\mathrm{d}y} \\ \dfrac{\mathrm{d}f(y)}{\mathrm{d}x} & \dfrac{\mathrm{d}f(y)}{\mathrm{d}y} \end{bmatrix} = \begin{bmatrix} (1 - 2x)(yL - C_d) & x(1 - x)L \\ -y(1 - y)R & (1 - 2y)(E - Ci - xR) \end{bmatrix}$$

则雅可比矩阵的行列式为

$$|J| = (1 - 2x)(yL - C_d)(1 - 2y)(E - Ci - xR) + x(1 - x)Ly(1 - y)R$$

雅可比矩阵的迹为 $trJ = (1 - 2x)(yL - C_d) + (1 - 2y)(E - Ci - xR)$

表7　　　　　　　　　　　　　5 个均衡点的稳定性分析

平衡点	J 的行列式	J 的迹
$E_1(0,0)$	$C_d(C_i - E)$	$E - C_d - C_i$
$E_2(0,1)$	$(L - C_d)(C_i - E)$	$L - C_d + C_i - E$
$E_3(1,0)$	$C_d(E - C_i - R)$	$C_d + E - C_i - R$
$E_4(1,1)$	$(L - C_d)(E - C_i - R)$	$-(L - C_d) - (E - C_i - R)$
$E_5\left(\dfrac{E - C_i}{R}, \dfrac{C_d}{L}\right)$	$\dfrac{(E - C_i)(R - E + C_i)C_d(L - C_d)}{R \cdot L}$	0

根据演化博弈的内在机理，当且仅当 $|J| > 0$ 且 $trJ < 0$ 时，该均衡点为稳定均衡点 ESS，当 $trJ = 0$ 或不确定时，该均衡点则为鞍点，其余为不稳定点。显然，当 $E - Ci - R > 0$，且 $L - C_d > 0$ 时，该系统只存在一个稳定均衡点(1，1),这也

是最为理想的结果，即监管部门选择加强监管，而金融机构进行创新。此时的监管部门群体与金融机构群体演化博弈的复制动态相位图如图9所示。

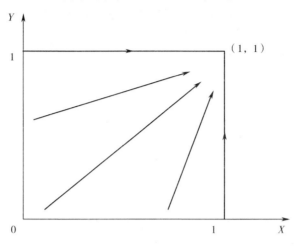

图9　复制动态相位图

4. 博弈结论分析。由于 $E - Ci - R > 0$，使金融机构群体选择"创新"策略后，即使因此被监管部门进行了一定的处罚，但金融机构群体"创新"仍然会获得大于处罚和创新成本以外的额外收益，这时选择"创新"所获得的收益是大于选择"不创新"时的收益的。同时，由于 $L - C_d > 0$，金融机构进行创新给监管部门带来的额外收益也是大于加强监管所产生的额外监管成本，此时监管部门在鼓励金融机构进行"创新"的同时，为防范创新风险对社会带来的损失，自然会选择加强"监管"的策略。其现实意义在于：

首先，理想的金融创新不但要对普惠金融的推进作用足够大，还要能为金融机构带来足够大的额外收益，使金融机构有动力主动去进行金融创新。这表明要开展普惠金融创新，必须遵循"政府指导，市场为主"原则，用行政性手段强行推动普惠金融创新是不可持续的。

其次，监管部门通过演化博弈趋向于加强监管力度的策略与金融创新对社会带来的额外收益 F 无关，但与创新后带来的风险造成社会损失 L 负相关，社会损失越大于监管成本，监管部门选择加强金融监管的概率就会越大。这说明监管部门有义务保护公共利益不受损害，但创新带来的社会福利大小对其监管行为没有直接影响，即监管部门更关注风险而非收益，这反映出在通常情况下，监管部门对金融创新持保守态度。因此，要提高监管部门的监管动力，必须完善监管机制，提高监管效率，最大限度地降低监管成本。

最后，对金融机构的违规创新进行处罚，只是手段而不是目的，监管部门的监管过严，对金融机构的处罚过大，不但会增加监管成本，同时也会极大地抑制金融机构的创新热情。因此，监管部门应合理利用处罚机制，注重监管力度的适度问题。应以保持对金融机构的监管震慑性，避免产生道德风险为最终目标，引导金融机构加强自律，进行合规合理的金融创新，这对于促进良性可持续的金融创新至关重要。

（三）普惠金融风险的实证研究

普惠金融最大的风险来自因金融创新而带来的衍生风险。而在普惠金融中最大的金融创新正是互联网在金融中的运用和推广，为了进一步定量分析互联网金融的兴起对银行业金融机构产生的影响，本文通过实际数据进行实证分析。

1. 数据选取。互联网金融兴起时间不长，鉴于统计数据的局限性，为了获得较多的样本点，本文选取 4 个变量 2013 年 9 月至 2016 年 6 月 12 个季度的季度数据的时间序列数据进行实证分析，它们分别是第三方互联网支付规模 WL、P2P 网贷平台交易量 PP、银行业金融机构不良贷款余额 NL、银行业金融机构税后利润 NP。同时，为消除时间序列中可能存在的异方差，对以上数据序列进行对数处理，分别记作 lnWL、lnPP、lnNL、lnNP。

2. 序列的平稳性检验[①]。对 lnWL、lnPP、lnNL、lnNP 分别进行 ADF 单位根检验，检验结果显示，lnNP 为平稳的时间序列，其余三个均为一阶单整时间序列，由于想要分析 lnWL、lnPP 两个序列数据分别对 lnNL、lnNP 的影响情况，为避免"伪回归"的出现，需进行协整检验。这里采用 Johansen 检验法。根据无约束 VaR 回归结果中的滞后期长度标准确定最优滞后项为 1 项，其余选择软件默认选项。检验结果如表 8、表 9 所示。

表 8　　　　　　lnNL、lnWL、lnPP 的 Johansen 协整检验结果

原假设（协整方程个数）	T 统计值	临界值（5%）	P 统计值
没有	87. 902	27. 856	0. 0000
至多一个	19. 809	8. 797	0. 0126

表 9　　　　　　lnNP、lnWL、lnPP 的 Johansen 协整检验结果

原假设（协整方程个数）	T 统计值	临界值（5%）	P 统计值
没有	67. 213	29. 797	0. 0001
至多一个	17. 152	8. 685	0. 0356

两次 Johansen 协整检验结果表明，在 5% 的显著性水平下，拒绝原假设中没有协整向量和最多只有一个协整向量的原假设。故两组各三个变量的线性组合是平稳的，即存在长期均衡的协整关系。

---

① 以下利用 EViews 6.0 软件。

3. 向量自回归模型（VaR）分析。考虑到变量之间发生作用可能存在一定的时滞，为了分析变量间在较长一段时间内的动态关系，现选择 lnNL 与 lnNP 作为分析对象，分别就 lnWL 与 lnPP 对它们的影响，建立的两个 VaR 模型。

由于不稳定的 VaR 模型所得到的分析结果可能是无效的。因此，需先进行 VaR 模型的稳定性检验。如果 VaR 模型所有根模的倒数都小于 1，即都在单位圆内，则该模型是稳定的，如果 VaR 模型有一个或是部分根模的倒数大于 1，即在圆外，则该模型是不稳定的。通过 LR、FPE、AIC、SC 和 HQ 5 种方法，以服从多数原则为标准，确定 VaR 模型的最优滞后阶数，再运用 AR 根对 VaR 的模型结构进行检验，下面给出了本文中两个 VaR 模型的稳定性检验结果。

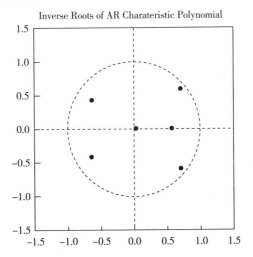

图 10　lnNL 的 VaR 模型稳定性检验结果

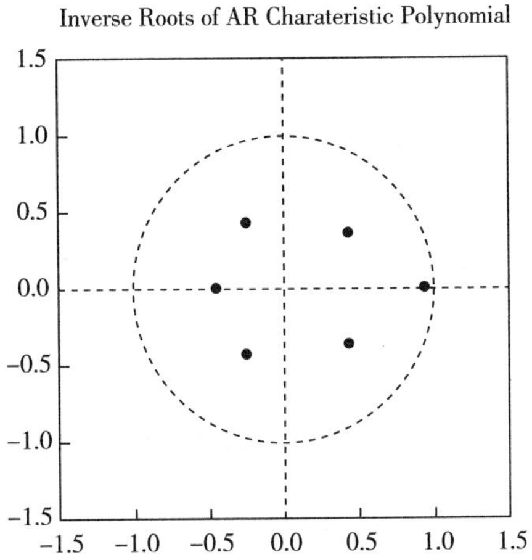

图 11　lnNP 的 VaR 模型稳定性检验结果

　　从图 10 和图 11 中可以看出，模型特征方程所对应特殊根的模都在圆内，既都小于 1，所以本文两个 VaR 模型都是稳定的，其分析结果也是有效的。再利用脉冲响应函数来观察 lnWL 和 lnPP 对 lnNL 和 lnNP 的影响大小。其结果如图 12 至图 15 所示：

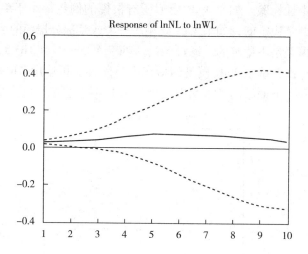

图 12　银行业金融机构不良贷款余额对第三方互联网支付规模的脉冲响应

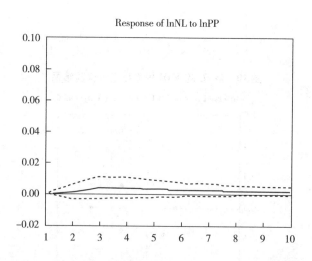

图 13　银行业金融机构不良贷款余额对 P2P 网贷平台交易量的脉冲响应

　　如图 12 和图 14 所示，在本期给第三方互联网支付规模一个正向冲击后，会对银行业金融机构不良贷款余额产生持续的正面影响，而对银行业金融机构税后利润，除了在第一期有一个微弱的负面影响外，其余各期影响也为正。这说

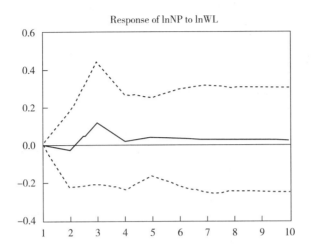

图 14 银行业金融机构税后利润对第三方互联网支付规模的脉冲响应

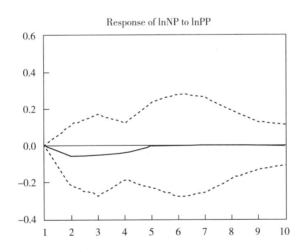

图 15 银行业金融机构税后利润对 P2P 网贷平台交易量的脉冲响应

明第三方互联网支付规模的增长容易引起银行业金融机构资产质量的下降，但对于银行业金融机构经营反而是一个机遇，对其盈利的增长会起到一定的推动作用。图 13 和图 15 则显示，在本期给 P2P 网贷平台交易量给一个正向冲击后，对银行业金融机构不良贷款余额的影响为正，但效果较不明显。而对银行业金融机构税后利润的影响则短期内为负，但这种负面影响在第 4 期后就基本消失。反映出，随着 P2P 网贷平台交易量的增长，会在较小程度上助推银行业金融机构资产质量的恶化，同时，还会在短期内对银行业金融机构的盈利水平造成一定的不良影响。可见，互联网金融的兴起和发展，会加剧金融行业的内部竞争，增加银行业金融机构的运营风险，也会加大银行业追逐高风险高回报项目的偏好，从而形成一定的信用风险。

六、政策建议

（一）健全金融监管机制，提升金融监管效率

第一，合理遵循适度性监管的原则。监管部门应把握好保证创新效率和维护金融稳定的最佳平衡点，进一步更新监管理念，合理合法地利用好惩戒工具，实施发展、防险和创新并重的有效监管。第二，要建立与健全普惠金融监管体系，形成一个包括监管部门、行业自律、机构内部控制等多层次的监管体系。要逐步形成以监管部门为监管核心，各金融机构强化内部稽核为基础，社会审计部门监督和行业协会自律为补充的普惠金融风险监管社会网络系统，并建立起有效的政策协调机制和信息共享机制，形成工作合力，共同协调防范金融风险。第三，改进监管手段和方法。要用科学监管为主替代行政管理监督为主的模式，运用互联网等技术手段，建立远程监管平台；建立普惠金融经营风险分析体系，出现问题及时发布预警信号。同时注重人才培养和培训，提高金融机构人员的风险防范意识、技术操作水平和法制观念。第四，注重差别化监管。我国各地区普惠金融的发展存在显著差异，针对不同类型的普惠金融机构应实行差别化监管，根据自身风险防范需求制定风险等级，并对不同地区、不同业务种类、不同机构类型制定不同监管制度和监管指标。第五，加强互联网金融信息披露。加强对互联网金融机构信息披露的监管，应以制度形式明确规定互联网金融机构定期以普通消费者可以理解的语言和方式，全面详细地披露自身财务情况、资金运转情况、企业重大决策，以及发行的金融产品和服务信息、业务流程、各参与机构的关联关系、免责条款和费用等信息，提高信息透明度。

（二）加快征信体系建设，塑造良好信用环境

一是加快征信体系建设。首先是根据新情况、新问题，不断完善征信相关规章制度。同时，应整合现有各类信息平台，加快推动地方、行业信用信息系统建设及互联互通，逐步构建全社会信用基础数据统一平台，实现信息整合、共享，形成全面的信用信息记录和披露机制；通过数据交换和系统连接以及互联网等方式，逐步实现中小微企业的生产、经营、技术、人才、交易等信息共享与应用，形成商务、金融两个领域的守信激励和失信惩戒机制；创新普惠金融服务机制，引导金融机构根据小微企业外部评级结果，在授信额度、审批权限、利率等方面实行差别政策；优化农户信息指标体系，加快电子化信用信息档案建设，实现农户信息采集与信贷支持的良性互动；培育、发展市场化的社会征信服务机构和信用评级机构。二是培育信用文化。应加强社会诚信价值观的宣传教育，充分利用各种媒体和网络渠道进行诚信观的社会宣传；积极发挥

典型的示范作用，在各地区、各行业、各部门树立一批诚信典型，并大力推广，通过典型示范引导和带动全社会形成诚实守信的良好风气；并将诚信教育列入各级学校的必修内容。三是针对有未来收益的部分低收入者，还可探索将低收入者的未来收益纳入偿还体系，或者建立风险保证金制度，由借款人和担保人按贷款额度的一定比例拿出一部分保证金进行担保，多种途径解决普惠金融贷款担保难的问题。

（三）发展普惠金融保险，完善信用担保机制

首先，应建立多元化的普惠金融保险机构和担保组织。鼓励保险机构设立专门针对小额信贷、"三农"信贷和金融创新的分支机构或部门，进一步丰富保险品种，提高保险服务质量；积极建立政府扶持、多方参与、市场运作的各种信用担保机构，建立健全以政策性担保为主体、互助性担保为辅助，商业性担保积极参与的贷款抵押担保机制。其次，加强保险机构、担保机构与商业银行的多层次、全方位业务合作，强化普惠金融的资金支持和风险保障作用，进一步提高保险合作的层次和深度。同时，积极推进银行、社会、企业等共同出资建立担保基金，担保基金与金融机构合作，开展比例担保，以督促商业银行增加普惠金融贷款发放量，并通过市场手段建立补偿的定价机制。再次，健全再保险市场体系。通过采取财政补贴、税收优惠等有利措施，鼓励各类商业性保险公司为普惠金融保险提供再保险支持，建立有效的巨灾风险分散机制。最后，应大力创新农村保险品种，积极探索适合我国国情的政策性农业保险经营机制和发展模式，鼓励保险机构在农村地区开展农村和农业保险业务，开发适应农业和农民需要的保险产品和服务，建立农村政策保险、农业保险和再保险体系，研究建立农村小额贷款与农村小额保险业务的互动合作机制，将小额信贷的风险限制在可控的范围内。

（四）注重网络金融风险，规范民间金融发展

一是对"黑色"民间金融严厉打击，对合理但非法的"灰色"民间金融加以适当放开和正确引导，疏导的方式就是使这些民营金融活动公开化、合法化、阳光化，将其逐步纳入正规的金融机构体系和金融监管体系。积极鼓励、引导和推动民间金融的规范化成长，为现代化民间金融机构的迅速发展提供宽松的政策、制度和社会环境。以立法方式赋予民间金融相应的法律地位，给民间借贷以合法的法律空间。要建立民间借贷监管机制，利用同业协会等非政府组织加强对民间金融组织的监管和管理，规定民间信贷用途，严格限制贷款领域，降低贷款风险。二是探索建立网络金融服务平台风险保障基金机制。一旦网络平台出现资金流动性困难，可动用风险保障基金帮助企业渡过难关。同时，应积极筹备网络金融的存款准备金制度，强制网络金融机构执行，有效降低货币政策风险以及大规模集体套现带来的流动性风险。三是加强对第三方支付机构

资金安全的监管。严格第三方支付机构将自有账户和客户备付金账户的分离制度，禁止第三方支付机构将备付金用于运营、发放贷款或风险投资。监管部门要定期对第三方支付机构进行评估，根据其运营状况制定合理的比例，强制第三方支付机构根据此比例向备付金存管银行缴纳风险准备金，一旦发生风险，可批准冻结准备金来抵御风险。四是应加强对虚拟货币发行的监管。目前，许多发达国家对比特币的发行都实行交易登记注册制。美国将比特币等虚拟货币的管理纳入反洗钱监管范畴，并要求详尽记录交易金额超过 1 万美元的交易行为，并及时向相关主管部门汇报。这些都可以被我国借鉴。同时，还应建立指定的虚拟货币交易平台，严格监管交易的全过程。

（五）推进信息技术建设，强化信息安全管理

第一，政府层面应加快对计算机和互联网核心技术的创新和开发，推进关键技术和设备的国产化，逐步降低对国外信息技术的依赖程度；推动信息安全产业链的安全合作，建立全网安全防范联盟，国家的金融主管部门、互联网金融机构和专业化安全服务机构要加强合作，共同建立网络"黑名单"以及风险信息共享机制，共同建立安全可信的网络金融环境。第二，金融机构应加大对信息安全技术研发和运用的资金投入力度，大力保障用户交易过程中的数据安全。政府也应在财政上拨出专项研发奖金，对金融机构技术研发成本加以补贴。第三，加大立法保护力度。目前，欧美发达国家都在立法和监管层面加大了对信息安全的保护。我国的个人信息保护立法也应加快进程，并成立专门的信息安全监管机构，对信息泄露和买卖行为进行明确界定、监管和刑罚，从而真正形成对非法破坏信息安全行为的威慑力。第四，建立和完善在征信体系建设中企业和个人信用信息采集、使用授权和不良信用信息告知的制度，明确征信数据的采集方式、范围和使用原则，严禁假借"征信"之名进行非法信息采集和非法信息使用。第五，金融市场各参与主体应加强信息安全防范意识，金融机构要充分认识信息风险对自身市场品牌和业务发展的破坏性以及可能面临法律后果，切实做好客户信息的保密工作。广大公众也要提高各类金融信息安全的欺诈行为的识别和防范能力，提高个人隐私、账户、密码等信息保护的意识。

参考文献

[1] 白宏宇、张荔：《百年来的金融监管：理论演化，实践变迁及前景展望》，载《国际金融研究》，2000（1）。

[2] 曹东、曹巍、吴俊龙：《互联网时代金融创新与监管的博弈研究》，载《东南大学学报》，2014（16）。

[3] 何纯：《进化博弈：对金融创新与金融监管关系的辩证审视》，载《理论探讨》，2010（11）。

［4］李耀东、李钧：《互联网金融框架与实践》，电子工业出版社，2014。

［5］苗永旺、王亮亮：《金融系统性风险与宏观审慎监管研究》，载《国际金融研究》，2010（8）。

［6］戎生灵：《金融风险与金融监管》，中国金融出版社，2006。

［7］王立勇、石颖：《互联网金融的风险机理与风险度量研究》，载《东南大学学报》，2016（3）。

［8］郑秋霞：《基于第三方支付的金融创新与金融风险研究》，载《浙江金融》，2012（3）。

［9］张绍基：《关于加强推进金融普惠制工作的几点思考》，载《武汉金融》，2014（3）。

［10］Jack R. Magee："Peer – to – Peer Lending in the United States：Surviving After Dodd – Frank"，*North Carolina Banking Banking Institute*，2011，Vol. 4.

［11］Paul Gerhardt Schierz、Oliver Schilke、Bernd W. Wirtz："Understanding consumer acceptance of mobile payment services：An empirical analysis"，*Electronic Commerce Research and applicatins*，2010，Vol. 9.

［12］Yaobin Lu、Shuiqing Yang、Patrick Y. K. Chau、Yuzhi Cao："Dynamics between the trust transfer process and intention to use mobile payment service：A cross – environment perspective"，*Information & Management*，2011，Vol. 48.

金融结构会影响汇率与股价联动机制吗

——来自新兴市场的证据

浙江金融职业学院课题组[*]

一、引言

自中国改革开放以来，金融业的快速发展为我国经济的崛起作出了重要贡献，金融资产总量高速膨胀，金融相关率指标（FIR，Goldsmith，1969）一路高企。在总量膨胀的同时，金融业内部结构也发生了一些积极的变化，逐渐摆脱了单纯依靠银行信贷的格局，以推进利率市场化、构建多层次资本市场为主要抓手的金融市场化改革和以加入 SDR 为标志的人民币国际化进程也稳步推进。总体而言，伴随着改革开放的深入推进，我国的金融结构发生了一系列深刻的变化；反过来，金融结构的演进，也可能对我国的金融市场，尤其是以汇率、股价为代表的各种资产价格及其相互影响和传导机制产生重要的影响。

值得注意的是，在我国金融市场化改革推进的过程中，由于近年来国际国内经济金融形势发生了一系列深刻的变化，一些累积多年的深层次矛盾逐渐显露，表现为以汇率和股价为代表的重要资产价格的波动加剧（吴丽华，傅广敏，2014，王申，陶士贵，2015）。2014 年以来，人民币兑美元汇率摆脱了过去 10 年几乎单边升值的趋势，双向波动加剧，并面临进一步贬值的压力。A 股市场在经历了 2014—2015 年上半年短暂的"疯牛"之后，也经历了几波快速震荡向下的走势。那么，汇率和股价之间是否存在一种简单的符合直觉的一荣俱荣、一损俱损的关系？

汇率与股票价格之间的联动机制一直是一个复杂的问题：从因果关系看，两者之间可能有单向因果关系，双向因果关系，或没有因果关系；从相关关系看，可能是正相关、负相关或者不相关。同时，这些关系在不同的国家，不同的时期，运用不同时间频率的样本可能会有所不同。其背后的机制也有很多的讨论，每种机制都或多或少有一些经验研究的支持（李晓峰，叶文娱，2010；Bahmanioskooee 和 Saha，2015）。我们认为，一个国家的金融结构，作为一种十

* 课题负责人：姚星垣
课题组成员：唐小波　许嘉扬

分重要的内部因素，对汇率与股票价格之间的联系有着重要的影响。特别是对于新兴市场国家来说，伴随着金融结构的长期演化或者短期波动，对汇率和股价两者之间的联动机制产生重要影响。

本文的结构如下：第一部分是引言。第二部分是文献综述。第三部分构建了汇率、股价与金融结构之间可能相互作用的理论框架。第四部分介绍了研究方法，讨论了检验股票市场、外汇市场与金融结构之间理论联系的协整方法以及由 Dolado 和 Lutkepohl（1996）提出的应用多元 Granger 因果关系检验的步骤，并对经验研究中的数据加以说明。第五部分是经验研究部分，对研究结果进行了讨论。第六部分总结了本文的主要结论并提出相应对政策建议。

二、文献综述

从汇率与股价联动机制的因果关系方向来看，可以分为两种基本模式：一种是由汇率变化带动股价变化的传统机制（the Traditional Approach）或"流量型"（Flow），另一种股价变化引起汇率变化的资产组合机制（the Portfolio Approach）或"存量型"（Stock）。

古典经济理论指出股价与汇率之间存在内在关联。例如，Flow 型的汇率决定理论（例如，Dornbusch 和 Fisher，1980）指出汇率变动影响国际竞争力和行业地位的平衡，进而影响该国的实际产出，从而影响公司当前和未来的现金流和股价。股市的变动也可能影响汇率。作为一种资产，通过对货币需求的动态调整，股票可能会影响汇率的行为，例如，汇率决定的货币主义模型（Gavin，1989）。类似的联系可以追溯到资产组合平衡模型等（Frankel，1983）。

在微观层面上不少研究集中在评估国内公司的外币风险。当汇率波动变化，汇兑损益对公司造成的收益或损失（例如，Hamao，1988；Brown 和 Otsuki，1990，Dumas 和 Solnik，1995；De Santis 和 Gerard，1998））。Dejan（2015）等研究了四个东欧新兴市场（塞尔维亚、波兰、匈牙利和捷克共和国），结果表明，其中有三个国家符合资产组合模型。Olgu（2015）等的研究表明，脆弱五国（Fragile Five，即巴西、印度、印度尼西亚、南非和土耳其）的股价与汇率呈正相关。

近期一些研究从汇率与股价之间的不对称效果或特殊渠道的角度研究它们的相互作用。Umer（2015）等指出，在危机期间汇率与股价之间的联动性变得更强，因果关系的方向是从股价到汇率；而在平静的时期则遵从汇率到股价。周虎群，李育林（2010）研究了国际金融危机下人民币汇率与股价的联动关系。Phylaktis 和 Ravazzolo（2005）对 5 个亚太国家和地区（马来西亚、新加坡、泰国、菲律宾和中国香港）1980—1998 年的研究表明，股价和汇率呈正相关，而美国股市作为一个重要渠道完成这种传导。Moore 和 Wang（2014）指出，贸易平衡在亚洲国家的汇率与股价联动机制中是一个主要的决定因素，而利率差则是发达市场的驱动力。

综上所述，已有的研究从理论探讨和经验研究两个层面对汇率和股价之间的联动机制进行了探讨，主要成果集中在以下几个方面：第一，多数研究支持汇率与股价两者之间存在联动关系（例如，张兵等，2008；赵进文，张敬思，2013）；第二，两者之间可能多种传导机制并存（例如，姚星垣，2007）；第三，如果在模型构建时遗漏反应传导机制的关键变量，则会影响汇率与股价之间的因果关系。

但是，已有的研究在以下方面存在局限：第一，汇率与股价之间可能的传递机制还有哪些？除了像美国证券市场这样的外部因素外，一国内部的金融结构是不是重要的传导机制？第二，经验研究是否支持汇率、股价和金融结构这个三元变量系统内部相互因果关联？第三，特别是作为金融结构仍处在不断演化过程中的新兴经济体，金融结构是否是连接汇率与股价的关键变量？本文的研究正是围绕以下这些问题展开：金融结构会影响股价汇率的联动机制吗？对于新兴经济体而言，这个因素重要吗？新兴经济体金融结构影响股价汇率联动机制的方向和机制是什么？有何政策启示？

我们的研究将在以下方面有所贡献：首先，本文构建了一个基本理论框架，阐述证券市场和外汇市场可能通过一个新的渠道，即金融结构发生相互作用。已有的研究表明，一个国家的股票和外汇市场之间不存在因果关系可能是遗漏了作为传导机制的关键变量。Caporale 和 Pittis（1997）表明，美国股票市场可能是联系股价和汇率的重要变量。我们认为，在新兴市场，一个国家的金融结构发挥了连接汇率和股价的重要作用。

其次，我们运用协整检验和多元格兰杰因果关系检验方法，克服了非平稳性的问题，使我们能够研究汇率和股票价格之间的关系。早期的经验研究集中在两个市场价格回报率之间的联系，并没有考虑时间序列水平值之间的关系。通过差分变量，一些变量的水平值之间存在的线性组合可能会丢失。应当指出的是，经济理论并不排除汇率和股价水平值之间的关系。

最后，我们构建的理论框架和经验研究主要针对新兴市场国家。以往的研究主要集中在美国和发达经济体（例如，Aggarwal，1981；Ma 和 Kao，1990；Roll，1992；Chow 等，1997）。我们的研究以新兴市场为例，探讨在金融市场化程度相对较低或者存在不同程度外汇管制的条件下，股票和外汇市场之间的关系，为新兴市场国家的金融改革提供政策建议。

三、理论研究

（一）金融结构与汇率与股价之间联动关系

我们从两个不同的角度来定义金融结构：内部金融结构（Internal Financial

Structure，IFS）和外部金融结构（External Financial Structure，EFS），前者反映的是金融业内部不同业态之间的结构比例关系；后者反映的是金融业（可以理解为虚拟经济）与实体经济之间的结构比例关系。

内部金融结构最常见的定义方式直接融资和间接融资的比例；外部金融结构最经典、最常用的指标来自 Goldsmith（1969）的金融相关率（FIR），反映了金融资产与实体经济总量之间的比例关系。

一些早期的研究探讨了金融结构与汇率（Ortiz，1979，Min，2006），金融结构与股价（Kopcke，1988）之间的关系。最近的一些研究试图深入探讨背后的机制，例如，Castroa（2015）等发现，在对金融发展水平控制后，金融结构对投资行为的约束仍有影响。下面我们简要阐述金融结构对汇率和股票价格联动的影响，我们从 Flow 型，即股价变动引起汇率变动开始。若股价上涨，则：

（1）直接机制

股票价格上涨将吸引外资，因此汇率将面临升值压力。

（2）间接机制

①股价上涨，融资结构有利于股权融资，内部金融结构指标上升；内部金融结构指标上升，金融业市场化程度上升，更加吸引外资，本币汇率升值。

②股价上涨，金融业占比上升，外部金融结构指标上升；外部金融结构上涨，金融化程度上升，更加吸引外资，本币汇率升值。

（3）反馈机制

①正反馈：汇率升值使本国流动性充裕，继续推动股价上升。

②负反馈：汇率升值不利于出口，相关公司业绩下滑，股价回落。

由于内部金融结构对于股价的影响更为直接，我们认为，在汇率与股价的联动机制中，内部金融结构的影响要大于外部金融结构。

（二）实施不同发展战略的新兴经济体

在全球化的进程中，新兴市场已进一步融入世界市场，主要有两大战略：出口导向战略和进口替代战略。前者是指采取各种措施，促进出口导向型工业部门发展和扩大对外贸易，促进工业和经济发展。后者也被称为"内向发展战略"，是指一国采取各种措施，限制某些外国工业品进口，促进本国有关工业品的生产，逐渐在本国市场上以本国产品替代进口品，为本国工业发展创造有利条件，实现工业化。

自 20 世纪 40 年代后期，几乎所有较大的发展中国家，如阿根廷、巴西、智利、哥伦比亚、埃及、印度、韩国、墨西哥实行关税保护，并辅以进口数量限制和外汇管制政策。进口替代战略的基本策略是高估本国货币和利用贸易保护政策，为国内的公司的收益增加增添保护，导致本国的股价上涨。因此：

（1）股票价格上涨将吸引外资，因此汇率将面临升值压力。

（2）股价上涨，内部融资结构有利于股权融资，内部金融结构指标上升。

（3）股价上涨，虚拟经济比重上升，外部金融结构指标上升。

过程（2）和过程（3）可能导致工业空心，造成经济和金融泡沫。从历史上看，泡沫破裂时往往伴随着债务危机和货币危机，最终导致汇率大幅下跌，典型的例子是爆发于20世纪80年代拉美债务危机。

以中国为典型代表的出口导向型国家的基本做法是在经济发展初期低估本币汇率，刺激出口和经济增长。在此期间，国内公司盈利增加，股价上涨。因此：

（1）股票价格上涨将吸引外资，因此汇率将面临升值压力。

（2）股价上涨，内部融资结构有利于股权融资，内部金融结构指数上升。

（3）股价上涨，金融经济比重上升，外部金融结构指数上升。

与实施进口替代战略的逻辑相似，过程（2）和过程（3）可能导致工业空心，造成经济和金融泡沫。一旦泡沫破裂，将很可能导致金融危机，汇率将遭受急剧收缩。

在经济快速发展的过程中，金融结构通过不同的路径影响汇率和股价联动，但最终的效果相似。在利用进口替代战略的国家，汇率和股价的上涨，逐步形成泡沫，直到它爆发，此时这两个指标都将经历一个急剧向下修正过程。在实施进口替代战略的国家，汇率和股票价格将开始向相反的方向移动，直到进入正反馈循环机制并同向变化，逐步形成一个膨胀的泡沫，直到泡沫破裂。

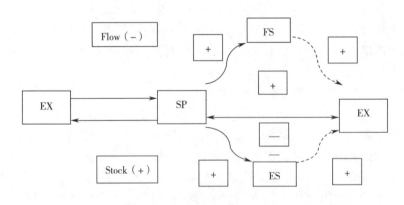

图1　汇率、股价和金融结构的联动机制

（三）金融结构传导渠道矩阵

为简单起见，我们对金融结构影响汇率联动机制的可能途径进行分类归总。一个新兴经济体的经济状况分为三个经济阶段：初始增长，快速扩张以及危机发生。一个国家的金融经济结构分为实体经济占主体和虚拟经济占主体两种基本类型。内部融资结构分为直接融资和间接融资两种类型。经济发展战略分为两大类：出口导向型和进口替代型。因此，对于处于不同阶段，属于不同金融结构的新兴经济体而言，有 $3 \times 2 \times 2 \times 2 = 24$ 种组合。

理论上，汇率与股票价格因果关系可以分为四类，即汇率变化带动股价（ $EX \rightarrow SP, flow$ ），股价变化带动汇率（ $SP \rightarrow EX, stock$ ），双向因果关系（ $EX \leftrightarrow SP, bidirection$ ，BD）和独立（ $EX \neq SP, no$ ）。汇率与股价在不同条件下的联动机制总结如表1所示。

表1　　　　　　　　　　　　汇率与股价联动机制矩阵

策略/金融结构	主体	初始阶段		快速扩张		危机阶段		总体
出口导向								
内部金融结构	直接金融	flow		BD	+	BD	+	flow/BD
	间接金融	no	−	flow	− / +	BD	+	No/flow/BD
外部金融结构	实体经济	flow		flow/BD	− / +	BD	+	flow/BD
	虚拟经济	no		BD	+	BD	+	no/BD
进口替代								
内部金融结构	直接金融	stock	+	BD	+	BD	+	stock/BD
	间接金融	no	−	stock	+	BD	+	no/stock/BD
外部金融结构	实体经济	stock	−	BD	+	BD	+	stock/BD
	虚拟经济	no		stock/BD	+	BD	+	no/BD

四、研究方法

（一）协整检验方法

一般地，汇率与股价的关系可以表示为

$$SP_t = \alpha_0 + \alpha_1 EX_t + \alpha_2 FS_t + v_t \tag{1}$$

其中，SP_t 是新兴经济体股价指数，EX_t 是实际汇率[①]，两者都用经过物价水平调整实际变量的对数形式表示。FS_t 是金融结构变量，v_t 是随机误差项。和 Chow（1997）等一致，我们使用实际汇率而非名义汇率，因为它更能反映一个经济体与世界其他国家的竞争地位。我们采用金融结构把汇率和当地股市联系起来。

在实施协整检验时，我们使用 Johansen（1988），Johansen 和 Juselius（1990）提出的似然比检验方法。定义 $Y_t \equiv (SP_t, EX_t, FS_t)$ ，其中，SP_t 是新兴

---

① 用名义汇率采用直接标价法，即单位美元的本国货币表示。

经济体的实际股价指数，EX_t 是本国货币对美元的实际汇率，FS_t 是金融结构变量。如果 Y_t 存在协整关系，它可用误差修正模型（VECM）表示为

$$\Delta Y_t = \mu + \sum_{i=1}^{k-1} G_i \Delta Y_{t-i} + G_k Y_{t-1} + \varepsilon_t \tag{2}$$

其中，μ 是一个 3×1 的冲击向量，G 是一个 3×3 的参数矩阵，ε_t 是一个 3×1 白噪声向量. Johansen 迹统计量检验的原假设是至多存在 r 个协整向量，$0 \leqslant r \leqslant n$，从而（$n-r$）共同的随机趋势为：

$$trace = -T \sum_{i=r+1}^{n} \ln(1 - \hat{\lambda}_i) \tag{3}$$

其中，$\hat{\lambda}_i$ 是在考虑 ΔY_t 滞后差异时，Y_{t-1} 最小的规范相关平方。

（二）多元格兰杰因果关系检验

除了汇率和股价之间长期走势的检验外，我们还将对该协整系统进行 Granger 因果关系检验以考察包含金融机构在内的三元协整系统中，变量之间的长期和短期的动态关系，考察股价和汇率之间是否通过 Stock 和/或 Flow 模式进行连接。

在探索股票市场和汇率因果关系问题时，我们将采用 Dolado 和 Lutkepohl（1996）提出的多元 Granger 因果检验方法。他们提出了一个采用标准渐进 χ^2 分布 Wald 检验的方法，在已知系统变量为 I（1）但不存在协整向量，构建一个一阶差分 VaR 模型和误差修正模型时，可避免估计偏差，即直接对 VaR 过程中水平变量系数进行最小二乘估计。传统协整 VaR 系统中 Wald 检验的非标准渐进性质源于最小二乘估计量的渐进分布的奇异性。当估计阶数超过实际阶数时，在估计 VaR 过程中克服了奇异性，估计出非奇异分布的相关系数。

具体步骤为：首先，使用标准的 Wald 检验，检验 VaR（k）和 VaR（$k+1$）来测试一个 VaR 的滞后变量结构；其次，如果真实的数据生成过程是一个 VaR（k）系统，则 VaR（$k+1$）模型符合，并采用标准的 Wald 检验对前 k 个系数矩阵进行估计。

本文中，我们将对无差分的 VaR 式（1）进行检验

$$Y_t = \mu + A_1 Y_{t-1} + \cdots + A_p Y_{t-k} + \varepsilon_t \tag{4}$$

其中，A_i 是一个 3×3 系数矩阵。每个新兴经济国家的 VaR 的扩展版本是：

$$\begin{bmatrix} P \\ S \\ FE \end{bmatrix} = \begin{bmatrix} A_{10} \\ A_{20} \\ A_{30} \end{bmatrix} + \begin{bmatrix} A_{11}(L) & A_{12}(L) & A_{13}(L) \\ A_{21}(L) & A_{22}(L) & A_{23}(L) \\ A_{31}(L) & A_{32}(L) & A_{33}(L) \end{bmatrix} \begin{bmatrix} P_{t-1} \\ S_{t-1} \\ FE_{t-1} \end{bmatrix} + \begin{matrix} \varepsilon_P \\ \varepsilon_S \\ \varepsilon_{FE} \end{matrix} \tag{5}$$

其中，A_{i0} 是变量的截距项，A_{ij} 是多项式滞后算子 L，我们使用 Wald 检验选择滞后结构，然后增加一期滞后重新估计 VaR。由于每个方程具有相同的滞后

长度，我们使用 OLS 估计的三个方程具有一致性和渐进有效性。我们测试有关股价和外汇市场之间联系的两个渠道的各种假设如下。

（1）*Flow*：汇率变动影响股价

①直接影响：$A_{12}(L) = 0$。

②间接影响：$A_{12}(L) = 0, A_{13}(L) = 0 \ A_{32}(L) = 0$。

（2）*Stock*：股价变动影响汇率

①直接影响：$A_{21}(L) = 0$。

②间接影响：$A_{21}(L) = 0, A_{23}(L) = 0, A_{31}(L) = 0$。

（3）双向因果关系

①直接影响：$A_{12}(L) = 0; A_{21}(L) = 0$。

②间接影响：$A_{21}(L) = 0, A_{23}(L) = 0, A_{31}(L) = 0; A_{21}(L) = 0, A_{23}(L) = 0,$
$A_{31}(L) = 0$。

正如上文所述，如果金融结构会影响股价与汇率的联动机制，那么无法拒绝间接关系不成立的假设。

（三）数据来源和说明

经验研究中的样本数据为新兴经济体的 11 个国家，具体为阿根廷、巴西、中国、印度、印度尼西亚、韩国、墨西哥、俄罗斯、沙特阿拉伯、南非和土耳其。这些国家都属于 G20 成员[①]，具有广泛的代表性。一是地理分布广泛，包括亚洲、南美洲、非洲和欧洲；二是在世界经济金融格局中具有重要地位，三是各国在经济体制、金融制度、文化传统等方面差异性较大。与多数经验研究一致，内部金融结构是由股票市值/银行私人信贷来定义，外部金融结构（FIR）以股票的市场价值 + 银行私人信贷/GDP 定义。股价采用各国以本币表示的年末股价指数，汇率用年末本币兑美元即期汇率表示[②]。所有数据均来自万德（Wind）数据库，并用自然对数表示。我们将实际汇率定义为

$$\ln EX_t^{em} = \ln CPI_t^{em} - \ln e_t^{em} - \ln CPI_t^{US} \qquad (6)$$

其中，CPI_t^{em} 是新兴经济体消费者物价指数，e_t^{em} 是名义汇率，CPI_t^{US} 是美国物价指数。

---

① G20 成员由中国、阿根廷、澳大利亚、巴西、加拿大、法国、德国、印度、印度尼西亚、意大利、日本、韩国、墨西哥、俄罗斯、沙特阿拉伯、南非、土耳其、英国、美国以及欧盟二十方组成。我们的样本为所有 G20 成员除去发达经济体。

② 由于股价和汇率数据为非平衡面板数据，为方便比较，在计算指数时以 1995 年为基年。

表 2　　　　　　　　　　经验研究中样本数据范围

国家	EX	SP	FS
阿根廷	1992—2015	1992—2015	1992—2015
巴西	1995—2015	1995—2015	1995—2015
中国	1995—2015	1991—2015	1991—2015
印度	1995—2015	1995—2015	1995—2015
印度尼西亚	1995—2015	1995—2015	1995—2015
韩国	1988—2015	1995—2015	1995—2015
墨西哥	1988—2015	1988—2015	1988—2015
俄罗斯	1993—2015	1995—2015	1995—2015
沙特阿拉伯	1994—2015	1988—2015	1988—2015
南非	1988—2015	1995—2015	1995—2015
土耳其	1988—2015	1988—2015	1988—2015

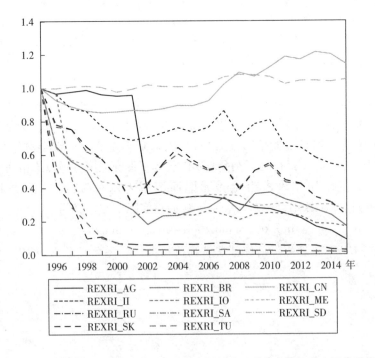

注：图中的汇率指数是以经过物价水平调整的实际汇率（单位美元兑换本国货币值）表示，
（1995＝1）_AG，_BR，_CN，_II，_IO，_SK，_ME，_RU，_SD，_SA，_TU分别表示阿
根廷、巴西、中国、印度、印度尼西亚、韩国、墨西哥、俄罗斯、沙特阿拉伯、南非和土耳其。

图 2　各新兴经济体对美元汇率

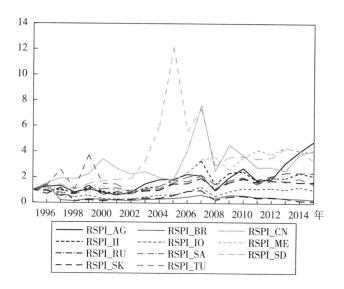

注：股价指数以本币表示（1995 = 1）（1995 = 1）图中_ AG，_ BR，_ CN，_ II，_ IO，_ SK，_ ME，_ RU，_ SD，_ SA，_ TU 分别表示阿根廷、巴西、中国、印度、印度尼西亚、韩国、墨西哥、俄罗斯、沙特阿拉伯、南非和土耳其。

图3　各新兴经济体股价指数

五、经验研究和结果讨论

（一）协整检验结果

首先对时间序列进行单位根检验，表明所有变量均为 I（1），需要进行一阶差分。为了消除小样本偏误，我们采用 Johansen 秩统计量方法（Reimers，1992）[①]。因此，我们将式（3）中的用 T 替换为（T − nk）。

表3表明，在5%的显著性水平下，所有国家的三变量系统无法拒绝至少存在一个协整向量的原假设。

表3　　　　　　协整检验（检验方程：$SP_t = \alpha_0 + \alpha_1 EX_t + \alpha_2 FS_t + v_t$）

国家	$H_0 : r = 0$	$H_1 : r \leqslant 1$	$H_3 : r \leqslant 2$
阿根廷	36.18617 **	11.88042	0.914242
巴西	34.94121 **	11.65682	0.004209
中国	24.77829 **	8.611629	0.210089

① 应用 Monte Carlo 方法进行模拟迹检验比最大特征值检验结果更稳健（具体参见（Cheung 和 Lai，1993）对此问题的讨论）。

续表

国家	$H_0: r=0$	$H_1: r \leqslant 1$	$H_3: r \leqslant 2$
印度	50.29611 ***	24.14389 **	5.232111
印度尼西亚	57.11375 ***	19.56642 **	5.337182 **
韩国	51.45410 **	22.71945 **	5.711561
墨西哥	50.09210 **	17.10869	5.129233
俄罗斯	37.90669 **	13.11903	5.338596
沙特阿拉伯	40.27570 **	15.53375	2.356144
南非	51.23960 ***	16.23593	6.786001
土耳其	59.38337 ***	24.11029	8.766732

注：r 表示显著的协整向量个数。Johansen 秩统计量分别检验没有，至多 1 个和至多 2 个的假设。临界值采用 Osterwald – Lenum（1992）。统计量参照 Reimers（1992），对有限样本进行修正；*，** 和 *** 分别表示在 10%，5% 和 1% 水平下显著。

表 4 表明，除了巴西和中国，其他国家的实际汇率与股价均呈正相关关系。金融结构与股价之间并不存在一致的正相关关系，说明汇率和股价通过金融结构这个机制进行联动的复杂性。

表 4　　　　长期协整向量（检验方程：$SP_t = \alpha_0 + \alpha_1 EX_t + \alpha_2 FS_t + v_t$）

国家	α_0	α_1	α_2
阿根廷	– 6.982433	0.669465	1.174316
巴西	– 10.65304	– 0.640634	0.700503
中国	– 7.258037	– 0.305138	– 2.690790
印度	– 1.285167	0.708289	– 0.854364
印度尼西亚	7.622468	0.458301	– 0.567112
韩国	– 3.574243	1.286682	– 6.022648
墨西哥	0.143894	2.411825	– 3.611333
俄罗斯	– 5.799065	2.220249	– 0.679487
沙特阿拉伯	29.71704	27.55949	0.043084
南非	– 4.151019	1.358568	– 2.793157
土耳其	– 6.118868	0.373463	– 0.269537

表 5 是我们检验在这个三变量协整系统中去掉某个变量以后的情况。其中，11 个国家中有 9 个，即阿根廷、巴西、印度、印度尼西亚、韩国、墨西哥、俄罗斯、沙特阿拉伯、南非，拒绝了排除变量的假设。有两个国家例外，即中国和土耳其。中国无法拒绝排除汇率变量，土耳其则无法拒绝排除金融结构的变

量。对前者而言，可能的解释是，中国直到 2005 年汇改才允许人民币兑美元汇率实施有管理的浮动，而土耳其金融结构对汇率和股价的联动几乎没有影响。

表5 　　　　　　　排除变量的约束检验（SP_t，EX_t，FS_t）

国家	SP_t	EX_t	FS_t
阿根廷	8.663545 ***	7.770593 ***	6.422585 **
巴西	12.55455 ***	5.550067 **	34.79562 ***
中国	4.553237 ***	0.827421	6.782176 ***
印度	21.66810 ***	17.56742 ***	21.44467 ***
印度尼西亚	4.161804 **	14.55333 ***	3.637978 **
韩国	15.73057 ***	7.449367 ***	18.38117 ***
墨西哥	6.230513 **	10.77898 ***	2.822583*
俄罗斯	7.862418 ***	69.06730 ***	7.627199 ***
沙特阿拉伯	12.30029 ***	18.01990 ***	4.511173 ***
南非	24.79806 ***	16.63840 ***	26.27349 ***
土耳其	4.485883 **	14.69003 ***	0.247582

注：统计值是带有一个自由度的 χ^2 统计量；*，** 和 *** 分别表示在 10%，5% 和 1% 水平下显著。

（二）遗漏变量检验

之前多数的经验研究都直接检验汇率与股价之间的关系，但是由于缺失了两者之间的中介，这个系统可能并不完整，即存在 "遗漏重要变量" 的可能。若果真如此，变量之间的长期关系和因果关系将失效。Lutkepohl（1982）和后来的 Caporale 和 Pittis（1997）的研究表明，在变量遗漏而不完整的系统中，被遗失的变量是因果推断敏感性的唯一决定因素[①]

$$SP_t = \alpha_0 + \alpha_1 EX_t + \alpha_2 FS_t + v_t \tag{7}$$

因此，如果金融结构是股价和汇率的格兰杰原因，在汇率与股价的双元协整体系中的因果关系可能不显著。在第五部分，我们将运用多元格兰杰因果关系检验的方法，分别验证金融结构和股价，金融结构和汇率之间的因果关系。具体包括 FS_t 和 SP_t 之间的因果关系（即检验约束条件 $A_{13}(L) = 0$）和 FS_t 和 EX_t 的因果关系（即检验约束条件 $A_{32}(L) = 0$）。

---

① Caporale 和 Pittis（1997）采取一阶二元 VaR 模型，推导出其特征值均等于 1 的条件，即这个二元系统内没有协整关系和因果关系。他们进一步推断，如果这个二元变量 VaR 是一个三元系统的一部分，而被遗漏的变量对二元系统中的 0、1 或者 2 个变量有因果关系，那么遗漏该变量之后对二元系统的影响。

表6　　　　　　　　　　协整检验（检验方程式：$SP_t = \alpha_0 + \alpha_1 EX_t + v_t$）

国家	$H_0 : r = 0$	$H_1 : r \leqslant 1$
阿根廷	8.813551	0.064504
巴西	15.03253	2.000468
中国	10.36623	2.094934
印度	3.370565	0.028948
印度尼西亚	37.17744 ***	6.252050 **
韩国	10.38730	2.664785
墨西哥	19.63635 **	1.386408
俄罗斯	8.772730	0.946333
沙特阿拉伯	26.25229 ***	2.601022
南非	5.628011	0.946551
土耳其	16.09226 **	6.358724 **

注：r 表示显著的协整向量个数。Johansen 秩统计量分别检验没有和至多 1 个的假设。临界值采用 Osterwald – Lenum（1992）。统计量参照 Reimers（1992）对有限样本进行修正；*，** 和 *** 分别表示在 10%，5% 和 1% 水平下显著。

为了验证在汇率和股价的协整关系中包含金融结构变量的重要性，我们在排除金融结构变量以后再次检验股价和汇率的协整关系，如表6所示。正如我们所料，除了土耳其以外，我们无法拒绝两者之间不存在协整关系的假设，这与之前我们在三元变量排除检验中，土耳其的金融结构变量可被排除相照应。以上的检验表明，此前那些不包括金融结构变量对股价和汇率联动关系进行研究的结果似乎值得怀疑。

（三）多元格兰杰因果关系检验

接下来我们将对动态系统进行多元 Granger 因果关系检验。我们的目的是验证汇率和股价通过 Flow 和 Stock 两种渠道进行关联。通过限制 $A_{12}(L) = 0$，$A_{13}(L) = 0, A_{32}(L) = 0$，检验 Flow 渠道，通过限制 $A_{21}(L) = 0, A_{23}(L) = 0$，和 $A_{31}(L) = 0$ 检验 Stock 渠道。此外，我们还将检验限制 $A_{31}(L) = 0$ 和 $A_{32}(L) = 0$ 的情景，考察汇率、股价和金融结构之间是否存在一种循环反馈机制。

结果表明，由于在印度，印度尼西亚，韩国，墨西哥，俄罗斯，土耳其，$A_{12}(L) = 0, A_{13}(L) = 0$ 和 $A_{32}(L) = 0$ 假设被拒绝，表明外汇和本地股票市场通过 Flow 渠道相连，在巴西、沙特阿拉伯和南非，$A_{21}(L) = 0, A_{23}(L) = 0$，和 $A_{31}(L) = 0$ 被拒绝，因此市场通过 Stock 渠道相连。在阿根廷，两种渠道都发生作用（见表7）。

表7　　　　　　　　包含内部金融结构的多元格兰杰因果检验

	$A_{12}(L)=0$	$A_{13}(L)=0$	$A_{21}(L)=0$	$A_{23}(L)=0$	$A_{31}(L)=0$	$A_{32}(L)=0$
阿根廷	18.48408 ***	3.335300 **	3.923044 **	1.782370	9.272717 ***	25.65288 ***
	(0.0000)	(0.010579)	(0.0476)	(0.1819)	(0.0023)	(0.0000)
巴西	0.082078	5.504056 **	21.55840 ***	6.530444 **	19.79445 ***	0.224763
	(0.7745)	(0.0190)	(0.0000)	(0.0106)	(0.0000)	(0.6354)
中国	19.44062 ***	0.377604	0.329842	1.110630	0.027684	31.09962 ***
	(0.0000)	(0.5389)	(0.5658)	(0.2919)	(0.8679)	(0.0000)
印度	32.66255 ***	2.696540 *	15.99233 ***	0.593389	13.72911 ***	7.713477 ***
	(0.0000)	(0.1006)	(0.0001)	(0.4411)	(0.0002)	(0.0055)
印度尼西亚	13.49177 ***	4.389853 **	2.146832	6.625095 **	1.426919	19.85693 ***
	(0.0002)	(0.0362)	(0.1429)	(0.0101)	(0.2323)	(0.0000)
韩国	43.73721 ***	2.790463 **	0.521554	2.069323	3.031383 *	54.84393 ***
	(0.0000)	(0.0948)	(0.4702)	(0.1503)	(0.0817)	(0.0000)
墨西哥	4.658457 **	0.520966	5.369186 **	1.334264	5.326909 *	7.281572 ***
	(0.0309)	(0.4704)	(0.0205)	(0.2480)	(0.0210)	(0.0070)
俄罗斯	7.566426 ***	4.933286 **	0.080851	4.690531 **	0.416099	9.053609 ***
	(0.0059)	(0.0263)	(0.7761)	(0.0303)	(0.5189)	(0.0026)
沙特阿拉伯	263049.6 ***	263046.1 ***	263050.2 ***	263051.7 ***	260467.2 ***	260472.2 ***
	(0.0000)	(0.0000)	(0.0000)	(0.0000)	(0.0000)	(0.0000)
南非	24.46438 ***	7.843417 ***	12.92992 ***	8.435842 ***	17.27436 ***	30.50318 ***
	(0.0000)	(0.0051)	(0.0003)	(0.0037)	(0.0000)	(0.0000)
土耳其	34.43371 ***	3.081962 *	3.987845 **	2.325432	6.892585 ***	50.71231 ***
	(0.0000)	(0.0792)	(0.0458)	(0.1273)	(0.0087)	(0.0000)

注：括号中的数字是 P 值；*，** 和 *** 分别表示 10%、5% 和 1% 的显著性水平。

通过外部金融结构（FIR）渠道再次检验汇率与股价联动机制，结果表明，没有国家通过外部金融结构影响汇率与股价联动机制。在巴西和墨西哥，由于假设 $A_{21}(L)=0, A_{23}(L)=0$，和 $A_{31}(L)=0$ 被拒绝，因此市场通过 *Stock* 渠道相连。这些结果表明，外部金融结构并不是显著地影响汇率和股票价格联动机制。

表8　　　　　　　　　　包含外部金融结构（FIR）的多元格兰杰因果检验

	$A_{12}(L)=0$	$A_{13}(L)=0$	$A_{21}(L)=0$	$A_{23}(L)=0$	$A_{31}(L)=0$	$A_{32}(L)=0$
阿根廷	2.240972	1.504263	10.65258***	0.252350	16.10359***	1.224864
	(0.1344)	(0.2200)	(0.0011)	(0.6154)	(0.0001)	(0.2684)
巴西	10.90365***	16.95463***	12.12626***	27.82214***	8.403809***	4355.663
	(0.0010)	(0.0000)	(0.0005)	(0.0000)	(0.0037)	(0.0000)
中国	11.67939***	1.028401	39.41665***	2.207273	24.89545***	1.035718
	(0.0006)	(0.3105)	(0.0000)	(0.1374)	(0.0000)	(0.3088)
印度	21.50153***	0.312618	11.88157***	2.983687**	0.179775	0.043419
	(0.0000)	(0.5761)	(0.0000)	(0.0841)	(0.6716)	(0.8349)
印度尼西亚	6.670368***	0.376108	2.458885	0.089631	0.468268	0.430482
	(0.0098)	(0.5397)	(0.1169)	(0.7646)	(0.4938)	(0.5118)
韩国	7.727430***	0.995651	16.57065***	0.065296	2.546497	0.006499
	(0.0054)	(0.3184)	(0.0000)	(0.7983)	(0.1105)	(0.9357)
墨西哥	0.036583	4.284629**	6.803064***	9.656487***	3.543340***	0.863695
	(0.8483)	(0.0385)	(0.0091)	(0.0019)	(0.0598)	(0.3527)
俄罗斯	20.18871***	2.472442	0.937555	2.889350*	0.102924	1.306719
	(0.0000)	(0.1159)	(0.3329)	(0.0892)	(0.7483)	(0.2530)
沙特阿拉伯	14.94347***	4.562689**	6.132077**	1.293549	1.344135	22.51233
	(0.0001)	(0.0327)	(0.0133)	(0.2554)	(0.2463)	(0.0000)
南非	4.308139**	0.684917	18.19456***	0.089112	8.387264***	1.086521
	(0.0379)	(0.4079)	(0.0000)	(0.7653)	(0.0038)	(0.2972)
土耳其	30.60734***	1.047707	22.05223***	0.341672	1.674391	0.025075
	(0.0000)	(0.3060)	(0.0000)	(0.5589)	(0.1957)	(0.8742)

注：括号中的数字是P值；* ,** 和*** 分别表示10%、5%和1%的显著性水平。

　　总体而言，在新兴市场国家，汇率和股价通过 Flow 和 Stock 两种渠道进行关联，金融结构在汇率和股价联动机制中发挥了一定的作用。其中内部金融结构要比外部金融结构的影响更大。相对而言，样本区间内中国这种关联尚不显著，但是根据其他新兴经济体的经验，随着我国金融市场化改革的深入和国际化程度的提高，这种影响将会逐渐变大，不能忽视。多元格兰杰因果关系检验的结果概括如表 9 所示。

表 9　　　　　　　　　　多元格兰杰因果检验结果汇总

	Flow				Stock			
	内部金融结构		外部金融结构		内部金融结构		外部金融结构	
	直接	间接	直接	间接	直接	间接	直接	间接
阿根廷	是	是			是	是	是	
巴西			是		是	是	是	是
中国	是		是					
印度	是	是	是				是	
印度尼西亚	是	是	是		是			
韩国	是	是	是				是	
墨西哥	是						是	是
俄罗斯	是	是	是		是			
沙特阿拉伯	是		是		是	是	是	
南非	是		是		是	是	是	
土耳其	是	是	是		是		是	

为了提高经验研究的可信度，我们从以下方面进行了稳健性检验。一是对于样本数据的采集时点进行检验。由于本文采用年度数据，汇率和股价为年末数据，但是一年之内的波动可能加大，因此我们分别采取 6 月底的数据，以及年初、年底平均值的方式进行检验。二是对金融结构指标检验。本文的内部金融结构定义为股票市值/银行私人信贷，外部金融结构定义为股票市值＋银行私人信贷/GDP。我们用股票市值加上债券市值/银行私人信贷，股票市值＋债券余额＋银行私人信贷/GDP 等指标进行检验，结果是保持稳健的。

六、结论和政策建议

（一）主要结论

在本文中，我们研究了长期和短期的股价和汇率之间的动态关系和关联渠道。运用协整检验和多元格兰杰因果检验方法，我们探讨了 1988—2014 年 11 个新兴经济体股价与汇率的联动关系及其传导机制。

经验研究结果表明，不论采取出口导向还是进口替代策略，在特定阶段，新兴经济体的汇率与资产价格都会通过金融结构的传导同向变动。总体而言，内部金融结构，即直接融资与间接融资比例作为传导路径的显著性较强，11 个经济体中10个呈现单向因果关系，1个呈现双向因果关系；而外部金融结构即金融相关比率（FIR）对联动机制作用的显著性较低。

（二）政策建议

本文的理论研究和经验研究表明，在开放经济条件下和市场化程度日益提升的条件下，要重视金融结构对资产价格的重要影响。这种影响可能在一定程度上是逐渐累积的，在一段时间之内可能并没有直接显现，但是从长期来看，不容忽视。因此，我们的政策建议如下。

1. 优化金融结构是提升金融效率的重要方式

在新兴经济体的演进过程中，经济金融体制的改革往往伴随着金融结构的演化。本文的经验研究表明，内部金融结构的重要性要大于外部金融结构，或者换句话说，金融内部的供给侧结构性改革要优于金融业整体规模的扩张。在当前我国整体金融规模十分巨大，但是金融运行效率欠佳的大背景下，本文的研究为今后我国金融改革发展需更加侧重结构性优化而非规模扩张提供了理论基础和经验支持。

2. 重视金融结构的微观影响

传统认为，金融结构的影响主要来自提升金融市场化程度或者提升金融效率，但是本文的研究表明，金融机构还是直接或者间接影响金融资产价格的重要因素。因此一个重要的启示是对于金融结构的研究，需要从宏观视角深入微观视角。因为，金融结构给金融市场带来宏观变革的同时，还可以通过资产价格这个微观渠道深刻地影响金融市场运行方式。因此，无论是宏观金融改革的制定还是微观金融资产价格的配置，都需要更加重视金融结构可能产生的影响。

3. 从金融结构角度防范系统性金融风险

成熟的金融市场本质上是一个相互连通的整体，但是对新兴经济体而言，不同的金融子市场之间往往存在着这样或者那样的间隔，一方面可能影响金融整体最佳效率的发挥；另一方面，当某一个金融子市场发生局部危机时，在成熟市场中比较畅通的传导机制也可能发生某些阻隔。但是，随着金融整体市场化程度的提高，从总体趋势看，这种阻隔会越来越小，因此，理论上通过各个市场之间的传导，发生系统性风险的可能性在提高。从某种意义上说，本文的研究表明，金融结构正是观察这一可能性的有效测度。需要指出的是，在深入推进市场化改革，让"市场在资源配置中起决定性作用"的大背景下，我们无法通过"逆市场化"的方式，以牺牲效率为代价，人为地增加市场间的阻隔，相反，我们需要密切关注金融结构演进对不同金融市场，尤其是关键资产价格之间联动关系带来的影响，密切关注不同市场之间联动的渠道和方式，重在战略布局、重在统筹兼顾、重在事先洞察，坚持底线思维，正确防范和应对系统性金融风险，以支持和保障宏观经济持续、健康发展。

参考文献

［1］王申、陶士贵：《人民币汇率、短期国际资本流动与资产价格》，载《金融论坛》，2015（7）。

［2］吴丽华、傅广敏：《人民币汇率、短期资本与股价互动》，载《经济研究》，2014（11）。

［3］姚星垣：《我国汇率与资产价格传导机制探讨》，载《浙江金融》，2007（1）。

［4］张兵、封思贤、李心丹、汪慧建：《汇率与股价变动关系：基于汇改后数据的实证研究》，载《经济研究》，2008（9）。

［5］赵进文、张敬思：《人民币汇率、短期国际资本流动与股票价格——基于汇改后数据的再检验》，载《金融研究》，2013（1）。

［6］周虎群、李育林：《国际金融危机下人民币汇率与股价联动关系研究》，载《国际金融研究》，2010（8）。

［7］Aggarwal, R., 1981. Exchange rates and Stock prices: a study of the US capital markets under floating exchange rates. *Akron Business and Economic Review* Fall, 7 – 12.

［8］Bahmanioskooee, M., Saha, S., 2015. On the relation between Stock prices and exchange rates: a review article. *Journal of Economic Studies* 42（4）: 707 – 732.

［9］Castroa, F., Kalatzisb, A., Martins – Filhoc, C., 2015, Financing in an emerging economy: Does financial development or financial structure matter? *Emerging Markets Review*, 23: 96 – 123.

［10］Cheung, Y. W., Lai, K. S., 1993. Finite – sample sizes of Johansen's likelihood ratio for cointegration. *Oxford Bulletin of Economics and Statistics* 55, 313 – 328.

［11］Cornell, B., 1983. The money supply announcement puzzle: review and interpretation. *American Economic Review* 73, 644 – 657.

［12］De Santis, G., Gerard, G., 1998. How big is the premium for currency risk. *Journal of Financial Economics* 48, 375 – 412.

［13］Dolado, J. J., Lutkepohl, H., 1996. Making Wald tests for cointegrated VAR systems. *Econometric Reviews* 15, 369 – 386.

［14］Dornbusch, R., Fisher, S., 1980. Exchange rates and the current account. *American Economic Review* 70, 960 – 971.

［15］Dumas, B., Solnik, B., 1995. The World price of foreign exchange risk.

Journal of Finance 47, 445 – 477. Dwyer, G. P. , Hafer, R. W. , 1988. Are national-Stock markets linked? *Federal Reserve Bank of St. Louis Review* 70, 3 – 14.

[16] Engle, R. F. , Granger, C. W. J. , 1987. Cointegration and error correction: representation, estimation and testing. *Econometrica* 55, 251 – 277.

[17] Gavin, M. , 1989. The Stock market and exchange rate dynamics. *Journal of International Money and Finance* 8, 181 – 200.

[18] Goldsmith R. W. , 1969. Financial Structure and Development [M], *New Haven: Yale University Press.*

[19] Hamao, Y. , 1988. An empirical examination of the arbitrage pricing theory. *Japan and the World Economy* 1, 45 – 62.

[20] Hansen, H. , Johansen, S. , 1998. Some tests for parameter constancy in cointegrated VaR – Model Working Paper. *University of Copenhagen, Institute of Mathematical Statistics.*

[21] Johansen, S. , 1988. Statistical analysis of cointegration vectors. *Journal of Economic Dynamics and Control* 12, 231 – 254.

[22] Kopcke, R. , 1988, Stock prices, financial structure, investment strategy and economic rents, *Proceedings.* Federal Reserve Bank of San Francisco.

[23] Lutkepohl, H. , 1982. Non – causality due to omitted variables. Journal of Econometrics 19, 367 – 378.

[24] Ma, C. K. , Kao, G. W. , 1990. On exchange rate changes and Stock price reactions. *Journal of Business and Accounting* 17, 441 – 449.

[25] Moore, T. , Wang, P. , 2014. Dynamic linkage between real exchange rates and Stock prices: Evidence from developed and emerging Asian markets. *International Review of Economics & Finance*, 29 (1): 1 – 11.

[26] OlguÖzlem, Dinçer, H. , HacioğluÜmit, 2015. Dynamic relationship between Stock prices and exchange rates in emerging markets: evidence from fragile five economies. *Journal of Economic Studies*, 42 (4): 707 – 732.

[27] Ortiz, G. , 1979, Financial structure and exchange rate experience: Mexico 1954 - 1977, *Journal of Development Economics*, 6 (4): 515 – 548.

[28] Reimers, H. E. , 1992. Comparisons of tests for multivariate cointegration. Statistical Papers 33, 335 – 346.

[29] Roll, R. , 1992. Industrial structure and the comparative behaviour of international Stock market indices. *Journal of Finance* 47, 3 – 41.

商业银行支持浙江省转型升级发展策略研究

浙商银行课题组*

当前我国经济进入新常态，在世界经济增长乏力，国内"三期叠加"、经济下行压力较大的背景下，浙江主动适应和引领经济发展新常态，转方式调结构，打出"五水共治"、"三改一拆"、"四换三名"、浙商回归、创新驱动、市场主体升级、小微企业三年成长计划、七大产业培育等转型升级组合拳，转型升级呈现新趋势和积极变化，提质增效的动能不断集聚，特别是以新产品、新技术、新业态、新模式、新经济引导的新的增长动力正在成长和走强，有力地推动了经济保持中高速增长、迈向中高端水平。

浙江经济重现辉煌的希望在于转型发展，逆水行舟，不进则退，如果不在原有基础上进一步推动，则在未来的发展中一定会处于被动地位。浙江省内各商业银行作为实际经济发展中的重要一环，应该在全省经济转型升级过程中发挥重要作用。因此，我们认为商业银行应处理好八方面的关系，以此为基础推动全省实体经济转型升级。

一、处理好金融支持的主次关系

从浙江经济的实际情况看，商业银行支持浙江经济转型升级，应重点支持民营经济重新崛起。

（一）民营经济是浙江经济的绝对主力

自改革开放以来，浙江省民营经济快速发展，已成为浙江省经济的主体力量。从企业数量来看，自 2009 年起，浙江省规模以上工业企业中民营企业数量始终超过 90%。从企业增加值来看，2000—2012 年浙江省民营经济增加值占全省 GDP 的比重保持在 60%~70%，尽管集体经济的比重从 28.3% 萎缩至 5.8%，但个体私营经济占经济总量的份额从 40.9% 上升至 58%。从贡献程度来看，民营经济贡献了浙江省 60% 以上的税收、70% 以上的生产总值、80% 以上的外贸出口以及 90% 以上的就业岗位。加之私有产权比公有产权具有更高的创新能力，因此，浙江省经济发展的关键在民营经济，浙江经济转型关键在民营经济的成

* 课题主持人：沈仁康

课题组成员：杜 权 翁振荣 李 林 许 昇

功转型。

（二）浙江经济调整主要体现为民营经济困难

从数据上看，自2008年全省GDP增速出现一波短暂的回升之后，开始不断下行，从2010年的11.9%降至2015年的8%。同时，全省私营企业增加值增速也表现出相似的走势，在2010年回升至18.4%之后便是一路下行，至2015年降至3.6%，两者在走势上高度拟合。从近两年来看，GDP增速已在2014年企稳，在2015年出现回升。但规模以上私营企业增加值增速却继续下滑，且并无放缓迹象。所以，尽管浙江省新的经济增长点已经逐步形成，经济回暖的动力初露端倪。但是，作为主体的民营经济，其整体回暖的局面尚未显现，目前仍然处于下行通道之中。因此，浙江经济目前的困难主要体现在民营经济的困难。

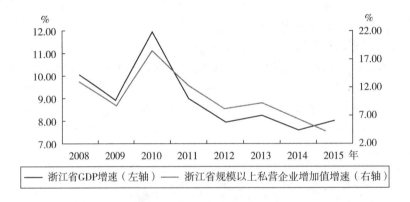

资料来源：Wind。

图1　浙江省经济走势与全省民营经济走势高度相关

（三）对民营经济的金融支持力度相对下降

在新常态下，对民营经济而言，只有实现产业转型升级才能在经济下行期中不被市场所淘汰。浙江省的民营经济大多经营低端制造业，有着巨大的转型升级空间，但是用于转型升级的流动资金却十分有限。作为社会融资的重要供给方，商业银行理应对企业的融资提供服务。然而，在经济下行过程中，商业银行为确保自身资产质量，降低风险，选择将更多的流动资金投向国有企业、政府平台，而对民营经济的支持可能进一步减弱，这一点从全国的经济数据中可以得到证实。自2011年起，全国民营企业贷款增速从27.34%开始下滑，至2014年稳定在13%左右。而国有企业在2011年的贷款增速仅为8%，2014年上升至21.27%，商业银行将资金从民营经济向国有经济转移迹象明显。

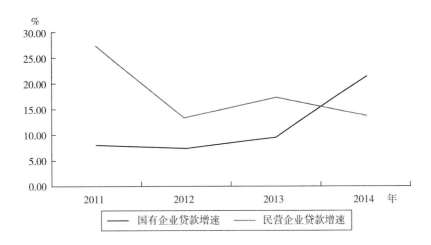

资料来源：Wind。

图2 国有企业贷款增速和民营企业贷款增速

（四）省内商业银行供给侧改革应聚焦民营经济发展

目前，商业银行为规避风险而将资金转向国有企业和政府类平台的行为实质上是一种社会资源错配的现象。一方面，该行为使国有企业和政府类平台的资金需求小于供给，进而导致国有企业和政府类平台的融资利率不断下压，银行利润被不断压缩。另一方面，因缺乏足够的资金使得部分有意愿进行产业转型升级的民营企业无法实施转型计划。由于浙江省是民营经济大省，民营经济规模占全省经济总规模的半数以上，因此由于资金错配对社会经济的长远发展影响较大，需要引起社会各方的重视。

结合目前的经济形势来看，宏观经济走势将继续下行，L形底尚未构建完全。因此，商业银行的避险情绪在短期内较难化解，引导商业银行辩证地对待民营经济转型升级是目前的出路之一。一方面，如上文所述，商业银行支持民营经济的风险相较于国有企业或政府类融资平台显得更大，短期来看可能会使商业银行的盈利能力和资产质量受到影响。另一方面，国有企业和政府类融资平台利率下行已经得到证实，民营经济转型升级可以期待。尤其是在民营经济高度发达、市场化程度较高的浙江，民营经济可以充分利用其自身灵活多变、高效的优势，寻找新的"蓝海"，创造新的增长点。因此，对于商业银行，与其在国有企业和政府类融资平台的产品竞争中苦苦打着价格战，不如将部分的资金投向具有潜力的民营经济，帮助其转型升级。综上所述，浙江省商业银行供给侧改革主要落脚点还是在民营经济。

在具体做法上，商业银行应重点考虑以下三个方面。

1. 支持民营经济要认清发展趋势，主动抓住机遇。经济的转型升级不仅是全球产业结构变迁的趋势，也是在供给侧改革背景下重点推进的改革方向，是中国经济发展过程中必须经历的一个过程。对此，商业银行只有走在经济转型升级的前端，主动调整自身经营策略，适应转型过程中和转型过程后的经济环境，方能以最快的速度把握因经济转型升级而创造的众多盈利机遇。若是始终执着于之前的业务经营模式和发展战略，被动应对经济转型升级，则将在此后面临较大的经营困难。

2. 支持民营经济应着眼全局，而非仅关注个体。企业转型升级过程伴随着淘汰落后产能的过程，也就是说并非所有企业均能够实现自身的转型，必然会存在一部分甚至一大部分的企业被淘汰，这是一种产业结构变迁的自然规律。在此过程中，商业银行应着重从产业全局的角度支持民营经济的转型升级和层次提升，从能否促进全省产业结构调整升级的角度选择合作对象，而不是纠结于单个企业的生死情况。所以，商业银行应首先从体制上、机制上着手，系统性地思考、建立对民营经济的金融服务模式。

3. 支持民营经济要有进有退，符合市场经济原则。经济转型升级是从旧到新的过程，具体路径包括：退出、改造、创新、转型等。不同类型的企业适合不同的路径。有些企业的生产属于过剩落后产能，应果断选择退出或改造；有些企业属于产品技术附加值低，应选择创新或转型。因此，对第一种类型的企业，商业银行应抱着"壮士断腕"的决心，即使这些企业目前规模较大，抵押质量较好，但应从长远发展的角度看到其不断衰落的趋势，逐步减少资金的支持力度，缩短"僵尸企业"苟延残喘的时间，直至最终退出该类行业。对第二种类型的企业，商业银行应抱着"凤凰涅槃"的态度，即使在转型创新的前期出现一定的亏损，但若通过分析后认定其所涉足的新领域或发展的新方向具有良好的市场前景，商业银行应对其提供必要的各方面支持，加快其进入发展正轨的步伐。

二、应处理好业务发展和风险控制的关系

总体上看，商业银行的风险控制应该体现在业务发展过程之中，在发展中防控风险。

银行就是一家以资产及其风险为经营对象，以有限资本为风险经营底线，以风险管理为主要经营内容和手段，以风险换取收益的特殊企业。在世界金融的发展史中，不少曾经过于激进的追求利润最大化的声名显赫的银行倒在了金融危机面前，也有一些固守本源、稳健发展的银行反而在一轮轮的金融海啸面前不断提升自身的市值和品牌价值。一家银行风险管理能力有多大，发展空间就有多大。在新业务模式不断推陈出新的大环境下，只有具备优秀的风险管理能力，才能长期有效地支持实体经济的转型升级。

结合浙江省的情况来看，高度发达的民营经济下存在的坏账风险是当前浙

江省银行业所面临的主要风险。众所周知，民营经济底子相对较弱，抗风险能力差，融资成本相对较高。因此，当外部宏观经济环境出现恶化时，银行信贷资产的不良率将会明显提升。从数据走势来看，尽管全国银行业不良贷款率总体上在不断下行，而浙江省不良贷款率却走出了 V 字形的态势，在 2010 年达到底部之后出现单边上扬的走势。究其原因，主要在于本应在 2008 年国际金融危机爆发之后出现的大规模不良贷款，受 4 万亿元救市计划的影响而被推迟至 2011 年。而且，浙江省的不良贷款率在 2011 年之后超过全国平均水平，截至 2015 年，差值并未明显缩小，浙江省不良贷款继续承压。

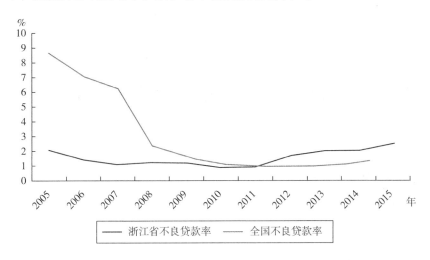

资料来源：Wind。

图3　浙江省不良贷款水平高于全国

尽管近年来全省不良贷款率逐年走高，但无论是从客观上还是主观上，省内银行都不能放弃民营经济这一块业务。因此，这就要求商业银行在风险控制的建设过程中做好以下四个方面。

（一）重构风险文化

对于商业银行而言，风险管理不仅仅是风险条线员工的工作，而是全行每一位员工的重要工作。风险文化必须是符合本行文化、理念、机制的文化，是面向全体员工的。具体来看，第一，商业银行应具备"底线思维"。君子以思患而豫防之，无论是做事还是做人，底线思维必不可少。银行是经营风险的行业，一切经营管理行为都必须立足于防范和化解风险，要能有效识别、计量和控制风险，提前做好防范措施和应急预案，不能抱有侥幸心理。第二，风险文化也不意味着要束缚思想，畏手畏脚，唯风险论。在实体经济的转型升级过程中，很多的产业和企业都在经历着创新和探索，银行不能故步自封，要勇于面对和接受新的风险模式的挑战。只有认清风险、分析风险、准确地把握风险点，才能谋求更加稳健与确定的发展，最大限度地支持业务发展。

（二）加快风险管理创新

当前我国金融业高速发展，业务和产品不断变化，这就要求风险管理不断创新以适应银行业务的发展。具体来看，第一，随着银行与同业机构和跨界平台机构合作的不断深化，业务结构的复杂程度日益加大，资本市场业务、投行业务等新型业务模式的风险日益突出，对风险识别和管理的要求发生了变化，银行亟须在相关业务领域形成符合当前市场发展的管理制度与方法，做到业务拓展和风险管控同步发展。第二，目前各级政府都在积极支持和引导新兴产业的发展，银行如何提供比较好的产品和模式为其服务，是银行业面临的重大课题。它山之石，可以攻玉。一方面，可以通过与其他金融同业的交流，提高完善自身的风险能力；另一方面，也应加强内部各业务条线的沟通交流。在产品创新过程中，业务创新部门和风险管控部门应共同研究创新产品的特点和风险点，寻找更有效的管控手段。

（三）强化科技支撑系统

为应对业务多元化下风险影响因素的不断增加，商业银行应充分利用大数据、IT系统，加强各项业务的数据和信息的整合，实现全流程风险把控，提高风险管控的效率。

（四）提高风险管理队伍素质

虽然现代信息技术能够为风险管理提供很多辅助支持，但商业银行风险管控的落脚点还是人。特别是随着业务模式多元化、市场环境复杂化的发展趋势，对风险控制的要求也越来越高。商业银行的风险管理队伍必须具备以下几方面能力。第一，综合判断能力。面对当前宏观变革趋势，专业能力和关注点不能仅仅依靠对单个项目的技术分析和判断，而要通过综合分析来判断逻辑上的合理性、整体上的可行性，具备对经济、行业大势的判断能力。第二，新业务风险识别能力。授信评审和风险管理队伍的人员除具备传统的业务能力外，还需要增加一些对基金、信托、风投等领域较为熟悉的人员，增强新业务风险识别的能力。第三，具备举一反三的能力。银行是经营风险的行业，在长期经营中出现风险事件的爆发是必然，因此在防范风险的同时也应重视从案例中吸取教训。要开展对授信项目审查的后评价，既要总结风险项目的教训，也要总结通过项目审查规避风险的经验，提高自身专业水平。

三、处理好金融供给的量价关系

浙江省内商业银行应着力缓解民营经济"融资难、融资贵"的难题，推动实体经济降低成本，帮助企业保持竞争优势，提升可持续发展能力。

（一）浙江全省金融供给不断扩大

2007—2015 年，浙江省金融业创造的 GDP 从 1 251 亿元上升至 3 048 亿元，年均增幅 11.77%，高出全省 GDP 平均增速 2.17 个百分点。同期全省金融营业网点机构数从 10 012 家上升至 12 385 家，年均增长 339 家。机构类型方面，截至 2015 年末，浙江省除大型国有银行、城商行、农商行以外，另有小型农村金融机构 82 家，法人财务公司 7 家，法人信托公司 5 家，法人证券公司 5 家，各类保险机构 3 755 家。

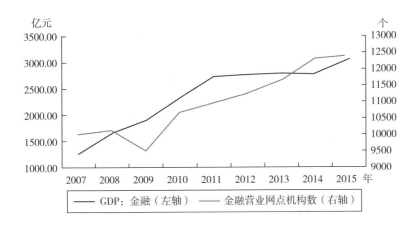

资料来源：Wind。

图 4　浙江省金融业快速发展

（二）浙江省内融资价格不断抬升

近十年看，我国货币供应规模持续扩大，货币扩张明显。2007—2015 年，M2 增长 245.1%，M1 增长 162.7%。尽管市场资金面总体走宽，金融总体规模和金融体系不断拓展，但在企业融资便利程度上并未有较大的提升，主要表现在融资成本的居高不下。

结合浙江省银行贷款利率与基准利率的比较可以发现，全省社会融资成本在 2011 年之后开始明显上升，利率大于基准利率的贷款比重始终维持在 80% 以上。考虑利率小于基准利率的贷款一般为个人贷款和优质国有企业贷款，因此中小企业的贷款利率普遍高于基准利率。

对利率大于基准利率的贷款进一步细分，发现上浮区间在 30% 以内的贷款占全省贷款总量的比重自 2014 年 10 月开始均有不同程度的下降，上浮区间在 30% 以上，100% 以下的贷款占全省贷款总量的比重有不同程度的上升，表明浙江省中小企业的融资成本近年来开始进一步走高。

众所周知，浙江省是民营经济大省，民营企业融资成本居高不下始终是困

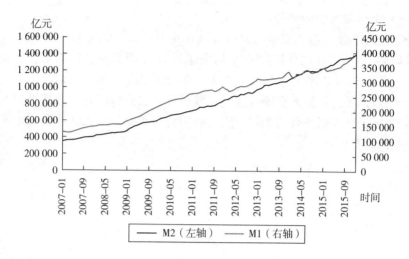

资料来源：Wind。

图5 中国M1和M2总量

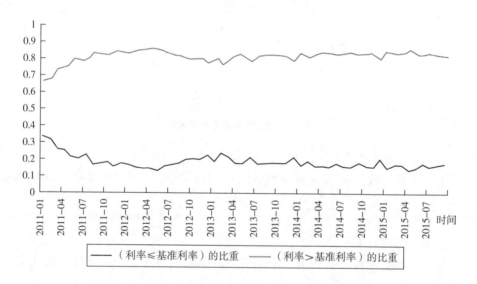

资料来源：Wind。

图6 小于基准利率的贷款比重和大于基准利率的贷款比重

扰浙江民营企业进一步发展的主要因素之一，也是诱发浙江省民间借贷事故频发的客观原因，同时也在一定程度上扼杀了民营企业的创新热情。因此，如何在不断扩大金融供给的同时，保持供给价格的平稳态势，降低企业融资成本，是商业银行必须解决的问题。

1. 积极运用现代金融手段。随着金融业的快速发展，在传统信贷业务以外，

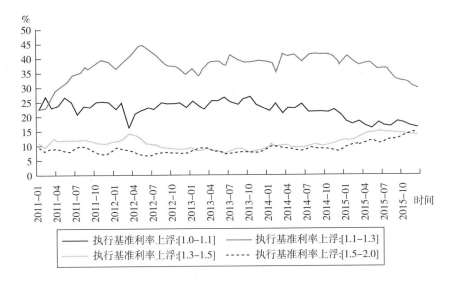

资料来源：Wind。

图7　商业贷款执行基准利率不同上浮程度占比

大量新型融资渠道已经出现。商业银行应根据企业发展规模提供与之相符的融资手段，根据市场细分为不同客户提供针对性的差异化服务，利用金融产品组合降低融资成本。

2. 不断助力大型企业产业升级。商业银行要针对其价格敏感、融资渠道多元的特点，通过运用"商行＋投行"、"表内＋表外"、"直接融资＋间接融资"等各类金融工具，通过加大与信托、证券等全方位金融同业的合作，积极推进产业兼并重组，为企业在直接投融资、产能整合、并购重组等方面提供系统化的融资服务。

3. 深入探索小微企业融资模式。第一，突破以往以抵押为主的担保方式和注重历史经营能力的风控标准，积极探索政府、银行、保险共同参与的风险分担模式、"保险＋贷款"的银保模式、与政府创新基金或产业基金的合作模式、PPP 等新型融资模式。第二，积极开发符合小微企业和初创型企业特点的各类金融产品和服务，围绕上述企业及企业家的经营活动全流程，通过发展商圈融资、供应链融资、零售经营性贷款等方式，为其提供服务支持。第三，加强互联网技术的运用，通过"小微企业＋互联网"的服务模式，拓宽客户服务渠道，积极通过大数据、云计算等技术和平台的运用，探索新的风控模式。

四、应处理好金融传统与创新的关系

近年来，社会各类主体的金融需求变化明显，特别是经济新常态下，商业银行继续以传统产品为主导，业务经营可能难以为继。

（一）企业金融需求变化明显

随着企业经营模式的变化以及对转型升级的客观要求，以信贷为主的商业银行传统业务越来越难以满足企业的融资需求。一方面，随着经济下行，浙江省工业企业盈利水平普遍下降，利润总额增速从2013年的13.76%急速下滑到2015年的4.91%，部分企业现金流入不敷出，难以达到银行传统信贷准入标准。另一方面，受传统产业产能过剩、生产技术落后等因素影响，企业自身缺乏扩大再生产动力，转型升级又受制于融资成本高企而举步维艰，同时战略性新兴产业、科创企业等也不适用传统信贷的融资方式。因此，为破解上述困局，商业银行应积极转变融资服务的经营思路，减少传统信贷投放比例，加快推进新型融资产品，打通新型融资渠道，在产业转型升级的改革浪潮下为企业的融资提供助力。

（二）金融供给应该加强创新

商业银行要打造"全生命周期"的金融服务体系。当前，经济转型升级一方面是传统产业的转型升级，另一方面是新兴产业的培育成长。随着产业链价值层次的提升，传统企业因技术变革、规模扩张会提出新的融资需求，战略性新兴产业、科创企业也有自己的融资要求，这就需要商业银行打造"全生命周期"的金融服务体系，根据不同行业、不同经营阶段开发不同的融资服务，从横向满足不同类型企业、产业的融资需求，从纵向满足企业在不同发展阶段的融资需求。

1. 创新企业存量资产担保模式，提高其融资能力。存量主要是指企业在日常交易过程中产生的大量应收账款、应收票据、承兑汇票、信用证、信用额度等，由于其变现能力较差，常常成为企业短期流动性下滑的主要原因。商业银行可以借助现代金融手段和互联网技术，开发上述资产的池化产品，将存量变为流量，满足企业日常的融资需求。

2. 创新金融服务要增量供给方式，拓宽企业融资渠道。随着金融市场的不断完善和金融脱媒的日益推进，商业银行应积极主动地从直接融资的角度拓宽企业融资方式，深挖股权融资和债权融资两种模式，开发能够直接为企业提供融资的各种渠道和产品，提高企业融资便利。

3. 创新新兴产业的风险管理模式。新兴产业由于其处于初创期，而且大多属于高技术轻资产企业，因此往往采用股权融资或是债权融资等直接融资模式，与传统企业通过抵押物来借贷的信贷融资并不相同。这就要求商业银行自身改变风险管理模式，充分考虑新兴产业兴起本身所具有的系统性风险，针对新兴产业采用不同的风险评价标准，正确看待在探索过程中的风险问题，不能因噎废食。

（三）金融综合服务亟待提升

随着金融市场的不断创新，未来客户资金来源中银行信贷的占比将不断下降，各层次资本市场的其他金融产品将成为企业融资的有效补充手段。因此，商业银行应主动调整角色，积极实现泛金融领域的综合化服务，从资金与信用中介向资本与信息中介转变，业务结构从持有资产向交易资产与代客管理转变，交互模式从依靠自身闭环运作向资源能力跨界共享转变，只有这样才能更好地满足客户在转型升级中的综合化金融需求。商业银行可以根据自身的专业特长、风险偏好、市场定位等因素，主动开展与泛金融领域的优势互补，实现跨界发展。

五、应处理好金融供给加法和减法的关系

商业银行提供金融服务的过程，实际上就是做加法或减法。对浙江的民营企业而言，商业银行加减法，应是总量增加前提下的结构性调整。

（一）做好加减法是宏观结构调整的需要

在全国大力推进供给侧改革的大环境下，商业银行必须顺势而为，做好加法，增加新兴产业在银行业务结构中的比重；同时，积极落实减法，降低过剩和前景不佳的产业在银行业务结构中的比重。从辩证的角度来看，两者具有对立统一的关系。一方面，在业务总量恒定的情况下，新兴产业与过剩和前景不佳的产业在业务结构中呈现此消彼长的关系。而且，由于对新兴产业的风险管理不同于原有的各个产业，因此，两者之间在业务总量上并不具有可替代性，而是一方增长的同时另一方必然衰败。另一方面，加法和减法是商业银行在供给侧改革背景下实现自身进一步发展、助力区域经济转型升级的两大抓手。增加新兴产业的业务比重，有助于为新兴产业提供给更多的金融支持，促进其快速成型；减少过剩产业的业务比重，有助于加快产业结构的转型升级，提升社会全要素生产率，引导资金更多向效率较高的产业转移。

（二）做好加减法是浙江经济升级的必然选择

从区域发展角度来看，浙江省经济结构处于转型升级的中期。一方面，省内产业依旧以传统和劳动密集型产业为主，主要行业技术水平较低。从全省来看，服装、纺织、皮革、橡胶塑料等传统产业占据全省产业的半壁江山，而且这些产业多年来始终以原料加工为主要生产方式，具有高科技含量的技术涉足较少。由于其大多处于产业链的低端，附加值低、污染严重、利润率普遍较低，将是现阶段推动产业结构转型升级的重要战场。另一方面，全省产业转型已取得一定成果，部分地区成效突出。截至2015年末，全省已创建8个国家级高新区和25个省级高新区，高新技术产业对工业增长的贡献率达到59.4%，成为工业增长的主要驱动力。同时，众创空间大量涌现，"阿里

系"和"浙大系"等创业团队纷纷借助互联网在创业领域异军突起,逐步成为转型升级的主力军。

(三)做好加减法是商业银行自身经营需要

风险和收益是商业银行经营的两个根本,当前在供给侧改革背景下,商业银行如果不顺势而为,则可能面临风险增加和收益减少的困局。因此,商业银行可以通过做好加减法为自身未来的进一步发展奠定基础,具体可以从以下几个方面着手。

1. 培养战略视角,切忌急功近利。从长远来看,未来三至五年,浙江省将进入因主导产业和支柱产业更替而推动产业结构逐步改变的过程。这个过程不可能一蹴而就,而是需要经过传统产业和新兴产业之间的不断角力而最终完成。传统的支柱产业并不会立即衰竭,而是通过技术升级得到改造和提升。另外,新兴产业的发展也不会一帆风顺,需要技术、市场和客群的不断成熟,完善的管理支持,在经历了漫长的孕育发展后,才可能成为新的支柱产业。面对这样的环境,银行自身必须要耐住性子,抛开短视和急功近利的心态,固本强基,兼顾短期目标和长期目标的平衡,为支持转型升级这一长期战略提供更多更好的弹药。

2. 主动顺应产业结构调整,寻求发展机遇。一方面,随着社会分工的日趋细化,许多新兴的子行业、细分行业不断派生,企业经营从单纯追求自身规模的壮大向提高自身在产业上下游生态系统中的地位进行转变。也就是说,企业业绩的不断提高已经不单纯依靠自身发展规模的扩张,而是需要协调产业链诸多触点的协调发展。行业整体的转型升级也是如此。另一方面,随着新技术的广泛运用,新的业态或将取代传统业态,企业的竞争已经不仅仅取决于自身内部的经营管理能力和盈利能力,而是关系到所属产业生态系统发展的可持续性。因此商业银行在处理加法与减法时,必须顺应产业结构调整,把握产业转型升级的契机,加强对产业生态系统的研究,在资源整合、产品设计、风险控制、资金来源等各方面深入分析,结合自身发展情况寻求机遇。

3. 加强具体执行。在加法上做好对重点产业的金融支持。2013年,浙江省政府提出了"信息、环保、健康、旅游、时尚、金融、高端装备制造"支撑浙江未来发展的七大产业,以及"五水共治"、"四换三名"等战略。产业的转型和发展需要金融资金的长期支持。商业银行除了传统信贷业务,还要通过并购融资、技改融资、供应链融资、投行业务等多种方式加大表内外信贷投入,为客户提供全方位、多渠道、不同期限的金融支持,推动企业转型升级。

受制于产业结构变迁的客观规律,商业银行应在减法上做好对传统产业的退出工作。这不仅是国家政策的要求,更是银行长期风险管理的客观要求。银行要有"壮士断腕"的决心,对于过剩产能的行业坚决退出,对于今后没有竞争力或者已进入下行周期的行业，不能抱有侥幸心理，要逐渐压退。业务结构的调整不是一朝一夕就能解决的，它需要渐进的、不间断的、动态的调整。它不仅是一个永恒的课题也是商业银行业务管理的长期任务，其最终目标是调整到以高端制造业和现代服务业为主的产业结构上来。

六、应处理好互联网金融和传统金融的关系

互联网金融是传统业态中新的外延，究其本质便是利用互联网的手段实现金融中介的功能。

一方面，互联网金融是互联网技术与金融服务的融合创新。随着互联网技术与金融业务的融合日趋深入，越来越多的商业银行感觉到了新市场竞争带来的压力。

另一方面，应对互联网金融的手段只能是创新。面对新的压力和挑战，商业银行首先应该深入思考银行发展的线上线下关系，继而在这个互联网高速普及、快速更新的时代找准自身的立足点，形成新的竞争力。线下实体网点是商业银行的传统优势，但在互联网冲击下，优势逐渐减弱，甚至成为商业银行进一步发展的沉重包袱。而线上互联网金融则是新兴领域，有着更多的业务机会。但是，线上端的挑战将不仅仅来自银行同业，还包括非银机构以及互联网公司的跨界经营。这就导致银行之间的竞争从以往偏重以网点为单位的零散化竞争逐渐向偏重服务为核心的综合化竞争转变，进而要求商业银行要牢牢把握线上与线下的互动关系，整合两者资源，加速推进产品创新、渠道创新、服务创新，形成具有一定市场竞争力的新型产品。

作为全国经济强省，浙江省的金融业发展始终处于领先地位。截至 2015 年末，浙江省银行网点数共计 12 175 家，从业人员达到 235 932 人，资产总额达到 115 674 亿元。同时，凭借蚂蚁金服强大的市场影响力和浙江省灵活的金融制度，大批优秀的互联网金融企业纷纷来浙或者在浙创业，浙江省已成为全国互联网金融高地。为此，浙江省金融办等多部门在 2015 年年初联合出台了《浙江省促进互联互通金融持续发展暂行办法》，促进省内互联网金融行业的健康发展。

为应对互联网金融所带来的冲击，商业银行应着重从以下三个方面提升自身综合竞争能力，抓住互联网金融的发展机遇，创造新的增长点。

（一）实现"以客户为中心"的服务理念

省内商业银行应积极应用互联网技术构造"全生命周期"的金融服务体系，核心便是以客户为中心。目前，碍于银行自身的内部机制、组织架构、IT 技术等因素影响，商业银行并未实现真正"以客户为中心"的服务理念。而互联网公司对于客户体验的高度重视、快速反应和极致追求却与金融机构有着天壤之

别。虽然受制于监管环境和运营机制的差异，将商业银行和互联网公司简单的相提并论未必合理，但商业银行必须要积极运用自身优势，完成从"做产品"向"做客户"的转变，以充分了解客户的需求，准确把握服务的切入时机，培养忠实的长期客户。

（二）实现泛金融互联网综合服务

商业银行应利用互联网技术强化商业银行中介平台功能。线上业务不应仅着眼于财富管理，而应进一步发挥商业银行中介撮合功能，即在负债端，通过理财服务功能归集社会资金，在资产端，满足有资金需求的小微企业需要。同时，利用互联网技术，加强与基金、信托、证券、保险等传统金融同业的合作；开展与阿里、百度等互联网行业龙头企业的合作；引入与社交网络、门户网站、搜索引擎等互联网公司的合作，聚焦各类应用场景实现线上线下的综合服务。

（三）降低金融服务成本

商业银行还应加大互联网和 IT 技术建设。互联网、大数据、云计算等技术的发展影响着金融业态，推动商业银行向智能化、多元化转变。在这个过程中，商业银行应凭借自身的专业能力，充分结合并发挥新兴技术在金融服务领域的运用，提高金融服务效率，降低金融服务成本，从营销渠道、产品运用、服务流程等多方面为客户提供具有特色的智能化金融服务和产品。

七、应处理好供给侧改革和扩大需求的关系

供给和需求始终是经济发展的"一体两面"。此前，我国始终坚持从需求端着手刺激经济增长。而在经济新常态下，需求端改革的乏力催生供给侧改革的出炉，通过实现要素资源的优化配置，提升经济增长的质量和数量。不过，供给侧和需求侧两者之间并不是非此即彼的关系，而是在不同的时期以何为主，以何为辅的关系。因此，商业银行应根据不同的经济形势和政策环境，结合主次开展相应业务，而非固守一点，常年不变。在供给侧改革的背景下，商业银行应积极调整产品结构和业务结构，推陈出新，优化资源配置。同时，也应提前布局可能会因供给侧改革而造成需求增大的行业或领域，用前瞻性的眼光看待市场的变化。

结合浙江省经济发展情况，我们认为在供给侧改革的背景下，有两个领域将逐渐形成新的需求亮点。

（一）加快发展消费金融

从经济数据来看，2014 年浙江省第三产业产值首次超过第二产业，成为名副其实的服务业大省。2015 年第三产业同比增长 11.04%，第二产业同比增长 2.8%，两者增速相差 8.24 个百分点，较 2014 年有进一步扩大的趋势。由于第二产业的增长主要依赖于投资，第三产业的增长主要依赖于消费，因此，可以

预计，未来浙江省居民的整体消费水平将进一步提高。

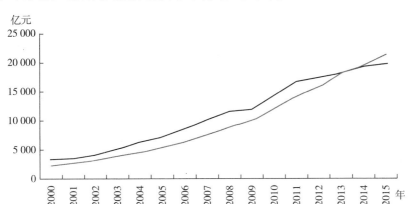

资料来源：Wind。

图8　浙江省第二产业和第三产业总量

同年，浙江省居民人均可支配收入达到 32 658 元，仅次于上海和北京，消费能力十分可观。但是，全省的消费实力却存在空间上的错配，消费者对于商品的需求与国内产品的供给无法达到有效的均衡，进而导致大量的省内居民通过海淘、代购或者出国购物的方式在境外完成消费。随着供给侧改革的不断推进，产业结构的调整将促进消费品的质量和数量不断上升，与消费者的需求差距将逐渐缩小。可以预见，今后国内的消费市场将更加活跃，省内居民的消费需求将在国内得到更多满足。鉴于此，商业银行应积极研究探索国内消费金融服务产品，提高产品的使用便利程度和市场竞争力，在需求尚未爆发之前谋篇布局，扩大消费金融产品基础客户群，完善相关制度，为银行的发展培养潜在竞争力。

（二）加快发展财富管理

供给侧改革的过程必然伴随产业结构调整的过程，落后、过剩产能的出清将不可避免地在短期内造成整体经济的下探。然而，居民对于财富增长的要求并不会改变，资产端保值增值的需求将更加旺盛，财富管理业务将日益壮大。数据显示，从 2014 年底至 2016 年底，全国资产管理业务规模从 20.5 万亿元快速增长至 51.79 亿元，增幅达到 152.63%，同期全国储蓄存款规模从 48.53 万亿增长至 59.78 亿元，增幅仅为 23.18%。资管规模较储蓄存款规模的比值从 2014 年底的 42.24% 上升至 2016 年 9 月的 86.64%。预计随着企业和居民财富管理意识的不断增强，同时商业银行为缓解资本对资产投放规模的制约，资管规模将不断迈上新台阶。

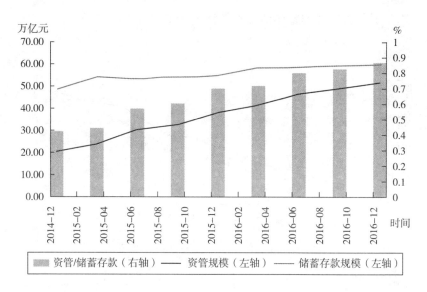

资料来源：Wind。

图 9　中国资产管理规模快速扩大

　　作为全国性的金融强省，加之发达的民营经济，浙江省资产管理业务已经取得了长足的发展，不同类型的金融机构都已参与这场饕餮盛宴中。其中，商业银行的资产管理规模居金融同业首位，但是资产管理质量却与基金、证券、信托等相比尚存在差距。鉴于此，商业银行一方面可以进一步加强内部资产管理的团队建设、提升团队成员综合素质；另一方面可以通过加大委外业务比重，或者以设立子公司的方式给予资产管理业务更强的独立性和更专业的运作模式，提高资产管理效率，使商业银行在保证规模总量地位不变的前提下进一步提升管理质量，推动商业银行自身的业务转型升级。

八、应处理好传统金融和绿色金融的关系

　　伴随着改革开放以来的高速发展，经济增长对环境的压力日益增大，环境保护正面临严峻的挑战，可持续发展受到影响，绿色金融呼之欲出。作为金融业最主要的融资供给部门，商业银行无论在客观上还是主观上都应在未来大力开展绿色金融建设。从客观上来看，发展绿色金融是商业银行在经济转型中抓住发展机遇的需要。经济结构的转型对于商业银行的发展是挑战也是机遇，只有抓住产业结构调整的方向，紧跟产业调整步伐，才能占得未来发展的先机。而当前我国产业结构的调整正是沿着逐步压缩"两高一剩"，大力开展绿色产业的路线来开展。绿色产业正在成为经济转型升级的产业制高点和经济增长换挡的新动能，具有广阔的市场空间，蕴藏着银行业发展的重大机遇。主观上，发

展绿色金融是商业银行促进和实现自身可持续发展的需要。通过绿色金融，商业银行将引导企业降低资源和能源的消耗以及减少环境的污染，从而提高产品的市场竞争力，提高我国出口企业的市场份额，增加产品的绿色附加值，实现企业绿色利润最大化。在促进国民经济发展和企业成长的同时，商业银行也可获得可持续发展的机会，不仅可以实现资金的绿色配置，引导客户通过技术创新适应可持续发展的要求，而且通过自身的绿色金融工具不断创新，能够提高自身的经济效益，实现新型银企合作模式，在促进国民经济可持续发展的同时也给商业银行实现自身可持续发展提供了路径和方向。

自 2015 年 9 月 21 日以来，中共中央、国务院印发的《生态文明体制改革总体方案》首次提出了"建立绿色金融体系"。自此，绿色金融迎来了良好的发展契机。一方面，习近平总书记在浙江工作期间提出了"绿水青山就是金山银山"的重要思路，湖州安吉是"两山"理论重要思想的发源地，全省上下正在积极建设"两美浙江"，可以说浙江省绿色金融具有得天独厚的发展环境。另一方面，当前浙江省委省政府积极推进的"五水共治"、"三拆一改"、"四换三名"等组合拳都与绿色金融发展息息相关，这也成为浙江省打造全国绿色金融先行区和示范区的实践基础。2014 年浙江省确立衢州市为绿色金融示范区，目前湖州和衢州两市正在积极争创全国绿色金融改革试验区。

在此基础上，为进一步加快浙江绿色金融发展速度，提升绿色金融发展质量，商业银行应主要关注以下几个方面的工作。

（一）改变发展理念

商业银行应主动制定和出台绿色金融发展相关战略，谋划绿色金融业务在商业银行发展的目标和重点、步骤、措施等具体实施方案。其中，发展目标应注重中长期两个方面，着眼于现实，把握经济金融发展动向，形成较完善的目标制定规则，重点关注浙江省绿色经济发展政策的实施。放眼世界发达国家，借鉴其有效的绿色金融发展模式和机制，不断进步和自我完善，同时运用这些先进经验武装国内商业银行的发展策略。在实施方案方面，商业银行可采取差异实践与区域差异的方式，在政策要求下，充分结合本银行的特色、能力等时机情况，制定出适合本银行发展的战略，并且结合浙江省的区域经济特色，进行规划。

（二）加快绿色金融创新

商业银行应立足区域经济发展实际，结合国外先进发展经验，抓住绿色金融发展机遇，加快绿色金融产品、服务创新。具体来看，商业银行可将更多的资源投入到环境效益好、政策指引强的绿色金融产品和项目中，通过申请发行绿色金融债券、绿色信贷资产证券化等方式为绿色产业和上下游企业提供全方位金融服务。同时，商业银行可设计绿色金融消费产品，择机发行绿色信用卡，为消费绿色产品、服务的客户以及环保公益项目提供金融支持。

（三）注重专业人才培养

商业银行应积极提高相关从业人员绿色金融的专业素养，转变绿色金融人才稀缺的现状。一方面，商业银行可以与相关教育机构采取联合培养的模式打造一批有知识储备和业务技能的专业化绿色金融人才队伍，优化银行内部人力资源。另一方面，商业银行应增进同政府教育部门的有效沟通，促进相关学科教育在高校的设立，充足绿色金融的后备人才。

参考文献

［1］殷兴山：《认识新常态　发掘新动力　再造浙江金融新优势》，载《浙江金融》，2016（1）。

［2］李春阳：《商业银行支持民营企业发展的融资策略问题研究》，载《金融会计》，2012（10）。

［3］银行业发展与供给侧结构性改革研究课题组：《银行业服务供给侧结构性改革：实践、难点与对策》，载《金融监管研究》，2016（8）。

［4］叶玲、李心合：《供给侧结构性改革与银行业金融创新路径选择》，载《南京社会科学》，2016（7）。

［5］安刚刚：《金融新常态下商业银行的发展路径探讨》，载《经营管理者》，2015（12）。

［6］尚福林：《经济新常态下银行业要充分认识五大趋势》，载《中国证券期货》，2015（2）。

［7］陈四清：《追求资本、风险、收益的动态平衡——我国商业银行风险管理机制改革的四大关系》，载《银行家》，2007。

［8］马蔚华：《现代商业银行经营管理中五大关系》，载《数字财富》，2004（7）。

二等奖

构造我国绿色金融债券评估体系研究

中国人民银行杭州中心支行课题组[*]

一、引言

2016 年，G20 峰会首次将绿色金融纳入了重点议题，通过了一份 G20 绿色金融综合报告，明确绿色金融的定义、目的和范围、面临的挑战，为各国发展绿色金融献计献策，支持全球可持续发展。绿色金融作为一种市场化的制度安排，在促进环境保护和生态建设方面具有十分重要的作用。从国际上看，国际金融公司（IFC）提出的"赤道原则"得到了国际银行业的广泛认同，碳金融市场发展迅猛，绿色债券、绿色股票、绿色保险、绿色基金等创新型金融产品不断涌现，金融和生态环境保护融合的广度和深度不断拓展。

经过三十多年的快速发展，我国迅速成长为全球第二大经济体，但在环境问题上也付出了十分沉重的代价，资源约束趋紧，环境污染严重，生态系统退化，资源和生态环境的承载能力已趋极限。党的十八届三中全会指出，"必须建立系统完整的生态文明制度体系，用制度保护生态环境"，"必须建立吸引社会资本投入生态环境保护的市场化机制"。我国在绿色金融领域的探索略有滞后，但发展前景极其辽阔，特别是随着绿色金融债的起步，大大掀起了国内绿色金融发展的一波热潮。而与此同时，绿色项目信息披露制度建设、绿色债券评估体系构建等一系列新问题、新领域研究亟待共同摸索、推进。

（一）相关概念界定

绿色金融（Green Finance）又称环境金融（Environmental Finance）或可持续金融（Sustainable Finance），关于这一概念比较有代表性的观点主要有三种：一是指金融部门把环境保护作为基本国策，通过金融业务的运作来实现"可持续发展战略"从而达到保护环境和促进经济协调发展的目的，并以此来促进金融可持续发展的金融营运战略。二是《美国传统词典》（第四版，2000 年）将其定义为如何使用多样化的金融工具来保护生态环境，保护生态多样性。三是将绿色金融作为环境经济政策中金融和资本市场手段，在贷款政策、贷款对象、

* 课题主持人：刘仁伍
  课题组成员：盛文军　王紫薇　朱培金　周传辰　兰王盛

贷款条件和种类方式上将绿色产业作为重点扶持项目，从信贷投量、期限及利率等方面给予倾斜和优先的政策，如绿色信贷、绿色保险、绿色证券等（许文娟，2011）。

我国的绿色金融工作小组[①]随即提出了"绿色金融体系"的概念，即指通过贷款、私募投资、债券和股票发行、保险、排放权交易等金融服务将社会资金引入环保、节能、清洁能源、清洁交通等绿色产业的一系列政策、制度安排和相关基础设施建设。中国人民银行潘功胜副行长在《构建中国绿色金融体系》一书的序中指出：绿色金融作为一种市场化的制度安排，在促进环境保护和生态建设方面具有十分重要的作用。发达国家过去几十年的实践表明，如果制度设计得当，绿色金融体系可以有效地引导大量社会资本进入绿色产业，并明显降低环境治理需求对财政的压力。

在绿色金融体系中，绿色债券是近年来发展比较迅速的一种，它是在债券市场发行的、募集资金用于支持绿色产业项目并按约定还本付息的有价证券，其中，又以绿色金融债券占据主导地位，它是国际金融组织和政府支持金融机构发行的债券，发行主体包括政策性银行、商业银行、集团财务公司以及其他金融机构。绿色金融债由于发行者的信用级别较高，能享受政府担保或免税，可以较低利率融资以支持绿色项目，并同时减少期限错配的风险。

一般而言，绿色债券与普通债券区别主要包括三个方面：一是投向绿色，募集资金投向必须是符合监管标准的绿色项目；二是专款专用，设立专门的资金监管账户，确保资金全部用于绿色项目，包括项目建设、偿还项目贷款和补充项目营运资金等；三是信息披露严格，绿色债券信息披露要求更高，接受社会各界监督。

在债券发行过程中，债券评估是最基础且最重要的一环。绿色金融债的评估体系是一项系统工程，包含了绿色债项目界定、环境信息披露、绿色评级、跟踪评估等多方面内容，这其中最需探讨研究的当数绿色评级，即考虑环境污染影响、生态系统影响以及自然资源的可持续利用三大方面因素后的信用评级体系。

（二）国内外绿色金融债券发展状况

1. 国际绿色金融债已渐成熟

2007 年，欧洲投资银行发行了全球首只绿色债券，名为"气候意识债券"。

---

① 由中国人民银行研究局与联合国环境署可持续金融项目联合发起，参与的 40 多位专家来自人民银行、银监会、财政部、政策性银行、商业银行、评级机构、证券交易所、证券公司、保险公司、基金公司、社科院、高校和民间智库等，并得到了多位外国专家的支持和帮助。工作小组顾问为中国人民银行副行长潘功胜，中方召集人为中国人民银行研究局首席经济学家马骏，外方召集人为联合国环境署可持续金融项目联席主管 Simon Zadek。

伴随各国环境保护和可持续发展意识的逐步提高，全球绿色债券市场发展迅速，并逐渐成为一个成熟的绿色金融产品，世界银行、国际金融公司、亚洲开发银行、欧洲投资银行以及一些主权国家如英国、印度、加拿大、冰岛政府纷纷加入发行绿色债券的行列。自 2013 年以来，绿色债券开始进入高速发展期，2013 年全球绿色债券发行量为 110.42 亿美元，2014 年直接达到了 365.93 亿美元，截至 2014 年底全球绿色债券市场累积未偿还余额高达 532 亿美元，发行数超过 300 只，2015 年全球发行量已达 418 亿美元。随着债券发行人和品种逐步多样化，绿色债券投资者队伍也迅速扩大，高盛、黑石、苏黎世保险等全球知名资产管理机构、巴西和德国等中央银行，以及部分养老基金、知名企业和零售类投资者纷纷加入其中。

2. 我国绿色金融债正起步

我国绿色金融、绿色投资的发展起步不久，过去几年有关部门在引导绿色信贷方面做了许多工作，已经建立了绿色信贷的指引和统计体系，银行的绿色贷款余额成长较快，但绿色债券在我国尚属新生事物。2015 年 7 月，新疆金风科技股份有限公司在境外成功发行 3 亿美元绿色债券，成为中资企业中的首只绿色债券，并以 A1 的国际债券评级获得了来自全球 66 个机构投资者账户近 5 倍的超额认购。同年 10 月 14 日，中国农业银行在伦敦发行 10 亿美元绿色金融债券，承诺将投向清洁能源等绿色领域，获得了亚洲和欧洲近 140 家投资机构的超额认购。

国内绿色债券市场虽然起步晚，但是发展后劲十足。2016 年 1 月 27 日，浦发银行在银行间债券市场成功簿记发行境内首只绿色金融债，实现了国内绿色金融债从制度框架到产品发行的正式落地，发行规模 200 亿元，期限 3 年，年利率为固定利率 2.95%，债券额认购 2 倍以上。随后兴业银行、金砖银行也相继公布发行计划。4 月 7 日，由国家开发银行主承销的协合风电投资有限公司在银行间市场成功发行 2 亿元中期票据，成为国内首只按照国际惯例，由独立第三方机构鉴证的非金融企业绿色债券，标志着继绿色贷款、绿色金融债之后，我国绿色金融体系建设和完善取得又一重要进展。截至 2016 年 7 月底，我国已发行 920 亿元绿色金融债，约占全球同期发行量的 33%，一跃成为全球最大的绿色金融债市场，预计年底将达到 3 000 亿元，占据全球发行量的半壁江山。

（三）绿色评估体系构建的国内外探索概况

目前，银行和信用评级公司评定企业和主权信用风险时考虑环境因素已成为一个趋势，它是构建绿色评估体系所必需的一项基础内容。巴克莱银行有专门的环境和社会风险评估系统以及专门的环境及社会风险评估部门和声誉委员会，在巴克莱投资银行部的债券承销业务中发挥重要作用。标准普尔在公司信用评级过程中也规定需进行 ESG 考量①，重点关注全球变暖、碳排放和清洁能源等因素，并将相关风险评估纳入已有的"管理风险因素"中。除此之外，国际上越来越多的证券交易所推出了上市公司 ESG 信息披露要求和指引，如英国、巴西、加拿大、印度、马来西亚、德国、新加坡、中国香港等。

在绿色债券标准体系、操作规范等基本共识方面，全球也正在形成、发展和完善之中。2015 年 3 月 27 日，国际资本市场协会（ICMA）联合 130 多家金融机构共同修订完成了最新版绿色债券原则（GBP），凝结了迄今为止国际市场对绿色债券的核心共识。2015 年 5 月，气候债券组织（CBI）发布的气候债券标准也具有较为广泛的影响力，以挪威国际气候与环境研究中心（CECIRO）为代表的"第二意见"或"第三方认证"机构和以汇丰银行为代表的金融机构，也在 GBP 原则下，对绿色债券进行了较细致的界定和分类。尽管国际上对绿色债券项目的界定业已取得了初步的成效，但是对绿色债券如何进行评级还未形成统一的共识，是下一步研究探索的重点领域。

在国内，2015 年 9 月 23 日，中共中央、国务院印发《生态文明体制改革总体方案》，首次明确要求建立绿色金融体系，研究银行和企业发行绿色债券。2015 年 12 月 22 日，中国人民银行发布关于在银行间债券市场发行绿色金融债券的公告（〔2015〕第 39 号公告），明确了中国金融机构在国内发行绿色金融债需要具备的条件与遵循的流程。同日，中国金融学会绿色金融专业委员会也发布了《绿色债券项目支持目录（2015 年版）》，成为未来绿色债券审批与注册、第三方绿色债券评估、绿色债券评级和有关信息披露的重要参考。随后，中国银行间市场交易商协会就《非金融企业绿色债务融资工具业务指引》主要内容广泛征求市场意见，发改委和上交所也分别发布了绿色债券发行指引和试点通知，我国绿色债券规则体系搭建已初具雏形。然而，银行和第三方评级机构还尚未建立系统的绿色评级体系，在评级主体或项目涉及污染影响、生态影响和资源可持续利用等绿色因素方面难以进行一致可比的有效评价。这不利于绿色债券的未来发展，也难以满足我国防治污染、保护生态、推动资源的可持续利用等方面的需要，在我国的银行内部、第三方评级机构和征信系统中尽快构建绿色评估体系势在必行，这也是本文研究的重点所在。

二、构造绿色金融债券评估体系的必要性

（一）发展绿色金融是践行"五大发展理念"的必然要求

在党的十八届五中全会上，习近平主席提出创新、协调、绿色、开放、共享"五大发展理念"，将绿色发展作为关系我国发展全局的一个重要理念。并强

---

① Environment Social Governance，责任投资中的环境、社会和公司治理表现考量。

调，单纯依靠刺激政策和政府对经济大规模直接干预的增长，只治标、不治本，而建立在大量资源消耗、环境污染基础上的增长则更难以持久。种种情况表明：全面建成小康社会，最大瓶颈制约是资源环境，最大"心头之患"也是资源环境，因此，必须树立起绿色发展理念，就是以人与自然和谐为价值取向，以绿色低碳循环为主要原则，以生态文明建设为基本抓手，走绿色低碳循环发展之路。践行绿色发展理念，不仅要依靠强有力的末段治理措施，还必须采用财税、金融等手段改变资源配置的激励机制，要通过发展绿色金融，引导金融资源（尤其是社会资金）投向绿色项目，让产业结构、交通结构变得更为清洁和绿色。因此，无论是政策理念所向还是客观环境所迫，构建我国绿色金融体系都已刻不容缓。

（二）发展绿色金融债券是满足绿色产业投资的有效途径

在绿色金融体系中，国内绿色信贷发展已成一定规模，但是融资期限更长、成本更低的绿色金融债却更具发展潜力。根据环保部预测，"十三五"期间环保投入将增加到每年2万亿元左右，社会环保总投资有望超过17万亿元。传统信贷融资工具却因商业银行资产负债期限结构错配、中长期资产负债管理能力不足等原因而不能完全满足其资金需求，绿色产业"融资难、融资贵"等问题普遍存在，亟待通过创新金融投融资模式解决绿色投资项目的中长期资金需求。近年来，《"十二五"节能环保产业发展规划》、《关于发展节能环保产业的意见》等关于绿色产业发展的金融支持文件中多次明确指出，要鼓励和引导金融机构加大信贷投放、创新金融产品和服务、引入新的担保方式、引入担保机构、鼓励环保企业发行债务融资工具、鼓励和引导民间投资和外资投资等。

从国际经验来看，发行金融债券可以作为绿色产业长期稳定的资金来源。通过发展绿色金融债券，一方面是创新融资支持方式加大对绿色产业的资金投入，推动节能环保、能源结构调整和低碳清洁发展；另一方面对金融机构而言，也是开拓新兴业务增长、缓解资产负债期限错配问题、提高中长期绿色信贷投放能力的良好机遇。

（三）发展绿色金融债券是丰富我国债券产品体系的重要内容

当前，间接融资比重偏高、企业直接融资渠道不畅、债券市场发展缓慢，都是中国投融资体系亟待改变的局面。在国际债券市场上，目前已经形成了四种绿色金融债券发行形式，一是合格贷款库挂钩债券，金融机构可建立一个合格贷款库，包括污染物防治、新能源开发、绿色建筑等，保证贷款库项目符合相关气候债券标准认证；二是"双追索"债券，即资产担保债券，投资者对于资产库既可以用于财产抵押又可以拥有追索权；三是现金流量担保债务证券，金融机构可以一个低回报、低风险的贷款或资产投资组合进行再融资，提前回收资金用于新的绿色贷款项目，获得更高回报；四是担保增信债券，金融机构可以寻求政府机关事业部门担保，降低债券违约风险，为绿色项目增级。依此类推，我国发展绿色金融债券不仅可以满足相关企业的融资需求，成为绿色投资需求释放的一个恰当出口，而且也将成为我国债券市场更加成熟完善、债券产品创新更加丰富活跃的一个重要推力，继而满足投资者参与支持绿色发展、同时获取稳定收益的资产配置需求，市场空间广阔。

（四）构建科学合理评估体系是发展绿色金融债券的核心环节

在绿色金融体系中，不仅要开发各种绿色融资工具，也要发展为这些融资工具服务的基础条件，尤其是用于识别绿色企业和绿色项目的环境信息以及在此基础上开发的分析手段、分析工具。绿色金融债券区别于其他债券的关键在于资金的用途，要保障所募资金用于绿色投资，就需要构建起包含环境信息披露、第三方评级、跟踪评估等多方内容的评估体系。尤其在配合有明确的激励措施出台的情况下，通过跟踪评估加强对募集资金使用的有效管理，是降低"漂绿"或虚假绿色项目产生的有效风险管理手段。因此，构建科学合理的绿色金融债评估体系，明确相关绿色债券评估原则、绿色项目具体分类、资金管理要求、信息披露标准、绿色效益评价标准等内容，是目前发展绿色债券的核心环节。

三、国外绿色金融债券评估体系经验借鉴

（一）国际资本市场协会（ICMA）的绿色债券原则（GBP）

绿色债券原则（GBP）是由绿色债券发行人、投资机构和承销商组成的绿色债券原则执行委员会与国际资本市场协会（ICMA）合作推出的，为了增强绿色债券信息披露的透明度、促进绿色债券市场健康发展的自愿性指导方针，其目的在于为市场提供信息基础，从而在没有当局监管的情况下促进资本配置流向有益于环境保护的项目。2014年4月，ICMA被任命为GBP的秘书长单位，负责为监管和其他问题提出建议和进行行政支持。2015年3月27日，ICMA联合130多家金融机构共同出台绿色债券原则，截至2015年底，超过103个绿色债券发行人、承销商和投资者成为会员，以及超过54个组织成为遵守者。

1. 绿色债券原则的要点

（1）募集资金用途（Use of Proceeds），发行人应当在债券法律文件中对资金用途进行恰当描述，并对绿色项目的可持续环境效益进行明确、量化的评估。

（2）项目评估流程（Process for Project Evaluation and Selection），发行人应列出确定项目符合条件的具体流程，包括判断这些项目如何符合绿色债券准则中关于合格绿色项目类别定义的流程，使项目符合绿色债券收益的标准以及环境可持续发展的目标。

（3）募集资金追踪管理（Management of Proceeds），绿色债券净收益应该被记在专门账户中，并计入发行人的子投资组合，或者由发行人以一个适当的方式进

行追踪并且通过正式的内部流程来表明这些资金用于绿色项目的投资和运作。

（4）出具年度报告（Reporting），除了对募集资金使用进行报告，发行人还应提供至少一年一次的绿色债券项目清单，包括项目支出总额以及环境可持续发展影响的简要介绍。

（5）担保（可选择，Assurance），发行人应该运用外部担保来确保绿色债券关键性特点的真实准确性，包括第二意见、审计以及第三方认证等。

2. 绿色项目九大分类标准

（1）可再生能源（包括生产、传输、设备和产品）。

（2）能效项目（包括新建或重修的建筑，能量储备、区域供暖、智能电网、设备和产品等）。

（3）污染防控（包括废水处理、温室气体排放、土壤修复、废物变能源的循环，废物再加工获得附加值的产品，相关环境监测分析等）。

（4）可持续土地自然资源管理（包括可持续农业、渔业、水产养殖业、林业、农场气候智能投入例如农作物生物保护或滴灌技术等）。

（5）陆地和水生生物多样性保护（包括对海岸、海洋和流域环境的保护）。

（6）清洁交通（例如，电能、混合动力、公共、轨道、非机动及多式联运交通，清洁能源设备及降低污染排放的基础设施等）。

（7）可持续水管理（包括干净水源和饮用水可持续基础设施、可持续城市排水系统和河道治理及其他形式的防洪灌溉系统）。

（8）适应气候变化（包括信息支持系统，例如，气候监测和预警系统）。

（9）生态效益产品、成产技术和流程（例如，开发和引入环境友好的、被标示或认证的生态产品、资源效率包装和分配）。

（二）气候债券组织（CBI）的气候债券标准（CBC）

气候债券组织标准旨在提供确认募集资金的使用方式符合低碳经济要求的保证。CBI 的目的是开发与 GBP 互补的标准，给出具体的实施指导方针，包括在行业层面定义什么是绿色。CBI 在标准制定过程中还与作为验证机构的保证提供合作者，进行认证程序监督。

气候债券标准制定了明确的标准来核实某些持有绿色证书的债券，它的目的是提供一种强有力的方法来验证这些使用了基金的金融项目和资产是否与低碳和抵御气候变化的经济一致。

1. 气候债券标准（V2.0）主要内容

（1）A 部分：一般要求

列明的条款将适用于所有气候债券（募集资金使用，跟踪，报告）。本节规定的气候债券标准适用于所有寻求发行后认证的气候债券。它为债券期内收益的使用和管理以及具体的年度报告都提供了保障。一般要求是为了确保气候债券资产类型的统一性和一致性。

（2）B 部分：气候债券的分类和具体部门的标准

规定了可能与气候债券相关的并符合条件的实物资产类型（例如，风力发电场，太阳能设施），并涉及技术资格标准以及跟踪特定资产类型在不同行业的要求。

气候债券分类是多方受益的，通过利用当前气候科学和国际商定目标（例如 IPCC 的 2 度轨迹；IEA 路线图等）为全球经济的关键部门来缓解和适应投资机遇提供一个明确的指导方针。该分类标准是一个很好的公共资源，它为绿色债券的发行者和投资者提供了前瞻性，使关键投资迅速转向对准全球经济中低碳和抵御气候变化的这部分。该分类所包含范围广泛，有待进一步筛选与制定审核准则。它为具体部门的标准发展提供了一个切入点。

具体部门的标准由技术工作组的专家开发，并由气候债券标准委员会批准。已有 80 多家组织机构参与。具体部门的标准为项目和资产的合格性提供了更具体的技术准则，同时为跟踪债券期内的合格状态提供了指导。

（3）C 部分：不同债券类型的特定要求

规定适用于某些债券结构条款，如公司债券或资产担保证券。该认证计划允许认证任何低碳做支持或与低碳和抵御气候变化相关的债券。包括绿色用途债券，绿色收益债券，绿色项目债券，绿色证券化债券。任何类型的债券都能被认证，只要项目和资产符合具体部门的合格标准。然而对于特定类型债券也有一些特殊要求。

2. 气候债券分类标准

（1）能源管理：太阳能、风能、生物能、地热能、海洋资源、专用传输渠道、能源分布与管理。

（2）低碳建筑：新型住宅、新型商业区、建筑改造、建筑碳效率产品。

（3）工业能源项目：制造业、能源效率的进程、能源效率产品、零售业和批发业、数据中心、处理无组织排放、能源效率电气用具、热电联产。

（4）废物和污染物控制：资源循环再利用工具、循环再利用产品与循环经济、能源浪费、地质封存。

（5）清洁交通：低碳交通（陆地）、交通工具、公共交通、快速公交、替代燃料基础设施、水运交通。

（6）信息技术和通信：能源管理、电话会议、资源效率。

（7）农林与土地利用：农林与其他土地利用的减轻、农林与其他土地利用的改善、农业产品。

（8）适应气候变化：水资源、能源、工业和资源浪费、交通、电子信息、建筑、食物供应、沿海区域。

3. CBI 气候债券认证流程要求

核准证实发行的债券满足气候债券标准的所有要求。

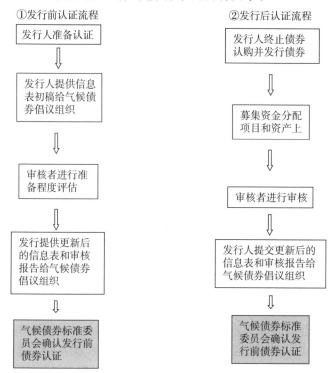

①发行前认证流程

发行人准备认证

⬇

发行人提供信息表初稿给气候债券倡议组织

⬇

审核者进行准备程度评估

⬇

发行提供更新后的信息表和审核报告给气候债券倡议组织

⬇

气候债券标准委员会确认发行前债券认证

②发行后认证流程

发行人终止债券认购并发行债券

⬇

募集资金分配项目和资产上

⬇

审核者进行审核

⬇

发行人提交更新后的信息表和审核报告给气候债券倡议组织

⬇

气候债券标准委员会确认发行前债券认证

图 1　认证流程的细节图

（三）巴克莱银行和明晟公司的绿色债券指数

通过咨询大量市场参与者后，巴克莱银行和明晟公司环境、社会和治理研究一起合作开发新的绿色金融指数，综合了现有的巴克莱和明晟的 ESG 固定收益基准。

1. 指数规则：绿色债券标准及分类

绿色债券是一些固定收益债券，所募集的资金都将使用于促进气候或环境可持续发展目标的项目或投资。明晟公司 ESG 研究通过四个方面维度来评估固定收益债券是否可以定义为绿色债券。这个标准基本反映了绿色债券原则。

（1）募集资金用途

被定义为绿色债券，要能确保得到款项用途至少满足以下五个环保范围条件之一，替代能源、能源效率、污染防控、水资源可持续发展、绿色建筑及其他。

（2）项目评估流程

发行人在债券募集说明书或是支持文件①清楚描述符合条件项目或投资的具体标准和程序。项目具体标准描述需要说明具体项目类型或是提供资金用于具体活动的范围。同样，缺少准确描述项目选择过程和标准的第三方意见也是不充分的。

（3）募集资金追踪管理

债券募集说明书（或支持文件）中对债券收益进行保护信息予以披露。保护债券收益的有效机制包括，收益和资产的直接追索（如绿色证券化债券、绿色项目债券、绿色收益债券）；新设立一个独立的法人；新设立一个与发行人投资活动相关的子投资组合；其他审计机制，使得被追踪收益余额定期减少量与项目同期投资活动相符合。外部审计的第三方认证是得到鼓励的但不是必需的。

（4）出具年度报告

在发行过程中，发行者需要在发行一年期内对项目合法性做出报告。符合条件的报告需要满足以下至少一项内容：项目或投资的具体清单；项目或投资分类的汇总；项目池对环境影响的定性或定量报告。一旦发行人未履行汇报义务债券就从绿色债券指数中剔除，因为这表明债券的项目不在满足绿色债券的分类规定。

2. 根据募集资金用途绿色项目分类标准

（1）替代能源：支持可再生能源与替代燃料的产品、服务及基础设施项目。风能、小水电、生物量、太阳能、生物气、废能、地热、生物燃料、波潮。

（2）能源效率：产品、服务、基础设施以及技术在处理能源的时候使环境影响达到最小。需求侧管理、能源储备、节能灯、电池、超导体、绝缘（隔热）材料、燃料电池（氢气系统）、天然气热电联产、混合动力汽车、智能电网、LED 灯、清洁交通基础设施、工业自动化、环保 IT、IT 优化。

（3）污染防控：产品、服务和项目能够帮助污染防治、废物最小化或通过回收来缓解不可持续废物产生。环境补救、废物利用或回收、传统的污染控制、废物处理。

（4）水资源可持续发展：尝试性解决水资源稀缺问题以及水质量问题产品、服务或者项目，包括减少及控制当前水资源使用和需求增长，提高水资源供应的质量，以及提高水资源的获得性以及依赖性。

（5）绿色建筑：隶属当地建筑标准设计、建造、重修、翻新、或者获得"绿色"认证的财产。绿色认证的财产、未认证的绿色财产。

（6）其他：其他一些不属于这个范围里面的环保措施包括适应环境变化的项目（泄洪、灌溉）和可持续林业（造林）。

---

① 支持文件：例如绿色债券补充文件、网站、投资者演示、公开第三方意见书等。

表1　　　　　　　　　巴克莱银行和明晟公司的绿色债券指数

主指标	下一级指标					
	资金用途	货币	部门	期限	信用质量	ESC/SRI
巴克莱银行和明晟公司绿色金融指数（GBGL）	替代能源	美元	政府相关部门	0~1 年	Aaa	Ex CCC IM
	能源效率	欧元	超国家组织	1~5 年	Aa	Ex Red
	污染防控	英镑	机构	5~10 年	A	Ex Unclear Power
美元绿色金融指数（GBUS）	水资源可持续发展	瑞士法郎	地方政府	10 年以上	Baa	
	绿色建筑	加元	公司法人	1 年以上		
	其他	澳元	工业部门	1~10 年		
		瑞典克朗	公共事业团体			
欧元绿色债券指数（GBEU）		日元	金融部门			
			证券化			

（四）国外构建绿色债券评估体系的经验启示

1. 绿色债券原则、气候债券标准、绿色债券指数之间关系

（1）气候债券原则与绿色债券原则的关系

气候债券标准提出了转化绿色债券原则中的要求和行为，将它们变为可评估的，并确保这是一个强有力的并可重复使用的一种方法。该标准还提供了一套详细的对应低碳和抵御气候变化以及实物资产的技术标准，目的是利用绿色债券原则的合格标准来消除大量的主观性。

气候债券标准与绿色债券原则以及这份附件所提供的四种绿色债券标准要求包括绿色债券原则的保障建议是完全一致的。在气候债券标准下认证债券，这既采取了绿色债券原则又顺应了气候债券标准，从而为债券发行商提供了信心。

（2）绿色债券指数与绿色债券原则的关系

巴克莱银行和明晟公司在 GBP 的原则下颁布了绿色债券指数。GBP 是市场参与者按照一系列标准允许投资者评估标记为绿色债券而达成一致协议。而巴克莱银行和明晟公司的绿色债券指数则是另一个重要的评估过程，为市场提供透明性，为最终投资者提供评估表现和风险的途径。

2. 国外绿色债券种类与项目范围：较为统一的绿色项目目录，且互为补充

GBP 原则与 CBS 标准对绿色债券采用了基本相同的分类标准，即按照资金用途和追索方式分为绿色用途债券、绿色收益债券、绿色项目债券以及绿色证券化债券。

GBP 原则与 GBI 指数通过同样的四个方面维度（四个原则）来约束绿色债券：募集资金用途、项目评估流程、募集资金追踪管理、出具年度报告。

GBP、CBS 及 GBI 对绿色项目范围有一定重合，但又有所侧重。GBP 概括

性地归纳了 9 大类绿色项目；CBS 的八大类绿色项目是对 GBP 的分类尤其是低碳领域的分类进行细化；GBI 的 6 大分类基本都包含在 GBP、CBS 分类中。分类基本包含替代能源、能源效率、污染防控、水资源管理、绿色建筑、清洁交通、农林和土地利用、适应气候变化等。

表 2　　　　　　　　　　　　绿色项目分类标准对比

GBP	CBS	GBI
可再生能源	能源管理	替代能源
能效项目	工业能源项目	能源效率
污染防控	废物和污染物控制	污染防控
可持续水管理	信息技术和通信	水资源可持续发展
陆地和水生生物多样性保护	低碳建筑	绿色建筑
清洁交通	清洁交通	
土地自然资源管理	农林与土地利用	环境变化的项目（泄洪、灌溉）和可持续林业（造林）
适应气候变化	适应气候变化	
生态效益产品、生产技术和流程		

注：灰色部分为重叠部分。

3. 国外绿色债券相关管理要求

GBP 原则、CBS 标准及 GBI 指数共同明确了绿色债券的管理实施指导方针。包括绿色债券的定义、投资项目范围界定、绿色债券项目评估筛选、募集资金账户管理、资金使用效益评估等，而这些内容都要经过专业第三方机构进行认证评估并要求定期对外披露。

表 3　　　　　　　　　　　　绿色债券管理要求的标准对照

标准体系	管理要求
	资金管理
GBP	以分账户对募集资金进行管理，或者以某种正式的内部流程确保针对绿色项目的信贷或投资资金流向可追溯
CBS	没有明确规定
GBI	没有明确规定
	信息披露要求
GBP	除公布募集资金的使用方向、闲置资金的短期投资用途，还应至少每年一次披露项目清单，提供项目基本信息、自己使用及环境绩效。对透明度的要求相对较高，建议发行人募集资金管理能够为审计、第三方认证提供补充材料，对内部追踪方法和绿色债券收益的资金分配进行验证 建议使用定性指标，并在可行的情况下，对预期的可持续影响做出定量描述①

① 定量描述：指能源储量、发电量、温室气体减排量、清洁能源人均占有量、汽车减少量。

续表

标准体系	管理要求
CBS	强调发行人自主信息披露
GBI	每年报告要求项目或投资的具体清单；项目或投资分类的汇总；项目池对环境影响的定性或定量报告；未披露将取消纳入绿色指数范围
	环境影响评估要求
GBP	鼓励使用外部认证、包括出具"第二意见"、审计、第三方认证
CBS	与验证机构合作，进行认证程序监督
GBI	鼓励外部审计第三方认证

GBP 规定绿色债券资金在专门账户中进行管理，或者通过其他适当的方式进行跟踪，并通过正式的内部流程对资金使用情况进行报告。此外，发行人还应至少提供一年一次的报告。对于环境影响，GBP 鼓励发行人接受独立第三方评估、审计和认证等。CBS 作为 GBP 的补充，并没有对资金管理和信息披露等要求设定其他的标准，但是强调了独立第三方的作用，对第三方认证的流程设定了标准，并对其评估、审计和认证程序进行监督。

四、绿色金融债券评估体系的构造

2015 年 12 月 22 日，中国人民银行发布绿色金融债券公告，明确了中国金融机构在国内发行绿色金融债券需要具备的条件与遵循的流程。绿色债券作为新兴的绿色金融产品和利好的投融资渠道，将无疑为金融机构及企业带来更多的发展机遇。什么样的债券才能定义为绿色金融债券，绿色金融债券的评估过程又是如何，以及在此基础上怎样构建绿色金融债券评估指标体系三个问题是构造绿色金融债券评估体系必须要解决的关键。

（一）绿色金融债券的特征

绿色债券，是指募集资金主要用于支持节能减排技术改造、绿色城镇化、能源清洁高效利用、新能源开发利用、循环经济发展、水资源节约和非常规水资源开发利用、污染防治、生态农林业、节能环保产业、低碳产业、生态文明先行示范试验、低碳试点示范等绿色循环低碳发展项目的企业债券。从国际经验看，绿色金融债券发行与交易的相关活动主要围绕绿色债券原则展开。2015 年 3 月，国际资本市场协会在组织 130 多家金融机构讨论的基础上，出台了最新版绿色债券原则，并获得市场参与者的普遍认可。因此，更多地具备市场自由化的特征。

从我国实情看，我国绿色金融债发行与交易正处于积极探索阶段。2015 年 12 月，中国人民银行公布《在银行间市场推出绿色金融债》的公告，采用了政府引导和市场化约束相结合的方式，对绿色金融债券从绿色产业项目界定、募集资金投向、存续期间资金管理、信息披露和独立机构评估或认证等方面进行了引导和规范。同时，绿色金融债发行后可在银行间债券市场交易，因此基本具备以下特征。

1. 债券发行与项目评估筛选需严格符合规定。第一，根据中国人民银行2015年39号文规定，绿色金融债券的发行主体必须为金融机构法人，包括国家开发银行、政策性银行、商业银行、企业集团财务公司及其他依法设立的金融机构，并且满足39号文规定的盈利能力、风险管理等相关要求。第二，发行主体需及时向人民银行提供相关申请材料与备案材料，鼓励申请发行绿色金融债券的金融机构法人提交独立的专业评估或认证机构出具的评估或认证意见。第三，绿色金融债券发行必须投向《绿色债券支持项目目录》中所涉及的项目。第四，发行人需要考虑环境可持续发展的整体设计和项目表现的预期质量，项目评估和筛选需遵循相应的管理政策。第五，发行人可以选择招标发行或者簿记建档方式发行绿色金融债券。

2. 较高的资金使用与资金管理要求。一是所募集资金须指定用于"绿色债券"指定项目。二是债券募集资金与合格的绿色项目相关联。发行人应当在募集说明书承诺的时限内将募集资金用于绿色产业项目。三是绿色债券提名项目的投资总额不小于债券初始发行金额。发行人应当开立专门账户或建立专项台账，对绿色金融债券募集资金的到账、拨付及资金收回加强管理，保证资金专款专用，在债券存续期内全部用于绿色产业项目。

3. 完善的信息披露与报告制度。一是季度披露与年度披露相结合。发行人应当按季度向市场披露募集资金使用情况。二是线上与线下披露相结合。发行人应通过网站公告、募集说明书、年报、环境社会及管制报告、企业社会责任报告等形式披露绿色债券相关信息。绿色金融债券存续期内，鼓励发行人按年度向市场披露由独立的专业评估或认证机构出具的评估报告，对绿色金融债券支持绿色产业项目发展及其环境效益影响等实施持续跟踪评估。

（二）绿色金融债券评估过程

根据国外绿色债券发展经验与国内绿色金融债券发行要求，发行主体应向有资质的独立第三方债券评估机构（如信用评级机构，以下简称债券评估机构）申请绿色金融债券评估。绿色金融债券的评估是以信用评估为基础，对各类信息综合考量的综合类评估。评估过程详细充分完整，最后出具绿色金融债券鉴定书等书面评估文件。从主流的债券评估过程看，一般经历前期准备、信息收集、信息处理、初步评估、确定等级、结果公布、跟踪评估7个阶段，初次评估大约需2个月左右时间，并且在2年内的评估持续期内做好持续评估工作。

1. 前期准备阶级（约一周时间）

（1）递交申请与材料准备。绿色金融债券发行主体向债券评估机构提出绿色金融债券评估申请,并按《评估调查资料清单》提供相关材料。

(2)债券评估机构指派项目评估小组,对是否承接评估业务进行讨论。评估小组一般由 3～6 人组成,成员需包括熟悉绿色产业及绿色债券发行业务的专家,也应包括项目经理及以上的高级职员。

(3)告知绿色金融债券发行主体小组讨论结果。若结果为同意承接绿色金融债券评估业务,双方签订《绿色金融债券评估协议书》。若结果为不同意承接绿色金融债券评估业务,需向发行主体作出解释说明。

2. 信息收集阶段(约一周时间)

首先,评估小组对发行主体上报材料进行阅读分析。主要分析材料的实质要件,包括绿色金融债券投放项目情况、债券发行主体的业务风险与信用风险、债券投资项目的行业风险与债券自身的市场风险情况等。其次,采取开放式讨论等形式,发现材料中缺乏的信息和需重点关注核实的信息领域,并进一步制定信息了解与收集计划。再次,可采取现场调研、座谈会等形式,就绿色金融债券评估中关键问题与重点领域收集意见,特别是获得重点领域的补充信息。最后,必要时,评估小组还要向政府监管部门、工商行政部门、税务部门等有关单位对关键信息进行了解核实。

3. 信息处理阶段(约一周时间)

一是对上阶段收集的信息资料进行整理,按照保密和非保密进行分类,保密资料由专人管理。二是制作绿色金融债评估工作底稿,做到底稿的规范完整,并建立债券评估的电子档案。三是对获得的数据进行复核,必要时可经过注册会计师审计或利用专家工作,并进行数据分析处理。

4. 债券定性评估(10 天左右)

所谓定性评估,是指对于难以量化的信息,基于评估者的执业经验与专家对信息的理解,对绿色金融债券所处环境与自身质量给予评估。主要包括绿色金融债券市场环境、项目前景、发行主体资质与信用情况、总体风险状况等定性因素,对绿色金融债券进行判断和评价。经小组讨论形成统一意见,初步确定评价结果,撰写《债券评估定性分析报告》,并向有关专家咨询。

5. 债券定量评估(10 天左右)

基于绿色金融债券相关数据,代入相应债券评估指标方法或模型,获得相应指标化数据。根据评估等级标准,对债券进行定量综合评价,确定定量指标的评估结果。撰写《债券评估定量分析报告》,并向有关专家咨询。

6. 确定债券评估结果(10 天左右)

评估小组结合《债券评估定性分析报告》和《债券评估定量分析报告》结果,确定绿色金融债券最终的评估结果,并交公司评估委员会符合审议。评级委员会在审查时,要听取评估小组详细汇报情况并审阅评估分析依据,最后以投票方式进行表决，确定是否通过评估结果。此后，公司将评估结果交给发行主体与监管部门，执行公开征求意见程序，并收集意见，一般征集意见期为5个工作日。评估客户如有意见，提出复评要求，提供复评理由，并附必要资料。公司评级委员会审核后给予复评，复评以一次为限，复评结果即为最终结果。若无意见，则通过债券评估结果。

结果确定后，按照要求发行主体应对结果进行公布。发行主体也可与评估机构签订委托协议，由评估机构通过报纸、互联网等线上线下渠道进行公布。

7. 后续债券评估与结论修正（一般为2年的持续期）

在评估的有效期内，评估公司要负责对其资信状况跟踪监测。评估机构应定期更新并公布绿色金融债的评估结果并给出相应解释说明。当持续期满后，应公布评估结果已过期的结论，原评估结果自动失效。若仍需对该债券给出评估结果，需重新执行完整的评估流程。

（三）绿色金融债券评级指标体系构建探讨

绿色金融债券评估指标体系是根据绿色金融债券评估的要求制定的，目的在于以量化的形式对绿色金融债券的各个方面进行评估，主要用于绿色金融债券的定量评估阶段。

1. 绿色债券评级的三个层面指标体系

（1）总体层面评估指标体系

①行业与项目整体环境评估指标

了解绿色金融债券资金投放项目的行业或整体情况，主要在绿色金融债券的定性评估阶段进行。在指标构建阶段，可参照PEST模型思路，从政治与法律环境、经济环境、社会环境、技术环境四个方面对所属环境进行打分，从而实现半量化式的评估。

政治与法律环境：主要考察国家或地方对绿色产业或绿色项目是否出台具体的支持性政策，特别是绿色项目所在区域对绿色项目的支持程度，目前法律法规对该绿色项目的运营是否存在限制，监管部门是如何对绿色项目实施监管等方面。经济环境：主要考察目前国内整体的经济金融形势，包括经济的总体增长率、绿色产业的经济增长率、绿色产业的总体收益与风险情况、绿色产业的市场竞争情况、市场的利率情况等。社会环境：主要考察绿色产业对社会的环境效益，此外，还需考虑项目所在区域对绿色产业的需求程度。技术环境：主要考察绿色项目是否带来产业技术的革新，技术创新对行业的推动作用，技术创新对项目带来的优势，以及在技术创新过程中研发失败的风险概率等。

②发行主体资质指标

目前，绿色金融债券发行主体主要为已开展相对成熟的绿色金融业务的银行机构。因此，对于绿色金融债券发行主体资质的考察评估，主要采取打分法，即围绕机构总体情况、绿色信贷业务情况、绿色金融债券发行承销等方面进行综合打分，从而得出半量化的资质指标。

总体业务情况方面，主要考察发行主体近几年的业务经营规模与结构，风险管理与不良情况等，业务部门间职责是否清晰，是否具有绿色金融业务专业化的管理运营团队，是否建立较为完整成熟的内部管理体系与内控体系等；在绿色金融类业务情况方面，主要考察发行主体绿色信贷业务的发展规模；在绿色金融债券发行承销方面，主要考察发行主体是否具有从事资本市场业务的资质，资本市场业务的开展情况等。

在对发行主体进行考察时，根据我国绿色金融债券发行现状，可设立发行经验指标，即对于有较高的绿色金融债券发行与绿色信贷业务经验的主体给予酌情加分。目前，兴业银行、浦发银行已陆续发行多只绿色金融债券，并具备可推广的绿色金融债券发行经验。在考察发行主体资质指标时，可以酌情加分。

（2）项目层面评估指标体系

①项目财务指标

构建财务指标主要目的是考察项目经营主体的经营情况以及偿债能力情况。因此，可以参照公司的财务比率分析方法构建绿色金融债券项目的财务指标体系。一是对短期偿债能力的分析。具体可以设定流动比率、速动比率、现金流量比率等指标，主要考察短期内经营主体面临的现金短缺的可能性。二是对长期偿债能力的分析，具体可以设定资产负债率、权益乘数、利息保障倍数等指标。三是盈利能力比率分析。可以设定经营毛利率、销售净利率等指标。

②环境效益指标

环境效益指标主要考察绿色金融债券支持的项目对自然环境的贡献度。因此，基于自然资源资产负债表的编制原理，可以测算绿色项目所含的资源禀赋。一般而言，环境效益指标的构建采用账户形势，以价值量进行综合测算。同时，结合财务报表分析的相关方法与指标，资产负债率、净资产收益率等，可以进一步测算分析自然资源资产与负债之间、净资产与收益之间的关系，从而确定绿色项目对环境支持度的大小。

（3）债券层面评估指标体系

①债券收益指标

对于在银行间债券市场交易的绿色金融债券，根据市场价值的评估确定债券的实际收益率。具体可以设定以下几个指标：债券票面利率在债券发行时已经确定，是在债券发行期发行主体对该绿色金融债券收益与风险的预期评估；债券到期收益率是当绿色金融债券在市场中交易时，通过形成的市场价格确定的债券内在收益率，通过债券到期收益率时序的变化走势可以判断市场对债券内在价值的评估变化，并可以间接判断债券资金所投资的绿色产业项目的价值与风险变化；超额收益率指标是指该绿色金融债券到期收益率与相同期限的无风险利率（可参照相同或相近期限的国债到期收益率）的差额，以判断该绿色金融债券在市场中的整体价值水平区间。

②债券风险指标

债券风险主要表现为未来无法还本付息的信用风险以及市场交易价格的波动风险。从定量的指标设计层面分析，对于绿色金融债券风险的衡量需建立在较为完善的债券市场上，并与市场中绿色金融债券的平均指标进行比较得出风险程度数据。因此，一是运用 CAPM 模型计算目标绿色金融债券的实际收益率，并与绿色金融债券平均收益率比较，确定债券的内涵风险程度。二是设定一个时间周期（比如一年），计算目标绿色金融债券的价格波动率，并与绿色金融债券平均波动率比较，确定债券的内涵风险程度。

2. 绿色债券评级方法及模拟

构建一套完整、全面、具有可操作性的绿色金融债券评估体系应该包括绿色债券总体层面的评估指标，也应该包括项目层面评估指标，还应该包括债券层面评估指标。因此，绿色债券评估体系应该兼顾多层次多指标的原则，综合反映绿色债券评估质量，可以借鉴权威机构或组织的相关评估方法。2016 年 8月 2 日，中诚信国际发布业内首个《绿色债券评估方法》，旨在评价绿色债券在募集资金投向、使用及配置于绿色金融项目过程中所采取措施的有效性，以及由此实现既定环境目标的可能性，通过出色独立的评估结果，协助投资者进行绿色债券投资活动，为各行业及其各地区的绿色债券发行设定标准。而穆迪的绿色债券评估方法根据 5 大因素对绿色债券进行评估，即组织、募集资金用途、募集资金使用披露、募集资金管理以及此类证券融资或再融资所支持的环境项目的持续报告与披露。穆迪将对各债券发行项目的 5 大因素进行评分（并对各子因素评分）、分配相应权重以及反映其相对重要性，由此得出综合等级。

比较上述两种绿色债券评估方法，发现绿色金融债券的评估有几个重要步骤。第一，从多个维度评价绿色金融债券，穆迪从五个维度，而中诚信国际从四个维度用以评价；第二，要对绿色金融债券进行充分的信息披露，加强监督，这是绿色债券与一般债券之间最大的不同；第三，要细分各个维度的二级指标，并通过某种方法赋予相应权重进行评分，从而得到债券综合评价；第四，债券评估不是静态的，要依据信息动态反映综合评价，实践中，最好经过一定时期连续进行评价。

为此，我们以穆迪绿色债券评估体系为基础，构建五个一级指标，并对每个一级指标构建若干二级指标，采用让数据自动赋予权重的信息熵值法，计算得到每个一级指标的评分，进而得到综合得分。

（1）评估指标的选取

参考穆迪根据 5 大因素及其子因素对绿色债券进行评估，分配相应权重以反映其相对重要性，并由此得出综合等级。每个指标根据实际情况给出打分制度，最高得 5 分，最低得 1 分。表 4 列出绿色金融债券评估的相关指标。

表 4　　　　　　　　　　　　　　绿色金融债券评级指标

因素	具体指标
组织（A）	环境治理和组织框架的有效性（A1）
	政策和程序的制定经过严格的决策流程和审查（A2）
	拥有领域内有经验的专业认识或可以依赖的地方第三方机构（A3）
	为投资标的选择制度明确而综合的标准，包括可衡量影响结果（A4）
	决策的外部评估与项目特征一致性（A5）
募集资金用途（B）	募集资金用于合格项目范围（95% 以上得 5 分，90% ~95% 得 4 分，85% ~90% 得 3 分，80% ~85% 得 2 分，80% 以下得 1 分）（B1）
	募集资金在投资合格项目的审核效率（B2）
募集资金使用披露（C）	描述绿色项目，包括投资组合的描述及确切的投资意向（C1）
	拥有足够的资金和人才来完成项目（C2）
	对目标结果进行定量或定性的描述（C3）
	定性或定量的方法和标准来计算项目的环保效益（C4）
	发行人聘请第三方（第三审查，审计或第三方认证）（C5）
募集资金管理（D）	债券收益在同一个会计标准下或通过同一个指定收益的方法进行追踪（D1）
	资金的用途依据环境范畴和项目类型进行划分（D2）
	正对实际的资金分配在计划内进行稳健性投资（D3）
	清晰合理的现金投资计划（D4）
	有外部组织审计或内部独立的审计单元（D5）
持续报告与披露（E）	报告发行后，对项目进展情况及时更新（E1）
	整个债券周期中保持发布预测年报（E2）
	信息披露中提供投资项目的细节和他们的预测环境影响（E3）
	根据项目进展情况，报告提供了定量和定性的环境影响评估（E4）
	报告定性和定量地解释了债券的发行如何实现对环境的影响（E5）

（2）指标权重的确定方法

无论是穆迪还是中诚信国际，在评估过程中均是通过主观赋权方式确定相关指标权重，因此带有明显的主观性。为较好地解决这个问题，考虑到每项指标在综合评估中所起的作用大小不同，为更加科学合理地确定各项指标的权重，采用客观赋权来确定权重，即利用熵值法确定指标权重，其过程如下。

设待评方案有 m 个，评价指标为 n 项，原始指标数据会形成一个矩阵，为 $X = (x_{ij})_{m \times n}$，$(i = 1 \cdots m, \ j = 1 \cdots n)$。

设数据矩阵 $A = \begin{pmatrix} X_{11} & \cdots & X_{1n} \\ \vdots & \ddots & \vdots \\ X_{m1} & \cdots & X_{mn} \end{pmatrix}$，$X_{ij}$ 为第 i 个因素中第 j 个指标的值。每一个因素中某一个指标占这种指标值总和的比例用来计算熵值，这种计算不存在量纲问题。

$$X'_{ij} = \frac{X_{ij} - \min(X_{1j}, X_{2j}, \dots, X_{nj})}{\max(X_{1j}, X_{2j}, \dots, X_{nj}) - \min(X_{1j}, X_{2j}, \dots, X_{nj})} + 1 \tag{1}$$

其中，$i = 1$，$\cdots$，m，$j = 1$，$\cdots$，n。

如果某项指标为第 j 项，则在这个指标下第 i 个因素所占的比重

$$P_{ij} = \frac{X_{ij}}{\sum\limits_{i-1}^{n} X_{ij}} \tag{2}$$

求熵值第 j 项指标

$$e_j = -k \sum_{i=1}^{n} P_{ij} \ln P_{ij} \tag{3}$$

其中 $k > 0$，$\ln$ 为自然对数，$e_j \geq 0$，式中常数 k 与样本数 m 有关，一般令 $k = 1/\ln m$，且规定当 $P_{ij} = 0$ 时，$P_{ij} \ln P_{ij} = 0$，因此 e 处在区间 $[0, 1]$ 内。

进而求差异系数——第 j 项指标，X_{ij} 的差异与其对因素的综合评价作用呈正相关，而与熵值呈负相关，即：$g_j = 1 - e_j$，g_j 越大指标越重要。求权数

$$W_j = \frac{g_j}{\sum\limits_{j=1}^{n} g_j} \tag{4}$$

计算各个因素的综合得分

$$S_i = \sum_{j=1}^{n} W_j P_{ij} \tag{5}$$

在选取了评估指标和利用熵值法确定了各指标的权重之后，就可以对各指标进行打分，加权平均确定各只绿色债券的评估值。

（3）实证模拟分析

我们模拟五个绿色债券的相关评估情况。假设债券一为基准，其他四类债券分别在募集资金用于合格项目范围（A1）、债券收益在同一个会计标准下或通过同一个指定收益的方法进行追踪（D1）、报告发行后，对项目进展情况及时更新（E1）三个方面存在差异，具体指标得分如表 5 所示。

表5　　　　　　　　　　　　　五类债券的指标得分

因素	具体指标	债券一	债券二	债券三	债券四	债券五
组织（A）	A1	5	5	5	5	5
	A2	5	5	5	5	5
	A3	5	5	5	5	5
	A4	4	4	4	4	4
	A5	4	4	4	4	4
募集资金用途（B）	B1	5	4	4	3	3
	B2	4	4	4	4	4
募集资金使用披露（C）	C1	5	5	5	5	5
	C2	5	5	5	5	5
	C3	5	5	5	5	5
	C4	4	4	4	4	4
	C5	5	5	5	5	5
募集资金管理（D）	D1	5	5	4	4	3
	D2	5	5	5	5	5
	D3	5	5	5	5	5
	D4	4	4	4	4	4
	D5	5	5	5	5	5
持续报告与披露（E）	E1	4	4	4	3	3
	E2	5	5	5	5	5
	E3	4	4	4	4	4
	E4	5	5	5	5	5
	E5	5	5	5	5	5

通过熵指标计算方法，得到如表6所示的综合评价得分。

表6　　　　　　　　　　五类绿色债券综合评价得分

	债券一	债券二	债券三	债券四	债券五
综合得分	4.5387	4.5373	4.5366	4.5335	4.5327

注：由于计算数值较小，表中数值在原来基础上乘以100得到的。

由表6可知，绿色债券综合评价与假定债券一至债券五的指标得分逐级递减吻合。同时熵值法计算方法有以下两个特点。

第一，可以避免人为主观因素的赋权。人为赋予权重的主要依据来源于对过去事实的归纳，它具有很强的经验性，因此它并不能依据数据本身给予赋值。

基于回归数据本身、让数据自身说话的原则，熵指标计算方法依据数据本身赋予权重，避免了先验的人为假定。

第二，熵值法既可以对数值型也可以对指示性数据进行评价。很多评估方法，比如，2010年巴塞尔委员会确定的全球系统重要性银行数值型评估指标有一定参考价值，但是对指示性的评价指标作用有限。同时，熵值法本身较为简单，且经济意义显著，可以作为其他评价方法的参考。

一般等级债券都要给出一个评价等级，我们经过多次试验，可以确定一个债券等级标准。表7列出了相应的标准。

表7　　　　　　　　　　　　　　绿色债券等级标准

等级	A++	A+	A	B++	B+	B	C
得分	>4.538	>4.537	>4.535	>4.532	>4.528	>4.521	<4.521

五、相关政策建议

后G20时代，我国发展绿色专项金融债券正当其时。为逐步扩大并有效规范绿色金融债券发展，我国有必要构建起一套科学合理、适合我国国情的绿色债券评估体系，明确界定绿色项目具体分类、完善信息披露标准、构建绿色评级体系、扩大绿色评级应用等。

（一）在界定项目范围内鼓励量体裁衣

绿色金融债券的发行应以《中国绿色债券支持项目分类目录（2015年版）》为投向范围要求，允许金融机构依据自身的融资规模和业务体量进行个性化确定。金融机构在资金投向和发行期限确定中，也要考虑其在绿色信贷领域投放的行业分布和期限结构特征，允许各金融机构按照自身发展情况和行业集中度等因素，设计绿色金融债券融资具体方案。可以对一些在特定绿色信贷领域进行过深入探索，并已经取得先发优势的金融机构，充分发挥其在该领域的专业服务能力，最大限度地体现金融债券的拉动能力。

（二）完善环境信息披露制度

完善环境信息披露制度有利于充分发挥市场约束机制的作用。相对于普通金融债券，绿色金融债券的信息披露要求更高，发行人不但要求在募集说明书中充分披露相关信息，债券存续期间也要定期公开披露募集资金的使用情况和绿色项目的运作情况。支持第三方咨询机构为绿色产业项目提供环境信息估算和编写环境责任报告等服务。推动在人民银行征信中心开展绿色征信系统建设，除了提供违约记录和环境违法记录信息之外，还将提供借款主体的绿色评级信息。

（三）尽快启动绿色评级试点

对于绿色债券项目，国内已基本建立了统一的界定标准，但是具备专业支持和服务能力的第三方机构还不多。有必要建立中国自己的具有公信力的第三方评估认证体系和评级标准。要支持和培育提供环境信息分析的中介机构，强化对企业环境信息披露的评价、监督、引导和激励作用。在传统评级的基础上，由第三方评级机构建立绿色评级双评级体系。

（四）构建跟踪评价体系

确保绿色金融债券的募集资金投向指定的绿色产业项目，如资金的使用和管理由专业机构或部门（如生态金融事业部）负责，并建立专用资金账户，实现封闭运行。建立债券发行后、项目贷款发放后的评价体系，持续量化绿色产业项目的环境效应，不仅要对现有金融机构的资金使用进行评估，同时应对贷款投放后的环保节能效果进行评估和考核，实现对绿色金融债券的"全生命周期"的监督、管理和评价。

（五）推动绿色评级结果的运用

不断扩大绿色评级结果的运用范围，包括银行信贷部门根据绿色评级来确定绿色信贷和风险定价；财政部门和与之合作的银行依据绿色评级对绿色债券提供税收支持和对绿色贷款贴息；财政部门参考绿色评级对绿色债券提供投资者免税的优惠；环保部门参考绿色评级确定对企业排污的处罚；由政府或NGO组织设立生态保护基金，以绿色评级为参考依据向绿色企业提供支持等。

参考文献

［1］陆文钦、王遥：《明确界定绿色债券项目》，载《中国金融》，2016（6）。

［2］国泰君安证券股份有限公司：《绿色金融债券发行项目建议书》。

［3］绿色金融工作小组：《构建中国绿色金融体系》，中国金融出版社，2015。

［4］张承惠、谢孟哲：《中国绿色金融经验、路径与国际借鉴》，中国发展出版社，2015。

［5］王文娜：《我国银行理财产品评估体系的构建研究》，西南财经大学硕士学位论文，2008。

［6］马骏：《完善环境信息披露制度》，载《中国金融》，2016（6）。

［7］陈亚芹：《以绿色债券作为金融服务新支点》，载《中国金融》，2016（6）。

［8］徐楠：《绿色债券市场大有可为》，载《中国金融》，2016（6）。

［9］洪昊、孙巍：《自然资源资产负债表与绿色金融——以浙江湖州为

例》，2015。

[10] 马骏、施娱、姚斌：《绿色金融政策及在中国的运用》，中国人民银行工作论文，2014。

[11] 人行营管部调研报告精选：《全球主要国家绿色经济政策概况及对中国的启示》，2009（85）。

[12] 巴曙松、严敏、吴大义：《后金融危机时代中国绿色金融体系的发展趋势》，载《金融管理与研究》，2010（2）。

[13] 郭田勇、周靖：《绿色金融促银行业战略转型》，载《西部论丛》，2010（11）。

[14] Brian Upbin, Christopher Hackel, Scott Harman, Laura Nishikawa, Thomas Kuh, Remy Briand, Barclays MSCI Green Bond Indices, 2014.

[15] Climate Bonds Standard, VERSION 2.0.

[16] ICMA, Green Bond Principles, Voluntary Process Guidelines for Issuing Green Bonds, 2016.

产能过剩的测度及其影响因素研究

——以浙江工业部门为例

中国人民银行杭州中心支行课题组*

一、引言

21世纪以来，我国经济虽然保持着中高速增长，但工业领域开始出现并长期存在着"产能过剩痼疾"，已出现的产能过剩问题严重影响国民经济健康发展。特别是2008年国际金融危机之后，我国经济发展随着经济增速趋势性下降，工业领域的产能过剩问题更加突出，并和作为其镜像的企业高杠杆问题交织在一起，成为制约经济转型升级和结构优化的重要障碍，不断加剧宏观经济发展与金融稳定的系统风险。

我国产能周期波动产生的原因非常复杂，是个综合性很强的问题，既有国际金融危机导致全球供求格局发生重大变化的影响，也是国内产业发展中各种矛盾和问题长期积累的结果，考虑到我国地域的广泛性和产业结构的差异性，在研究和探讨产能过剩问题的过程中，需要结合地域经济特点及行业结构特征等异质性因素，有区别、有针对性地加以分析和应对。作为我国的经济先行地区与制造业大省，浙江经济的发展也深受产能过剩的困扰。自改革开放以来，浙江依托"专业市场+产业集群"的发展模式，产业结构不断丰富，工业总量迅速扩大，产能规模持续扩张，但相应地，这种快速发展的过程也在悄悄蚕食其本身赖以为继的内生条件和基础，逐渐积累为深层次的结构矛盾和问题，加之国际金融危机持续而广泛的冲击，国际市场格局深刻调整使得产能过剩相对凸显，根据浙江省统计局公布的调查数据显示，截至2016年第二季度，浙江工业企业平均产能利用率为78.2%，其中，31个制造业行业中，有21个行业的产能利用率水平低于80%。

面对日益突出的产能过剩问题，如何在经济增速减缓、内外需疲软的新常态下，稳妥有序地化解产能过剩，成为当前经济发展和结构调整中面临的重大课题。产能过剩问题的"久调未决"反映出，相关的应对政策不能局限于简单的数量增减和转移，更需要注重深层次的体制机制原因的梳理，通过改革的方

---

* 课题主持人：王去非
　课题组成员：贺　聪　易振华　项燕彪　周　怡

式持续理顺各类扭曲因素从而长期治本。因此，正确理解产能过剩特征，准确测度产能过剩程度，深入研究其背后的形成机理与决定因素，不仅是一个颇有价值的学术论题，而且具有很强的政策含义。

从已有研究及实践来看，对于产能过剩的测度和评估，并没有形成一个广泛认可的框架和标准体系，不同的方法，对于产能过剩的定义尚存在差异，其测度结果更是缺乏可比性。基于上述背景，本文尝试在已有产能过剩测度方法的基础上，从供需两端对产能过剩的内涵进行界定，并运用综合评价法构建产能过剩指数，对浙江省工业部门23个主要行业的产能过剩程度进行测度和评估，在此基础上，分析和挖掘浙江工业行业产能过剩的特征及其影响因素，并提出相应的政策建议。希望通过本文的研究，一方面，能够在产能过剩测度的理论和方法上，对已有的研究成果进行完善和补充；另一方面，也能够为相关部门更准确地把握浙江的产能过剩情况，制定合理、有效的政策措施，提供一定的参考和借鉴。

二、概念界定与文献综述

由于产能过剩概念的模糊性，以至于至今仍未形成一个统一的测度标准，因此，在提出合理的测度方法之前，有必要对产能过剩的概念做一个清晰准确的界定。本文尝试从供求两端出发，对产能过剩的概念进行界定，在此基础上，对产能过剩测度方法的相关文献进行梳理和总结。

（一）产能过剩的概念界定

对于产能过剩的定义，学术界仍存在一定的争议，其分歧的焦点在于分析的视角。Chamberlin（1947）率先提出产能过剩的定义，并认为其是由不完全竞争的组织无效率引起的。Kaminen 和 Schwartz（1972）从供给的视角，指出产能过剩是垄断竞争企业平均成本最小时产出大于实际产出的情形；同样，Berndt 和 Morrison（1981）基于供给的视角认为，产能过剩就是实际产出与潜在产出的比值，即通常所谓的"产能利用率"。但从实际运用的情况来看，现实中往往将产能过剩理解为市场需求小于实际产出水平即"供过于求"的状态，这一观点是从需求端出发，突出强调了购买力不足、需求不景气等情况下出现的产能过剩，但是却忽略了潜在产能形成后可能出现的产能过剩问题。

为了更为清晰地区分和阐述产能过剩的不同定义，这里对产出和需求的几个概念进行界定。

潜在生产能力（Y_P），即在当前的技术、管理能力条件下充分利用可得生产要素所能达到的最优产出，是理想化的目标产出。

实际生产产出（Y），即利用现有的生产要素在现实条件下生产的实际产出。

市场需求水平（Y_D），是指市场所能消化的工业生产产量，也就是现实情况下的市场需求。

　　基于上述产出和需求的概念，供给视角下产能过剩的定义，可以简单地表述为实际生产产出（Y）与潜在生产能力（Y_P）的比值，而需求视角下的产能过剩定义，可以表述为市场需求水平（Y_D）与实际生产产出（Y）的比值。可以发现，两者均存在一定的缺陷，前者虽然加入了潜在产能对于供给的影响，但是并没有考虑现实意义上市场需求因素对产能过剩的影响；而后者则恰恰相反，考察了需求端的因素，却没有兼顾供给端的影响。我们认为，产能过剩作为经济周期性波动中市场供求关系的特殊表现，其内涵的界定也应该从供给与需求两方面综合起来考虑，即完整的产能过剩内涵不仅应该包括潜在产能损失所造成的产能过剩部分，而且也应该同时考察实际产出大于市场有效需求所造成的产能过剩部分。因此，本文对于产能过剩（Surplus Production Capacity，SPC）的内涵，界定为市场需求水平（Y_D）与潜在生产能力（Y_P）的比值，即理论上有

$$SPC = Y_D/Y_P = (Y/Y_P) \times (Y_D/Y),$$
$$\ln SPC = \ln(Y/Y_p) + \ln(Y_D/Y)$$

根据这一内涵，对于产能过剩的测度，也应该综合供给端与需求端两个层面进行考察。

　　（二）产能过剩的测度方法

　　目前来看，主流的方法基本都是从供给端出发，通过估算产能利用率来测度产能过剩。王维国和袁捷敏（2012）基于产出—资本比的峰值和累计净投资对产能利用率进行了测算，但是只考虑了资本投入，忽视了其他生产要素的决定性作用；一些学者通过估算资本设备利用率来间接测度产能利用率（龚刚和杨琳，2002；何彬，2008；杨光，2012），同样只考虑了资本的利用率。基于多要素投入对产能利用率的估算，大致可以分为生产法与成本法，其中成本函数法能够综合考虑生产过程中的各种要素投入，同时利用要素投入价格可以计算出生产成本的价值量，因而被广泛运用（Morrison，1985；Berndt 和 Fuss，1989；Nelson，1989；Segerson 和 Squires，1990；孙巍等，2009；韩国高等，2011），但由于成本核算难度大、数据信息的获得性低（尤其是生产要素的价格等），具体操作过程中存在一定的困难，其测算结果可能偏差较大。为了较好地规避价格与成本等因素导致的测算误差，数据包络分析（DEA）与基于超越对数生产函数的随机前沿分析（SFA）提供了较为便捷的计算方法。其中，数据包络分析（DEA）利用了动态规划的思想，不必设定具体的生产函数，也不涉及价格因素，只需考虑生产要素投入数量，但是这种方法没有考虑不同生产要素间的替代弹性，而且衡量潜在产出的生产前沿是固定的。随机前沿分析（SFA）恰好避免了这个缺陷，它不仅充分考虑了不同生产要素的替代弹性，而且测度潜在产出的生产前沿是随机的，这就更加符合现实。Kirkley 等（2002）分别用 DEA 与 SFA 两种方法对产能利用率进行了测算与比较。

　　单一从需求端对产能过剩进行测度和分析的文献较少，杨振兵和张诚

（2015）将销售率作为需求端的指标，来考察市场需求的变动对产能过剩的影响。更多的文献是以指标体系的方式，将产能利用率指标与其他需求端的指标结合起来，对产能过剩进行综合评价。周劲（2007）提出以产能利用率和企业库存等指标为直接的核心指标，以诸如产品价格、资金利润率、企业亏损面等经济效益指标作为间接的辅助性指标，来考察和判断产能是否过剩。王兴艳（2007）构建了产能过剩问题的评价指标体系，阐述了建立产能过剩问题预警模型的思路。黄永和等（2007）建议在汽车工业协会统计中，应建立以产能利用率为主要指标，以库存、价格、利润率（利润总额/产品销售收入）、应收账款比重、亏损总额、亏损面、销售率等为辅助指标的统计指标体系。汤祚楚（2011）提出以产能利用率、企业存货水平、钢材自给率和市场占有率、企业销售利润率、产品价格、企业亏损面等指标来衡量钢铁行业产能过剩情况。

三、浙江工业部门产能过剩的测度与分析

结合前文对于产能过剩概念的界定以及测度方法的综述，本章节将从供给与需求两个层面综合考虑，运用指标体系合成产能过剩指数（The Index of Surplus Production Capacity，SPCI），来测度和评估浙江工业行业的产能过剩程度。这里，我们选择浙江工业总产值占比高于1%（以2014年数据为标准）的23个工业行业（见表1）进行分析；同时，为了便于横向比较，我们对全国相应23个行业的产能过剩指数也进行了测度。

表1　　　　　　　浙江工业总产值占比在1%以上的23个行业　　　　单位:%

序号	行业	产值占比	序号	行业	产值占比
1	纺织业	9.01	13	纺织服装、服饰业	3.73
2	电气机械和器材制造业	8.98	14	非金属矿物制品业	3.15
3	化学原料和化学制品制造业	8.78	15	石油加工、炼焦和核燃料加工业	2.71
4	通用设备制造业	6.76	16	专用设备制造业	2.48
5	交通运输设备制造业	6.42	17	皮革、毛皮、羽毛及其制品和制鞋业	2.36
6	电力、热力的生产和供应业	6.40	18	文教、工美、体育和娱乐用品制造业	2.01
7	橡胶和塑料制品业	4.33	19	造纸和纸制品业	1.81
8	计算机、通信和其他电子设备制造业	4.04	20	医药制造业	1.76
9	黑色金属冶炼和压延加工业	4.02	21	农副食品加工业	1.60
10	化学纤维制造业	3.86	22	家具制造业	1.23
11	金属制品业	3.83	23	仪器仪表制造业	1.10
12	有色金属冶炼和压延加工业	3.78			

（一）指标体系的构建

目前来看，已有文献中提出的用于产能过剩评估的指标体系，相对较为复杂，且各指标的选取缺乏逻辑性。为了兼顾指标体系的全面性和易操作性，我们从供给端、需求端、供需两端三个层面来构建指标体系（见图1）：首先，对于供给端，考虑到产能利用率是一个较为成熟和认可的指标，我们同样选用其作为供给端产能过剩的测度指标；其次，对于需求端，借鉴杨振兵和张诚（2015）的方法，将销售率作为代理指标来考察市场需求的变动对产能过剩的影响，销售率反映了工业产品生产实现销售的程度，在一定程度上体现了产品符合社会现实需求的程度；最后，对于供需两端整体来讲，无论是产能利用不足导致的产能过剩，还是因有效需求不足而形成的产能过剩，最终都会体现在行业的盈利能力上，因此，我们选择行业的企业亏损率作为整体上反映行业产能过剩程度的指标。数据来源方面，由于产能利用率是一个无法观测的变量，我们将在下文中进行估算。[①]

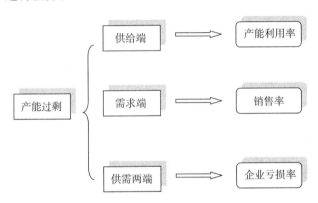

图1　产能过剩评估的指标体系

（二）产能利用率的测度

产能利用率的测度方法主要包括生产函数法、成本函数法、数据包络分析（DEA）以及随机前沿分析（SFA）等。相对来讲，随机前沿分析在模型的设定方面，更加符合现实情况，而且计算过程也较为便捷，因此我们选择随机前沿分析作为产能利用率的测度方法。

设定生产函数的具体形式为

$$\ln Y_{it} = \beta_0 + \beta_1 t + \frac{1}{2}\beta_2 t^2 + \beta_3 \ln K_{it} + \beta_4 \ln L_{it} + \beta_5 t\ln K_{it} + \beta_6 t\ln L_{it}$$

---

① 销售率和企业亏损率的数据来自《浙江统计年鉴》、《中国工业统计年鉴》等资料。

$$+ \frac{1}{2}\beta_7 \ln K_{it} \times \ln L_{it} + \frac{1}{2}\beta_8 (\ln K_{it})^2 + \frac{1}{2}\beta_9 (\ln L_{it})^2 + v_{it} - u_{it}$$

$$\triangle \quad \ln f(t, K_{it}, L_{it}, \beta) + (v_{it} - u_{it})$$

其中，Y_{it} 为行业 i 在 t 时刻的产出，K 为资本投入，L 为劳动力投入，v 为随机误差项，表示不可控的影响因素，满足 $v_{it} \sim iidN(0, \sigma_v^2)$，$u$ 为技术损失误差项，用于计算技术非效率，其具有以下形式

$$u_{it} = u_i \exp[-\eta(t - T)]$$

$$u_i \sim N^+(\mu, \sigma_u^2)$$

其中，参数 η 表示技术效率指数 u_{it} 的变化率。根据上述模型设定，行业 i 在 t 时刻的产能利用率 CU_{it} 可以表示为

$$CU_{it} = \frac{E[f(t, K_{it}, L_{it}, \beta)\exp(v_{it} - u_{it})]}{E[f(t, K_{it}, L_{it}, \beta)\exp(v_{it} - u_{it})|u_{it} = 0]}$$

分别选取浙江和全国工业部门 2008—2014 年 23 个工业行业的面板数据作为样本。其中，行业产出 Y 采用工业增加值作为变量，由于部分年份数据缺失，参考现有研究的做法，将工业总产值的增速作为工业增加值的增速并利用前一年的增加值数据计算得到；工业资本投入 K 采用资本存量进行度量，这里参考陈诗一（2011）的做法，按照永续盘存法，计算公式为

资本存量$_t$ = 可比价全部口径投资额$_t$ + （1 - 折旧率$_t$）× 资本存量$_{t-1}$

折旧率$_t$ = （累计折旧$_t$ - 累计折旧$_{t-1}$）/ 固定资产原价$_{t-1}$

其中，工业劳动投入 L 采用各工业行业年均从业人数进行度量。[①]

（三）产能过剩指数（SPCI）的合成

根据上述产能过剩指标体系的设计以及各指标数据的估算和采集，我们得到浙江和全国两个层面产能利用率、销售率、企业亏损率三个指标 2008—2014 年的年度数据，样本的统计描述如表 2 所示。

表 2　　　　　　　　　　指标的描述性统计量

	指标名称	均值（%）	标准差	样本数
	产能利用率	67.91	16.73	161
浙江	销售率	97.21	1.28	161
	企业亏损率	12.69	4.20	161
	产能利用率	55.11	21.47	161
全国	销售率	97.81	0.79	161
	企业亏损率	13.45	4.96	161

---

① 上述所需数据均来自《浙江统计年鉴》、《中国统计年鉴》、《中国工业统计年鉴》等；产能利用率的计算通过软件 Frontier4.1 实现。

在此基础上，我们采用主成分分析法来构建产能过剩指数（SPCI）。首先，对企业亏损率这一指标进行同趋势化处理，并对样本数据进行标准化；其次，根据主成分分析的结果，选择第一主成分（贡献率为39.3%）和第二主成分（贡献率为33.3%）作为参考指标，采用各自主成分对方差的贡献率作为指标权重，计算得到综合得分；最后，为了便于理解和表示，将综合得分线性映射到区间[60，100]上，即得到行业的产能过剩指数①。

（四）测度结果初步分析

基于产能过剩指数（SPCI）的测度结果，通过横向与纵向的比较分析，我们对浙江工业部门产能过剩的总体情况与行业特征有以下两点认识。

1. 浙江工业企业产能过剩情况总体好于全国

从总体上看，浙江工业企业产能过剩程度小于全国（见图2）。2008—2014年，浙江工业企业 SPCI 指数均值为84.53，比全国平均水平低6.10%。从变化趋势看，2008年，由于国际金融危机的影响，外需急剧萎缩对产能利用形成较大制约，全国和浙江工业企业 SPCI 指数分别高达87.62、83.77；但随着危机后一揽子经济刺激计划实施，强劲的投资需求迅速消化了过剩产能，2009—2010年期间，全国和浙江 SPCI 指数下降明显，其中2010年相比2008年分别下降了4.33个和5.75个百分点；2009年经济刺激增长形成了巨大产能，加上总体疲弱的外需，2011年以来，产能过剩问题又开始凸显，其中2012年全国 SPCI 指数比2011年增加了0.32个百分点，浙江 SPCI 指数虽然没有升高，但下降速度相对缓慢，其中2011年与2010年基本持平，2012年和2013年分别下降1.57个和0.85个百分点。

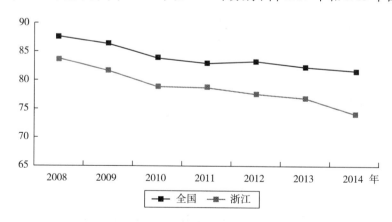

图2　全国与浙江产能过剩指标（SPCI）变化趋势

2. 从分行业来看，浙江传统产业的产能过剩情况相对严重

---

① 具体结果略去，如果需要可与作者联系。

　　为了区分行业间产能过剩的不同程度，我们采用历史样本分位数的方法，以中位数（79.13）作为产能过剩"略微严重"的衡量基准，以70%的分位数（81.90）作为产能过剩"比较严重"的衡量基准，来考察浙江各工业行业的产能过剩程度，结果显示（见图3），23个工业行业中，有13个行业的产能过剩指数超过了"略微严重"的基准线，其中，有7个行业的产能过剩指数达到了"比较严重"的标准，分别为电力、热力的生产和供应业（86.21），纺织服装、服饰业（83.46），橡胶和塑料制品业（83.36），造纸和纸制品业（83.35），家具制造业（83.35），石油加工、炼焦和核燃料加工业（82.91），文教、工美、体育和娱乐用品制造业（82.43）。进一步地，可以发现，这7个行业中，虽然包括了资本密集型的重化工业（如电力、热力的生产和供应业，石油加工、炼焦和核燃料加工业），但更多的是集中于浙江传统轻工产业、块状经济部门（如纺织服装、服饰业，橡胶和塑料制品业，家具制造业，造纸和纸制品业，文教、工美、体育和娱乐用品制造业等）。

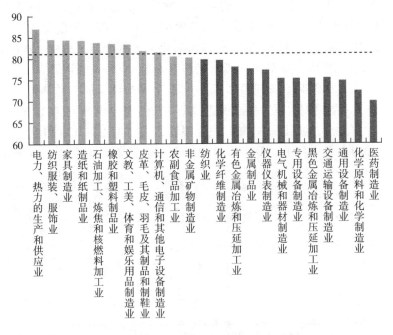

图3　浙江分行业产能过剩指标（SPCI）比较

四、浙江工业部门产能过剩影响因素的实证分析

　　随着地域经济金融特点的不同，产能过剩的具体表现及其形成机制，也存在一定的差异。因此，在研究和探索区域性化解产能过剩的政策措施之前，需要结合本地区的实际情况，厘清产能过剩形成的内在机制，并对各个影响因素

的重要性有一个清晰的认识和判断。本文尝试在前文现状分析的基础上，结合浙江工业行业产能过剩的表象特征，深入挖掘影响浙江工业行业产能过剩的潜在经济金融因素；进一步地，以产能过剩指数（SPCI）作为被解释变量，运用面板数据模型来证实分析各个因素对于产能过程的作用机理和影响程度。希望通过本文的分析，能够为下文提出相应的政策建议，提供一定的思路和参考。

（一）因素分析与解释变量选择

我们沿袭之前的分析思路，从供给和需求两个维度入手，来探究浙江工业部门产能过剩的影响因素。一般来讲，供给端的直接诱因无非是过度投资、重复建设和盲目追求规模最大化，但其背后，往往与发展模式的路径依赖，金融供给的低效率，以及以行政干预为代表的体制弊端等因素密切相关；而需求端因素则可以归结为有效需求不足，可以从内需和外需两个角度来分析。

1. 发展模式的路径依赖

浙江经济的崛起依靠的是独特的发展路径，在改革开放之初，浙江人抓住时机，在当时短缺经济的大背景下"乘虚而入"，掀起了自下而上的创业热潮。草根主导的动力机制决定了浙江经济以民营企业、中小企业为主的现状。一方面，与国有经济相比，民营经济推行以市场为导向的经营方式，行业竞争相对充分，优胜劣汰的机制也相对完善，因此，在市场出清方面具有一定的优势。另一方面，浙江民营企业所在行业大多进入门槛低，对原材料、资源、工艺的要求不高，缺乏技术储备，经营管理落后，创新能力不足；由此形成的块状经济模式仍停留在低水平重复和模仿的层面，区块内竞争也是以同质竞争为主，未形成垂直分工协作体系。这些因素导致部分劳动密集型行业形成了较为严重的产能过剩。综上所述，我们选用行业中私营企业资产占比和大中型企业资产占比这两个指标，来反映浙江工业行业民营经济成分占主导、行业竞争较为充分的特点，预期前者对产能过剩程度起到负向效应，后者起到正向效应；选用行业中资本和劳动力的比值①来反映行业的资本密集度，预期该变量对产能过剩程度起到负向效用。

2. 金融供给的低效率

经济决定金融，但金融发展状况也会反作用于经济。当金融资源在行业配置中出现不均衡甚至扭曲时，就会大大降低金融配置效率，最终影响经济发展。行业间杠杆率水平的差异，能够在一定程度上反映出金融资源在行业间的配置状况，因此，通过分析行业杠杆率水平与产能过剩程度之间的关

---

① 具体计算中，先将这两个指标各行业每年的数值分别除以行业历年均值，进行无量纲化处理，再计算比值。

系，能够从侧面反映出金融资源配置对于产能过剩的作用机制。因此，我们选用行业的资产负债率作为反映金融供给状况的代理变量，预期其对产能过剩存在正向效应。

3. 政府行为的推动效应

在产能过剩的因素分析中，地方政府行为往往被认为是一个不可忽视的因素。由于财政分权和 GDP 为主导的绩效考核体系，导致地方政府倾向于追求总量扩张而忽略结构均衡，注重短期经济效益而牺牲长期发展的可持续性，在推动地方经济发展的过程中，往往存在过度干预的现象：一方面，对于传统产业中"大而不能倒"的企业，往往采取政策倾斜和地方保护主义，即使产能过剩但仍维系其生存，另一方面在扶持新兴行业的问题上，为了在地区间竞争中抢占先机，往往是在条件未成熟、缺乏科学系统规划的情况下就一哄而上，容易导致重复建设和产能过剩。因此，为衡量政府行为对于产能过剩的影响，我们选取固定资产投资中国有及国有控股性质的投资占比①这一指标，预期其对产能过剩的作用方向为正。

4. 有效需求不足

一般来讲，有效需求不足，可以从内需和外需两个角度来分析。内需方面，当前市场需求已逐步从简单粗放、低附加值的产品向工艺复杂、高附加值的产品转换，而在生产环节，产业结构的调整却滞后于消费结构升级，产品档次提升有限，这种供需两端的错配导致市场对现有产品的内需不足；外需方面，随着外部经济环境的持续低迷，以及国内成本优势的逐渐丧失，出口贸易规模大幅下降，外需萎缩已成为不争的事实。对外贸依存度较高的浙江来讲，外需萎缩导致的有效需求不足，可能显得更为突出，对于行业产能过剩的影响也更为显著。因此，我们采用行业出口交货值与工业销售值的比值来刻画行业的外向度，考察其对于产能过剩的影响程度，预期该变量的系数符号为正。

（二）面板数据模型与结果分析

根据上文的因素分析，我们采用面板回归模型来实证浙江工业行业产能过剩指数与其影响因素之间的作用机制与影响程度，具体模型设置如下：

$$SPCI_{it} = C + \alpha_1 PC_{it} + \alpha_2 CR_{it} + \alpha_3 KL_{it} + \alpha_4 LEV_{it} + \alpha_5 GOV_{it} + \alpha_6 DEXP_{it} + \varepsilon_{it}$$

其中，被解释变量 SPCI 为产能过剩指数，i 代表行业，t 代表年份（下同），C 为常数项。解释变量中，PC 为行业中私营企业资产占比；CR 为大中型企业资产占比，反映行业竞争强度；KL 为行业资本密集度（以资本对劳动的比重衡量）；

①　由于该指标只有全国层面的数据，缺乏浙江的数据，而考虑到政策往往是上行下效的，我们采用全国层面的数据作为替代。

LEV 为资产负债率，代表行业的杠杆率水平；GOV 为固定资产投资中国有及国有控股性质的投资占比，刻画政府行为；DEXP 为出口交货值对工业销售值之比，反映行业对于外贸的依赖度。解释变量的定义及其系数的预期符号如表 3 所示。

表 3 模型解释变量定义及其系数的预期符号

解释变量	定义	预期系数符号
PC	行业中私营企业资产占比	负
CR	行业中大中型企业资产占比	正
KL	行业资本存量/行业平均从业人数	负
LEV	行业总负债/行业总资产	正
GOV	行业固定资产投资中国有及国有控股性质的投资比重	正
DEXP	行业出口交货值/行业销售值	正

数据方面，我们选取前文考察的浙江省 23 个主要工业行业的年度数据，样本区间为 2008—2014 年[①]实证过程中，结合 F 检验和 Hausman 检验，最终选定为面板模型为个体固定效应模型，模型的最终估计结果表 4 所示。

表 4 浙江产能过剩影响因素模型的估计结果

变量	系数估计值	t 值	p 值
C	63.6942 ***	6.5004	0.0000
PC	− 0.01671 **	− 0.1965	0.0227
CR	0.09101 **	1.2493	0.0445
KL	− 9.03421 **	− 4.8791	0.0138
LEV	0.20823 ***	1.9596	0.0000
GOV	0.39513 *	1.1861	0.0521
DEXP	0.29399 **	2.3051	0.0337
R – squared = 0.7137		Adjusted R – squared = 0.6530	
D – W = 1.7224		F – statistic = 0.0000	

注：***、** 和 * 分别表示参数在 1%、5% 和 10% 的显著性水平下显著。

从模型拟合结果来看，整体拟合效果较好，各个变量的系数也均通过了显著性检验，且变量系数的符号也均符合预期，具体来看有以下结果。

行业中私营企业资产占比（PC）的系数为负，意味着行业私营企业资产占比越高，该行业的产能过剩程度相对越低，这一结果与我们的分析一致。行业中大中型企业资产占比（CR）的系数为正，说明行业中大中型企业资产占比越

---

① 数据来源为浙江统计局网站和 Wind 数据库。

高，该行业的产能过剩就越严重。行业资本密集度（KL）的系数为负，说明要素结构中资本对劳动的比率越高，产能过剩程度越低，这一事实具有一定的浙江特色，单纯依靠投入劳动力实现扩张，属于低效和无序的竞争，造成资本效率和全要素生产率的低下，也正是打造升级版"浙江模式"所亟待解决的问题。行业杠杆率（LEV）对产能过剩的效应为正向，这从金融角度给出了产能过剩的解释，即企业高负债经营的冲动会助长产能过剩，放大低效率粗放型投资造成的资源配置扭曲，而且在经济存在下行压力的宏观背景下，杠杆率的居高不下往往意味着企业身陷被动维持高杠杆的泥潭，更不利于市场出清以及经济的长期健康发展。固定资产投资中国有及国有控股性质的投资比重（GOV）的系数为正，在一定程度上证实了政府干预会加剧产能过剩程度的恶化，浙江虽然是推行政府简政放权的先驱和模范，但各级地方政府在固有的体制机制下，同样具有考核和晋升压力，因此在推动地区经济发展的过程中，或多或少地存在干预市场的行为，可能对区域的产能过剩起到了正向强化的效应。行业外贸依赖程度（DEXP）的系数为正，说明行业对外部市场的依存度越大，出现产能过剩的可能性也越大，从而从需求层面解释了浙江部分工业行业形成产能过剩的原因。然而，我们需要指出的是，这一因素具有一定的阶段性特征，与我们选择的样本期相关；理论上，当外部环境有利于外贸活动时，对于外向度较高的行业来讲，其出现产能过剩的可能性较低，更容易实现市场出清。

五、政策建议

基于浙江工业行业产能过剩的现状及其影响因素分析，针对抑制和化解浙江的产能过剩问题，我们提出如下政策建议。

1. 建立和完善合理的产能过剩监测和评估体系

对行业的产能过剩进行监测和预警，是抑制和防范产能过剩的基础，但是目前来看，这方面的工作还存在一定的缺位，相关部门的统计监测工作仍不够系统和完善，在预警方面作用有限。一方面，需要确立和完善科学、合理的产能过剩监测指标体系，能够结合浙江经济金融特点，涵盖主要行业，并且兼顾现有产能、在建产能和拟建产能等，全方位、系统性地反映产能过剩情况；另一方面，相关部门需要加强信息披露，通过有计划、有步骤的定期向社会公布，确保产能检测的连贯性、整体性、协调性，从而引导企业进行科学的投资和生产决策，防止因信息不对称导致的过度投资、盲目扩张等行为，从而有效抑制产能过剩问题。

2. 分业施策、因地制宜，区别对待化解产能过剩问题

根据产能过剩的不同程度，对不同的地区、不同的行业、不同的产品采取不同的措施，有步骤、分类别地化解产能过剩问题。对于产业层次低、附加值

低、需求近乎饱和的相关传统行业，如纺织服装、家具制造等行业，应作为现阶段浙江省化解产能过剩的重点行业；对于现阶段出现产能过剩迹象，但未来需求仍存在较大空间的高新技术产业，应适度控制其扩张规模，严格行业投资准入，并积极扩大市场需求，加快市场出清。同时，应审时度势，根据经济发展的不同阶段，执行不同的产业结构调整任务，动态调整产能过剩化解的相关措施，提升政策的针对性，有效性。

3. 避免路径依赖，加快传统产业转型升级

浙江作为制造业大省，大部分行业的比较优势在相当程度上依靠廉价的劳动力，竞争优势主要体现在加工组装环节，产品的附加值很低，导致一般产品相对过剩与技术含量高、附加值大的产品短缺并存，这种路径依赖的发展模式亟须改变。一方面，积极推动高新适用技术引入传统优势产业，从政策上、资金上、人才上给予扶持，推进企业兼并重组，淘汰落后产能，缓解产能过剩；另一方面，通过完善省级新产品开发推广机制等措施，积极引导企业以市场需求为导向、以技术创新为支撑，提高研发设计水平，加快开发一批具有自主知识产权、自有知名品牌、较高附加值和市场竞争力的新产品，以摆脱低层次的重复和模仿的发展模式。

4. 推动金融供给侧改革，提升金融资源配置效率

金融机构应控制对过剩产能行业的信贷总额，对新增过剩产能企业的授信要遵守更为严苛的审慎性原则；同时还应通过创新业务模式、完善信息共享和风险分担机制，提升金融功能与产业转型的契合度，使资金流向效率更高、更有发展空间的相关产业；寻求市场化的模式来加快处置产能过剩行业中的不良资产，一方面，发掘不良资产资源型的一面，通过各种市场化运营手段提高其真实价值，进而提高不良资产的流动性；另一方面，加强银行和资产管理公司的联合运作处置，发挥商业银行的资金和信息优势，利用资产管理公司灵活多样的方式，提高不良资产处置效率；积极运用直接融资方式盘活存量，优化增量，借助不良贷款债转股、发行优先股等方式，实现直接融资与间接融资之间的灵活转化；同时，利用资本趋利的市场选择原则，鼓励经济效益好、偿债能力强的优势企业及新兴产业企业，通过发行债券、股票等直接融资方式募集资金，以提升金融供给的有效性。

5. 强化市场主导功能，优化政府角色定位

在推动经济发展的过程中，政府的角色更多的应该是强化市场经济的作用，保障经济的市场化运行，而不是利用指令性的行政手段去干预市场，揠苗助长，改变市场运行的规则；而在面对产能过剩及重复建设等问题上，政府也不应该无所作为，而是需要创新政府干预方式，提高政府的服务意识，进一步发挥政府的服务性和咨询性作用。同时，也需要抑制地方保护主义行为，淘汰落后产

能的过程会伤害到一部分企业的利益，这些企业很可能在区域经济中扮演着很重要的角色，应避免地方政府通过采取一定的手段来维护这些企业的利益，保障产能过剩退出的渠道顺畅。

参考文献

[1] 陈诗一：《中国工业分行业统计数据估算》，载《经济学（季刊）》，2011（4）。

[2] 龚刚、杨琳：《我国生产能力利用率的估算》，清华大学中国经济研究中心学术论文，2002。

[3] 郭庆旺、贾俊雪：《地方政府行为、投资冲动与宏观经济稳定》，载《管理世界》，2006（5）。

[4] 韩国高、高铁梅、王立国等：《中国制造业产能过剩的测度、波动及成因研究》，载《经济研究》，2011（12）。

[5] 韩英、罗守权：《金融危机对中国钢铁行业的影响及对策》，载《生产力研究》，2010（10）。

[6] 何彬：《基于窖藏行为的产能过剩形成机理及其波动性特征研究》，吉林大学博士研究生论文，2008。

[7] 何记东、史忠良：《产能过剩条件下的企业扩张行为分析——以我国钢铁产业为例》，载《江西社会科学》，2012（3）。

[8] 黄永和、刘斌、吴松泉等：《我国应制定汽车产能利用衡量标准》，载《汽车工业研究》，2007（11）。

[9] 吕政、曹建海：《竞争总是有效率的吗？——兼论过度竞争的理论基础》，载《中国社会科学》，2000（6）。

[10] 梁金修：《我国产能过剩的原因及对策》，载《经济纵横》，2006（7）。

[11] 刘西顺：《产能过剩、企业共生与信贷配给》，载《金融研究》，2006（3）。

[12] 孙巍、李何、王文成：《产能利用与固定资产投资关系的面板数据协整研究》，载《经济管理》，2009（3）。

[13] 汤祚楚：《资本结构与产能过剩形成机理研究——以我国钢铁行业为例》，浙江财经学院研究生论文，2011。

[14] 万岷：《市场集中度和我国钢铁产能过剩》，载《宏观经济管理》，2006（9）。

[15] 王立国、张日旭：《财政分权背景下的产能过剩问题研究——基于钢铁行业的实证分析》，载《财经问题研究》，2010（12）。

［16］王维国、袁捷敏:《我国产能利用率的估算模型及其应用》, 载《统计与决策》, 2012 (20)。

［17］王兴艳:《产能过剩评价指标体系研究初探》, 载《技术经济与管理研究》, 2007 (4)。

［18］谢国忠、立方:《产能过剩谁之过?》, 载《证券日报》, 2005。

［19］杨光:《中国设备利用率与资本存量的估算》, 载《金融研究》, 2012 (12)。

［20］杨振兵、张诚:《中国工业部门产能过剩的测度与影响因素分析》, 载《南开经济研究》, 2015 (6)。

［21］周劲:《产能过剩判断指标在部分行业测算中的应用》, 载《中国科技投资》, 2007 (7)。

［22］Aadhaar Chaturvedi. Victor Martnezde Alben. Safety stock or excess capacity: trade – offs under supply risk [J]. Management Science, 2009 (8): 39.

［23］Berndt E. R., Fuss M. Productivity Measurement with Adjustments for Variations in Capacity Utilization and Other Forms of Temporary Equilibria [J]. Journal of Econometrics, 1986, 33: 7 – 29.

［24］Berndt E. R., Morrison C. J. Capacity Utilization measures: Underlying Economic Theory and an Alternative approach [J]. American Economic Review, 1981, 71 (2): 48 – 52.

［25］Bruce Blonigen, Wesley Wilson. Foreign subsidization and excess capacity [J]. Journal of International Economics, 2010 (2): 80.

［26］Chamberlin E. The Theory of Monopolistic Competition [M]. Cambridge: Harvard University Press, 1947.

［27］Kamien M. I., Schwartz N. I. Uncertain Entry and Excess Capacity [J]. American Economic Review, 1972, 62 (5): 918 – 27.

［28］Kirkley J., Paul C. M., Squires D. Capacity and Capacity Utilization in Common – pool Resource Industries [J]. Environmental and Resource Economics, 2002, 22: 71 – 97.

［29］Morrison C. J. Primal and Dual Capacity Utilization: An Application to Productivity Measurement in the U. S. Automobile Industry [J]. Journal of Business & Economic Statistics, 1985, 3 (4): 312 – 24.

［30］Nelson R. On the Measurement of Capacity Utilization [J]. Journal of Industrial Economics, 1989, 37 (3): 273 – 86.

［31］Segerson K., Squires D. Capacity Utilization under Regulatory Constraints [J]. Review of Economics and Statistics, 1990, 95 (1): 76 – 85.

科技创新、金融创新与普惠金融发展

宁波市金融学会课题组[*]

一、引言

普惠金融发展的重要性和紧迫性已经形成全球共识，而从国家层面制定普惠金融发展战略也已成为一种趋势。2016 年初，我国发布了《推进普惠金融发展规划（2016—2020）》（国发〔2015〕74 号），以全局的视角考虑了未来五年我国普惠金融发展问题，并着重强调了互联网等现代信息技术手段在拓展普惠金融服务广度和深度方面的作用，而这与科技金融创新引领普惠金融发展的实践不谋而合。

普惠金融体系的概念首次提出是在 2005 年，此后相关研究层出不穷。Sarma、Pais（2008）从渗透性、可得性和使用性三个维度构建普惠金融指数；Beck 等（2009）研究表明，交易成本、储蓄率、投资决策、技术创新和经济增长率等对金融服务的可获得性产生影响；焦瑾璞（2010）认为普惠金融是小额信贷和微型金融的延续性发展；董晓林、徐虹（2012）认为普惠金融影响因素基本涵盖了经济金融、社会人口、财政金融等；郭田勇、丁潇（2015）实证得出，经济发展水平、金融意识和信贷资源价格是影响发达国家和发展中国家普惠金融发展的共同因素。而科技创新与金融创新的关系可追溯至熊彼特《经济发展理论》（1912）；Chou（2004）论证了金融创新增强资本流动性，进而推动新技术的扩散；黄国平、孔欣欣（2009）基于增强科技创新能力的角度，认为金融支撑体系构建是促进科技创新的重要举措；Revilla（2012）论证了通信技术通过技术进步和生产重组促进资本深化；王仁祥、杨曼（2015）从最优化视角论证了科技创新与金融创新最佳耦合协调的存在性。

综观既有研究，在科技、金融创新与普惠金融发展方面的研究颇为丰富，但仍存在一些不足之处：一是科技创新与金融创新关系探讨的重点在于二者相互影响机理，缺乏对二者耦合关系的探讨及论证；二是鲜有从科技创

　＊ 课题主持人：周伟军
　　课题组成员：周　豪　何振亚　余霞民　陈　科　俞佳佳

新、金融创新的视角对普惠金融影响因素进行分析，同时也缺乏科技创新、金融创新以及二者耦合关系对普惠金融发展作用的实证分析。有鉴于此，本文立足既有研究成果，通过对科技创新、金融创新的现状评估以及二者耦合关系的测度，探讨科技创新、金融创新以及二者耦合关系对普惠金融发展的作用。

二、科技创新与金融创新现状评估及耦合关系

（一）科技创新与金融创新的指标体系

1. 科技创新指标体系。一是科技创新投入。选取 R&D 经费支出、R&D 人员全时当量①作为衡量科技创新投入指标；二是科技创新产出。选取高技术产业总产值②、技术市场成交金额作为衡量科技创新产出指标；三是科技创新环境。选取国内三种科技活动专利授权比例、全国科技活动专利授权比例作为衡量科技创新环境指标（见表1）。

表1　　　　　　　　　　　科技创新指标体系

分类指标	指标衡量	指标内涵
科技创新投入	R&D 经费支出	R&D 经费投入程度
	R&D 人员全时当量	人力资源投入程度
科技创新产出	高技术产业总产值	创新能力绩效水平
	技术市场成交金额	科技创新市场竞争力
科技创新环境	国内三种科技活动专利授权比例	三种科技创新活动法律环境
	全国科技活动专利授权比例	创新活动受法律保护水平

2. 金融创新指标体系。一是金融创新效率。选取 M2/GDP、金融资产总量/GDP③作为衡量金融创新效率的指标。二是金融创新规模。选取股票市价总值/GDP、金融资产总量/M1 作为衡量金融创新规模的指标。三是金融创新结构。选取中央银行资产/金融资产总量、中央银行资产/GDP 作为衡量金融创新结构的指标。四是金融创新环境。选取商业银行不良贷款率④作为衡量金融创新环境的指标（见表2）。

---

① 受数据获取限制，2015 年 R&D 人员全时当量数据根据 2014 年增速来测算。

② 受数据获取限制，2013—2015 年高技术产业总产值数据根据 2012 年增速来测算。

③ 金融资产总量 = M1 + 金融机构资金运用合计 + 股票流通市值 + 保险公司保费收入 + 保险公司保费赔付 + 债券余额。

④ 受数据获取限制，1995—2002 年商业银行不良贷款率以"国有四大银行不良贷款率"替代。

表2 金融创新指标体系

分类指标	指标衡量	指标内涵
金融创新效率	M2/GDP	金融深化程度
	金融资产总量/GDP	经济金融化程度
金融创新规模	股票市价总值/GDP	股票市场规模
	金融资产总量/M1	金融创新程度
金融创新结构	中央银行资产/金融资产总量	金融资产集中度
	中央银行资产/GDP	央行在经济中重要性
金融创新环境	商业银行不良贷款率	市场信用环境状况

注：构建科技创新指数（TII）、金融创新指数（FII）的指标数据取自 Wind 数据库、《中国统计年鉴》等，数据时段为 1995—2015 年。

（二）科技创新与金融创新的现状评估

1. 评估方法。基于科技创新与金融创新的系统性概念，构建综合性指数对二者进行评估，基本模型如下

$$P_i = \frac{x_i - m_i}{M_i - m_i} \qquad i = 1,2,\cdots,N \qquad (1)$$

其中，P_i 表示第 i 个指标无量纲化后的测度值，x_i 表示第 i 个评价指标的实际值；M_i 示第 i 个评价指标的最大值；m_i 表示第 i 个评价指标的最小值。需要说明的是，当 P_i 是正向指标时，采用上式；当 P_i 是反向指标，上式将被调整为如下形式

$$P_i = \frac{M_i - x_i}{M_i - m_i} \qquad i = 1,2,\cdots,N \qquad (2)$$

同时，综合考虑样本数据量、数据获取渠道等因素，最终以变异系数法来测度指标层权重，公式如下

$$CV_i = \frac{S_i}{\overline{X}_i} \qquad i = 1,2,\cdots,N \qquad (3)$$

在上式中，CV_i 代表各个指标的变异系数，S_i 代表各个指标的标准差，$\overline{X}_i$ 代表各个指标的平均值。各指标的变异系数占所有指标变异系数之和的比值作为权重，如下式

$$w_i = \frac{CV_i}{\sum_{i=1}^{N} CV_i} \qquad i = 1,2,\cdots,N \qquad (4)$$

最终，以算术加权平均作为指数合成方法

$$P = \sum_{i=1}^{N} w_i P_i \qquad i = 1, 2, \cdots, N \qquad (5)$$

2. 评估结果。基于上述指数合成公式，测度1995—2015年我国科技创新指数（TII）及金融创新指数（FII）。

（1）科技创新指数（TII）。科技创新指数测度结果显示：总体来看，我国科技创新发展水平呈现稳步上升的趋势；分时段来看，2003年以前，我国科技创新发展较为缓慢，2003年后则发展较快（见图1）。

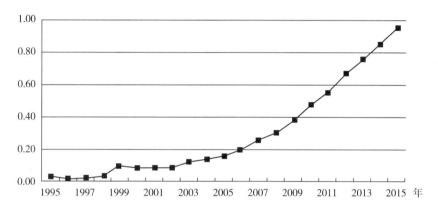

图1 1995—2015年我国科技创新指数（TII）

（2）金融创新指数（FII）。金融创新指数测度结果显示：总体来说，我国金融创新发展水平呈稳步提升态势，在2007年达到一个较高水平。受2008年国际金融危机的影响，金融创新发展势头有所放缓，截至2013年金融创新发展水平开始回升（见图2）。

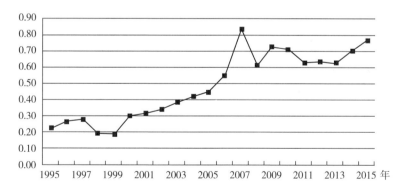

图2 1995—2015年我国金融创新指数（FII）

（三）科技创新与金融创新的耦合关系测度

1. 耦合机理分析。依据产生耦合关系对象的差异，科技创新与金融创新的耦合机理可以从微观、中观、宏观三个层面分析。

（1）微观层面：要素互动机制。科技创新子系统与金融创新子系统中有多个要素在共同作用，包括创新主体、对象、资源以及环境。在耦合过程中，子系统之间的要素以良性互动方式形成耦合（见图3）。一是系统内要素的耦合过程。在科技创新子系统中，科技创新主体通过人才、技术及资本等创新资源的运用，形成知识、技术、管理等科技创新成果；在金融创新子系统中，金融创新主体通过人才、技术及资本等创新资源的运用，形成产品、服务、制度等金融创新成果。二是系统间要素的耦合过程。首先，经济、制度等外部环境因素会对科技创新、金融创新子系统形成影响，而后两者的发展也会对外部环境形成正向或负向反馈。其次，科技创新、金融创新子系统的创新主体存在重叠，彼此间形成不可替代的联系。最后，科技创新子系统中的技术要素能够提升金融发展的科技化水平，相对地，金融创新子系统中资本要素为科技创新活动提供资金支持。

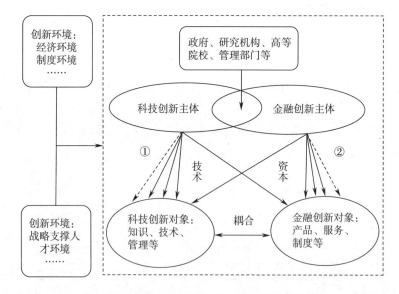

注：①、②表示各创新主体对创新对象输出的人才、技术、资本等创新资源。

图3　科技创新系统与金融创新系统要素互动机制

（2）中观层面：供需匹配机制。中观层面科技创新子系统与金融创新子系统的耦合在于两者之间形成的供需匹配。在稳定良好的外部环境，以及政府宏观调控和中介机构撮合下，二者形成有效的供需匹配（见图4）。一是需求方：科技创新。作为需求方，科技创新具有融资需求、咨询服务需求以及风险管理需求。融资需求方面，既有对财政资金的需求，也有对银行、风投机构以及资本市场的资金需求；咨询服务需求方面，科技创新需要专业的配套服务机构如法律、投资、财务等提供咨询服务；风险管理需求方面，金融市场中保险能够为科技创新提供风险保障，降低科技创新活动的风险性。二是供给方：金融创新。作为供给方，金融创新为科技创新提供资金融通渠道、信息咨询服务和风险规避手段，有效满足科技创新的需求。此外，政府作为特殊供给者，通过适当的调控手段，引导科技创新与金融创新的发展。而中介机构凭借专业知识和技能，为科技创新和金融创新提供支撑性服务工作，提高科技创新与金融创新效率。

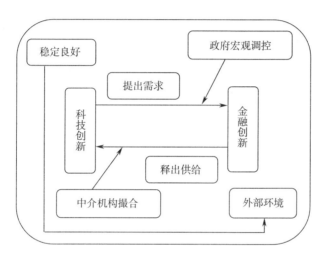

图4 科技创新系统与金融创新系统供需匹配机制

（3）宏观层面：系统协同机制。科技创新系统与金融创新系统在微观与中观层面实现要素互动、供需机制的耦合，提升了两个子系统的发展，进而在宏观层面上实现二者之间的协同发展（见图5）。一是协同发展推动经济社会发展。中观层面上供需匹配机制的作用，带动科技创新的发展并逐步实现产业化，提升整个社会生产力水平，进而促进社会经济的发展。与此同时，科技创新为金融创新和金融产业发展提供技术支持，促进金融要素的流动和金融资源的匹配，加速整个金融体系的发展，带来新的经济增长点，对社会经济发展形成有效支持。二是协同机制促进耦合的有序性。科技创新与金融创新的协同发展表现为局部的经济系统在时空和功能上由无序状态向有效状态转变。在该系统内，当外部环境未改变时，科技创新子系统和金融创新子系统遵循一定的规律，自发优化结构和功能；当外部环境发生改变时，科技创新子系统与金融创新子系统在协同效应的作用下形成新的结构和功能，呈现新的耦合关系。

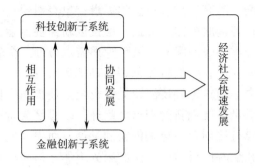

图5　科技创新系统与金融创新系统协同发展机制

2. 耦合关系测度。依据科技创新与金融创新的耦合机理，确定科技创新与金融创新耦合关系的模型如下。

（1）耦合协调度模型。假设科技创新系统与金融创新系统的耦合协调过程具有非线性特征，且各自的演化过程可以通过 $\frac{\mathrm{d}F(t)}{\mathrm{d}t} = f(\cdot)$ 表示。在原点处对 f（·）进行泰勒级数展开，并分别记科技创新系统与金融创新系统为 $f_1（x）$、$f_2（y）$，则二者演化方程可记为

$$f_1(x) = \sum_{i=1}^{n} \alpha_i x_i \qquad i = 1,2,\cdots,n \tag{6}$$

$$f_2(y) = \sum_{j=1}^{n} \beta_j y_j \qquad j = 1,2,\cdots,n \tag{7}$$

其中，x_i（$i=1，2，\cdots，n$）、y_j（$j=1，2，\cdots，n$）分别表示科技创新系统与金融创新系统中的第 i、j 个元素，α_i、β_j 为对应的权重。需要说明的是，在科技创新系统及金融创新系统中，由于各指标序参量计量单位、经济意义等的不同，采用前文对科技创新与金融创新现状评估的无量纲化方法对其进行处理。同时，α_i、β_j 的权重系数也采用变异系数法计算获得，计算公式与前文相同，此处不再赘述。在科技创新系统与金融创新系统演化方程的基础上，借鉴物理学中有关容量耦合（Capacity coupling）的概念及相应的系统模型，科技创新系统与金融创新系统的耦合度函数确立如下

$$C = \sqrt{\frac{f_1(x) \times f_2(y)}{[f_1(x) + f_2(y)]^2}} \tag{8}$$

其中，C 为耦合度且 $C \in [0，1)$。当 C 趋于1时，表明系统之间或系统内部要素之间达到良性耦合关系；当 $C=0$ 时，表明系统之间或系统内部要素之间处于无关状态，未形成良性耦合关系。为有效反映科技创新系统与金融创新系统的整体"功效"与"协同"效应，在式（8）中引入科技创新—金融创新系统的综合因子T，则有科技创新系统与金融创新系统耦合协调度D的计算模型：

$$D = \sqrt{C \times T} \tag{9}$$
$$T = af_1(x) + bf_2(y)$$

为保障耦合过程中科技创新系统与金融创新系统的对称地位，令 $a = b = 0.5$，则式（9）可进一步表示为：

$$D = \sqrt{\sqrt{\frac{f_1(x) \times f_2(y)}{[f_1(x) + f_2(y)]^2}} \times [0.5f_1(x) + 0.5f_2(y)]} \tag{10}$$

（2）耦合协调度计算。基于前文对科技创新系统及金融创新系统指标体系的设置以及耦合协调度模型的设置，计算 1995—2015 年科技创新系统与金融创新体系的耦合协调度（见表3）。

表3　　　　　　　　科技创新系统与金融创新系统耦合协调度

年份	耦合度 C	综合因子 T	耦合协调度 D
1995	0.308	0.127	0.198
1996	0.232	0.142	0.182
1997	0.248	0.149	0.192
1998	0.345	0.111	0.196
1999	0.473	0.146	0.263
2000	0.413	0.195	0.283
2001	0.402	0.201	0.284
2002	0.403	0.215	0.295
2003	0.427	0.255	0.330
2004	0.434	0.278	0.348
2005	0.437	0.305	0.365
2006	0.441	0.376	0.407
2007	0.424	0.546	0.481
2008	0.471	0.457	0.464
2009	0.474	0.551	0.511
2010	0.490	0.593	0.539
2011	0.499	0.592	0.544
2012	0.500	0.654	0.572
2013	0.498	0.693	0.587
2014	0.498	0.774	0.621
2015	0.497	0.867	0.656

上述耦合协调度测度结果显示：科技创新系统与金融创新系统的耦合发展呈现从低级向高级过渡态势，从1995年的0.198逐步上升到2015年的0.656，这与二者之间耦合度的发展趋势是一致的。进一步对二者间耦合协调度进行阶段分析，参考赵旭（2007）、童藤（2013）对耦合判断标准的划分，本文设置科技创新系统与金融创新系统的耦合协调度评价标准（见表4）。

表4　　　　　　　　　　　　　　耦合协调度评价标准

	耦合协调度 D	耦合标准	内涵
一般情况	0 < D ≤ 0.3	低度耦合	科技创新系统与金融创新系统间的作用及影响不明显，系统间基本不协调
	0.3 < D ≤ 0.5	较低耦合	科技创新系统与金融创新系统间存在一定的作用及影响，但作用及影响不大，系统间协调性弱
	0.5 < D ≤ 0.8	较高耦合	科技创新系统与金融创新系统间的作用及影响较强，系统间比较协调
	0.8 < D < 1	高度耦合	科技创新系统与金融创新系统间作用及影响很强，系统间协调性强
特殊情况	D = 0	完全不耦合	科技创新系统与金融创新系统间不存在任何的作用及影响，系统完全不协调
	D = 1	完全耦合	科技创新系统与金融创新系统间完全存在相互作用及影响，系统完全协调

基于上述对耦合协调度的评价划分标准，对科技创新系统与金融创新系统耦合关系进一步分析。尽管科技创新系统与金融创新系统耦合协调度有明显提升，但总体水平依然不高，呈现时段性特征：低度耦合（1995—2002年）、较低耦合（2002—2009年）、较高耦合（2009—2015年），距两系统可持续强耦合关系仍有较大空间（见图6）。

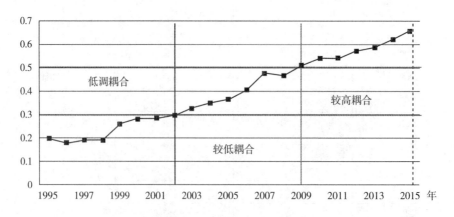

图6　科技创新系统与金融创新系统耦合协调度变化趋势

三、我国普惠金融体系的内涵特征及现状评估

（一）普惠金融的内涵特征

2008 年国际金融危机爆发后，普惠金融这一概念迅速流行，并得到 G20 国家、国际货币基金组织以及世界银行等国际组织的大力推广，已逐渐成为一套牵涉金融结构调整和金融体制变革等重大问题的发展战略和操作理念。究其核心内涵，是让每一个经济主体在有金融需求的时候，能够以合适的价格及时享受便捷高效的金融服务。同时，普惠金融具有可持续性、广覆盖性、高便利性、低成本性等特征。

（二）现状评估：普惠金融指数构建

1. 评估方法。借鉴联合国编制人类发展指数（HDI）的思路以及宋汉光等（2014）对 G20 国家普惠金融发展水平的衡量方法，构建普惠金融指数（IFI）测度模型。

假定普惠金融指数（IFI）有 n 个指标，每个指标的权重为 w，则第 i 个指标可以表示如下

正向指标

$$d_i = w_i \frac{z_i - \min_i}{\max_i - \min_i} \tag{11}$$

反向指标

$$d_i = w_i \frac{\max_i - z_i}{\max_i - \min_i} \tag{12}$$

其中，z_i 表示第 i 个指标的实际值，$\max_i$、$\min_i$ 表示第 i 个指标样本中的最大和最小观测值，w_i（$0 \leqslant w_i \leqslant 1$）表示第 i 个指标的权重[①]。由此，$0 \leqslant d_i \leqslant w_i$，$d_i$ 越大表示普惠金融水平越高。在 n 个指标衡量普惠金融状况时，则存在 n 维笛卡尔空间点 $d = (d_1, d_2, \cdots, d_n)$，在此空间内，$O = (0, 0, \cdots, 0)$ 是分析对象对应时段内的最差情况，表示普惠金融水平最低；$W = (w_1, w_2, \cdots, w_n)$ 是分析对象对应时段内的最好情况，对应普惠金融水平最高。因此，普惠金融指数（IFI）可以表示为每个指标的实际测算值 d 与最理想值 W 的距离，即

$$IFI = 1 - \frac{\sqrt{(w_1 - d_1)^2 + (w_2 - d_2)^2 + \cdots + (w_n - d_n)^2}}{\sqrt{w_1^2 + w_2^2 + \cdots + w_n^2}} \tag{13}$$

由于 $0 \leqslant d_i \leqslant w_i$，故普惠金融指数（IFI）的取值是 $0 \leqslant IFI \leqslant 1$，且 IFI 数值本身不代表普惠金融发展水平的高低，仅表示在分析对象对应时段的相对水平大小。

2. 指标体系。立足既有研究成果，考虑数据可得性及本文研究的需求，设

---

① 权重 w_i 的计算方法仍然采用变异系数法，具体计算公式与前文科技创新指数（TII）与金融创新指数（FII）的权重计算方法一样，此处不再赘述。

置包括金融服务可得性（地理渗透率和人口渗透率）和金融使用情况等维度的
15 个相对重要的指标（见表 5）。

表 5　　　　　　　　　　　普惠金融指标体系

分类指标	指标衡量	指标内涵
金融服务可得性 （地理渗透率）	每千平方公里银行网点数	银行网点数/行政区划面积
	每千平方公里保险机构数	保险机构数/行政区划面积
	每千平方公里银行从业人员数	银行从业人员数/行政区划面积
	每千平方公里保险从业人员数	保险从业人员数/行政区划面积
	每千平方公里 POS 机数	POS 机数/行政区划面积
	每千平方公里 ATM 数	ATM 数/行政区划面积
金融服务可得性 （人口渗透率）	每万成年人银行网点数	银行网点数/成年人人口数①
	每万成年人保险机构数	保险机构数/成年人人口数
	每万成年人银行从业人员数	银行从业人员数/成年人人口数
	每万成年人保险从业人员数	保险从业人员数/成年人人口数
	每万成年人 POS 机数	POS 机数/成年人人口数
	每万成年人 ATM 数	ATM 数/成年人人口数
金融使用情况	人均银行卡持有量	发行银行卡总数/总人口数
	股票开户覆盖率	股票有效账户数/成年人人口数
	人均农业贷款余额	农业贷款余额/农村人口总数

　　注：构建普惠金融指数（IFI）的各相关指标数据取自 Wind 数据库、《中国统计年鉴》、中国人民银行网站等，数据时段为 1995—2015 年。

　　3. 评估结果。根据普惠金融指数评估方法以及指标体系设置，对 1995—2015 年我国普惠金融指数进行测算（见图 7）。

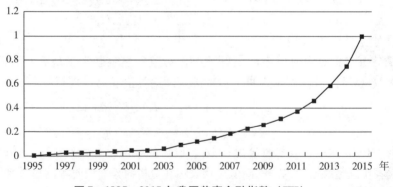

图 7　1995—2015 年我国普惠金融指数（IFI）

---

　　① 根据我国人口结构数据统计划分标准，定义 15 岁以上的为成年人，统计数据为 15 ~ 64 岁、65 岁以上人口总和，下同。

从全国普惠金融指数（IFI）的评估结果看，可以得出：一是我国普惠金融发展水平呈现稳步提高的态势，且呈现一定的阶段性特征。2008年之前，普惠金融发展相对较为缓慢；2008年之后，普惠金融发展水平提升较为明显。二是普惠金融发展水平的稳步提升与科技创新、金融创新水平提升具有一定的关联性。从普惠金融指数的各指标权重看，POS、ATM、银行卡等与科技、金融创新关联度较高的指标权重分列前5位，这从侧面可以反映出科技、金融创新对普惠金融发展水平的促进作用。

四、普惠金融发展：科技创新与金融创新视角

前文对科技、金融创新在普惠金融发展中的作用分析，以及普惠金融发展中科技金融创新的实践成效和发展事实均表明，科技创新、金融创新有利于普惠金融的发展。

（一）模型构建

本文旨在测度科技创新、金融创新以及二者耦合关系对普惠金融发展的影响程度，因此分别考虑上述三种情况下的普惠金融影响因素分析模型。同时，为保证研究的有效性，增加若干影响普惠金融发展的控制变量，包括经济因素、收入差距、接触便利、金融意识等，以便较为全面地反映科技创新、金融创新以及二者耦合关系对普惠金融的影响程度。对应基础模型为

$$IFI_t = a_0 + a_1 TII_t + a_2 FII_t + a_3 D_t + bF(ECR, SRB, WLR, RXR) + \mu_t \quad (14)$$

其中，IFI、TII、FII、D分别表示普惠金融指数、科技创新指数、金融创新指数、科技—金融创新系统耦合协调度；F（ECR，SRB，WLR，RXR）表示影响普惠金融发展的一组控制变量；μ_t 为误差项，t 为时间项，a_0 为常数项。

（二）指标选取

既有对普惠金融影响因素的研究成果显示，经济发展水平、城乡结构状况、居民金融意识、基础设施状况、财政金融政策等均是影响普惠金融发展的重要因素。基于此，结合本文研究目的，设置有关普惠金融发展影响因素的指标体系（见表6）。

表6　　　　　　　　　　　普惠金融影响因素指标体系

指标	符号	定义
普惠金融指数	IFI	普惠金融发展水平
科技创新指数	TII	科技创新水平
金融创新指数	FII	金融创新水平
科技—金融创新耦合协调度	D	科技创新与金融创新耦合协调关系

续表

	指标	符号	定义
经济因素	第二产业拉动率	ECR	第二产业对 GDP 增长的拉动
收入差距	城乡居民收入比	SRB	城镇居民家庭人均可支配收入/农村居民家庭人均纯收入
接触便利	网络普及率	WLR	网民规模/总人口
金融意识	高等学校毛入学率	RXR	高等教育在学人数/适龄人口

数据来源：上述指标相关数据取自 Wind 数据库、《中国统计年鉴》、国家统计局网站等，各指标对应数据时段为 1995—2015 年。

（三）实证结果分析

依据前文分析以及本文研究目的，在模型设立中，分别构建科技创新、金融创新以及科技—金融创新系统耦合关系与普惠金融的三个回归方程。需要说明的是，在构建的三个回归方程中，每个回归方程分两种情况：仅考虑单一变量和综合考虑其他控制变量（见表7）。

表7　　　　　　　　　　　　模型回归分析结果①

解释变量	被解释变量：IFI					
	科技创新		金融创新		科技—金融创新系统耦合	
	回归方程 (1-1)	回归方程 (1-2)	回归方程 (2-1)	回归方程 (2-2)	回归方程 (3-1)	回归方程 (3-2)
常数 C	-0.039 *** (-2.060)	0.183 * (6.780)	-0.235 ** (-2.213)	0.795 * (5.488)	-0.381 * (-4.721)	0.642 * (2.987)
TII	0.886 * (19.438)	1.103 * (7.051)				
FII			0.951 * (4.698)	0.340 ** (2.493)		
D					1.530 * (8.049)	1.130 *** (1.960)
ECR		0.004 (1.596)		-0.043 ** (-2.930)		-0.032 * (-2.205)
SRB		-0.125 * (-8.728)		-0.363 * (-6.325)		-0.390 * (-4.833)

① 上述三种情况下的 6 个回归方程均按照 OLS 估计检验要求，考虑到自相关性、异方差性等问题，并加以修正调整，形成最终结果。

解释变量	被解释变量：IFI					
	科技创新		金融创新		科技—金融创新系统耦合	
	回归方程 (1－1)	回归方程 (1－2)	回归方程 (2－1)	回归方程 (2－2)	回归方程 (3－1)	回归方程 (3－2)
WLR		－0.009* (－5.490)		－0.003 (－1.571)		－0.007 (－1.744)
RXR		0.011* (4.528)		0.030* (6.747)		0.028 (1.744)
R^2	0.952123	0.999485	0.537409	0.987607	0.773235	0.986403
F 值	2 133.318	5 825.190	22.07304	172.6683	64.78712	157.1846

注：①回归系数中的 *、** 和 *** 分别表示 10%、5% 和 1% 显著性水平下的检验值；②括号对于的值表示 t 检验值。

基于上述回归分析结果，初步形成如下结论。

一是科技创新、金融创新及二者耦合关系有利于普惠金融发展。上述三种情况回归结果显示，单一因素影响下，科技创新、金融创新以及二者耦合关系对普惠金融指数的回归系数分别为 0.886、0.951、1.530，这说明，科技创新、金融创新以及二者耦合关系每增加 1 个单位，可以分别提升普惠金融发展水平 0.886 个、0.951 个、1.530 个单位；在多重因素影响下，科技创新、金融创新以及二者耦合关系对普惠金融指数的回归系数分别为 1.103、0.340、1.130，这说明，科技创新、金融创新以及二者耦合关系每增加 1 个单位，可以分别提升普惠金融发展水平 1.103 个、0.340 个、1.130 个单位。

二是科技创新、金融创新以及二者耦合关系对普惠金融发展的作用存在一定的差异。对比单一因素和多重因素影响下的回归模型结果，不难发现，科技创新、金融创新以及二者耦合关系对普惠金融发展的作用尽管都是正向促进的，但存在一定的差异。单一因素下，正向作用程度从高到低依次为：科技—金融创新系统耦合关系、金融创新、科技创新；多重因素下，正向作用程度从高到低依次为：科技—金融创新系统耦合关系、科技创新、金融创新。这表明，科技创新与金融创新的融合发展更加有利于普惠金融发展。

三是经济因素、收入差距、接触便利、金融意识等对普惠金融的作用各不相同。对比普惠金融其他影响因素来看，经济因素（第二产业拉动率）、收入差距（城乡居民收入比）对普惠金融发展呈现负向作用；接触便利（网络覆盖率）对普惠金融发展的作用并不显著；金融意识（高等学校毛入学率）对普惠金融发展呈现正向作用。不难发现，经济因素、收入差距、金融意识对普惠金融发展的作用与理论判断是一致，而接触便利的作用不明显与理论判断有一定差异。

五、主要结论及对策建议

（一）主要结论

1. 我国科技创新及金融创新发展提升较快，耦合关系日益协调。伴随我国经济发展水平的提升以及创新驱动战略的实施，科技创新发展及金融创新发展日益受到重视。同时，科技创新系统与金融创新系统的耦合发展呈现从低级向高级过渡态势，耦合协调度从 1995 年的 0.198 上升到 2015 年的 0.656，科技创新系统与金融创新系统比较协调，二者间的作用与影响较强，但仍有提升空间。

2. 我国普惠金融发展取得了明显成效，且阶段性特征较为突出。1995—2015 年，普惠金融指数 IFI 有明显提升，年均增长达到 4.71%，这表明我国整体的普惠金融发展水平稳步提升。分阶段来看，2008 年之前，普惠金融发展相对较为缓慢，而 2008 年后则较为明显，这与科技创新、金融创新发展水平提升密切相关，尤其是 2008 年全国启动金融 IC 卡多应用试点，为普惠金融发展奠定了良好的基础。

3. 科技创新、金融创新有利于普惠金融发展，但作用程度存在差异。科技创新实现了现代信息技术在普惠金融发展中的应用，而金融创新则通过制度体系构建和基础设施完善奠定普惠金融发展的基础，二者作为普惠金融发展的重要基石，对普惠金融发展有正向促进作用。与此同时，由于科技创新与金融创新发展水平及属性的差异，使得二者在单一因素与多重因素模型下对普惠金融发展的作用存在差异。

4. 科技—金融创新系统耦合关系促进普惠金融发展，且作用程度高于其他因素。普惠金融发展单因素影响模型中，每 1 单位科技—金融创新系统的耦合协调度可以提升 1.530 个单位普惠金融指数，而多因素模型下这一影响也达到了 1.130，不仅高于科技创新、金融创新的 1.103、0.340，而且远高于其他影响因素的作用，如第二产业拉动率（经济因素）的 −0.032、城乡居民收入比（收入差距）的 −0.390。这表明，科技—金融创新系统的耦合关系促进了科技与金融在普惠金融发展中的融合应用，为普惠金融发展提供技术支撑和创新动力。

（二）对策建议

1. 提升创新发展水平，完善普惠金融发展基础。一是注重新兴技术应用，构建安全高效的金融基础设施。安全高效的金融基础设施能够提升金融资源的配置和使用效率，利用云计算、大数据技术优势，构建适应信息化金融发展需要的数据平台和中心，进一步完善征信、支付、反洗钱等基础设施建设，妥善解决社会信用体系不健全、金融服务覆盖率不高等问题，为普惠金融发展提供基础支撑。二是强化金融体系制度构建，鼓励金融产品和服务创新。多元化金融体系能够满足不同层次、不同群体的金融需求，有效发挥金融资源的配置作用，有效的制度是金融效率提升和金融风险防控的保障。由此，充分发挥政策引导和激励作用，调动传统金融机构及新型金融业态主体参与普惠金融发展的积极性，发挥机构系统的广覆盖作用。同时，引导和鼓励各类普惠金融服务主体借助互联网、大数据、云计算等现代信息技术手段，创新产品和服务，降低金融交易成本，延伸金融服务半径，拓展普惠金融服务的广度和深度。三是基于科技创新与金融创新耦合协调发展对普惠金融发展的显著促进作用，推动科技—金融创新投入和产出系统的发展，提升科技创新和金融创新的发展水平，从科技创新环境、科技创新投入、金融创新环境、金融创新市场管理等方面着手，保障两大系统健康稳态发展，逐步强化二者之间的耦合系统关系，促进普惠金融发展。此外，基于科技与金融融合发展的现实情况，驱动金融产品服务创新和商业模式重塑，以数字技术的普及性、低成本性、便利性和可持续性推动普惠金融发展。

2. 发挥社会经济要素功能，推动普惠金融发展。一是推动供给侧结构性改革，夯实普惠金融发展经济基础。着力提升经济发展水平，优化产业结构，为基础性金融设施建设和金融服务供给增加提供支撑；进一步缩小城乡收入差距，为金融机构向城乡居民提供同等金融服务创造条件，同时将更多的贫困人口和低收入者纳入到正规金融体系之中，增加弱势群体获得金融服务的机会；加强交通、网络等基础设施建设，为更广泛人群接触金融服务提供便利性，同时，普及金融教育增强居民尤其是弱势群体的金融意识，帮助其有效利用金融资源。二是界定有效边界，发挥政府与市场在普惠金融发展中的作用。在普惠金融发展中，既要始终坚持市场的决定性作用，又要充分发挥政府的作用，为此，一方面，推动普惠金融市场化运作，区别普惠金融与救济扶贫，坚持商业可持续原则，在市场准入、新技术应用、产品创新、服务模式、网点配置等方面保障普惠金融参与主体的自主性，发挥市场在资源配置中的决定性作用；另一方面，加强立法及政策制度建设，完善政府在普惠金融发展中的作用机制，加大对普惠金融的立法建设，强化顶层制度设计，发挥政府的财政税收支持作用和政策激励效应，逐步优化金融发展生态和社会信用环境，更好地发挥政府在普惠金融发展中的作用。

3. 强化风险防控措施，实现普惠金融规范发展。一是加快制定完善普惠金融法律法规体系，推动普惠金融发展合法化。借鉴国际上成功的立法经验，针对普惠金融开展立法工作，明确参与普惠金融发展各类主体，如小额信贷、民间借贷、网络借贷等的合法资格，适度降低普惠金融机构的准入门槛，建立健全发展普惠金融的基本制度和消费者权益保护体系，奠定普惠金融规范可持续发展的法律基础。二是强化风险防控意识与内部管理。现代信息技术的运用，使得在金融服务过程中涉及的账户管理、个人信息、金融交易等信息的敏感度较高，安全性至关重要，因此，普惠金融各类参与主体在开展金融创新时，要切实提高风险防范意识，保障客户金融资产的安全，同时针对技术性特征明显的金融产品和服务，实施标准化管理，降低因技术缺陷和管理不善带来的风险。此外，进一步强化普惠金融机构内部管理机制，提高主体机构的经营管理水平，构建激励惩处机制，促进内部管理完善，降低业务经营风险和道德风险。三是普惠金融发展鼓励新技术的应用和金融创新，但同时必须看到其存在的风险因素，为此，要不断改进监管手段，完善相关风险监管指标体系，提高监管能力和水平，从机构监管逐步向功能监管转变，统一相同功能和业务属性的金融产品监管标准，按照实质重于形式的原则，引入"穿透式"监管思路，将监管贯穿资金来源、中间环节、资金走向整个过程，强化监管的一致性，推动普惠金融可持续发展。

参考文献

[1] 黄国平、孔欣欣：《金融促进科技创新政策和制度分析》，载《中国软科学》，2009（2）。

[2] 王仁祥、杨曼：《科技创新与金融创新耦合关系及其对经济效率的影响——来自35个国家的经验证据》，载《软科学》，2015（1）。

[3] 焦瑾璞：《建设中国普惠金融体系——提供全民享受现代金融服务的计划和途径》，中国金融出版社，2010。

[4] 董晓林、徐虹：《我国农村金融排斥影响因素的实证分析——基于限于金融机构网点分布的视角》，载《金融研究》，2012（9）。

[5] 郭田勇、丁潇：《普惠金融的国际比较研究——基于银行服务的视角》，载《国际金融研究》，2015（2）。

[6] 卢娟红：《我国普惠金融发展对城乡居民福利差异的影响研究》，湖北大学硕士论文，2014。

[7] 武玉娇：《我国普惠金融发展中政府与市场的边界研究》，山东财经大学硕士论文，2015。

[8] 童藤：《金融创新与科技创新的耦合研究》，武汉理工大学博士论文，2013。

[9] 王婧：《金融排除视角下我国普惠金融体系构建研究》，武汉理工大学硕士论文，2013。

[10] Schumpeter. *The Theory of Economy Development*, Cambridge, MA: Har-

vard University Press，1912.

[11] Sarma M，J Pais. *"Financial Inclusion and Development*：*A Cross Country Analysis"*，2008，10 – 13.

[12] Beck T，Demirgüç – Kunt A，Honahan P. *Access to Financial Services*：*Measurement*，*Impact*，*and Policies*，New York：Oxford University Press，2009.

以特色金融小镇为抓手的浙江财富管理中心建设路径分析

中国证券监督管理委员会浙江监管局课题组*

一、财富管理中心概况

财富管理中心是专业金融中心的一种，从专业金融中心的定义可推知财富管理中心是指与财富管理业务相关的金融资源在特定区域的集中，区域内集聚一定的财富管理机构和财富管理专业人才，拥有远超过其他区域的财富管理业务、市场规模和围绕财富管理服务的金融创新能力，对相关业务领域、机构乃至全球市场具有一定的金融辐射力。

（一）起源与发展

财富管理起源于欧洲，18 世纪中叶，瑞士繁荣的商贸业务催生了专门为富裕家庭及个人提供资产管理服务的私人银行，到 18 世纪末，瑞士的私人银行数量一度突破 200 家。"一战"期间，欧洲的王公贵族、商贾人士纷纷云集瑞士，给瑞士带来大量的资金，同时也促使先进的金融管理技术和优秀的金融管理人才在瑞士集聚；"二战"期间，由于瑞士在政治上的中立地位，许多犹太人将资金转移到瑞士，相应的离岸金融服务得到长足的发展。20 世纪 80 年代以后，随着美国经济霸主地位的逐步确立，美国社会财富强劲增长，财富管理需求日益扩大，随后的金融监管制度改革促进了金融混业及创新，使各类财富管理机构发展壮大。

从世界范围看，全球知名的财富管理中心主要包括瑞士、美国及新加坡、中国香港等，它们的发展模式可以归纳为欧洲模式、北美模式和亚洲模式，主要特征的比较如表 1 所示。

---

* 课题主持人：韩　薇
　课题组成员：娄丽忠　潘　聪

表 1   境外财富管理中心发展模式比较表

	欧洲模式	北美模式	亚洲模式
市场特征	财富市场增长较慢、遗产是重要的财富来源，客户风险承受能力较低，遗产继承、税务规划、保险及养老计划是财富管理的重要市场	财富市场增长较快，创业所得是重要的财富来源。客户风险承受能力较高，私人股权基金、风险投资基金、对冲基金、结构性金融产品成为财富管理的主要产品	独特的地理区位优势和税收优势，吸引了亚洲和具有全球视角及资产配置偏好的欧美私人资产。财富管理业务以离岸金融业务为主
参与机构	主要有传统的私人银行、综合性银行、投资顾问，也包括投资银行及家庭办公室	主要有投资银行、家庭办公室和独立财富顾问	主要是综合性银行、投资银行、私人银行等，特别有大量的国际知名财富管理机构
发展优势	拥有独特及传统的经营方式、全面的客户网络、保密的金融文化和法律环境，发达的信用制度，商业模式主要以按资产收费（管理费）为主	"产品化"发展模式为客户提供可供选择的多元化金融产品及高水平金融服务，形成重在以佣金为基础的交易驱动型商业模式	低税率及宽松的准入环境和高度竞争的发达金融市场，吸引大量离岸资产，形成重要的离岸金融中心和财富管理中心
驱动模式	市场主导型	市场主导型	市场与政府共同推动型
推动因素	保密的金融文化和法律环境；中立国的地位；优秀的私人银行人才	坚实的政治经济基础；丰厚的国民财富；良好的金融创新能力；高度竞争的发达金融市场及优秀的金融人才	金融自由化、国际化的系列政策措施；优越的地理位置；免税和低税政策；相对宽松的金融监管环境

从各国的国内发展看，瑞士的私人银行业始于国际航空港，其中，苏黎世因优质的服务水平和稳定的综合环境，每年调动的资金超过世界资金总量的20%，日内瓦以其全球性氛围及与阿拉伯世界强大的联结，管理着全球至少10%的跨境私人财富；美国纽约是全球首屈一指的金融中心，也是美国综合性的财富管理中心，除此之外，芝加哥因云集了各类交易所、金融机构和金融衍生品公司，为财富管理业务提供了丰富的风险对冲工具，旧金山以高度发达的风险投资行业为支点成为美国西部财富管理中心，迈阿密作为美国南部重要金融中心，是拉丁美洲资金的首要存放地，东部城市波士顿是开放式基金的发源地，各个功能性财富管理中心与纽约形成优势互补的财富管理服务网络。

（二）我国财富管理市场情况

自改革开放以来，我国经济得到高速发展，推动社会财富快速累积，随着富裕家庭数量增加，资产保值增值的需求不断增强，中国已成为全球财富管理市场重要的组成部分。一方面，高净值人群增长迅速，波士顿咨询公司研究显示，2014 年，中国私人财富规模大幅增长 49.2%，达 22 万亿美元，拥有百万美元资产家庭 400 万个，仅次于美国位居世界第二，在实现财富积累的同时，保障财富安全和实现财富传承成为重要的财富目标，财富管理需求从简单的产品提供拓展到资产配置、全方位财富管理解决方案。另一方面，随着云计算、移动互联网、大数据、人工智能等技术的发展，传统的财富管理业务嫁接先进的互联网技术，使面对极少数客户的精英化服务逐步扩展到面对长尾客户的普惠式服务，多样化、个性化、精准化的财富管理服务及产品应运而生。财富管理市场需求的扩大及层次的加深，为培育新兴财富管理中心提供了有利条件。同时，各地政府陆续发布政策文件，推动金融业创新发展，为财富管理中心建设提供了有力支撑。

二、浙江省财富中心建设的基础条件、优势及制约因素

(一) 必要性及发展基础

财富管理既是经济发展到一定阶段的内生需求，又是金融工具广泛创新和运用的大舞台，同时也是金融服务实体经济的有效推手。打造财富管理中心可实现政策、资源、环境的全方位优化，有利于实现财富有效管理、体现对财富创造的尊重，有利于实现金融资源服务实体经济的良性循环。同时，财富管理业务的集聚发展会促进区域金融的繁荣和发达，而区域金融业的健康发展，将会给当地财富管理的发展奠定坚实基础，从而形成良性循环。早在 2011 年，浙江省"十二五"金融发展规划就提出建设"两个中心"，即民间财富管理中心和中小企业金融服务中心，各地市政府也纷纷响应，沿着这一思路有序推进。随着区域金融市场的蓬勃发展和地方金融改革的深入，财富管理定位与之前相比范畴更广、目标更大、层次更高。

(二) 比较优势

1. 城镇居民富庶、财富总量高。浙江人创业意识和能力领先，积累了相当多的财富，为财富管理业务提供了厚重的资产基础。农村人均收入连续 28 年位居全国省区第一，城市居民人均收入连续 14 年位居全国省区第一。2015 年，浙江城乡居民储蓄存款余额 29 360.48 亿元，人均存款 53 402.11 元，位居全国第三。据《2015 胡润浙江地区财富报告》分析，浙江地区高净值人群数量排名全国第四，600 万资产富裕人士已经达到 41 万人，占全国 13%，每 380 人中有一人是千万富豪，每 6 200 人中有一人是亿万富豪。

2. 经济发展转型、资金需求旺。浙江是制造业大省，第二产业比重很大，第二产业又以中小企业居多，2015 年，浙江省银行业金融机构存贷比 85%，显著高于全国平均水平，但民间借贷仍然十分活跃，可见实体经济发展仍需大量资金支持。同时，省政府提出"小微企业三年成长计划"，着力推进"个转股、

小升规、规股改、股上市"系列工作，"低小散弱"向"专精特强"的结构调整过程酝酿了丰富的投融资需求，清科私募通数据显示，2015 年发生在浙江的投资案例数 1 077 件，投资总金额 103.9 亿美元，位居全国第四，并购案例数 181 件，并购总金额 58.6 亿美元，位居全国第五（见图 1）。

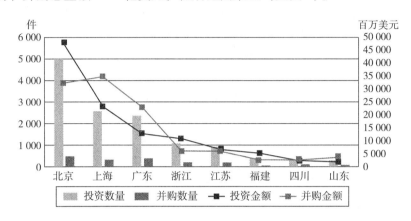

数据来源：清科私募通。

图 1　各省、区 2015 年投资并购情况

3. 金融机构创新、市场基础好。2015 年末全省本外币存款余额、贷款余额分别为 90 301 亿元、76 466 亿元，同比分别增长 10.2%、7.1%。证券期货交易规模较大，2015 年全省证券经营机构代理交易额为 62.89 万亿元，期货经营机构代理交易额为 131.24 万亿元，均位居全国前列，其中期货交易额超过全国总量的 10%。保险业服务领域不断拓宽，2015 年全省实现保费收入、发生赔付支出分别为 1 435 亿元、559 亿元，此外，从要素市场看，涵盖股权、产权、金融资产、大宗商品等各类品种的区域性交易市场体系也在不断健全。

4. 人文底蕴深厚、自然环境优美。从人文历史看，宋代的词人柳永曾说"钱塘自古繁华"，浙江商业一直很发达，浙商具有诚信、肯吃苦耐劳的优良秉性；从自然环境看，浙江省域面积的 70% 是山，10% 是水，有"七山一水"的称号，近年来，各级政府着力推进城市配套及基础设施优化取得了积极成效；从区位特点看，浙江省是长三角的核心区，是上海国际金融中心的紧密层，在整个发展链条当中，浙江可以分享到发展的成果，也应当深度参与到发展过程中。2016 年 9 月，二十国集团领导人第十一次峰会在杭州召开，吸引了国外各类机构和中外媒体到访参观，更是提升了全球各界对浙江的关注，资金、机构、人才逐步落户等"后峰会时代"红利正在逐步显现。

（三）不足之处

尽管浙江发展财富管理的优势突出，但与其他地区相比，短板也较为明显。

1. 发展起步较晚。各大金融机构和大型企业总部集聚的北京、建设多年的国际金融中心上海、毗邻香港率先开放的深圳等区域已经形成了较大的发展优势，吸引了国内外的金融资源和人才。浙江接壤上海，受此影响，许多浙商的资金和金融活动存在向上海倾斜的趋势。

2. 机构总部较少。浙江金融机构的分支机构规模虽大，但是法人机构相对少。以证券行业为例，截至2016年9月底，浙江共有证券经营机构847家，其中，各类营业部786家、分公司56家，总部机构仅5家，总部机构数量明显落后于北京、上海、深圳，在全行业A股、港股上市券商超过30家的背景下，浙江尚无一家，资产实力与行业影响远远不足。金融产业层次的失衡导致金融创新原生动力不足，财富管理产品的多样性不够。

3. 金融人才匮乏。与北、上、广、深等一线城市相比，浙江的金融业就业人口的绝对数和相对数均不高。从人才结构性分布看，浙江省金融机构一线操作人员、销售人员较多，中高端产品研发人才较少。究其原因，一方面，就学就医等配套服务不够完善影响了国内外优秀金融人士落户，另一方面，浙江高校数量不多、金融相关专业影响力不够，导致金融人才教育与后续培养积蓄力不足。

此外，近几年浙江企业资金链、担保链风险在全国率先显现，对浙江信用环境产生了一定的影响。

三、特色金融小镇对完善财富管理生态体系具有积极的促进作用

浙江省如何在自身产业特点的基础上，探索财富管理业差异化发展？唯有建立与北京、上海等大企业、大机构聚集的金融中心充分承接、错位竞争、优势互补的协同关系。私募基金业因轻资产、财富高度密集，并对产业发展起到很好的引领和支撑作用被高度关注，可谓有效推进财富管理业发展，建立功能性财富中心的最好发力点。

近年来，各地市政府在促进私募基金等投资机构集聚发展方面做出了积极探索，取得了一定成效：嘉兴市围绕嘉兴科技城及浙江清华长三角研究院、中科院嘉兴应用技术与研究转化中心的产业基础和研究力量，2011年在全国率先提出在嘉兴南站高铁站以北圈定2.04平方公里土地，打造私募股权投资产业集聚的南湖基金小镇；杭州市出台《杭州财富管理中心2014—2018年实施纲要》，提出"以私募金融服务为核心和龙头，以场外交易市场、财富管理中介为两翼，构建独具优势的杭州财富管理产业'金三角'，形成符合自身优势和特质、具备核心竞争能力的财富管理标志性和核心业态"，围绕钱塘江岸建设钱塘江金融港湾，以玉皇山南基金小镇这颗明珠为蓝本，大力推进创业投资、私募基金、新金融发展。

2015 年 4 月，浙江省出台《关于加快特色小镇规划建设的指导意见》，以基金小镇为代表的特色金融小镇乘着政策东风驶入了快速发展的通道，对助推地方经济转型升级、完善财富管理生态体系发挥了积极作用。

（一）优化资源配置，助推地方供给侧结构性改革

金融追求高质量、高效益和高安全性的本质，使小镇内的各类投资机构自带天然滤镜，引导资金流向更安全、绿色、环保、更符合社会公共利益的领域。此外，与传统金融机构不同，小镇内的私募股权投资基金在输出资金的同时，特别注重输出科学的管理知识和经验，帮助企业走向规范化。据不完全统计，玉皇山南基金小镇的机构有 1 550 亿元资金投入实体经济，其中投资省内项目 260 个，资金 460 亿元，帮助 87 家企业成功上市或挂牌新三板市场；嘉兴南湖基金小镇引进的基金投资了全省 74 个项目，金额 107 亿元，其中 58 亿元落地在嘉兴本地的项目，对于推进地方经济转型、产业升级起到了积极的促进作用。

（二）多元化产品体系，满足不同财富管理需求

玉皇山南基金小镇入驻机构 1 100 多家，总管理规模 5 740 亿元，不仅吸引了大量的创投机构，还引进了在二级市场期货领域颇具影响的投资管理机构及国内大宗商品贸易的标杆企业；南湖基金小镇已引进基金和各类机构 2 477 家，认缴资金规模 3 187 亿元，小镇在吸引九鼎投资、天堂硅谷等行业翘楚的基础上，注重新金融业态的均衡发展，京东金融、36 氪、蚂蚁达克等国内顶尖互联网金融机构也相继落户。多元化产品体系促进民间资本转化为金融资本，为不同投资人群提供过了丰富多样的投资选择。

（三）完善相关产业链，引导机构规范运作

小镇内各类投资机构迅速聚集的同时，带动促进相关配套服务和财富管理中介等机构的发展，通过市场自发行为形成完整的产业链，构建良性健康的财富管理发展生态圈。此外，通过引导登记托管、强化日常沟通、信息报送及自律管理等方式，加强对小镇内机构的规范约束，有效推动机构提升专业素养，履行社会责任，在一定程度上防范了违法违规行为的发生。在 2016 年私募基金西湖峰会上，玉皇山南基金小镇向全国所有基金小镇发出主动拥抱实体企业、引导资金"脱虚向实"、加强基金公司合规管理等倡议，促进小镇内机构形成良性发展的业态。

四、深入推进以特色金融小镇为抓手的功能性财富管理中心建设的思考和建议

2016 年 7 月以来，住房和城乡建设部、国家发展改革委、财政部联合下发《关于开展特色小镇培育工作的通知》，特色小镇培育工作上升到国家战略高度，以基金小镇为代表的特色金融小镇如雨后春笋般在大江南北遍地开花。

（一）特色金融小镇的发展概况

综观各地小镇的发展情况，大致可归纳为以下几个阶段。

第一阶段：圈地规划。继嘉兴南湖基金小镇、杭州玉皇山南基金小镇、上海虹口对冲基金园区等打响名声后，从经济发达的东南沿海到中西部区域中心，各类基金小镇、财富小镇规划相继出台：广东省三区齐进建设万博基金小镇、温泉财富小镇及前海深港基金小镇，四川省规划面积 1 000 余亩土地建设成都天府国际基金小镇，随后，规划面积 2 万平方米的西安灞柳基金小镇正式亮相。

第二阶段：政策扶持。私募基金投资人对财税政策敏感度较高，各地市政府纷纷出台税收优惠及奖励、办公物业租金补贴、高端人才生活补助、对投资区域内实体经济项目给予项目资助等组合优惠政策，并将扶持政策的兑现环节制度化、流程化，吸引各类机构入驻。

第三阶段：服务优化。一些地区引入市场化机构提供孵化资金和孵化器，帮助投资企业渡过创业初期的难关；一些地区通过深化行政审批制度改革、简化工商登记流程，并建立多部门合署办公的行政服务"绿色通道"；一些地区通过建立国际学校、国际医院等方式营造良好的生活服务环境。

此外，宁波梅山通过成立专业的研究机构开展私募基金产业研究，通过建立行业数据库、构建行业评价标准、开展行业培训等方式推动行业发展；嘉兴南湖借力"互联网+"，依托长三角地区优质企业群和充裕的民间资金，初步搭建投融资综合信息平台，形成"政策+服务+平台"的综合发展模式。

在"大干快上"的热闹喧嚣背后，以基金小镇为代表的特色金融小镇同质化竞争凸显及后续动力不足等问题也逐步显现。

1. 双分离的现状导致小镇人气不旺。一方面，小镇发展初期，一些地方政府先造声势后聚人气的短期做法，助长了部分机构仅为享受优惠政策前来注册子公司或合伙制基金，导致大量注册地与经营地分离、管理人与旗下基金分离的现象。如，嘉兴南湖区已登记的 84 家私募基金管理人中，超过 70% 的机构在北京、上海、深圳等异地办公。另一方面，许多小镇通过旧厂房旧仓库改造或空地新建，区域内居住、就学、就医等生活配套没有跟上，生产与生活分离使小镇在非工作时间更像一个空城，聚集效应不足，人才、机构很容易因政策环境变更而流动。

2. 特色金融小镇的"金融"属性不明显。从横向的服务内容上看，现阶段大部分小镇仍处在开工建设、跑马圈地、招商引资的初级阶段，为私募基金提供的投融资信息撮合、财富管理产业链建设等专业金融服务仍然比较单薄；从纵向的考核指标上看，以基金小镇为代表的特色金融小镇虽然纳入了国家特色小镇的总框架，但没有体现金融的特色，如，浙江省出台的《省级特色小镇规划建设统计监测指标体系》对特色金融小镇没有细化的金融考核指标，按照现有考核导向，金融小镇仍然需要关注旅游接待人数、特色小镇景区等级、游客意见得分等与特色金融小镇专业性、私密性相背离的发展建设指标。

3. 同质化竞争的后续动力不足。玉皇山南基金小镇等一批初具雏形的特色金融小镇在优化环境、拉动实体、增加税收等方面取得的积极成效，吸引各地政府纷纷效仿，小镇大战悄然上演，尽管地方政府使出"洪荒之力"，但打的是套路基本相同的拳法，主要的竞争仍然停留在税收减免优惠、财政补贴力度等方面，在机构引进和布局上仍然走大而全路线，尚未形成定位专一、特色鲜明的金融生态圈。随着税收中性、税收公平原则成为税制改革的主导方向，各地区税收的差异性将被逐渐填平，一些新兴小镇后续招商与发展将面临很大困境。

4. 风险管控的意识和能力不强。小镇内机构数量多、业态复杂、规范化程度不一，许多地方将较多的精力投入在项目开发建设，对机构运营的规范性要求认识不到位，可能出现的风险预判不足。截至目前，玉皇山南基金小镇和南湖基金小镇对外统计口径认缴规模合计超过 8 000 亿元，而在基金业协会备案认缴规模不足 2 000 亿元。由此可见，各小镇对私募基金监管政策法规及登记备案要求的传导不足，不能及时发现、有效遏制以私募基金名义进行的非法集资等违法违规活动。经小镇"背书"过的机构一旦爆发风险，势必影响区域金融稳定。

（二）特色金融小镇的海外经验

对市场化程度较高、机构管理经验发达的美国，东部位于康涅狄格州西南端占地面积虽只有 174 平方公里、人口只有纽约 1/100，却聚集着 380 多家对冲基金管理机构，掌管着超过 3 500 亿美元的资产的格林威治镇（Greenwich）和西部位于加利福尼亚州门罗帕克小镇（MenloPark）汇聚了全美 60% 的风险投资机构的沙丘路，世界先进的特色金融小镇的成因主要在以下几个方面。

1. 独特的区位优势和生态环境。格林威治南临长岛海湾，东部与斯坦福市接壤，西北与纽约接壤，到纽约只需 45 分钟车程，火车可 38 分钟直达曼哈顿，是纽约的卫星城镇。小镇附近有两个国际机场和一个商务机场，可以很方便地到达世界各地。同时，作为一个海岸城镇，有着良好的森林覆盖和气候条件，沙丘路同样拥有优美闲适的自然环境、度假村式的办公环境和完备的基础设施，区域内的基金管理机构一般都设在丛林环绕、景色优美之处。

2. 良好的税收政策和产业支持。1991 年之前，康涅狄格州没有州一级的个人所得税，直到今天康涅狄格州的个人所得税还比纽约州和新泽西州低 30% 以上，除此之外，在消费税和房产税方面康涅狄格州也有明显的优势。在对冲基金入驻的数十年间，相关的行政管理人员、技术提供者、大宗经纪商及其他支持职能等相关配套业在格林威治日趋完善和成熟。而位于科技创业发源地硅谷的沙丘路，毗邻斯坦福大学，集聚着大量的投资机会及高端投资人才。

3. 优越的文化环境和生活配套。格林威治人口平均年龄 40 周岁，就业人口中 20% 从事金融业，人均收入在全美 5 万人以上的城镇中排名第一。在文化生活方面，小镇大部分居民受过良好的教育，小镇拥有浓厚的文化艺术氛围；在社会治安方面，谋杀率低于 10 年一次，警察响应时间低于 4 分钟；在教育医疗方面，小镇有 10 所私立学校，其中不乏位列全美排名前 50 的学校，公立学校评级也很高，还拥有美国顶尖的耶鲁医学院教学医院；在休闲娱乐方面，小镇有长长的海岸线，有 4 个对居民开放的海滩公园，5 个私人高尔夫俱乐部，还有骑马、自行车、滑冰、滑雪等场所。

总体而言，无论是创业投资集聚的沙丘路还是对冲基金见长的格林威治镇，其成因都具有独特的历史文化背景，发展模式均体现了明显的市场主导特征，机构和资金的集聚更多地随着小镇的发展而自然发展，对冲基金极其配套的各方面人才将工作和生活很好地在小镇内结合，与当地原有的居民、产业、环境和谐共生。

（三）相关政策建议

特色金融小镇的建设要尊重市场规律，符合私募基金等财富管理行业的运作特点，在发挥好政府引导作用的基础上，更好地发挥市场的作用，从过去产业园式的"拼地"、"拼政策"模式中解脱出来，探索一条生产、生活、生态有机结合的发展道路，使得以私募基金为代表的财富管理产业链及相关配套真正在小镇落地生根。

1. 结合地缘优势，找准小镇定位。某种意义上，金融就是资金和时间的赛跑，信息传递的速度和效率非常重要，因而从全球范围看，创投基金总是追随创新创业企业集聚发展，对冲基金在地理分布上具有靠近金融中心的倾向。特色金融小镇要结合所在区域的经济文化背景顺势而为，避免一哄而上的盲目造镇。具体到浙江，我们认为应当更多地聚焦靠近上海的电子商务之都杭州及以"互联网＋"闻名的嘉兴，以融入上海又差异于上海的路径、格局，与上海实现错位互补协同发展，形成新金融产业的集聚高地。

2. 突出金融属性，完善财富管理产业布局。在小镇建设推进方面，建议省金融办会同相关部门，尽快研究出台针对特色金融小镇的差异化指标体系，剔除无关的考核因子，提高考核指挥棒的精准性。在小镇产业布局方面，建议统筹规划小镇业态分布，充分考虑对冲基金对中后台业务外包及创投基金对募、投、管、退各环节市场化支持的需求，加强相关会计、征信、信息、托管、法律、咨询等各类中介服务体系建设。让入驻机构在需要各种服务时，相关机构就在身边；需要进行尽调的时候，能够方便地找到企业和创业者的诚信记录；有好的产品推出时，小镇内具有资质的财富中介能够精准的找到合适投资人。

3. 整合各方资源，扩大专业服务覆盖层次。从前期调研情况看，随着"资产荒"蔓延,各类机构对好的投资项目可谓求贤若渴。《国务院关于促进创业投资持续健康发展的若干意见》提出在部分区域"开放项目(企业)资源,充分利用政府项目资源优势,搭建创业投资与企业信息共享平台,打造创业资本和项目之间的通道",扩大了政府这个有形之手对投融资撮合的可为空间。在这方面,嘉兴南湖基金小镇利用市场机构进行了积极尝试,推出的"投融圈"平台截至 2016 年 9 月底,已有各类会员 1 072 个,累计发布投融资信息 506 条,8 家企业通过该平台完成 10.6 亿元的融资。下一步,建议整合工商、税务等部门、各地孵化器、产业园及第三方市场机构资源,打通金融资本与实体产业的直通道,加强小镇内机构与新经济增长企业的互利合作。

4. 引进与培养结合,加强高端金融人才支持。制订实施金融人才专项工作计划,加强新型金融业态海外专业人才引进,培养金融研究、创新、技术、市场等各方面人才,提高金融高端人才的占比。同时,加强与浙江大学、清华大学五道口金融学院合作,发挥省金融研究院、省金融业发展促进会作用,开展金融家研修班项目,打造浙江省金融高端人才培养基地。此外,充分考虑小镇建设初期生产与生活分离的现状,一方面进一步加快配套设施建设,让各类人才足不出镇就能享受各项公共服务;另一方面,在积极推进业务同城化、机构同城化的基础上,探索推进人才同城化,把居住或者户口在上海,但主要工作时间或工作重心在浙江的高端人才,当成浙江的人才,主动给予各项人才优惠政策。

5. 央地监管协作,严控区域性风险事件。按照中央关于建立国家和省两级金融监管和风险承担责任体系的要求,根据国家赋予地方的金融监管职责,建立健全符合浙江省实际的地方金融监管体制。在机制保障层面,推动各小镇管委会、运营管理主体加大力量配备金融专业人员,建立完善小镇的风险监测预警机制;在准入管理层面,将登记备案作为享受扶持政策的先决条件,推动行业发展备案和监管备案互联互通,避免部分机构或部分产品游离于监管体系外;在日常监管层面,实时掌握小镇内机构的最新动态,定期分析相关机构运作状况、托管状况、募集资金使用、项目退出及基金兑付情况,确保区域内风险说得清、管得住;在自律约束层面,以诚信、自律、自治为核心要素,探索工会自治模式,研究出台小镇自律公约,将规范运作的基因植入小镇内机构,确保经济效益、社会效益的和谐统一;在风险处置层面,建立小镇内机构清退机制,及时清理存在重大违法违规行为及风险隐患的机构,并协助清退相关产品,切实保护投资者合法权益。

参考文献

[1] 余凌曲、张建森:《我国发展专业金融中心的必要性与可行性探讨》,

载《开放导报》，2009（4）。

[2] 白光昭：《世界财富管理中心的变迁》，载《财富青岛》，2015（4）。

[3] 徐维军、罗莛方、关雪伟：《财富管理中心评价指标体系构建——对我国六个主要金融城市的比较与评价》，载《绩效管理》，2015（3）。

[4] 任文菡：《青岛市建设财富管理中心的SWOT分析》，载《青岛农业大学学报》，2014（4）。

[5] 马珂：《全球财富管理发展主要模式对区域金融中心建设的借鉴和启示——以成都西部金融中心建设为例》，载《政策研究》，2014（3）。

[6] 任新建：《上海财富管理中心建设研究》，载《金融中心建设》，2012（4）。

[7] 邵玉君：《浙江民间财富管理中心建设研究》，载《国际商务会计》，2013（8）。

政策性银行境内小微企业转贷款模式探究

——以中国进出口银行浙江省分行小微企业转贷款为例

中国进出口银行浙江省分行课题组*

一、背景

浙江省民营经济发达，小微企业众多，健康、活跃的民营小微企业是构成浙江经济稳健发展的基石，解决这批民营小微企业"融资难、融资贵"的问题具有极其重要的意义。政策性银行作为执行国家政策的金融机构，以中国进出口银行为例，虽然主业并非支持小微企业，但是都深刻认识到浙江的地域特点，高度重视小微金融工作，充分发挥政策性银行特点，积极克服自身诸多不足，不断探索支持小微企业的新路径、新机制，取得了较好成效。

作为国家政策性银行的省级分支机构，中国进出口银行浙江省分行始终坚持"干在实处走在前列"，自觉担当金融行业的"排头兵"，积极履行政策性金融业务职能，在支持浙江省小型微型企业发展中走在前、做表率、当尖兵，不断探索政策性银行支持小微企业的有效路径。2007年，在总行支持下，首创由泰隆银行提供担保和代理管理的小微企业贷款平台，之后改进升级，分别与浙江稠州商业银行等6家银行搭建了银行出具保函并代理管理的小微企业"统保代管"贷款业务。2014年8月，通过与绍兴市政府合作，创新搭建了由绍兴银行统一担保的、由绍兴市国有资产投资经营有限公司作为借款主体的小微企业"统借统还"贷款平台。截至2015年10月，该行累计通过20余个平台向1 500余户小微外贸企业发放50亿元贷款。截至10月末，该行小（微）型企业贷款余额96.46亿元，较年初增加24.34亿元，增幅33.75%（高于分行贷款10.65%的增速）；有余额客户户数46户，较年初减少3户。

但是，中国进出口银行面临自身的短板：没有分支网点，人员少，系统专为大型客户设计，产品品种制度不适合小微企业等。

---

* 课题主持人：许小勇

　课题组成员：徐湘辉　张　靖　施志伟　郑杰夫

二、浙江省中小微企业融资现状

中小企业融资难是个世界性的难题，在浙江也不例外。据统计，全省约有中小微企业 380 万家（含个体工商户），占全省企业总数 99% 以上，其中：微型企业和个体工商户约占 73%。据估算，全省地区生产总值的 60%、工业税收的 70%、外贸出口的 80%、新增就业的 90% 均来自中小微企业①。但小微企业并未获得与其经济贡献相匹配的金融支持。从余额占比看，2014 年末浙江省小型企业贷款余额 1.69 万亿元，占同期浙江全部金融机构本外币各项贷款余额的 23.67%；微型企业贷款余额 1 363 亿元，占比仅为 1.91%；两类贷款合计占比 25.6%。

根据国家统计局浙江调查总队的调研，2015 年小微企业运行特点主要有：当前小微工业企业经营总体平稳，多数企业综合经营状况一般，但市场信心下滑。微利成为小微企业经营常态。企业资产负债率维持在较高安全区间，企业规模与负债率呈正相关。资金紧张、融资难状况得到改善。招工难有所缓解，但结构性缺工问题依然突出。

经抽样调查，2015 年浙江省小微企业面临的主要问题有：市场需求不足，企业产能过剩较严重。用工成本上升快，原材料等成本压力大。应收账款和产品库存规模大，占用资金多，经营风险加大。优惠政策多、惠及面小，部分政策存在"玻璃门"、"弹簧门"现象。受限于小微企业自身条件，融资难问题依然局部存在。

三、目前浙江金融同业主要支持小微企业的情况

（一）传统金融同业

在传统金融的语境下，传统的银行业对于小微企业的态度较为一致。

1. 融资难——融资渠道狭窄，融资需求难以满足。对于小微企业来说，通过直接融资募集资金是最佳的途径，但是从目前对企业上市融资和发行债券的监管审核制度来看，小微企业很难通过发行股票或债券的融资渠道来获得资金。所以，当小微企业面临资金困难时，大部分的小微企业会选择向银行贷款来解决资金问题。根据《小微金融发展报告 2014》，我国有 2/3 多的小微企业表示在现阶段企业寻找外部融资资金支持时，首选融资渠道仍然是向银行进行贷款。但是由于大多数的小微企业经营规模小、固定资产少，使银行在向小微企业发放贷款的时候产生了诸多顾虑，不仅缺乏对小微企业贷款的积极性，而且会为

---

① 人民银行党校 2014 年秋季干部进修班浙江调研组：《新常态视角下小微企业融资难情况调查——以浙江为例》。

了加强银行对金融风险的管理和控制提高对小微企业发放贷款的审批门槛、延长贷款审批时间，很多的商业银行针对小微企业制定了严格的抵押和担保条件，导致小微企业很难从银行获得金融支持，不得不通过民间借贷等方式筹集资金，以求得企业的生存和发展。

2. 融资贵——成本高企，民间借贷风险巨大。从广义上说民间借贷可以定义为除了国家正规金融制度和银行组织之外的公民之间、公民与其他组织之间的非正规金融活动，处在国家金融监管之外，不受国家法律保护。作为一种相较于银行信贷而言操作灵活、方便、快捷的融资手段，民间借贷在一定程度上缓解了银行信贷的不足，促进了经济的发展。但是相较于银行信贷，企业从民间融资承担的利息要比银行贷款同期利率高出很多。经过从多个渠道了解的信息，无抵押一年期贷款利率远超过25%。高额民间借贷融资成本使得小微企业的生产成本大幅提高，不少企业经营不善亏损后甚至导致到期无法偿还债务不得不再次通过高息借贷来偿还旧债，由此形成恶性循环。民间借贷巨大的融资风险引发的法律案件越来越多、涉案金额越来越高，引发了巨大的社会问题。

2014年，人民银行下调了金融机构对人民币贷款的基准利率。但是从目前小微企业的融资形势来看，这一利好对小微企业的积极作用并不明显，降息的大部分效用被大型企业所吸收。

从传统银行角度来看，解决小微企业融资难、融资贵给出的方案是：扩大小微企业债务融资规模，创新小微企业股权融资方式，发展小微特色金融服务机构，推进小微企业贷款利率市场化改革。

（二）新兴金融——以互联网金融蚂蚁金服为例

蚂蚁金服集团成立于2014年10月16日。旗下业务包括支付宝、支付宝钱包、余额宝、招财宝、蚂蚁小贷和网商银行等。蚂蚁金服每天的支付笔数超过8 000万笔，其中移动支付的占比已经超过50%，每天的移动支付笔数超过4 500万笔，移动端支付宝钱包的活跃用户数为1.9亿个。蚂蚁金服给客户的贷款利率为17%~18%，其融资成本为7%~8%，同时需要向阿里集团缴纳较贵的大数据使用费。目前贷款坏账率低于2%，产生坏账后的资产保全措施和银行类似。小微金服对坏账的容忍率为3%，但利用阿里集团大数据技术，可以通过筛选行业、地区等方式进一步降低坏账率。

蚂蚁金服的贷款对象主要可分为以下三类：一是淘宝、天猫的商户（C2C、B2C）。目前此类客户占贷款客户数70%左右，户均贷款额约2万元，贷款期限为半年或一年。二是ICBU（海外企业黄页）和CBU的商户（B2B）。该类商户单户贷款额10万元以上，贷款主要用于企业采购生产原料及备货。三是速卖通的商户（B2C）。目前该平台注册客户约1 000万户，交易客户约百万户，平均订单额约100美元。

四、中国进出口银行探索支持小微企业情况介绍

中国进出口银行浙江省分行成立于 2006 年 5 月 26 日，经营服务区域为浙江省（不含宁波），浙江省分行在浙江省委省政府和总行的支持下，充分发挥国家政策性银行的特点和优势，大力推动浙江省外向型经济发展。

在支持小微企业方面，中国进出口银行浙江省分行陆续探索了多种模式，但是综合考虑到政策性支持具备意义等优势，无分支网点、人员少等客观劣势，如何扬长避短，探索出一条适合政策性银行支持小微企业的新思路，新方法，是摆在中国进出口银行浙江省分行面前的现实问题。

2007—2014 年，中国进出口银行浙江省分行先后探索了统保代管、统借统还、银行担保类统借统还等多种模式，自 2007 年首次与泰隆银行合作以来，中国进出口银行浙江省分行已累计通过至少 16 个平台向 1 500 余户借款人或实际用款人发放了近 50 亿元小微企业贷款。2010 年，分行与省科技厅、浙大网新及金桥担保公司搭建的品听平台，主要为外向型科技类中小企业提供融资服务，该平台的"产业 + 资本"、"科技 + 金融"模式在当时属国内首例，被《浙江日报》等媒体评为"2010 年浙江十大科技新闻"。2011 年，分行与湖州市财政开发公司、升华集团合作搭建的湖州市外贸金融服务有限公司统借统还平台，通过政策性银行引导，与当地政府、同业、大型民营企业形成合力，4 年多来已向 119 户次的外贸型小微企业发放贷款 14.95 亿元，平台公司运营稳定，取得了良好的经济效益和社会效益。2013 年以来，分行通过义乌小商品城"统借统还"平台，累计投放 7.2 亿元贷款支持了 1 182 户义乌小商品城市场经营商户，得到了浙江省银监局及义乌市政府的支持认可；分行成为义乌金改小组成员，并作为唯一金融机构参展 2014 年义乌国际装备博览会。

在探索实践过程中，既有经验，也有教训。主要有以下几点：政府部门的支持与适当参与至关重要，中小商业银行合作动因变化对平台运作影响大，外部政策变化对平台运作影响大。

五、创新——小微企业转贷款

中国进出口银行浙江省分行在面临资源的约束情况下，发挥主观能动性，创新了小微企业转贷款这一产品，取得了较好的效果。

面临的内部约束条件有：缺少网点、人员制约、系统制约、制度制约等，外部约束主要涉及政府方面（政府方面对于金融机构支持小微企业更多在于引导，实质性的补贴难以取得）、中小银行方面（从已有和合作来看，融资性保函也需要全额消耗核心资本，使中小商业银行为平台项下贷款提供融资性担保的意愿大幅下降，或者对融资性保函收益提出更高要求。该政策已对浙江省分行

的小微企业平台业务产生重大影响)、外部政策变化方面(取消存贷比之后,合作的中小银行不再有存贷比制约,也已对浙江省分行的小微企业平台业务产生重大影响)、资金市场变化方面(2015年以来,市场逐渐从资金偏紧态势转向资产荒态势,随着经济进入新常态,各商业银行经营压力不断增加,不良贷款普遍出现"双升",银行惜贷情况普遍,各商业银行普遍缺乏优质资产,而非缺少资金来源。传统和银行合作的小微企业平台模式投放更加乏力)。

在此背景下,经过一系列探索,最终充分借鉴参考外国政府转贷款的思路,最终摸索出了境内小微企业转贷款模式。

2015年,经过对浙江省小微企业状况作了较为详尽的调研分析,征求多家合作银行对现有小微企业贷款模式的改进建议,中国进出口银行浙江省分行创造性地设计了将外国政府转贷款引入国内的设想,提出了试办境内小微企业转贷款业务的创新思路。

在试办境内小微企业转贷款业务之前,转贷款一般形式是外国政府转贷款,受制度约束等种种因素的影响,尚没有境内转贷款这一品种。

在探索过程中,前期重点工作是市场调研,借鉴参考国外政府转贷款,提出"小微企业转贷款"思路,中期是争取监管部门支持、争取总行制度、资金支持等,后期是实务操作,论证可行性。

在中期阶段,浙江省分行通过整理学习了国务院及其有关部门自2006年以来对政策性银行批量向商业银行提供小微企业贷款的相关指导意见,参考外国政府转贷款管理办法,结合合作银行对现行小微企业统借统还操作模式的改进建议,拟订了转贷款管理办法和试点方案。

同时,向人民银行杭州中心支行、浙江银监局多次汇报和沟通,人民银行杭州中心支行、银监局对试点办法提供了许多有效的政策性指导意见,浙江省分行根据指导意见,初步形成境内小微企业转贷款管理办法及业务手册,并提交人民银行杭州中心支行及浙江银监局报备,争取到理解和支持。

由于该业务是创新业务,还需要总行的制度和资金支持,浙江省分行多次向总行沟通汇报境内小微企业转贷款业务试点办法、方案,从法律、合规、规则、流程、利率等方面予以完善,按总行对试点方案的批复意见,组织开展转贷款试点工作。

六、成果——小微企业转贷款方案

境内小微企业转贷款业务(以下简称转贷款)是指中国进出口银行基于境内商业银行(以下简称转贷行)的资信状况及小微金融服务能力,在核定的同业授信额度内向其发放的、由其转贷给符合要求的实际用款人,用于满足实际用款人实施固定资产投资项目或日常运营流动资金需求的本、外币贷款。转贷款由借款人（即转贷行）承担还本付息责任。

转贷款业务主要支持以下条件的小微企业：（1）开展进出口生产、贸易型小微企业；（2）为进出口企业提供进出口相关配套产品及服务的小微企业；（3）科技创新、节能减排、战略性新兴产业、文化产业、现代农业等领域的小微企业；（4）具有自主知识产权、自主品牌产品及高附加产品的小微企业。小微企业划分标准按照《关于印发中小企业划型标准规定的通知》（工信部联合企业〔2011〕300号）执行。

流程设计上，充分考虑了从转贷款准入、审核、放款、贷后管理、退出等一系列流程，并设计了转贷款相应的制度、系统、会计、统计方案。

在实务操作中，经过一系列探索，成功试点了城市商业银行、农村商业银行、民营银行、互联网银行。均取得了突破。

2016年进一步推进后，优势更加明显，截至2016年8月末，和各银行签署的合作金额人民币已经达到15亿元，已累计向7家商业银行发放小微企业转贷款，贷款余额人民币11.1084亿元，合作的银行涵盖了城市商业银行、农村商业银行、民营银行、互联网银行，支持的小微企业用户辐射面广，已经开展的小微企业转贷款支持客户数目超过5 000户，转贷款这一模式的优越性有了充分的体现。

和传统模式发展的极致——银行担保类统借统还模式对比，转贷款模式创新地解决了政策性银行支持小微企业的诸多问题，仅操作和便于推广层面就具备以下明显优势。

（1）无须平台公司。平台公司难以落实正是银行担保类统借统还难以推广的重要原因。

（2）对小微企业用款人无须具体审批，极大地简化了审批流程。

（3）对小微企业用款人管理由转贷行管理，简化了档案管理等。

七、社会影响

转贷款业务获得了政府部门肯定、主流媒体报道、监管部门肯定、对同业和小微企业产生了巨大影响。

（一）政府部门的肯定

浙江银监局以专报形式向浙江省朱从玖副省长、省政府办公厅报送了中国进出口银行转贷款业务试点情况，高度评价了中国进出口银行在该领域的有益探索。朱从玖副省长充分肯定了中国进出口银行的业务创新，并希望中国进出口银行加快推广、加大投放，进一步发挥境内小微企业转贷款在"浙江省小微企业三年成长计划（2015—2017）"、台州小微金改等领域的重要作用。

（二）主流媒体报道

人民网、新华网、《金融时报》、《浙江日报》等多家媒体在中国进出口银行浙江省分行首笔转贷款发放后进行了报道，取得了较好的引导示范效果。

2016年9月15日，《金融时报》专版对小微企业转贷款再次做了报道，中国进出口银行浙江省分行发放了3亿元境内小微企业转贷款。这笔贷款将惠及近4 000户小微企业商户。毫无疑问，转贷款业务中最大的受益方是小微企业。中国进出口银行浙江省分行证实，本次转贷款支持的小微企业加权平均融资利率不到网商银行平均贷款利率的60%，大大降低了企业的融资成本。

（三）监管部门的肯定

境内小微企业转贷款得到了监管部门的肯定，浙江银监局简报（2015年第41期）做了标题为《我省在全国唯一试点小微企业转贷款缓解"融资难融资贵"问题》的专题报道。总结了浙江转贷款三大做法：坚持兴利除弊，确定试点办法；迈出合作步伐，加强宣传报道；坚持小微分散，采取置换模式。

同时总结了四个特点：一是模式易复制，缓解融资难；二是融资低利率，缓解融资贵；三是企业限名单，坚持小微标准；四是银行高标准，严控资金用途。

境内小微企业转贷款自2015年在试水并广泛宣传后，引起省政府及省银监局等有关部门的高度关注和肯定，并对后续业务推广寄予厚望。浙江银监局希望在保本微利前提下健康有序地推动业务发展，为支持当地小微企业和外向型经济健康发展作出应有的贡献。并提出几点要求。

1. 希望继续发挥政策性银行的导向作用，大力推广与中小法人机构的小微企业转贷款业务，稳步扩大合作对象，优先与支农支小成效突出的村镇银行、农村商业银行、城市商业银行合作。

2. 要求积极拓宽思路，创新合作模式，突破担保瓶颈。主要是村镇银行的合作建议不宜由主发起银行提供担保，在实践中亟待突破。

3. 采取切实有效的风险控制措施，坚持"好中选优"，审慎准入，并通过各种风险防控措施，确保转贷款资产安全。如可以对合作村镇银行的不良率、拨备率等指标设定一定上限，一旦突破上限，即启动退出机制。

（四）对金融同业影响

对金融同业的影响主要是"鲇鱼效应"，在普遍对小微企业融资贵的背景下，通过较低利率限制，促使同业主动降低对小微企业融资成本，实实在在让利给小微企业。

在目前的操作方案中，进出口银行给予转贷款利率在商业基准下浮15% ~ 30%之间，允许转贷行发放给小微企业贷款利率不高于进出口银行贷款利率的2倍，给金融同业做了示范效应。

（五）对小微企业的影响

对小微企业而言，最直接的影响是可以降低融资成本，同时，可以使其了解到多渠道的信息，为小微企业的成长打下良好的基础。

总体来说，对小微企业影响在以下几个方面：一是扩大了小微企业融资渠道，对拿到转贷款资金的小微企业而言，多了一个贷款的渠道，和进出口银行建立了初步的合作关系，为未来成长为直接客户打下了基础。二是获得了低利率的资金，在目前的操作方案中，进出口银行给予转贷款利率在商业基准下浮 15%～30%，允许转贷行发放给小微企业贷款利率不高于进出口银行贷款利率的 2 倍，从实际情况来看，小微企业得到的利率一般在年化 7% 左右，在市场上属于同档次较低水平。三是扩大了在小微企业受众群的影响力，以 AJ 银行为例，2 亿元惠及 37 个小微企业，它们中的绝大多数都是第一次和政策性银行打交道，起到了较好的宣传作用，也体现了"普惠金融"的实际意义。

综上所述，境内小微企业转贷款有效地体现了进出口银行化解小微企业"融资难、融资贵"的方面的努力，取得了一定的效果。

八、研究结论

境内小微企业转贷款是中国进出口银行基于境内商业银行的资信状况及小微金融服务能力，在核定的同业授信额度内向其发放的、由其转贷给符合要求的借款人，用于满足借款人实施固定资产投资项目或日常运营流动资金需求的本、外币贷款。是一种创新的支持小微企业的模式，在政策性银行既有约束条件下，最大限度地发挥了政策性银行优势，起到了最广泛支持小微企业的作用，在一定程度上化解了"融资难、融资贵"问题。

（一）比较优势方面

1. 贷款风险控制能力更强

境内小微企业转贷款业务直接由商业银行作为借款人，一方面增加了同业的联系，另一方面风险可控性更强。和原小微企业统借统还模式相比，即使和发展到极致的银行担保类统借统还模式，虽然有银行担保，风险基本可控，但相比较而言，转贷款模式的贷款风险可控性更强。

2. 违规风险较低

现行统借统还模式在贷前调查阶段需要对借款人提供的用款企业进行资格和条件进行审核，按银监局规定核定合理贷款额度，对担保人和实际用款人按照本行相关规定进行贷后检查，贷款档案按一般客户进行管理。由于小微企业经营核算、报表编制真实性较难判断，资金用途、凭证提供不规范，中国进出口银行在业务操作中，极易触碰合规性要求，被予以通报、罚款等处罚。

转贷款模式不同点在于，对用款企业的调查委托转贷行完成，中国进出口银行只对客户清单等要素进行表面审核。对实际用款人委托转贷行按照其内部制度进行贷后检查，中国进出口银行根据实际需要酌情以一定比例进行抽查。对于用款企业的资料收集、档案归档均由转贷行完成，经营单位不再收集归档，仅定期进行抽查。因此，比较现行统借统还模式，合规性大大提高。

3. 提高了工作效率，提升了服务水平

采用转贷款模式，对用款企业的贷前和贷后工作委托代理行完成，节约了中间环节，有效地提高了审批和放款效率。转贷款模式中，合作银行一般对现有存量客户进行批量转贷，同时在约定期限和额度内进行循环贷款，有利于合作银行的业务安排，在一定程度上提高了合作各方的整体工作效率，提升小微企业服务水平。

4. 强化了和政府、同业的互动

小微企业转贷款利率低，保本微利，是政策性银行履行社会责任的具体行动，需要通过主动沟通和积极宣传取得当地政府的大力支持，如果能在补贴、奖励、财政存款等方面取得实际的激励更好。同时，政府支持和当地监管支持也是帮助政策性银行有效推进合作、确保转贷资产安全的最有效途径。

（二）面临问题方面

1. 效益相对趋低，当前市场需求不足

推广小微转贷款需要合适的经济金融发展环境。小微企业转贷款模式中，政策性银行扮演的是资金批发供给者的角色，在货币政策相对偏紧或适度或小微企业资金需求旺盛时，合作方需求会更比较大，合作推动相对容易。在货币政策宽松，或者小微企业资金需求不旺时，来自合作方的需求会相对疲软。也就是说，市场资金宽裕程度影响的资金成本问题是合作中最关键的一个要素。

转贷款模式下，目前表内核算仍需提取贷款风险拨备，成本相应提高。另外，当前银根放松、市场资金宽裕，商业银行从央行再贷款和内部调剂资金价格在 2.8% ~ 3.5%，中国进出口银行基准贷款利率即使下浮 10%（当前为 3.915%），商业银行也难以接受，主要合作银行要求中国进出口银行贷款利率在 3% ~ 3.5%，相当于基准下浮 20% ~ 30%。2015 年发放的 3 亿元转贷款，其中 1 亿元基准下浮 25.3（3.25%），2 亿元下浮 15%（3.6975%），对进出口银行而言，这两笔业务亏损。2016 年开展的业务也以保本为主。

2016 年市场环境资金仍然较为充沛，转贷款需求不足，且对利率要求较高。城市商业银行、农村商业银行普遍存在自有资金投放不足的问题，且其直接从同业市场拆借的利率在 3% 左右，低于中国进出口银行保本利率。村镇银行虽然不能直接拆借，但因主发起行可对其提供一定的资金支持，在报价无明显优势的情况下，对转贷款的热情不如预期。

对中国进出口银行而言，由于该模式收益取决于市场上转贷银行可接受的资金利率和政策性银行筹资成本的利差，收益较低甚至亏损意味着该模式可持续性不足，尤其是若其他政策性银行、邮储银行等金融机构具备了更低的筹资成本，那么获得更低筹资成本的银行将更容易推进该业务。

2. 转贷行核算和放款操作流程尚待完善

由于属于业务创新，除了对转贷行表内核算、统计报告等作原则性规定外，对于在转贷款会计科目核算、与用款企业的转贷协议和放款操作都由转贷行按各自规定执行，尚无明确规定，需要完善。

3. 政策层面的优惠有待进一步明确

人民银行、中国银监会等部门虽然已经事先报备了试点方案，后续也将继续报备具体操作流程，但毕竟没有出台书面指导办法或工作指引，今后仍需要政策层面的肯定意见。

尤其在本模式矛盾最集中的资金价格领域，税务部门对重复计税的政策优惠需要税务总局审批，另外，监管部门对于拨备的计提方式也没有明确的监管意见，这些都导致了计算资金成本时，加上税和拨备的要素，资金综合成本较高，影响了业务的开展。几个实际问题包括：对于转贷款业务，转贷行是不是可以出表；或者虽然在表内，是否可以不占用其贷款规模，计算存贷比时予以剔除，这些问题虽然人民银行、中国银监会层面口头明确不重复计算，但在实际操作中因无具体文件参照，依然进行了双边统计。转贷行希望与人民银行、中国银监会进一步沟通，书面明确上述具体操作事宜。

九、启示——下一步试点推广研究

1. 坚持推广原则

经过多轮分析论证，下一步转贷款试点推广按照以下思路推进：一是明确业务发展三大原则，即业务可持续（保本微利）、风险可控制、模式可复制。二是初步提出"分行支持小微企业 30 亿元专项转贷款"方式，视各项配套政策落实情况逐步推进。三是明确城商行、农商行及村镇银行作为业务试点推广的主要方向。具体而言，就是综合考虑客户结构、利率要求等因素，确定以支农支小、普惠金融为主要业务领域，以资金来源相对有限但具有一定经营管理水平、风险可控的城市商业银行、农村商业银行及村镇银行为主要合作对象，其中村镇银行首推由主发起人担保的机构。四是积极争取外部政策支持的落地。主要是税收和拨备计算方式，但是从目前进度来看，难度较大。

2. 下一步业务开展思路

中国进出口银行作为政策性银行，面临自身网点少、人员少的情况下，积极探索支持小微企业，并探索出了"境内小微企业转贷款"这一全国首创的方法，为其他类似机构提供了样本和思路，下一步，除了原有的和城市商业银行、农村商业银行合作以外，建议在两个方向上进行进一步探索和突破。

一是探索深化和互联网金融公司的合作，在和 WS 银行合作的基础上，探索如何充分发挥互联网金融公司的大数据优势，如构建网络数据模型，批量化、自动化完成对商户的授信审批，用款人可以在线提交贷款申请、签署合同，由系统自动完成贷款审批和贷款发放等工作。

二是探索和村镇银行的合作，以支农支小、普惠金融为主要业务领域，以资金来源相对有限但具有一定经营管理水平、风险可控的城市商业银行、农村商业银行及村镇银行为主要合作对象，其中村镇银行首推由主发起人担保的机构，具备政治意义和影响力。浙江省内共有村镇银行 60 家，覆盖了除嵊泗以外的所有区县。村镇银行注册资本为人民币 5 000 万元到 3 亿元之间，总资产规模在 15 亿元到 50 亿元之间，主发起行对其提供流动性支持协议，资本充足率均维持在 12% 以上，不良贷款率总体低于浙江省平均水平。户均贷款在 30 万 ~ 40 万元，属于真正支持小微企业的金融机构。

目前需要解决的问题主要在担保方面。因各方对村镇银行担保问题认识不甚一致，目前村镇银行转贷款推进举步维艰。一方面，部分之前同意担保的主发起行在业务操作推进过程中态度改变，表示无法提供担保。另一方面，如果不需要主发起人担保，采取哪些措施确保风险可控，目前尚未找到有效途径。

后续在实务操作中，还会面临种种问题，需要在实践中予以解决。但是总体而言，小微企业转贷款这一创新的思路给政策性银行在既定约束条件下解决小微企业"融资难、融资贵"问题提供了可行的方案。

参考文献

［1］斯蒂格利茨：《信息经济学》，中国金融出版社，2009。

［2］巴曙松：《加强中小企业金融服务，破解中小企业融资难题》，载《企业研究》，2010（5）。

［3］林毅夫、李永军：《中小金融机构发展和中小企业融资》，载《企业研究》，2001（1）。

［4］王辉：《中国中小企业融资难现状及对策研究》，载《经济研究导刊》，2012（9）。

［5］肖隆平：《求解小微企业融资难题》，载《中国经济和信息化》，2012（5）。

［6］武腾戒：《中国中小企业融资困境的原因及对策》，载《金融经济》，2010（12）。

［7］唐月恒、陈艳：《小微企业融资难问题及对策浅析》，载《今日财富》，2011（12）。

[8] 彭丹：《创新思路破解小微企业融资难》，载《经济日报》，2014 - 08 - 07。

[9] 陈春祥、葛立新等：《关于我国商业银行小微贷款定价机制的研究》，2014。

[10] 贾楠：《互联网金融与小微企业金融关系研究——基于金融共生理论视角》，载《技术经济与管理研究》，2015（10）。

[11] 武姗姗：《基于我国小微企业融资难、融资贵困境的举措分析》，载《财经界：学术版》，2005（12）。

[12] 张智富：《基于市场化理念客观看待小微企业融资难、融资贵问题》，《金融和经济》，2014（11）。

[13] 马朝晖：《基于小微企业传统融资办法和创新融资对策的研究》，载《中国总会计师研究》，2015（1）。

[14] 张玉明：《小微企业互联网金融融资模式研究》，载《会计之友》，2014（18）。

[15] 应必晖：《浙江省小微企业融资问题分析》，载《商场现代化》，2004（4）。

[16] 谢平、邹传伟：《互联网金融模式研究》，载《金融研究》，2012（12）。

[17] 韩壮飞：《互联网金融发展研究》，河南大学硕士学位论文，2013。

[18] 裴依：《互联网金融：小微企业的融资选择》，载《中国文化报》，2013。

[19] 汪渝：《互联网金融对小微企业金融服务的影响研究》，载《企业研究》，2013（11）。

[20] 刘恩慧：《构建小微企业多层次金融支持体系研究》，浙江工业大学硕士学位论文，2012。

[21] 李庚南、李若瑜：《成本收益角度的小微企业金融服务内生动力研究——基于浙江银行业小微企业贷款业务的典型分析》，载《上海金融学院学报》，2014（5）。

[22] 肖宗富：《台州小微金融的创新实践》，载《中国金融》，2013（14）。

[23] 殷铭、殷成国：《当前小微企业融资问题探析》，载《银行家》，2012（2）。

[24] 徐莉：《国际金融危机下中小企业之融资瓶颈》，商业研究，2010（1）。

[25] 肖青、刘海峰：《我国中小银行发展和中小企业融资》，东方企业文化，2000（1）。

［26］罗一钧：《浙江省小微企业融资难问题分析》，载《商情》，2013（45）。

［27］彭凯、向宇：《我国银行开展小微企业贷款困难和对策》，载《西南金融》，2010（6）。

［28］王欣：《小微企业融资问题的制度分析》，对外经济贸易大学硕士学位论文，2012。

［29］林小专：《基于认知偏差的中小企业融资困境研究——以浙江中小企业数据为例》，浙江理工大学硕士学位论文，2010：5－18。

［30］Ang, J. S. On the Theory of Finance for Privately Held Firm , Journal of Small Business Finacne. 1992. （1）：185－203.

［31］Brau, JamesC. Do banks price Owner－Manager costs. An Examination of Small Business Borrowing . journal of small business Management. 2002, （40）：273－286.

［32］Steel W F , Chaging the Institutional amnd Policy Environment for Small Enterprise Development in Africa. Small Enterprise Development. 1994, （5）：4－9.

［33］Berger AN, Udell G F. The Economics of Small Business Finance：The Role of Privite Equity and Debt Markets in the Financial Growth Cycle. Journal of Banking and Finance. 1998, （11）：613－673.

经济供给侧结构性改革背景下
商业银行金融服务供给侧改革研究

中信银行杭州分行课题组[*]

一、供给侧结构性改革的浙江实践

（一）浙江省推进供给侧改革的路线图

2016 年以来，浙江省委省政府围绕去产能、去库存、去杠杆、降成本、补短板五大重点任务，快速推动供给侧结构性改革。2016 年 3 月，浙江省政府出台《浙江省人民政府关于加快供给侧结构性改革的意见》，明确积极推进市场出清、推进房地产去库存、推进企业去杠杆、降低七大企业成本、努力补齐五大短板、加快培育发展新动能、深化行政改革等重点工作，确定了未来 5 年推进供给侧改革的主要目标，是浙江省推进供给侧改革的行动纲领。4 月，浙江省委出台《中共浙江省委关于补短板的若干意见》指出重点补齐科技创新、交通基础设施、生态环境三大发展短板，补齐低收入农户增收致富、公共服务有效供给两大民生短板，补齐改革落地制度供给短板，并确定了 1 767 个补短板的项目清单。6 月，浙江省政府出台《浙江省房地产供给侧结构性改革行动方案》，确定了促进需求、消化库存和稳定价格相结合，去库存和调结构相结合，优化存量和引导增量相结合的去库存政策。7 月，浙江省政府出台《浙江省供给侧结构性改革去产能行动方案》，去产能工作任务主要集中在钢铁等重点行业、落后产能淘汰、僵尸企业处理、产能合作水平提升、传统产业改造提升等领域。8 月，浙江省政府出台《浙江省供给侧结构性改革去杠杆行动方案》，从银行端、企业端和政府端着力，深化改革创新，通过优化银行信贷结构、提高企业直接融资比重、控制地方政府债务等措施，加快清理过度授信、过度负债、过度担保等问题，有效防范化解"两链"风险，优化金融资源配置，积极稳妥推进去杠杆工作。

推进供给侧结构性改革是今后一个时期浙江经济领域的重点工作。省委省

* 课题主持人：魏安义
课题组成员：叶雪良　李学军　李江东　肖　智　章红星　王　亚　俞　骏　李冬宁　裴明军
王　倩

政府的"两个意见、三个行动方案"已经清晰地指明了浙江省推动供给侧改革的路线图。

（二）浙江推进供给侧改革具有先发优势

2008年以来，浙江传统经济开始进入调整期，整体经济增速落后全国，实体企业经营困难，金融风险提前暴露。浙江在全国率先推动经济转型升级，打出一系列组合拳，其本质就是围绕供给侧开展的先行改革实践，在推进供给侧改革上积累了较为丰富的经验和先发优势。总体来看，受益于问题发现早、政府政策推动及时到位、实体经济灵活度和弹性好、市场化基础好等因素，浙江经济供给侧改革中"三去一降"的存量消解和结构平衡命题已经取得较大成效，"一补"的新旧动力转换命题已进入快车道，实践形成了供给侧结构性改革的"浙江样本"。

一是"三去一降"推进快。相比全国其他区域，浙江省在"去产能、去库存、去杠杆、降成本"总体包袱轻，推进早，成效明显。去产能方面，浙江省钢铁、煤炭、水泥等传统过剩产能较少；造船领域经过长达近10年的漫长调整，以传统散货船为主的落后产能大部分已消化，目前造船行业主动转型升级正在加快。浙江省统计局数据显示，2016年，浙江省已处置僵尸企业555家，八大高耗能行业增加值仅4.9%，其他传统过剩行业领域已经大部分依靠市场自动出清，总体去产能过程中阻力相对较小。去库存方面，房地产市场经过近两年的消化，尤其是杭州地区受益于基础设施提速、G20城市品位提升、亚运会支撑效应、新经济产业提速发展等多重因素，去化周期已由2015年的16.5个月降至2016年9月末的6个月。去杠杆方面，截至2016年9月，浙江省规模以上工业企业资产负债率56.6%，同比下降1.7个百分点，规模以上服务业务资产负债率50.8%，同比下降1个百分点。同时，浙江积极发展股权融资市场，通过充实资本实力、产业并购等方式降低企业杠杆率。2015年全省上市公司并购重组514起，交易金额达2 200亿元，交易金额排名全国第二。降成本方面，企业经营成本不断下降。目前浙江省规模以上工业每百元主营业务收入中成本为84元，低于全国2.1元。其中，财务成本下降明显。2016年，规模以上工业企业财务费用下降11.5%，利息支出下降13%。特别是各级政府平台和优质企业通过金融市场直接融资大幅降低融资成本。近两年浙江省已累计发行定向债和公开债5 464亿元用于置换高成本债务；2015年浙江省内优质企业通过发行债券直接融资规模达到2 241.1亿元，整体降低了负债成本率。

二是经济转型升级早。近年来，浙江省委省政府深入推进"八八战略"，打出了以浙商回归、"五水共治"、"三改一拆"、"四换三名"、特色小镇、七大万亿产业等转型升级组合拳，不断加大基础设施投资力度，为新旧动能转换提供了强有力的支撑。从本质上说，浙商回归为浙江经济注入新活力和新动能；"五水共治"、"三改一拆"、"四换三名"进一步强化资源约束，及时淘汰"两高一剩"企业，着力提升供给侧效率；特色小镇建设集传统产业的整合和转型升级于一体，有助于重整浙江产业集群活力；七大万亿产业培育与供给侧补短板和新动能培育高度契合，孕育了新经济、新动能。通过持续推动，浙江经济已在新一轮改革浪潮中企稳回升。自 2015 年以来，浙江经济已全面跑赢全国平均水平，新技术、新产业、新业态、新模式等"四新"经济持续发力，尤其是七大产业中信息经济核心产业、节能环保、健康、时尚、高端装备产业制造业增加值增速高于规模以上工业，经济发展势头逐步呈现向好态势。

表 1 　　　　　2016 年规模以上工业分产业增加值增速 　　　　单位:%

产业	1~9 月	1~7 月	1~6 月	1~3 月	产业	1~9 月	1~7 月	1~6 月	1~3 月
规模以上工业增加值	6.9	6.9	6.7	6.1	信息经济核心产业制造业	13.6	12.7	12.8	13.3
装备制造业	10.7	9.9	9.5	9.9	环保制造业	8.5	8.6	9.0	7.7
高新技术产业	11.7	9.1	8.7	8.3	健康制造业	8.8	10.9	10.2	10.6
战略性新兴产业	12.5	8.9	8.7	7.9	时尚制造业	7.1	8.0	8.1	8.3
七大产业中					高端装备制造业	10.7	11.7	11.9	12.7

数据来源：浙江省统计局。

三是市场基础好。浙江是市场化程度最高的省份之一，政策环境好，政府"放管服"改革走在全国前列；微观主体市场意识强，创新创业活跃。同时，浙江是金融大省，金融体系比较完善，逐步打造形成区域金融改革及股权投资、财富管理、科技金融等新的高地。区域性交易市场体系也不断健全，涵盖了股权、产权、金融资产、大宗商品等各类品种的交易平台体系；各类 VC、PE、天使基金等创投机构快速成长，先后聚集了梦想小镇、玉皇山南基金小镇、西溪谷互联网金融小镇、南湖基金小镇、四明金融小镇等基金小镇，各类市场化创投基金持续聚集，创投环境优势明显。政府有效推动、市场主体创业创新与多层次金融体系融合，催生经济内在增长动力。

二、经济供给侧改革对商业银行金融供给提出的新要求

（一）明确了推进金融供给侧改革的基本命题

经济与金融是互生共荣的生态体系。前期经济长周期发展中供给侧平稳、需求侧波动与调控的格局决定了商业银行要坚持顺周期发展，做好效益、质量、规模平衡等周期性管理。但此轮正在推进的经济供给侧改革对商业银行的影响与之前有着本质的区别。经济的新常态是总量上 L 形发展，结构上新旧动能换挡升级。金融服务如果仍然坚持需求侧和周期性管理思路，不主动检视金融供

给的有效性和结构性矛盾，不主动变革和对接，对经济发展而言，无法大有作为；对自身的经营而言，市场生存空间将越来越窄，旧的问题无法消解，新的动力无法吸纳，效益、质量、规模三大维度不是孰优孰劣的平衡问题，而将是全面承压的格局。因此，对于商业银行而言，当前要下定决心推进自身金融服务的供给侧结构性改革，主动调整结构，升级服务模式，提高与经济的匹配度。

（二）要求加大传统领域"去库存"力度

从管理实践看，金融作为生产要素较之经济的发展调整有着明显的滞后性。经济"三去一降"已大踏步向前，但经济调整中形成的大量问题资产、不良资产仍留在金融机构的账上。截至 2016 年 9 月末，全省银行业金融机构不良贷款余额 1 938 亿元，在全国占比达到 7.18%，不良贷款率攀升至 2.41%，较年初上升 0.04 个百分点，不良贷款仍呈现出"双升"格局。展望经济发展方向和政策导向，金融机构不能按照传统周期性管理思路，单纯寄希望于经济周期性回升和相关企业涅槃重生，大量的问题资产已成为事实上的"僵尸"资产。对此，商业银行要在细致甄别的基础上，下定决心加快对"僵尸"资产的处置盘活进程，腾出资源和精力拥抱新机遇。

（三）要求主动"补短板"扩大有效金融供给

第一，要把握市场机遇所在。浙江供给侧改革着力点在于培育经济发展新动能，补足经济短板，这为商业银行下一轮转型发展打开了新的发展空间。科技创新短板领域，浙江省明确科技创新是经济转型升级的"发动机"。未来五年，浙江省将实施科技创新"双倍增"行动计划，并建设杭州城西科创大走廊、杭州国家自助创新示范区、特色小镇、发展七大万亿产业和文化创意产业全面提升科技水平。交通基础设施短板，浙江省提出构建大交通的概念，重点建设都市经济交通走廊、以宁波舟山港为龙头的海洋经济交通走廊、义甬舟大通道的开放经济交通走廊等"四大交通走廊"。仅 2016 年浙江省交通项目总投资就达到 1.02 万亿元，年度投资 1 201 亿元，比上年增长 34.9%。生态环境短板，明确了"绿水青山就是金山银山"的绿色经济理念，通过"三改一拆"、"五水共治"、"四边三化"等专项行动，进一步强化资源约束力，推动传统产业转型升级。低收入农户增收致富短板，将通过深化完善山海协作机制、发展村级集体经济、大力发展美丽经济等增强自我发展能力，开辟增收致富新路径。公共服务有效供给短板，将进一步强化政府公共服务供给职能，通过完善医疗、文化、教育、体育、养老、助残等社会事业，完善政府购买服务制度，推进基本公共服务标准化、均等化。

第二，要提升金融服务对接能力。从经济供给侧改革，尤其是补短板来看，金融服务需求的热点在大项目综合金融、科技金融、绿色金融、普惠金融、互联网金融等新金融领域。相比于传统金融，这些新的金融需求有多个方面的特点，对商业银行提出了改革金融服务理念、手段等深度改革要求。

一是专业化。新经济的内涵是新的产业和商业模式，尤其是在转型时期，商业银行必须加强对相关产业和商业模式的深入研究与理解，提供针对性的专业化服务，并配套专业化的经营管理手段和专业化的结构设计能力，商业银行将真正进入专业创造价值的时代。

二是综合化。需求的多元化以及金融市场的加速丰富完善，要求银行要提升跨市场、跨区域、跨国界的资源整合能力，打通资本市场、货币市场、境外市场融资通道，形成综合金融服务体系。

三是市场化。供给侧结构性改革更注重发挥市场的决定性作用，金融服务对接也将更多采取市场化运作模式。如在风险防控上，也要对一些传统做法进行改革，过于偏重对客户成分和背景的依赖，尤其是过度依赖政府信用背景和国有企业身份，而忽视对融资项目本身市场属性的专业把握，这将无法有效对接改革深化条件下日益市场化、多元化的金融需求，也很难有效管控风险。

四是系统化。经济与金融是一个系统性的生态圈，这一方面对金融机构提出了主动对接的要求，另一方面，相关新金融的孕育、发展也需要政策的支持，尤其是在市场机制的建设完善方面。对此，商业银行必须主动与政府、社会开展多层次的互动交流，多方共同努力构建新的经济金融生态圈。

三、商业银行推进金融供给侧改革的主要内容

基于前文分析，当前形势下商业银行必须主动推进金融供给侧改革，总体方向上，要把握住传统领域"去库存"与新兴领域补短板"两大关键点"。具体推进上，需要持续推动服务理念、业务模式、信贷结构、风险管理、经营体系"五大升级"。

（一）服务理念升级

新形势、新市场需要新理念。金融服务实施供给侧改革，首先要在理念上进行革新，形成新的引领。于经济社会发展大局，要坚持互生共荣的生态圈理念。就金融服务而言，不能被动式支持，而必须主动融入、嵌入经济和产业运行和变革，同时要依靠积极、深入的互动交流，影响和推动整个生态的发展。于商业银行经营发展整体格局，要坚持主动拓展蓝海的理念。当前银行业普遍面临效益、质量、规模全面承压的巨大压力，转型亟须加快，对此各家银行均有清醒认识。但在具体推进上，"攻"与"守"的平衡策略需要进一步强化共识。应当明确，"在发展中解决问题"始终是根本性的方法途径，但新常态下的发展引擎更多在于转型和创新驱动，更何况经济的供给侧改革对于金融机构事实上形成了"旧市场"与"新市场"、"红海"与"蓝海"的分野，如将格局限于紧守"红海"，依靠价格等手段拼份额，则于自身经营、于金融体系均形成制

约，甚至埋下风险隐患。于金融服务升级，要坚持专业创造价值的理念。一直以来，商业银行传统服务上主要关注金融本身，对经济、产业和金融市场的专业化研究相对不足。供给侧改革背景下，新经济的快速发展、客户需求的多元化与结构化、金融市场的多层次发展与分流竞争，要求商业银行扩大视野，"不止于金融"，依靠专业、前瞻的判断力、资源整合力来创造价值。

（二）业务模式升级

围绕浙江供给侧改革重点任务，商业银行要结合自身业务特点，找准定位，补足短板，提高业务模式和服务模式与实体经济的匹配度。对于浙江省六大短板，应当积极探索新的业务模式。

1. 围绕重大项目大宗金融服务需求，提升综合融资服务水平。未来很长一段时期，大交通、大城建等领域仍是金融需求的重点，并且随着层级的提升，呈现出明显的大宗、长期、低价等特点。在这一领域，要求商业银行必须具备跨市场大规模、低成本、低资本消耗资金的组织能力。基于政策趋势，下阶段重点要提升对 PPP 等新融资模式的对接能力，提升通过资产证券化等渠道进行资产运营的能力。

（1）大力推进 PPP 业务模式。PPP 业务模式已被定为下阶段基础设施建设的主流融资模式，并已取得重大突破。目前财政部和国家发展改革委向社会推出 PPP 项目总金额超过 6 万亿元，浙江省入选的 PPP 项目达到 334 个，项目总金额4 289亿元。其中交通基础设施项目 76 个，总金额超过 1 000 亿元。

PPP 业务为商业银行提供了巨大的市场，但商业银行对 PPP 业务模式介入程度不深，核心原因是 PPP 项目建设运营周期长、公益性特征明显，项目判断难度加大，同时，PPP 项目采取市场化运作方式，政府不承担兜底责任，而是通过政府购买服务或缺口补偿等方式与市场化运营主体，也即融资主体发生关系。对于银行营销端、风控端均提出了更加专业的要求。银行需要在 PPP 项目开始后的方案设计、总体谈判、协议制定、项目运营、投融资和后续项目管理等方面全流程参与。但目前相应的专业化体系还有待建立。就 PPP 业务大的生态环境而言，尚需对 PPP 项目的政策、法规进行进一步完善，明确社会资本的长期权属、利益，吸引更多具有专业运作能力和投资意愿的资本，尤其是民营资本参与其中。

商业银行要主动介入 PPP 业务，需尽快建立与之适应的发展模式。一是提升专业化能力。培养引进专业的法律法规、项目运作等领域人才，强化项目运营与管理、项目风险评估等方面强化专业能力建设，建立一支既有金融知识又有实践经验的复合型专业团队。二是建立专业风险管理模式。加强对 PPP 项目的全过程管理，将项目预开展阶段、招商引资及融资阶段、建设和运营维护阶段全部纳入风险监测。三是提升综合服务能力。商业银行可以联合产业资本和实体企业，通过撮合或者联合体参与等形式，有效介入 PPP 前端环节。同时，通过股、债等多种模式参与全过程融资服务。

（2）积极推进资产流转经营。针对大宗、长期、低价金融资产，采取传统信贷发放、持有模式难以为继，低盈利水平和大规模资本消耗将严重制约商业银行业务发展，必须强化资产流转经营能力。近两年，国家正在大力推动的资产证券化打开了重要的渠道，中国银监会对信贷资产证券化已实行备案制，证监会取消交易所企业资产证券化行政审批。商业银行开展资产证券化业务，可以充分盘活现有的存量资产，打通表内信贷与金融市场资金通道。

就资产证券化业务以及资产的流转而言，商业银行一是必须突破传统的规模情结，改变表内持有的经营策略，而注重对流量的经营，扩大支持实体经济能力和盈利能力；二是建立统一的资产运营管理体系，信贷资产一个口子统筹管理，统筹经营；三是形成多渠道对接能力，资产经营流转重点考验的是商业银行的资金来源渠道和流动性管理能力，形成自营与同业合作、信贷市场与货币市场、公募与私募统筹安排能力。

2. 围绕新经济发展和产业转型，强化资本运营服务。新经济注重股权融资，传统产业加大并购整合力度已成为经济运行的普遍热点，这就要求商业银行必须具备为客户提供股权资本运营的综合服务能力，否则在未来发展中将面临"临渊羡鱼"的风险。

（1）积极探索投贷联动业务。国家层面的投贷联动刚刚处于试点阶段，虽然浙江省内商业银行开始试水投贷联动业务，但基本处于起步阶段，总体规模较小。试点银行之外的银行只能借助海外全资控股直投子公司进行投资，或与外部 VC / PE 合作，但由于股权投资与债权投资的领域性质、风险容忍度以及对企业未来发展的看法存在差异，难以真正实现"投贷一体化"。

商业银行要将投贷联动作为一项可持续发展、可模式化开展的新业务，必须具备专业的体系支撑，核心是在产品设计和风险理念上进行改革突破。一是收益覆盖风险。投贷联动具有高风险属性是无法回避的客观属性，在对各项风险进行专业管理的基础上，必须秉承收益覆盖的风险的理念，提高风险容忍度。二是专业管控。新兴行业、新兴业务对于传统银行谓之高风险，但专业体系和人才队伍的建设，以及利用外部资源均可以开展主动的管理。现阶段，商业银行可以探索知识产权交易、投资机构投资价值认定等无形资产未来价值的发现机制，协同券商、信托、基金等机构开展深度合作、利益共享、风险分担。三是大数定律。收益覆盖风险的基础是业务规模足够大，结构安排足够合理，因此商业银行在启动投贷联动业务后，必须保持改革的定力，否则浅尝辄止将无法从收益端获取应有的回报补偿。四是风险分担。要注重依靠业务结构的设计安排，将潜在风险向专业机构、高风险社会资金等进行分散，依托多层次金融市场进行风险的管控等。

（2）大力开展并购、股权融资。在传统产业调整与新兴产业崛起的市场环境下，优质龙头企业纷纷谋求新的行业布局，通过并购进行资源整合，"借船出海，借梯登高"，无疑是实现企业战略目标相对快速的一条路径，并催生了商业银行新的高收益资产市场。但从目前浙江省商业银行并购金融情况来看，总体参与程度偏低。2015 年，浙江上市公司共完成 514 起并购，涉及并购金额合计2 200多亿元，通过银行并购融资金额不足三成，主要短板在于信息获取的及时性、服务方式、风险评估专业性等方面。针对短板，信息获取上，商业银行应广泛搭建券商、信托、基金、保险等非银金融机构等多方面的信息渠道。服务内容上，要前移服务入口，全方位介入并购交易，不能仅仅停留在融资阶段，要在前期并购标的选择、交易撮合、并购方案的设计等关键环节充分介入并产生影响。为此，需要通过自身培养、专业机构引进等多种方式，加快强化股权并购顾问服务能力。风险审批上，设置专项审批流程和绿色通道，满足并购交易的时间要求；同时，要以"投行化"的视角，依托资本市场、专业机构的风险分散与处置，强化对实质风险的控制力。

3. 围绕开放经济，深化跨境金融服务。在国家"一带一路"发展战略和人民币国际化加速推进背景下，浙江企业"引进来"和"走出去"的情况大幅增加。目前，商业银行在跨境金融领域的专业化优势是其他金融机构无法比拟的，需要充分把握人民币国际化契机，实施国际化经营战略。一是加快国际化进程。加强与系统内海外分行的业务合作，加快跨境交易系统建设，提升离岸与在岸的运营结算效率；同时，积极加入开展人民币海外清算行，高效开展交易、结算、融资等业务。二是丰富跨境金融产品体系。加强产品整合，为客户提供涵盖国际结算、贸易融资、跨境融资、全球清算和电子银行等"一站式"的跨境金融服务。可通过进口代付、出口代偿、福费廷、风险参与、保函、背对背信用证等产品为外贸型企业引进境外低成本资金，对境内优质企业提供跨境直贷、海外发债、内保外贷、海外银团等跨境融资产品，并以丰富的汇率避险产品和银行的专业优势为企业提供全方位、全流程、管家式的外汇金融服务。三是加快自贸区业务发展。与自贸区内的金融机构开展业务协同，为"走出去"企业提供跨境并购、股权投资相关融资、外汇交易及结算业务。

4. 围绕"青山绿水"，探索推广绿色金融服务。当前环保无疑成为经济转型发展过程中的一个重要主题。2016 年 G20 杭州峰会首次将"绿色金融"议题写入会议公报；同年 9 月，中国正式批准《巴黎协定》，七部委联合发布《构建绿色金融体系指导意见》。构建绿色金融体系、增加绿色金融供给，被提上国家重大发展战略的重要议题。围绕绿色生态经济短板，浙江已率先开展"811"美丽浙江建设、"五水共治"、"三拆一改"、"四化三边"等专项行动。根据中国人民银行研究局首席经济学家马骏测算，要实现我国治理环境污染的目标和2030年碳排放达标的国际承诺，预计每年需要3万亿元到4万亿元资金投入。绿色金融是未来具有巨大发展空间的市场，但是受制于多方面因素，当前金融机构绿色金融主要停留在履行社会责任的层面，在具体业务执行中，主要是把环保评估作为项目准入的否决条件，对环保产业、环保项目的介入不足。

专业的绿色金融服务，包括对环保企业的支持、环保类项目的支持，以及对传统企业基于排污权排放权以及减排量等的融资支持，相关业务大规模开展的金融生态体系还有待建立。环保具有明显的公共品属性和价值的外溢性特征，如何通过市场化的机制，将其内化为企业有价值的资产是需要解决的核心问题。如，绿色生态造林、重大节能减排项目等本身不会产生直接经济价值或者产生价值的周期非常长，传统的金融服务很难介入支持。但如果通过转移支付、政府购买服务或者专业碳资产交易市场等方式赋予减排量相应的经济价值，相关的企业或项目就具备了获取金融资源支持的基础。例如，传统企业的排放权，如果政府能够明确排放配额并加强监管，相关排放配额就具备稀缺性和价值基础，再加上相应交易市场制度的建设，使排放权具备交易的场所和市场化的价值形成机制，相应企业所拥有的排放权则具备了金融支持的基础。

金融机构需加快提升专业能力，为发展绿色金融大市场做足准备。一是响应"绿水青山就是金山银山"的绿色发展理念，将绿色金融嵌入产品研发、业务开拓、项目评估、风险防控、考评激励、资源配置等经营体系。二是拓展环保企业和环保项目市场，对相关企业、项目能够基于技术标准和商业模式等进行前瞻性的评价，发掘和把握优质市场资源。三是研发专业的绿色金融产品，准备介入碳排放交易等市场机制，面向交易市场、排放企业、减排企业等研发基于减排量、碳配额等投融资金融产品。

5. 围绕普惠金融、民生金融，推动"互联网"金融服务。近年来，依托互联网、大数据、云计算等信息技术以及资本的高强度投入，互联网金融发展迅猛，渗透到人们生活的各个领域和金融市场各个业态，包括支付、理财、借贷、投资等。虽然对传统商业银行带来挑战，但同时也拓展了空间，给商业银行带来机遇。尤其值得重视的是，互联网等新技术手段是商业银行落实普惠金融、民生金融发展任务的新途径，要及时借鉴吸收、探索创新，推动一轮由主流金融机构主导的互联网金融新发展，开启互联网金融发展的新时代。相比互联网企业，商业银行发展互联网金融具有深厚的行业积淀、广泛的线下渠道、高价值客户资源、丰富的产品线以及信用和品牌等优势，但需要借鉴互联网企业以技术驱动服务模式创新的理念、互联开放的精神、灵活快速的响应、场景式的产品运用等，扬长补短，形成后发优势。

一是深化行业方案定制升级。基于线下渠道、客户关系、产品线等优势，商业银行要在整合互联网技术、理念，在行业性方案定制上发力，提高对民生金融、产业转型升级的支持力度。在民生金融上，围绕医、食、住、行、玩等领域，运用网络化、信息化的手段提高社会运行效率，并主动嵌入消费金融等延伸金融服务，形成新的业务开拓模式。例如，中信银行等金融机构与省内各级政府主管部门、专业机构合作开展的智慧医疗、智慧教育、智慧旅游、智慧交通、智慧菜场等项目，已经形成一大批成功案例。在产业领域，互联网、物联网、大数据等技术的发展，使商业银行进一步深度介入企业的供应链、销售链，通过资金流、信息流、物流匹配来把控风险成为可能。商业银行应及时开展 B2B、产业金融等业务的"互联网＋"升级。

二是深化大数据应用和融资模式创新。要做好普惠金融与潜在风险、运营成本的平衡，必须注重运用互联网渠道和大数据技术。银行本身是高度依赖数据的行业，并积累了大量的内外部数据，但数据应用的广度和深度上还有很大差距。在广度上，主要侧重于用户的财务数据、资信数据，对用户特征数据、交易数据、行为数据等关注度不够，更缺乏对外部公共数据信息、第三方专业大数据的整合应用。在深度上，数据分析往往是有限维度，难以对精准营销、精准风控产生更大价值，更不能支持业务模式、风控模式的创新。因此，商业银行首先应当强化数据整合挖掘能力，对自身所积累的大量数据进行价值提炼；其次要积极寻求与外部数据的互联应用，包括政府机构公共数据以及专业大数据服务企业所提供的数据及其结果。如中信银行等金融机构已经探索推出公积金网络贷、代发工资网络贷、银商 POS 网络贷等贷款产品，建立在线贷款实时审批系统，实现客户全在线完成贷款申请、审查、审批、签订合同、放款、还款，满足小微企业和个人客户的便捷融资需求，在新技术条件下的普惠金融方面作出了积极的尝试和探索。

（三）信贷结构优化升级

面对结构性调整，商业银行要主动优化信贷结构，退出"僵尸企业"，有效消化不良资产，实施信贷去库存，腾挪资源支持重点领域发展。一是根据供给侧改革的总体进度要求，统筹考虑地方经济、企业实际和区域风险形势，把握好主动退出的进度和节奏，做到稳妥有序。就浙江省而言，商业银行在去产能过程中要注重对传统制造业的落后企业的主动退出，也要充分评估退出企业的"两链"风险，防止在市场化退出过程中造成区域性风险。二是细致甄别，坚持有保有压。在本轮信贷风险暴露的周期中，浙江省内风险企业主要面临着产业层次低、产品附加值低、创新能力弱、资源环境消耗大等突出问题，这也是商业银行信贷"去库存"需要重点关注的内容。对问题企业、问题贷款，商业银行要区别对待，根据其能否成功转型走出困境和当前的风险状况，分别扶持一批、退出一批、重组一批，一户一策化解风险。对于产品有竞争力、暂时困难的，支持其渡过难关；对于企业具有一定优势资源，能通过重组解决的，推进其兼并重组，引入优势企业盘活资产；对于与产业政策、环保要求等明显背离且无转型前景的落后企业，要坚决退出，加快出清。三是要主动将信贷资源投入重心与供给侧改革需求相衔接，围绕供给侧改革的短板领域、传统经济转型升级领域和"四新经济"等重点领域，集中信贷资源，充分发挥银行信贷资金的杠杆导向作用，传导供给侧改革的各项政策要求，引导更多资源流入短板领域和战略新兴领域，营造全社会推进供给侧改革的良好氛围。

（四）风险管理理念与技术升级

在经济供给侧结构性改革推进过程中，商业银行的风险管理面临两个方面的新挑战。一方面，经济补短板以及诸多新领域、新需求的出现，对金融机构提出了发展新金融的需求，需要商业银行风险管理理念与技术随之升级，与之匹配；另一方面，在经济结构调整和市场出清过程中，商业银行所面临的风险形势更趋复杂，亟须进一步提高风险管控能力。

一是建立专业化的风险管理机制。商业银行应提高对当前和未来经济形势及行业走势的总体把握能力，加强对风险的前瞻性把控。尤其对行业发展的研究，需要更加专业和深入。围绕风险领域的短板，要加强行业的专业化研究和评估，要对行业的当前形势和未来发展有清晰的把握和预判，做到不盲从、不跟风，能够独立判断。对于微观主体风险把控上，要改变过去看重抵押担保方式的做法，更加注重第一还款来源的还款能力，通过专业的项目评审分析有效防控风险。

二是建立差异化的风险管理体系。实施差异化竞争是未来银行发展必由之路，差异化发展对风险管理提出了较高要求，需要根据业务特点来确定风险管理模式。如在PPP业务模式下，依靠传统的风险控制手段显然无法有效识别PPP项目的风险，必须要对项目的运营管理有深刻的理解；在科创金融上，需要银行适度提高风险容忍度，构建"收益覆盖风险"的"投行化"风险防控体系。因此，商业银行要结合实际探索建立差异化的风险防控体系，在实质风险可控的情况下，支持重点领域发展。

三是运用新的技术防控手段。商业银行掌握大量的客户数据信息。在风险防控中，要充分利用大数据和互联网技术，对海量数据进行分布式数据挖掘、梳理，建立大数据风控模型，快速识别客户的信用等级水平。同时，要充分借助"外脑"发挥协同作用，加强与风险投资机构的沟通交流，了解新兴领域的潜在风险点，提升风控水平。

四是有效防范各类新型风险。要高度关注市场环境快速变化及科技手段、传播手段的日益升级，对银行业各类风险防控带来的新挑战。如金融资源配置的市场化，尤其是利率、汇率等关键要素的双向波动，对市场风险的防控提出了更高要求，商业银行必须提升前瞻预判和对冲控制的能力。针对风险形态的不断演变发展，商业银行的风险管理体系要不断完善，对各类风险加强专业性、针对性、前瞻性的防控。同时还要关注各类风险形态之间的关联性，防止风险因素的叠加放大和连锁效应。

（五）经营体系升级

在推进商业银行供给侧改革过程中，实质就是对银行内部各类生产要素的重新排列组合和优化，提升各项生产要素的生产效率。坚持问题导向、推动改革的落地见效是商业银行金融供给侧改革的"最后一公里"。要顺应内外部发展趋势，按照"集中化、集约化、专业化、信息化"的总体原则摆布好生产要素和资源，加快商业银行经营体系和模式的转型升级。

1. 推进业务管理集中化。一方面，对于专业性较强的大宗化的金融市场、资本市场等业务以及专业性较强的战略意义突出的科创金融、绿色金融等领域，要建立完善组织架构，成立相应的业务中心、事业部等形式实行集中管理、集中营销、集中运作，实施专门的考核激励和资源配置政策，提升适应市场的能力。另一方面，银行内部营销管理也要集中化，将经营层次上移，强化省级区域营销中心和地市区域营销中心的支撑作用，推进"客户经理＋产品经理＋风险经理"的融合作业模式，更加贴近市场，提高银行整体组织架构的运行效率。

2. 强化资源运用集约化。"轻资本"和"轻成本"是银行未来的发展导向，必须在考核和资源配置上充分体现。在"轻资本"上，商业银行要摆布好表内和表外的业务关系，摆脱单纯依靠表内高资本消耗的发展模式，做好投资银行、金融市场渠道的有效对接，打通各类资产盘活通道，降低资本消耗，努力以有限的资本支撑更大的金融供给。在"轻成本"上，要强化对资金成本和运营成本的精细化管理。在资金价格上，要按照供给侧改革的"降成本"要求，防止因过度的价格竞争而推高资金价格。在运营成本上，要重新确定和优化各项业务费用资源的合理性和科学性，提高银行单个网点和人均的投入产出效率，探索通过信息化手段提高生产效率，节省成本。

3. 培养人才队伍专业化。适应业务经营的专业化和各种新领域的拓展，商业银行的队伍建设应加快向专业化的方向发展。必须优化人员结构，提高专业人员占比，打造高素质的专业团队，深耕细作专业领域，增强对细分市场的风险识别能力和专业服务能力。商业银行的人力资源发展导向、人才培养机制和激励约束机制等，都要同步改革和转型，把建好、管好、用好专业人才队伍摆在更突出的位置。

4. 推进业务发展信息化。高效、智能、安全的信息系统是商业银行顺应供给侧改革过程中实现业务创新转型、加强风险控制的基础保障。尤其是大数据、云计算、互联网、物联网技术的飞速发展，极大地改变了金融创新的渠道和工具，成为商业银行创新增长的新型驱动要素。第一，要明确信息科技的定位转型，对信息科技的定位由业务支撑转向驱动业务发展，加快实现技术和业务的融合发展。第二，要加速实现信息科技架构向传统 + 互联网的混合结构转型，积极参与"互联网 +"经济模式下的金融竞争。渠道要向移动化、协同化转型；内部流程要以客户需求为目标实现流程整合、创新和共享；产品开发和部署要组件化、参数化、可定制化；管理信息系统要支持在线、实时、交互式、智能化发展。

四、结语及政策建议

经济的供给侧改革对商业银行金融供给侧改革提出了新的要求，这需要商业银行下定决心，加大转型力度，加快金融创新，优化金融供给结构。但与此同时，经济与金融作为互生共荣的生态系统，金融供给侧改革需要构建在市场化、健康的生态体系基础上。例如，绿色金融需要构建排放权、减排量市场化的价值形成机制；资本市场业务需要构建多金融业态的紧密联动协同机制等。相关生态系统的建设单独依靠商业银行显然无法成行，需要政府及政策层面在经济供给侧改革进入快车道之后，及时研究推进金融供给侧改革中各重点领域的金融生态基础设施建设等相关课题。

参考文献

[1] 周小川：《供给侧改革是中国经济改革的正确方向》，载《国际金融论坛 2016 中国报告》，2016（6）。

[2] 吴敬琏：《供给侧改革：经济转型重塑中国布局》，中国文史出版社，2016。

[3]《七问供给侧结构性改革——权威人士谈当前经济怎么看怎么干》，载《人民日报》，2016 - 01 - 05。

[4] 张茉楠：《新供给发力：重塑中国经济增长红利》，载《供给侧改革，引领"十三五"》，2016。

[5] 杨再平等：《探索商业银行投贷联动新模式——英国"中小企业成长基金"启示与借鉴》，载《中国银行业》，2015。

[6] 柯永建、王守清、陈炳泉：《私营资本参与基础设施 PPP 项目的政府激励措施》，载《清华大学学报（自然科学版）》，2009（9）。

[7] 李竹君：《中国银行业推行绿色金融政策的研究》，上海交通大学硕士学位论文，2013。

[8] 褚蓬瑜、郭田勇：《互联网金融与商业银行演进研究》，载《宏观经济研究》，2014（5）。

大数据时代保险业创新发展与监管研究

中国保险监督管理委员会浙江监管局课题组*

一、大数据的特点和现状

（一）大数据的概念和特点

大数据，又称巨量数据，是由数量巨大、结构复杂、类型众多数据构成的数据集合，是基于云计算的数据处理与应用模式，通过数据的集成共享，交叉复用形成的智力资源和知识服务能力。

1. 大数据的特征。大数据的特征归纳为四个"V"：大量（Volume）、多样（Variety）、价值（Value）、高速（Velocity）。一是数据体量巨大，大数据的起始计量单位至少是 P（1 000 个 T）。二是数据类型繁多，数据来源渠道多样，包括网络日志、视频、图片、地理位置信息等。三是价值密度低，商业价值高。以监控视频数据为例，数小时长度的数据中有用数据可能仅长一两秒。四是处理速度快，一般要在较短时间范围内给出分析结果，这个速度要求是大数据处理技术和传统的数据挖掘技术最大的区别。

2. 大数据的核心思想。与传统数据思维相比，大数据带来了几个深刻的思维变革。一是以全体数据取代随机样本。要分析某项事物，应该处理分析与其相关的所有数据，而不是依靠分析少量的数据样本。二是以纷繁复杂取代微精确。处理大数据时，必须接受数据的纷繁复杂，从中分析取得有意义的结果，而不是追求完全的精确。三是以相关关系反证因果关系。注重从大数据中发现无关事物的潜在相关关系，进而倒推因果关系，而不是先寻求因果关系，再去从数据中寻找证明。

3. 大数据的价值创造方式。麦肯锡咨询公司在其发布的《大数据：下一个竞争、创新和生产力的前沿领域》研究报告中认为利用大数据创造价值的方式有以下五种：一是创建透明度，让利益相关方能够更加容易地及时获取信息。二是通过试验来发现需求、暴露可变因素并提高业绩，运用数据分析获取更好的决策。三是根据客户需求细分人群，利用大数据使组织能够对人群进行非常

＊ 课题主持人：邹　飞
　　课题组成员：赵军伟　郑文燕　赵先军　王　兴

具体的细分，以便精确地定制产品和服务来满足用户需求。四是通过自动化算法替换或支持人为决策。五是创造新产品和服务，改善现有产品和服务，以及创造全新的商业模式。

(二) 大数据在保险业的应用现状

保险业的核心基础是大数法则，数据分析与计算决定了保险业产品的定价能力，大数据时代的开启将给保险业带来深刻的变化。一些互联网厂商凭借自身数据资源优势进入金融领域，传统金融企业正在改变经营思路重塑业务架构，而新的商业价值也会在这场变革中被发掘出来。同时，中国保监会积极推进专业互联网保险公司试点工作，支持保险业向互联网和大数据方向进行探索，批准了众安保险、泰康在线、安心财险和易安财险四家互联网保险公司。大数据在保险业形成了一些较为典型的应用方向，具体表现为以下几个方面。

1. 客户细分和精准营销。通过采集客户的各项数据，并整合外部更多的数据，以扩展对客户的了解，客户数据包括人口统计学特征、消费能力数据、兴趣数据、风险偏好等，还包括客户在社交媒体上的行为数据、在电商网站的交易数据和其他有利于扩展对客户兴趣爱好进行分析的数据。在对客户进行精准画像和细分的基础上，企业从中分析客户的个性特征和风险偏好，更深层次地理解客户的习惯，智能化分析和预测客户需求，从而进行产品创新和服务优化，实现精准营销。比如通过移动营销方式为手机上网时间超过 5 小时的客户推荐健康保障险、手机意外险；为喜食肉类、爱喝酒的客户推荐防癌险或重大疾病保险；为使用大屏幕手机的用户推荐碎屏险；为途牛网用户推荐旅游相关保险产品等。新华保险的全资电商子公司新华电商，运用相关模型挖掘成功购买保险产品的高价值客户，分析高价值客户的客群特征，包括基本用户画像和上网行为等，并依此在全网扩充目标客群，最后做在线精准营销的广告投放，上线后实验组广告点击率比对照组提升了 361%。阳光财险采用基于大数据和机器学习的能力，分析过去十年的历史数据，并引入外部第三方数据，构建数据分析基础平台，在上面搭建深度学习模型，实现对于新的销售线索的成交率进行预测，通过智能化的方式更精准地筛选目标人群，把目标人群精准筛选出来之后提高转化率，从而提高座席产能和生产力。

2. 精细化运营。金融机构可基于企业内外部运营、管理和交互数据分析，借助大数据，全方位统计和预测企业经营和管理绩效，选择高效的经营管理方式，提高服务运营水平。中国太保 2014 年正式成立"中国太保移动应用实验室"，实验室运用了大数据、云计算、互联网平台、移动终端、社交媒体等新技术和新应用，优化业务流程，缩短端到端的距离，2016 年该实验室研发的"神行太保"智能移动保险平台已实现投保的无纸化和智能化，实现了"移动保全"、"移动理赔"、"太平洋好声音"、"实时代扣"等共计约 25 项功能，覆盖了售前、售中、售后的各个环节，还实现了客户现场参与个性化的高级定制等服务。泰康人寿2014年正式启用云计算中心，将"金融云"概念正式落地到保险业务实践，2016年已经建成响应快速、动态灵活、可持续的云计算核心基础平台，在大数据和人工智能方面，泰康人寿基于其生态圈的用户大数据，构建不断自优化的算法，将算法能力与大健康业务场景深度融合。

3. 反欺诈和风险管控。金融机构和监管机构通过对客户的基本信息、交易历史、客户历史行为模式、正在发生的行为模式等，结合大数据分析方法进行分析，可以有效地预测和防范信用风险和欺诈行为。中国人寿针对上海崇明地区的短期险赔付率始终在高位徘徊的情况，在收集整理和分析大量的理赔数据后，对崇明某医院就医合理性进行逆向调查并掌握关键证据，通过行业协会联合其他涉案保险公司报案，案件侦破后有效降低了崇明地区的赔案数量。此外，中国人寿在广东进行试点反保险欺诈因子风险模型，将既往理赔案件客户层、保单层、行为层、销售层的数十个风险因子逐一进行过滤，筛选出其中的高风险因子，并进行数学建模，将其应用于理赔案件的提调，目前已初步实现了高风险案件的系统自动识别与发调。美国好事达保险公司（Allstate Insurance Company）通过大数据整合理赔数据、理赔人数据、网络数据和揭发者数据，将所有理赔请求首先按照已有的欺诈模式自动处理，并对可疑的理赔请求并进行人工审阅，经过自动化和人工两个监测过程，好事达公司车险诈骗案减少30%，误报率减少50%，整体索赔成本降低2%～3%。2016年11月19日，中国保险信息技术管理有限责任公司和蚂蚁金服在杭州签订战略合作协议，双方将通过优势互补，重点探索在车险反欺诈领域的技术创新，通过共建"黑名单"库，优化反欺诈模型，让保险公司可以更好地识别与区分用户，如蚂蚁金服所积累的个人信用情况，就可以为保险理赔提供有价值的参考。

4. 市场预测。通过大数据挖掘和分析，金融机构已经开始对市场走势进行新角度预测。通过对海量个人投资者真实投资交易信息进行深入挖掘分析，了解交易个人投资者交易行为的变化、投资信心的状态与发展趋势、对市场的预期以及当前的风险偏好等信息，从而对市场走势进行有效的预测。在2016年中国（杭州）"互联网＋"金融大会，荷兰律商联讯风险信息公司（LexisNexis Risk Solutions）的保险业务首席执行官 Bill Madison 指出企业掌握的数据越多，保险赔付风险模型的预测能力就越强。每增加一个数据集，都能看到模型的预测准确度获得显著提升，通过改良后的信用记录，加上公共记录，再加上保险支付历史，可在传统信用记录基础上带来30%的模型效能提升。

综观当前，保险业已在大数据战略布局等方面进行了积极的探索，但大部分保险机构尚停留在客户简单分类、数据基本分析等浅层面应用，信息技术对保险主业的作用也仅停留在技术支持层面，保险业要实现对客户资源的二次开发或对其需求的深层次挖掘，从数据收集、数据分析过渡到数据挖掘、数据利用仍然需要相当一段时间。

二、大数据时代保险业发展态势与竞争环境分析

（一）保险业发展空间进一步拓宽

大数据时代，保险业将迎来全新的创业方向和商业模式，通过对大数据的运用，解释风险的技术也将带来革命性变化，大数据所引起的思维变革将极大地拓宽保险业的发展空间。

1. 可保与不可保风险界限将被突破。大数据技术运用可能重塑对可保风险的判断标准，突破现有可保风险与不可保风险的界限，使原来不能承保的风险变为可保风险，扩大保险业的保障范围，将为保险业发展提供一个非常广阔的空间。比如，淘宝退货运费险推出后连续亏损，保险公司应用大数据分析的方法，建立退货发生的概率模型，并根据买家的习惯、卖家的习惯、商品的品种、商品的价值、淘宝的促销活动等大量数据，确定不同的保险费率，经营结果即转变为盈利，从而开拓了新的业务空间。又如，众安保险依靠大数据分析进行新产品研发，推出了手机碎屏险、网络保证金保险、手机安全支付保险、P2P金融平台借款保障险等。

2. 保险营销效率将得到提高。大数据时代数据的海量和多维度等特点提升了需求分析的准确性，从而提高了营销的效率。在大数据时代，以往保险使用的纵向历史样本数据分析将不再是唯一的分析方法，从横向的数据，如人们的社交数据、生活习惯数据、医院治疗、药物使用等海量数据分析中可以得到一个更直接、更有效且可能更准确的结论。运用大数据分析消费者的保险需求，更有效地发现客户和客户的潜在需求进行精准营销，从而提高交易成功和客户留存的概率。

（二）保险业将面临关联行业的竞争和挤压

大数据的发展使产业边界趋于模糊，保险行业的生态环境将面临挑战。一方面，保险业将受到来自非金融行业的竞争和挤压。大数据时代，互联网、移动互联网、物联网、车联网、人工智能、遥感技术等技术将深入影响保险业。另一方面，随着互联网和金融深入融合，由于互联网企业具有的大数据资源及技术等方面的优势，保险公司将面临着其强力挑战。具体体现在以下几个方面。

1. 风险数据将有可能从保险公司转移到掌握关键技术的互联网企业。2016年，东软集团开发的辅助驾驶类手机应用"小牛助驾"，利用智能手机收集行车数据，包括速度、里程、加速等信息，通过一系列复杂的计算与分析，识别人们在行车过程中的驾驶行为，并对驾驶员的行车质量做出评价，通过该系统将可以收集掌握大量传统渠道无法取得的用户风险信息。今后掌握多种风险信息

的新型车险产品，将具有传统车险产品无可比拟的定价优势。

2. 保险销售渠道将转移到掌握通用型移动互联终端的互联网企业。移动互联技术提供了客户高度灵活地支配自己消费行为的可能性，同时还能实现产品价格的高度透明化和服务的自助化，从而创造全新的客户体验。这些由互联网创造的新的客户体验，将会把销售主渠道从传统的线下模式逐步推向线上模式。虽然传统保险企业也能开发自己的 APP 来承担线上保险功能，但企业 APP 存在功能单一的天然弱势，将会被互联网企业以社交为基础的通用型移动互联终端所覆盖。

3. 新型技术发展使部分传统领域保险面临挤压。一方面，随着车联网技术的发展，基于车联网的无人驾驶技术已经出现，根据毕马威咨询，预计到 2022 年，车联网将覆盖 90% 的乘用车。2014 年和 2015 年，谷歌无人驾驶汽车团队先后宣布测试车辆完成 110 万公里和 160 万公里的行程，后者相当于 75 年驾龄司机的驾驶里程。按计划，谷歌将于 2017 年至 2020 年面向公众发售无人驾驶汽车，苹果披露的 Titan 计划中预计在 2019 年至 2020 年实现量产，百度计划 2018 年实现自动驾驶汽车的商用化，2020 年实现量产。无人驾驶技术将使车辆碰撞事故大幅度减少，将改变以碰撞为主要承保风险的车辆保险，未来车险行业将很可能面临着市场被极大挤压的困境。

另一方面，保险业也将受到来自金融行业内竞争和挤压。大数据时代下金融边界不断延伸，金融机构不再单纯锁定为金融牌照公司，金融竞争更多地表现为行业内公司与大数据渗透公司的竞争，以及行业内公司在数据平台搭建及使用上的竞争。

一是大数据提升金融行业的结构效率。互联网和大数据打破了信息不对称和物理区域壁垒，通过信息流、数据流引导各类资源的充分有效分配，促使传统的生产关系发生变革，F2C 模式（Factory to Customer）成为重要趋势，这将加速金融交易中介的脱媒化进程。

二是大数据推动金融产品的有效竞争。无论是在传统的金融时代，还是目前刚开启的移动互联网金融时代，金融机构的产品层出不穷，但大多数时候是一家机构的产品上线之后其他机构迅速进行模仿，通常会陷入同质化竞争。未来的金融模式将是资金供求双方可以实现自由匹配，且是双向互动社交化的，只有那些专注于特定领域，注重产品细节与客户投资需求，基于大数据分析并改进的投资精品才能获得市场的认可。金融综合经营格局下，保险业与银行、证券等其他金融业之间的竞争不断加剧，互联网和大数据等新技术或将成为关键利器。

（三）保险业内部将呈现发展差异化和竞争多元化

大数据时代，保险业将面临着多样化的发展方向，保险机构之间将因各自优势的不同而逐渐产生分化。各保险机构将会扬长避短，充分发挥自身优势，或者通过与其他行业合作来实现共赢，整个保险市场可能呈现百花齐放、百家争鸣的局面。

1. 具有创新思维的保险公司将抢占先机。保险公司通过大数据分析客户的需求之后，可以开发针对不同群体客户的具体产品，甚至可能实现保险产品的"私人订制"。尤其是那些具有互联网精神和创新基因的公司，通过开发诸如退货运费险等新的保险产品，未来将在市场竞争中抢占先机。

2. 混业经营的公司将更具竞争优势。混业公司相对于非混业公司将具有更丰富的数据储备和更广阔的数据来源，能够进行更加精确的客户分析，开发出有针对性的产品，更好地满足不同客户的市场需求，实现差异化竞争。

3. 保险公司的经营策略将趋多元化。在大数据的支持下，保险公司可以做到每个客户都有个性化的解决方案，完全可以实现差别费率，对于风险低的客户敢于大胆降低费率，对于风险高的客户提高费率甚至拒绝承保，这样保险公司之间就可以实现真正的差异化竞争。通过对客户消费行为模式的分析，能提高客户转化率，开发出不同产品来满足不同客户的市场需求，解决当前保险业面临的同质化竞争问题，实现个性化发展和可持续发展。

4. 保险公司的品牌效应将发生变化。中小保险公司在与淘宝、京东等知名电商平台合作过程中，电商平台实际为保险产品销售承担了信用背书，这使得在电商平台销售的各家保险公司的品牌优势不再明显，中小保险公司依托电商平台的信誉规避了品牌效应的缺点。

（四）保险业风险防范和业务决策能力将得到提升

1. 经营理念将逐步转变为以客户和服务为核心。大数据思维对个体需求进行聚焦，从个性化产品到个性化的服务，再从个性化的解决方案到个性化的客户体验，这是个性化满足的不同层次，其关键在于对人性的尊重和关照，最终会实现一种基于个性化的经营与管理模式，为保险业的健康可持续发展提供了源源不竭的生命力。

2. 行业外部风险防控能力将得到提高。大数据分析帮助保险公司了解客户自然属性和行为属性，结合客户购买行为分析、客户信用度分析、客户风险情况分析以及客户的资产负债状况，建立完善的经营风险、操作风险和系统风险等风险防范体系，及时发现并"预警"不良症兆，以引起决策者高度重视，调整工作策略，防止内部隐患，从而将风险化解在萌芽状态。

3. 保险公司自身经营管理能力将得到加强。借助大数据，保险公司决策的制定、工作的部署、问题的解决，都可以做到数字化、实时化、科学化，从而实现精细化的管理。而且通过数据处理系统开展计算、分析和提醒，其效率要比人工处理高很多，成本则会低很多，这将为公司不断降低营运成本、集中资源服务客户创造积极的条件。

三、保险业应对大数据时代的对策建议

根据中国保险行业协会对保险业在大数据应用方面的现状调查，保险企业对大数据应用于"改良"的现状中，最积极推进的为风险建模，占比达 63%；其次为风险评估与定价、新客户获取、活动管理，占比均大于 40%；在其他方面的应用占比尚较低，特别是索赔预防缓解方面，仅有 11% 的险企正在开展。

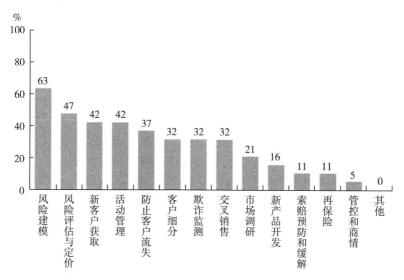

资料来源：中国保险行业协会委托 BCG（波士顿咨询）进行的"大数据与现代保险服务业发展"问卷调研，调研范围是具有代表性的各类中国保险公司共计 19 家。

图 1　中国险企应用大数据"改良"现状

保险业在大数据经营战略和创新发展等方面还存在不少问题：一是主观上认识不足，拥抱大时代、掌握主动权的观念比较淡薄，思维方式亟须转变；二是基础建设还比较薄弱，数据积累非常有限，系统和平台建设没有跟上；三是能力建设和人才储备不足，大数据的分析方法和应用能力不够，同时大数据的人才储备无法跟上大数据时代的快速发展。针对这些问题，保险业应积极应对，迎头赶上。

（一）保险业应加快转变观念，由被动的风险接受方向主动的风险管理方转型

1. 加强对大数据技术的认识和学习，培养发展基于大数据的思维模式。认识是做好应对大数据时代的重要前提。保险行业需要一种大数据的思维，这是面向未来需要具备的一个非常重要的能力。只有具有基于大数据的思维，能够全面理解大数据时代，才能把产品、服务、风控放在大数据框架之下思考。保

险业要结合自身实际，研究制定大数据应对战略，提前统筹规划大数据应用，同时营造学习和利用大数据的氛围，提升行业整体的认知水平，培养基于大数据的思维模式、决策机制。

2. 主动适应大数据所带来的变化，提前做好经营理念转型。大数据的核心是预测未来，而不是对事后的处理，这意味着保险经营理念将不再单纯是传统的分摊意外事故损失、被动履行赔付义务，保险将作为群众健康和社会生产的推动者和管理者。通过大数据技术，保险业应主动对客户进行风险管理，根据客户数据分析其具体情况，有针对性地预测客户潜在的问题和风险，进而引导客户减少甚至消除问题和风险，既减少保险业的赔付，又减少社会损失，达到双赢的局面。

（二）保险业应加大基础建设，建立大数据基础架构和技术规范

1. 加强基础设施和架构建设。传统保险行业信息技术部门，主要负责业务系统建设、网络建设和运维等工作，致力于解决公司内部管控问题和效率提升问题。在大数据背景下，传统的信息系统、数据仓库等解决方案将会捉襟见肘，有必要对数据中心基础架构做出改变，为大数据选择新的硬件、存储和其他数据中心基础设施。同时，应建立新的数据采集模式和架构，一方面有利于更好地挖掘内部数据，发现数据背后的价值；另一方面有利于加强对外部跨地区跨行业数据的收集。

2. 加快建立行业大数据技术规范。目前，大数据的储存和处理技术已趋向于同一标准技术。使用规范化的数据储存和处理技术，同时定义标准的数据格式和数据口径，这都有利于数据的存储、传输、使用和行业内的交流和共享。因此，要加快建立保险业大数据技术规范，整合内部资源，提升整体效能，助推行业整体技术水平的发展。

3. 主动加强与具有先进大数据技术的IT企业之间的合作。IT企业具有保险机构所不具有的大数据资源和技术，保险业应主动出击，与其进行交流与合作，吸收先进技术和资源，本着"以我为主，为我所用"的原则，在竞争中掌握主动，在竞争中实现发展，成功进行大数据技术的升级和转型，以免出现被动等待而被具有先发优势的科技企业渗透和挤压的困境。

（三）保险业应加强大数据人才资源能力建设，增强业务能力和人才队伍储备

1. 提升行业整体能力水平，增强业务决策和自主创新能力。目前整个保险业内对大数据的认识仍然十分有限，不少公司仅仅只有专业IT人员掌握有一定的大数据应用能力。保险业应大力开展系统性的教育培训，并结合现代学习技术、工具，加强行业对大数据技术的认知和理解，提高行业整体能力水平，重点是加强上层管理者利用大数据进行业务决策的能力，同时要加强业务人员和

技术人员利用大数据进行自主创新的能力。

2. 积极培育保险业务和大数据技术复合型人才。保险业应及时准确研判大数据时代的特点和行业发展的趋势，充分认识数据科学人才是稀缺的资源，重视引进大数据技术人才，并注重进行专业业务能力和大数据、互联网技术的联合培养，组建既懂保险业务又懂 IT 技术的复合型人才队伍。

3. 加强与其他行业的合作，推动教育和人才资源共享。当前，我国金融分业经营原则客观上导致金融业教育培训呈现出条块分割的状态。保险业应充分认识到，大数据时代银行、保险、证券等金融子领域之间的边界更为交叉和模糊，要加强与相关部门、行业、地方之间的协调与合作，实现相关资源共享共赢。比如 2014 年秋，由北京的五所高校（中国人民大学、北京大学、中国科学院大学、中央财经大学、首都经济贸易大学）共同设立的"大数据北京分析硕士培养协同创新平台"正式启动，2016 年底，50 多位第一届大数据分析硕士毕业生绝大多数已经在金融部门、政府部门从事数据分析工作，保险公司可以参与到这些平台的建设当中并引进相关的高端人才。

四、保险监管应对大数据时代的对策建议

大数据时代保险监管将会面临更复杂的挑战和更高的要求。保险监管机构要顺应大数据时代的潮流，研究制定大数据战略，建立健全规章制度，统筹行业数据资源，推进监管信息化建设，为行业创新发展营造良好的环境。

（一）加强法规和制度建设，营造良好的保险监管环境

1. 进一步完善保险法律法规。2015 年 7 月，中国保监会出台了《互联网保险业务监管暂行办法》，为规范互联网保险业务经营行为、保护保险消费者合法权益、促进互联网保险业务健康发展提供了法规依据。但该办法只是对互联网保险的相关监管进行了定义，对大数据方面的监管并没有做出明确规定。监管部门应研究制定大数据相关法律法规，明确规范数据共享开放、数据权属、数据交易、数据安全和个人电子信息保护等多方面内容。

2. 加快行业规范化和标准化建设。监管部门应进一步推动行业运用大数据开展产品、服务、管理等各类保险服务规范的标准化、制度化建设工作，既有利于行业内部开展评估，又方便社会第三方机构和广大消费者实施外部监督。

3. 建立信息披露和数据公开制度。监管部门在对各类统计数据分析和处理之后，可以定期或不定期公布一些公众和业内关心的数据，以及能对保险公司发展起引导作用的数据。在确保信息安全的情况下，建立不同级别、范围的公开和披露机制，将有利于加强行业内数据共享，促进行业发展，同时提升监管的透明度和公信力。

（二）以中保信公司为载体，加快行业数据平台建设

1. 建立适应大数据时代要求的信息化基础架构，搭建基础数据技术平台。应统筹好历史数据和当前采集数据的关系，统筹好大数据背景下的精算技术、统计技术和数据挖掘技术的融合，统筹好结构化数据和非结构化数据的采集、分析和使用，充分挖掘历史积累保险数据的潜在价值，积极学习运用大数据技术，提升分析现实数据的能力。

2. 建立大数据的数据质量标准，消除壁垒，推进行业信息共享，建立安全有效的大数据共享使用环境。应以中保信为载体，尽快搭建集中开放的官方数据平台，整合归集保险行业保单、险种、赔案、风险因子和损失率等数据信息，并代表行业统一集成对外，与交通管理、社会保障、健康医疗、征信体系等相关领域实施对接，才能真正实现数据共享，提高行业整体竞争力。

3. 加强与相关部门的协调与合作。应加强部门协作，有序推进自有数据平台与地方政府相关数据平台的对接，条件成熟的话可进行跨平台跨行业的数据交换和共享，利用和分析经侦数据、电商数据等外部数据，增强保险监管和监控能力。

（三）充分利用大数据技术，有效防范行业系统性风险

1. 加强信息安全和技术安全风险管控。大数据时代，保险业在获得大量客户信息的同时，也意味着数据处理软硬环境更加复杂，更容易成为攻击者的目标。监管部门应督促保险机构增强安全管理策略，强化责任落实，加强信息安全培训，提升信息安全技术，完善信息安全预警和应急响应机制，注重客户隐私权的保护，进一步健全与大数据时代相适应的信息安全保障体系。

2. 提升现场和非现场监管能力。大数据时代，原有传统的监管思路和监管手段要顺势而变。监管机构应通过大数据分析建立数学模型，对业内机构进行跟踪、监测和分析，提前发现疑点，聚焦风险，提高检查针对性，实现现场和非现场监管的联动机制。同时，建立相关监管应用系统，对数据信息进行处理，提升对行业风险的识别、预判和预警能力，从而将各类风险隐患更好地消灭在萌芽阶段，提高保险业整体风险防控水平。

参考文献

[1] 维克多·迈尔-舍恩伯格、肯尼斯·库克耶：《大数据时代》，浙江人民出版社，2013。

[2] 陈柳：《大数据时代下金融机构竞争策略研究》，载《海南金融》，2013（12）。

[3] 许宁狄：《关于大数据时代保险业创新驱动发展的思考》，载《保险职业学院学报》，2013（3）。

[4] 毕征：《运用大数据捕捉保险需求》，载《中国保险报》，2013。

[5] 郁佳敏：《车联网大数据时代汽车保险业的机遇和挑战》，载《保险市场》，2013（12）。

[6] 冯子超：《大数据对保险公司未来发展的影响探究》，载《商》，2013（24）。

[7] 张静波：《大数据时代的保险业创新》，载《金融时报》，2013。

[8] 张瑞峰：《保险产业拥抱"大数据时代"》，载《金融时报》，2013。

[9] 唐方杰：《大数据金融渐行渐近》，载《银行家》，2014（3）。

[10] 白硕、熊昊：《大数据时代的金融监管创新》，载《中国金融》，2014（15）。

[11] 王祖继：《大数据时代下的保险创新与监管》，载《第八届21世纪亚洲金融年会》，2013。

[12] 肖扬：《大数据思维下的保险业变革》，载《金融时报》，2013。

[13] 王和：《大数据时代将在本质上挑战保险业》，载《中国保险报》，2013。

[14] 鲍义彬：《大数据时代下的金融业发展与对策》，载《中外企业家》，2013（24）。

[15] 王召：《"大数据"：传统金融与互联网金融争夺的焦点》，载《中国农村金融》，2014（2）。

[16] 李毅：《大数据时代背景下的中国互联网保险发展与展望》，载《中国高新技术企业》，2014（31）。

[17] 邬维奇：《大数据在保险营销中的应用》，载《改革与开放》，2013（13）。

[18] 赵晶：《大数据下的保险公司的人才需求》，载《现代经济信息》，2015（4）。

[19] 王玮：《大数据在保险行业中的应用探究》，载《中国金融电脑》，2015（4）。

[20] 麦肯锡咨询公司：《大数据：下一个竞争、创新和生产力的前沿领域》，2011。

[21] 波士顿咨询公司：《大数据及车联网在车险中的应用和案例》，2016。

商业银行利用多层次资本市场服务实体经济分析

——以企业生命周期为基础视角

上海浦东发展银行杭州分行课题组[*]

一、绪论

新常态下，我国实体经济的发展已迈入提质增效、转型升级的重要时期。在"大众创业，万众创新"的发展时期，如何破解实体经济下行危局已成为当下研究的热点和难点课题。

在"十三五"规划纲要中，作为金融体制改革的重要核心，大力发展多层次资本市场，提高直接融资比重，已成为中国金融体系改革的方向和目标。党的十八届三中全会《关于全面深化改革若干问题的决定》明确提出，要让市场在资源配置中起决定性作用，对应于"更好发挥政府作用"，强调要处理好政府与市场的关系问题。在金融改革中，一方面，由于中国金融领域盛行审批制，这一问题表现得更加严重；另一方面，相对于银行间接融资模式，直接融资模式发展明显滞缓，特别是公司债券市场发展受到诸多限制而严重不足。近年来，这种以银行信用为基础、以存贷款为主体的金融体系缺陷更加突出，不仅引致了经济和金融运行中的一系列矛盾和弊端，而且给经济社会的可持续发展留下了严重的隐患。以间接金融为主的金融体系已到了非改不可的地步。

二、相关背景概述

（一）我国多层次资本市场建设的现状

目前，国内的资本市场属于高层次的资本市场（主板）。多层次资本市场建设包括向上拓展和向下拓展两个方向。向上拓展就是发展金融期货市场，向下拓展就是发展创业板（二板）、"代办股份转让系统"（三板）、产权市场等较低层次的资本市场，形成"金融期货市场—主板—二板—三板—产权市场"组成的多层次资本市场体系。我国多层次资本市场建设正在沿着这一路径推进。

---

[*] 课题主持人：赵峥嵘

课题组成员：林　斌　黄志斌　胡　铮　胡其旺

（二）国外成熟资本市场经验借鉴

美国资本市场遵循了自下而上的发展模式，经历了非常曲折的过程。由于长期奉行政府对市场不干预的理念，在长达 140 年的华尔街早期历史中，没有监管机构，没有证券法，市场的欺诈众多，投机气氛猖獗。在放任自流的发展模式下，市场得以"野蛮生长"，但也会不断出现危机，给社会带来巨大的冲击和危害。1929 年发生的股灾和随后的经济大萧条中，千百万人流离失所，挣扎在死亡线上。痛定思痛，罗斯福实施的"新政"，其重要目标之一就是重塑华尔街。在这个阶段，美国颁布了《证券法》、《证券交易法》、《投资公司法》和《投资顾问法》等法律法规，并成立美国证监会，奠定现代资本市场的基本监管和法律框架，试图寻求政府和市场的平衡点。"二战"后，随着共同基金行业的快速发展，价值投资理念逐步形成，美国市场投机气氛逐步降低，走上了相对健康的发展道路。2008 年国际金融危机是美国资本市场发展历史上第二次重大危机，在某种意义上也是过度自由带来了市场崩溃，而危机后的美国金融改革法案，也是试图重新寻找政府与市场的平衡点。

从美国资本市场发展的经验教训中可以看出，资本市场和一国的经济社会发展相伴相生，而脱离经济社会需求的金融发展会带来灾难。在运河铁路的修建、南北战争、重工业化、高科技浪潮这些重要历史事件中，我们都可以看到美国的资本市场发挥了重要作用。然而，从郁金香泡沫到 2008 年国际金融危机，世界金融历史也说明，脱离经济社会的金融发展会带来危机和灾难。在美国历史上，代表着社会民众和实体经济的"主街"，与代表着虚拟经济的"华尔街"是一对相互依存的矛盾体。凡是两者结合得比较好，美国经济社会就发展得比较顺利；凡是两者偏离，就会给经济社会带来沉重的打击。过去十几年中，美国的金融服务业过度膨胀，再次带来了危机，前几年"占领华尔街"等事件就是两者失衡带来严重社会问题的一次集中爆发。这对我国资本市场的发展有很好的鉴戒作用。

三、商业银行利用资本市场服务实体经济的策略分析

（一）商业银行资本市场业务的发展现状

随着国内利率市场化的推进和直接融资市场的发展，商业银行越来越感受到结构调整和转型发展的压力。资本市场的发展和融资渠道的拓宽使得企业的投融资需求更加多样化，面对国内多层次资本市场的快速发展，商业银行发展资本市场业务正迎来转型发展的历史机遇。

随着中国金融市场的开放和直接融资业务的发展，商业银行传统业务的利润空间被不断蚕食，在这一背景下，商业银行逐渐意识到了开展投行业务的必要性，只有参与其中，才能在未来竞争中不被市场淘汰。我国商业银行开展投

资银行业务在 2000 年之后，受监管政策影响，最初商业银行大多通过控股模式曲线进入资本市场领域。在获得集团投行牌照的同时，商业银行开始逐步拓展品牌类投行业务，纷纷设立投资银行部，以投行品牌带动对公业务转型。商业银行发展投行业务的目的不仅仅是通过控股公司进入上市承销等传统资本市场领域，更重要的是要促进商业银行体系内投行业务与信贷等传统业务的互动发展，以投行理念引领商行业务，通过组合创新和交叉销售充分发挥商业银行的整体优势，为客户提供更广泛的综合服务，实现客户综合贡献度的最大化，在此基础上做大做强资本市场业务，使其成为推动银行收益结构调整的重要力量。

但目前整个商业银行在拓展资本市场的过程中已遇到资产投放不足、中收增速放缓、营收指标完成不好等困境，尽管有经济下行、市场风险增加、监管政策叫停等外部多方面原因，表现上看似乎是竞争加剧、资产价格较高或产品加载不足等原因，但归根结底是客户经营模式问题。商业银行主要通过上市公司、国有大型企业及其主导的大型项目作为攻坚资本市场的主要着力点，此类客户群也被称为"大客户"，随着国内经济环境的变化，商业银行在经济上行期原有的粗放式经营模式已经不能适应市场发展，需要更加精细化、针对性更强、能满足客户多元化需求的综合性产品和客户经营模式。当前商业银行对大客户经营存在以下几方面问题。

一是大客户尤其是战略客户营销目前存在以商业银行属地机构营销为主、总分行参与度不够，客户综合服务需求与组合产品深度有效对接融合度不深等问题，导致客户经营零散、碎片，没有形成强有力的立体式客户经营打法。

二是大客户业务需求多样化、综合化，横跨公司、金融市场甚至零售板块，但目前商业银行仍以产品经营以单一产品、条线推进为主，导致获取的客户需求信息也是条线化，加上大客户对专业服务能力要求较高，目前的金融服务方案满足不了大客户融资需求。

三是客户营销和业务推进两条路径。大客户营销由业务部门自上而下、总分支联动，但具体业务落地、授信仍由商业银行属地机构自下而上推进。同时，由于前期客户需求收集、现场尽调、方案设计等由业务部门进行，容易因为信息不对称，导致沟通成本增加、审批效率降低，影响客户需求响应速度和客户体验。

四是商业银行试点大客户直营经营个体差异性大，复制推广模板仍需进一步总结提炼，尤其是利益分配机制需转向客户纬度算总账、综合收益最大化。此外，客户直营需要配套的专项资源、系统建设和审批权限等亟需尽快推动完善。

（二）商业银行资本市场业务的主要功能与案例介绍

商业银行服务于实体经济是其设立的出发点和根本落脚点，其伴随而来的是有效识别和经营实体经济带来的信用风险。根据企业生命周期理论，商业银行应从企业所处的生命发展阶段出发，根据其实际经营的需要，更有效、细分地识别金融风险，为不同阶段的企业提供有区分的资本融资服务。此外，商业银行又可通过营造资本生态圈来培育企业的不断发展成长，为其提供全成长周期的资本项下金融服务。本文分别从初创期、成长期、稳定期和衰退期企业来介绍商业银行资本市场业务的主要功能和服务案例。

1. 商业银行应服务企业整个生命周期

我们认为，当前的金融服务，其实需要从传统经济增长模式里的支持重资产企业，转到学会支持轻资产运营的创新型企业上；要从主要服务于企业有正的现金流的阶段，转到服务于企业的整个生命周期上。例如，在去产能、去库存和去杠杆时期，往往有大量的企业关停并转，有大量的并购重组，这恰恰是需要大量金融服务的阶段，但是，不少商业银行往往因为经营模式不适应、管理能力跟不上，恰恰就在这个企业最需要金融服务支持的环节退避三舍。

客观的评价，对于重资产、有盈利的企业客户，银行的服务和竞争已经非常充分；银行在服务这些客户上也积累了相当充足的经验。但是，如果在经济转型这个特定的阶段来评估，就会发现，如果在经济转型期银行的服务模式还是沿用比较传统的抵押担保等驱动的模式，那么，可以拿出大量资产进行抵押担保的，一般是重资产的传统行业；而许多重资产的传统行业如钢铁、水泥等，恰恰是本轮经济调整中产能过剩的行业，如果沿用原来的重资产经营模式，就会让宝贵的金融资源继续流到一些产能已经过剩的行业，客观上也挤压了新兴产业的发展。同时，经济转型期有大量的企业是创新型企业，是需要调整和并购重组的企业。从整个金融服务的产业链看，这个时候恰恰是它们需要各种咨询、融资等金融服务的时候。如果商业银行还是局限于存贷汇等传统的金融服务模式，那么，往往在客户出现经营压力时，企业在银行就不容易找到相应的服务和产品了，商业银行的信贷业务风险偏好驱使它们只能自然退出。

2. 利用投贷联动、认股选择权业务更好的服务初创企业

我国最为著名的互联网民营企业阿里巴巴网络技术有限公司成立于1999年9月，成立伊始，整个团队仅以曾担任英语教师的马云为首的18人，注册在杭州一所不起眼的公寓内。那时的阿里团队，他们的第一笔融资来自全部团队成员的存款，合计50万元。但不多久，随着阿里巴巴网站的发布，马云很快进入了外媒的视线，而作为最为"烧钱"的行业，互联网行业对资本的迫切，已让阿里巴巴到了生存的悬崖边上。马云不得已，首先寻求的是国内最主要的融资主体即商业银行。

　　彭学兵、胡剑锋[①]在《初创企业与成熟企业技术创业的组织方式比较研究》中针对初创期企业定义做了简要概述，认为初创期的企业规模比较小，企业内部管理制度较为简单和灵活，能够迅速应对外界环境的变化，有利于企业对市场的快速适应。孙小静[②]在《中小科技型企业初创期的项目融资探析 ——以 HT 科技有限责任公司为例》一文中认为处于初创期的企业缺乏足够的资金和市场竞争力。虽然当期企业拥有一定的技术，但因为其结构过于单一、基础过于薄弱与资金有限等原因，企业营业利润比较少，资金周转极为缓慢，极易出现资金链断裂的风险，导致企业的财务风险严重。

　　2015 年 9 月，苏州市政府下发《苏州市金融支持企业自主创新行动计划（2015—2020 年）》，提出建设包括"企业自主创新金融支持中心"在内的三大平台，破解金融机构与企业信息不对称、金融工具组合应用不灵活等问题，重点解决有成长性、轻资产企业的融资需求。在政府引导基金的参与下，辖内各商业银行投贷联动业务均采用"产业基金＋贷款"模式。在基金资金来源方面，商业银行理财资金为主要资金来源，与政府引导基金共同出资并投资企业股权，同时政府引导基金作为劣后级给基金增信。在贷款安排方面，商业银行以信贷资金在股权投资基础上对所投企业进行授信。该模式有利于将投贷决策权集中于银行，与传统的"风投机构投资＋银行授信"方式相比，辖内投贷联动业务显示出更强的银行主导性。从资金来源看，子基金 80% 的资金来源于银行端；从决策权看，子基金由银行作为实际控制人进行市场化运作，投资项目均由银行决定。尽管囿于商业银行股权投资资格限制，部分银行采取了银投合作的模式，但投资机构的参与更多是对银行机构私募投资基金管理人资格空缺的补充，充当可决策顾问的角色，参与实际决策权。

　　3. 成长期企业的资本服务方案

　　企业经过初创期就步入成长期。此时企业的技术更为成熟，基本上企业已经形成了自己独特的产品市场，在消费者中具有一定的影响力，在市场中的占有率稳步提升，市场竞争力逐步增强。当前阶段企业开始初步进行组织结构的完善，内部控制管理也初具规模，企业管理模式开始逐步完善。企业在此阶段的主要目标是加大对现有产品进行市场开发和增强市场的竞争力，保持快速增长的速度，并且不断吸纳新的专业人才和管理理念。虽然此时企业的经济环境比初创期较为好转，但是因企业必须不断加强市场占有率等因素，企业仍会面

---

　　① 彭学兵、胡剑锋：《初创企业与成熟企业技术创业的组织方式比较研究》，载《科研管理》，2011。

　　② 孙小静：《中小科技型企业初创期的项目融资探析 ——以 HT 科技有限责任公司为例》，载《西南财经大学》，2014。

临缺少资金的问题，所以企业的经营风险依旧较大。

随着 2016 年直接融资市场的活跃，银行资管客户对于权益市场的投资意愿加大。多家商业银行已通过定增配资、专门的净值型产品、"打新"基金等方式投资直接融资市场。资产的概念涵盖存款、理财、保险、信托、实物资产等，银行应强调投资研究能力，发挥集团银行、投行、基金、保险的多牌照优势，针对养老、消费、教育、财富传承等多元化的客户需求匹配不同的产品。

面对利率市场化带来的挑战和机遇，商业银行、基金、券商、保险、信托等各类机构均开始发力资产管理业务，初步形成了多元、互通的"大资管"格局。对于商业银行而言，"大资管"虽已被多家提升到战略高度，但仍处在破题的过程中。目前，商业银行正谋求跨界资产配置。多机构、多市场合作不仅体现在产品端，更为投资端的跨界资产配置提供了创新空间。现在一些商业银行已瞄准直接融资市场、混合所有制改革领域、境外人民币投资市场等新型投资领域，酝酿新的产品形态。由于商业银行的传统优势在于信用风险管控，因此对于债券管理更为熟稔。相应地，银行理财配置债券的比例较高。然而，随着现在直融市场日益活跃，银行资管客户对于权益市场的投资意愿加大。在现有法律框架下，多家商业银行已通过定增配资、专门的净值型产品、"打新"基金等方式投资直接融资市场。值得注意的是，跨界资产配置的探索并未止步于国内。随着人民币国际化进程加快、资本项目可兑换推进，海外资管市场也成为商业银行的"新大陆"。

4. 成熟期企业的资本服务方案

经过初创期的市场探索和成长期的高速发展，企业过渡进入了成熟期。此时企业大多已形成了较为丰富的产业链模式，对于产品的生产直至销售的过程进行了纵向联合整合，产品生产量大且市场占有率较为稳定，市场竞争力较高。企业在此阶段累积了较为充裕的资金，技术和管理模式也较为成熟。但是目前企业面临市场已趋于饱和的境况，极易导致企业出现产能过剩的现象。同时，处于稳定期的企业易开始出现安于现状的现象，致使企业发展止步不前。此时企业需要寻求技术、管理方法等方面的创新，使企业进行新一轮的壮大发展。

在这一时期，商业银行可通过并购夹层融资，资产证券化，股权直投，代理承销撮合交易。下面以商业银行在企业并购重组为例进行优势分析。一是可降低信息成本。投资银行的介入可以解决企业并购的信息不对称问题。投资银行集中了一流的人才，专门从事并购活动，熟悉并购方面的知识，他们善于搜集捕捉各种信息，使每单位信息成本很低，而质量较高。由于目标企业为了保护自己的股票价值，在并购中交易双方的信息是有差异的，并购方无法获取目标企业内部的利润潜力和管理质量等真实信息，仅能直观上获得其年报数据以及竞争对手、市场前景等资料。如果由并购方自己调查，则需要相当的人财物，难度很大，而投资银行可以通过专业人士进行最佳搜寻，提供及时准确的信息；另外，由于企业在收集信息时往往有偏好，观念上会形成一定程度的误差，而投资银行不存在利益关系，可以提供客观真实准确的信息，从而更有利于并购双方。

二是可降低讨价还价成本。企业并购的基本特征是产权的有偿转让，因此，无论对被兼并方还是兼并方，至关重要的一点就是产权的交易条件。在产权交易市场上挂牌的企业，交易价格难以确定，只能说明该企业想出售而已。即使上市公司的大宗股权交易，也必须在投资银行的规范指导下，综合评估各方面的数据、信息后，交易价格才能确定。因此，投资银行对目标企业估值的准确性、客观性、公正性，就成了至关重要的因素。产权交易都需要经历一个讨价还价过程，通常并购双方都能接受的条件是，投资银行对目标企业的估值，处于目标企业对自身的估值和并购方对目标企业的估值之间，这是一个比较现实的交易条件。与双方直接讨价还价相比，通过投资银行与双方谈判，"摩擦"要小得多，交易费用也会大大降低。

5. 衰退期企业的资本服务方案

企业进入衰退期，此时企业主要表现为：内部管理出现腐败及管理主义，部门之前责任不明，管理制度极度混乱等问题；外部则是企业市场占有率逐步下降，竞争力减弱。新产品受到外界排斥，消费者对其产品失去兴趣和信心。此时企业急需进行转型以抛弃现有的已经腐败滋生的管理模式和逐步失去市场竞争力的产品或行业，进行新的产品研发和生产以及建立新生的管理模式，以期使企业重新进入新一轮的生命周期。

2004 年，某国有大行在北京分别与瑞士第一波士顿、中信证券有限公司、中诚信托投资有限公司签署不良资产证券化项目相关协议。信托财产是由该行的 13 个营业部或支行直接负责管理和处置，涉及借款人总数 233 个，本金总额 26.19 亿元。该行以委托人角色将合法拥有的账面价值 26.19 亿元的资产委托给某信托公司，设立财产信托。

在该业务的资产选择上，该国有大行充分考虑了以下几点关键因素：一是单项资产分散化的要求，当时该行不良贷款率约为 7%，该资产包涉及 20 个行业，233 家贷款单位。二是信用级别较高，贷款笔数 864 笔，其中抵押贷款为 262 笔，有担保的贷款为 602 笔，均有抵押和担保，尽管属于不良资产类别，但相对而言，比无担保、无抵押的信用贷款具有更高的变现能力，也更有利于现金流的评估，从而有利于资产的证券化操作。三是资产具有一定的规模，该资产包的处置收入构成受权产品的收益来源，实际收益产品为 8.2 亿元，应该说具备了一定的规模。不良资产无论从单个还是整个资产池看来，现金流都是不够稳定的，但从信贷支持证券的支付看，现金的流出是比较有规律和稳定的。因此，如何根据支付构造稳定的现金流，也是资产证券化需要考虑的重要环节之一。在实际操作中，该行设立专门的收益储备账户，并对该账户设立最低余额要求，以调节不同时点回收的现金流的存量平衡。

本次不良信贷资产证券化业务为中国金融界第一次出现无担保的债券性质的证券品种，具有多项创新，且从风险控制制度方面引入信托公司定期报告制度、受益人代表制度、多重监督机制、资产处置激励机制、账户分立及监管、资产处置报告制度等。对规范我国利用资产证券化处置不良资产业务具有积极的借鉴意义。

四、商业银行利用多层次资本市场服务实体经济的政策建议

（一）探索交易型投资银行业务的"蓝海"

投资银行是直接融资市场的主导者，资本运作交易的偶发性决定了投行客户需求的个性化和多样性，投资银行不能以单一产品包打天下。在一个蓄势待发的上市公司并购重组项目中，投行需要根据具体情况因地制宜地设计交易结构，再将交易结构的种子播撒到市场中，历经交易执行过程的风吹雨打后，种子萌发长成桃李硕果，投行还要差异化地实施"收割采摘"，这一过程要求投行具备对接"全产品"的能力，以满足交易型投行业务中客户的多样需求。

商业银行与投行业务的差异性要求银行必须在集团内部实现"投贷联动"发展。这要求投行具备"穿越"商行产品体系的本领，能够发起各类商行业务，以交易型投行业务调动和引领各类金融资源，实现集团综合收益的最大化。在形形色色的资本市场参与者中，投资银行往往能够最大化地凝聚市场资源，这并非由于投资银行具备排他的垄断资源，而是由于投资银行是资本与信息流通运转的枢纽，能够为客户提供"融资+融智"的综合服务。

（二）强化商业银行在资本市场业务中的比较优势

与持牌投行相比，商业银行系资本市场业务的比较优势明显。依靠资金渠道、客户资源和网络优势三大优势，商业银行在资本市场业务实践中探索形成了"投融资+顾问"的业务模式。持续完善这一业务模式，商业银行将在多层次资本市场中开拓出属于自己的业务版图。

一是构建与直接融资相适应的风控体系。发挥商行的资金优势要求商业银行构建与直接融资市场相适应的风控体系。商业银行的风控机制以商行业务的"刚性兑付"为基础，缺乏多层化的风险承受能力，缺乏识别实质风险、化解风险的主动性和灵活性。投资银行更关注业务的实质风险，只要能够化解实质风险、赚取超额收益，投行就有理由介入其中。

当前创新创业的时代背景要求商业银行探索具有投行特色的风控体系。从国际经验来看，成熟资本市场对宏观经济的贡献体现在两个方面，第一，通过直接融资市场实现"输血功能"，第二，通过鼓励创新创业、抑制落后产业实现

"代谢功能"。当前我国资本市场的活跃发展正是以"互联网+"、"中国制造2025"等创新创业为基础,创新创业带来的活力和动力将是资本市场持续发展的基础。服务创业企业对于商业银行而言,既是使命又是机遇,以"投贷联动"、"投顾结合"的方式服务成长型的中小微企业,将帮助商业银行抢占产业发展的前沿市场。创新创业企业通常具有轻资产、成长型、高风险的特点,这与传统商行依赖抵质押担保的风控体系背道而驰,构建区别于传统商行业务的风控体系至关重要。

二是发挥商业银行的网络优势要求商业银行将团队下沉到贴近客户的基层分支行。完成股改上市后,很多银行同业在境外设立了全投行牌照的子公司,以子公司对接境内市场的投行业务需求。这些投行子公司业务发展迅速,取得了可喜成绩,但在境内资本市场业务领域,与境内券商相比仍然差距。制约境外子公司投行业务发展的一个重要瓶颈是商业银行的客户资源无法有效承接,商行的子公司难以做到零距离地贴近境内客户。商业银行需要"俯下身去",在最贴近客户的基层分支行构建投行团队。基层投行团队的管理要符合市场规律,灵活运用多种市场化手段凝聚人才,在管理机制上保障基层投行团队的稳定性和战斗力。

总之,当前多层次资本市场的繁荣为商业银行的创新发展创造了有利条件,也为商业银行实现综合化经营的战略转型创造了机遇。把握机遇、顺应市场,在多层次资本市场中,商业银行将大有可为。

(三)围绕实体经济需求加快产品和服务创新,拓宽为实体经济服务的渠道和领域

吸取金融危机的教训,我国商业银行开展金融创新必须紧跟实体经济的需求。一是紧跟生产经营活动中的融资需求,在企业贷款、股票融资、债券融资等方面提供合适的金融产品;二是紧跟业务往来中的交易和结算需求,为客户提供满意的金融服务;三是紧跟技术改造和产业升级需求,通过金融创新支持科技创新;四是紧跟规模扩张中的兼并重组需求,为客户提供个性化的综合金融服务;五是紧跟国际同业创新趋势,适时引进与创新金融理念、金融工具,更好地为实体经济服务。

(四)抓住海外市场直接融资的市场机遇,开拓境外上市、发债等资本市场业务。

商业银行需要在跨境投行业务中开拓国际视野。近年来,境内外市场的联动日趋活跃,境内外市场在产业和资金融通方面的合作逐步深入。自2014年以来,对外开放的各项顶层设计逐步落地,境外资本的引入与中国企业的跨境投资同时提速,"走出去"与"引进来"进入新阶段,境外资本市场的动态对境内资本市场交易行为的影响力正在放大。在境外中概股转板退市、"一带一路"沿

线产业投资、中国制造的技术引进等领域，境内外资本市场已经深入融合，离开全球视野，投行将被蒙住双眼。

开拓国际视野要求商业银行借鉴境外资本市场的经验与智慧，抢占跨境业务的市场空间。境外投资银行的历史悠久，经历了多个经济周期，参与了多次产业变革，在发展的过程中积累了丰富的经验。境外市场的交易经验和市场规则具有借鉴价值，国际投行在多产品运用、风险化解、推进交易方面的技术手段值得商业银行学习。对此，商业银行可利用其国际业务平台"海外上市＋海外分行发债＋国际资管＋离岸理财对接"的联动服务优势予以积极对接。截至目前，各商业银行已有多家在岸核心客户在境外发行各类公募、私募债以及结构性票据等优质资产，效益显著。不难看出，商业银行利用境外资本市场已成为必然趋势，如何利用自身优势率先取得突破，将作为各商业银行新的利润点和战略引擎。

商业银行公司客户违约风险评估研究

南京银行杭州分行课题组[*]

一、导论

近年来，我国银行[①]的公司客户违约风险日趋加大，不良贷款率逐步攀升，资产质量面临严峻的挑战[②]。中国银监会 2 月 15 日发布的 2015 年第四季度主要监管指标数据显示，银行不良贷款余额 12 744 亿元，较上季度末增加 881 亿元；银行不良贷款率 1.67%，较上季度末上升 0.08 个百分点。我国银行不良贷款率已连续 10 个季度上升。2016 年，商业银行的不良贷款率进一步上升，2017 年 1 月，中国银监会召开的全国银行业监督管理工作会议材料显示 2016 年末，我国商业银行不良贷款率上升至 1.81%。

面对严峻的资产质量形势，银行愈加重视对违约风险的识别和控制。然而，仅靠诉讼、保全、担保企业代偿、重组、政府转贷、不良资产转让和证券化等"清旧"措施，无法真正解决银行的资产质量问题。寻求安全且高效的资产、优化信贷结构的"控新"，已成为各家银行面临的共同课题。银行违约风险管理的主要任务是识别拟授信企业违约的可能性。会计信息及财务指标直接反映了企业的经营成果和财务状况，已广泛应用于银行对借款人违约可能性的判断过程，是银行授信决策的主要依据。银行通过分析企业偿债能力、经营能力、盈利能力、成长能力和现金流量指标，据以评价企业资金营运、财务结构、流动性或变现能力是否正常，并对借款人新增银行融资的合理性进行判断。同时，银行结合非财务指标，采取定量与定性相结合的方法，综合评价企业承担风险的能力，判断企业违约的可能性，最终选择优质企业作为银行的信贷客户。但目前银行对财务指标的利用主要依赖授信审批人员的经验，具有一定的主观性。特别是如何综合各项优劣不等的财务指标以做出授信决策，仍缺乏完整的可计量

---

[*] 课题主持人：周 蔺
课题组成员：牟 杰 钱维绮
[①] 本文中的银行均指商业银行，不包含政策性银行和人民银行。
[②] 公司客户是目前我国商业银行最重要的客户，本文研究范围局限于公司客户，对于个人客户，本文不做进一步研究。下文中提到的"客户"，如无特殊说明，均指公司客户。

的判别标准。因此，本文拟利用银行授信企业财务指标的经验数据，量化剖析影响企业信贷违约的财务因素，并对财务指标的经济后果进行检验，这对银行有效选择优质信贷客户、防范客户违约风险和改善资产质量具有重要意义。

二、基于财务指标的银行公司客户违约风险评估

（一）银行机构发展概况（略）

（二）资产质量状况与信用评级结果分布

前（略）

值得注意的是，本文后续实证研究部分选取的 67 家违约企业样本和 67 家非违约企业样本的现有信用评级结果分布如图 1 所示。

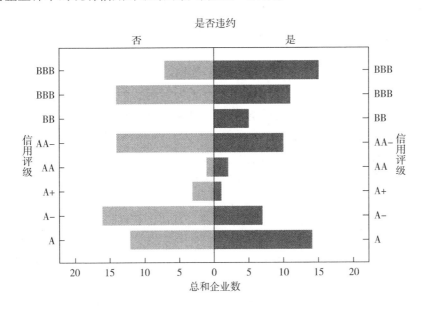

图1　样本客户信用等级分布图

从图 1 可以看出，非违约企业的信用等级虽整体高于违约企业，但优势并不特别明显。如 BBB 这一较差评级中非违约企业明显较多，而违约企业也有较多企业落入了 A 这一较好的评级中。

为进一步量化研究样本企业现有信用评级结果的区分度，对违约企业和非违约企业的信用评级结果进行非参数检验。首先对各信用等级赋值，即样本中最高信用等级 AA 级赋值为 8，最低的 BB 级赋值为 1，其余各信用等级依次赋值。接着，选择 Wilcoxon 秩和检验的方法。该方法将违约组企业和非违约组企业的信用评级赋值结果按从小到大顺序排列，每个企业在序列中的序数即为秩。如果两组企业的信用等级具有显著差异（如违约组的信用等级明显低于非违约

组），则将导致违约组样本值排序在前，秩和较小，而非违约组样本排序在后，秩和较大。相反，如果两组企业的信用等级无显著差异，则违约企业和非违约企业在排序序列中将随机融合在一起，导致违约组和非违约组的秩和差异较小。Wilcoxon 秩和检验结果如表 1 和表 2 所示。

表 1　　　　　　　　　　　　　Wilcoxon 秩和检验得分表

组类	样本量	秩均值	秩和
违约企业	67	62.16	4 165
非违约企业	67	72.84	4 800

表 2　　　　　　　　　　　　　Wilcoxon 秩和检验结果表

Wilcoxon W 统计量	4 165
Z 统计量	-1.616
渐进显著性（双侧）P > ｜Z｜	0.106

不难看出，违约组的秩的平均值及秩和均小于非违约组，表明为违约组的信用等级整体低于非违约组，但差异并不太大。Wilcoxon 检验近似正态分布的 Z 统计量对应的 P 值大于 0.1，不能拒绝原假设，即违约样本和非违约样本现有的信用评级结果在统计学意义上未有显著差异，进一步表明现有信用评级的方法虽有一定的区分能力，但效果未能令人满意。

（三）基于财务指标的银行公司客户违约风险评估实证分析

如本文第三章所述，银行现行的以平衡计分卡为基础的信用评级体系存在定性指标过多，缺乏实际违约率数据的支撑，未实现违约概率预测的量化等问题。因此，本文将采用运用银行机构的历史数据，以二元 Logistic 模型为基础，对银行机构的违约风险评估体系进行重构，以更科学、合理地反映银行机构授信客户面临的违约风险。

1. 样本的选择

已有文献往往以不良贷款或上市公司带有 ST 标识作为违约的标志。我国银行普遍实行按季结息，到期一次性还本的贷款偿还模式。流动资金贷款期限往往长达一年，且贷款本金逾期 90 天后银行才将其资产分类调入不良贷款，具有滞后性。以不良贷款作为违约的标志往往无法及时反映银行授信客户面临的本金或利息的逾期风险。同时，银行的客户绝大多数都为非上市公司，以 ST 标识表示作为违约标志不适合银行的授信客户。本文认为，企业每季的欠息已反映出其财务状况异常，因此本文采取授信客户利息逾期作为违约的标志。本文初选违约企业共计 75 家（本金、利息逾期或本息同时逾期的企业），剔除财务指标缺失或因纯外部因素（如担保公司停止担保导致企业无法续贷突然死亡、被担保企业逾期导致担保企业面临巨额代偿压力、企业实际控制人聚赌涉嫌犯罪、环保问题面临巨额罚款或关停等）导致的违约企业，剩余 67 家作为违约样本，并选取其违约前一年度的正常财务数据参与建模[①]。同时，参照刘明辉、韩小芳（2011）和陈运森（2012）等的研究配对方法，按 1:1 配比了 67 家非违约企业样本。本文选择配对样本时考虑了 3 个因素：行业、年度和规模。每一个违约样本都有一个与它同行业、规模相近的非违约样本配对。

配对样本的具体选择方法如下。

（1）行业：按照违约样本的行业分布，即制造业（77.61%）、批发零售业（13.4%）和其他行业（8.9%）的比例确定非违约样本的行业占比。

（2）年度：在满足前一条的情况下，按照样本违约企业的财务数据年度分布确定非违约样本的财务数据年度分布。

（3）规模：在满足前两条的情况下，满足违约样本组与配对的非违约样本组的规模（总收入的对数）差异在 [-20%，20%] 的范围内（最终违约组和非违约组的收入差异为 -1.89%）。

为了更好地检验模型的预测能力，本文在上述 134 家样本企业中，随机抽取 80% 的企业共计 107 家作为建模样本构建模型；剩余 27 个样本作为测试样本，用于检验模型犯第一类错误（将违约的企业误判为非违约企业）及第二类错误（将非违约企业误判为违约企业）的概率。

2. 财务指标的设置

鉴于财务指标对企业违约风险的预警功能，本文以全面系统反映银行授信客户财务状况为原则，利用已有的财务数据，选择了反映偿债能力、盈利能力、营运能力和成长能力的 20 个财务指标作为自变量进入模型。同时，如前文所述，企业所处地区、行业和规模等非财务因素，在区域经济集群发展，区域风险突发的情况下，对其违约率具有重要的影响。因此本文控制了地区差异、规模、行业以及年份等非财务因素。具体指标类型和名称如表3所示。

[①] 根据 OhlsoA（1980）的研究成果，选取违约当年的财务数据将过高的估计违约模型的判断能力。

表 3　　　　　　　　　　　　　　　　变量定义表

指标属性	指标类型	指标名称
财务指标	长期偿债能力	产权比率、资产负债率
	短期偿债能力	流动比率、速动比率、现金比率①利息保障倍数、现金流量比率②、现金负债比率③
	运营能力	应收账款周转率、流动资产周转率、总资产周转率
	盈利能力	销售净利率、总资产收益率、净资产收益率④、销售毛利率、税前利润率、净资产利润率
	发展能力	净利润增长率、总资产增长率、销售增长率
控制变量	企业所属地区	
	年度	
	行业	
	企业规模（总收入对数）	

3. 财务指标的因子分析

受企业整体经营的影响，各财务指标之间应具有较强的相关性，如反映运营能力的各种周转率指标都受销售收入的影响，反映盈利能力的各种指标都受净利润的影响，彼此可能高度相关。同时，不加选择的将 20 个财务指标一起进入模型，将显著地减少变量的自由度，严重影响模型结果。

因此，本文首先对财务指标进行 KMO 检验和 Bartlett 检验，如表 4 所示。结果显示，KMO 统计量为 0.702 > 0.7，表明财务变量之间存在偏相关性，可以做因子分析。Bartlett 球形检验统计量 Sig 值 < 0.01，否定相关矩阵为单位阵的零假设，即认为财务变量之间存在显著的相关性，可以做因子分析，将联系比较紧密的变量归为同一类别，以降低不同类别变量之间的相关性。

表 4　　　　　　　　　　　　　　KMO 和 Bartlett 检验

KMO 和 Bartlett 的检验		
取样足够度的 Kaiser – Meyer – Olkin 度量		0.702
Bartlett 的球形度检验	近似卡方	4 563.603
	d	190
	Sig.	0.000

---

① 现金比率 =（货币资金 + 短期投资净额）/流动负债
② 现金流量比率 = 经营活动现金流量净额/流动负债
③ 现金负债比率 = 经营活动现金流量净额/负债总额
④ 净资产收益率 = 净利润/（本年期初净资产 + 本年期末净资产）÷2

以公因子的特征值大于 1 作为抽取条件，财务指标每个公共因子所解释的方差及累计值结果如表 5 所示。

表5　　　　　　　　　　　因子分析的总解释方差

成份	初始特征值			取平方和载入			旋转平方和载入		
	合计	方差（%）	累积（%）	合计	方差（%）	累积（%）	合计	方差（%）	累积（%）
1	6.216	31.081	31.081	6.216	31.081	31.081	6.061	30.305	30.305
2	3.902	19.508	50.589	3.902	19.508	50.589	3.803	19.015	49.320
3	2.888	14.441	65.030	2.888	14.441	65.030	2.761	13.806	63.126
4	1.928	9.642	74.672	1.928	9.642	74.672	2.080	10.399	73.524
5	1.208	6.041	80.713	1.208	6.041	80.713	1.309	6.544	80.068
6	1.070	5.352	86.065	1.070	5.352	86.065	1.199	5.997	86.065

提取方法：主成分分析。

上述 6 个公共因子解释的累计方差已达到 86%，故提取这 6 个公共因子已经能够较好地解释原有 20 个财务变量包含的信息。为了进一步确定上述公共因子的意义，对因子载荷矩阵进行旋转，如表 4 - 6 所示。

从表 6 不难看出，经旋转后，公共因子 1 受净资产收益率、净资产利润率、总资产收益率、销售净利率等因素影响较大，公共因子 1 能较好地代表企业的盈利能力，命名为盈利能力因子（FAC1）。公共因子 2 受流动比率、速动比率、现金流量比率、现金比率等因素影响较大，能较好地代表企业的短期偿债能力，命名为短期偿债能力因子（FAC2）。同理，公共因子 3 受总资产周转率、流动资产周转率和应收账款周转率影响较大，命名为运营能力因子（FAC3）；公共因子 4 受资产负债率和产权比率影响较大，命名为长期偿债能力因子（FAC4）；公共因子 5 受总资产增长率影响较大，反映出企业规模的扩张速度，命名为资产扩张能力因子（FAC5）；公共因子 6 受销售增长率影响较大，命名为销售增长因子（FAC6）。

表6　　　　　　　　　旋转后的因子载荷与因子分类图

	成分					
	1	2	3	4	5	6
	盈利	短期偿债	运营	长期偿债	资产扩张	销售增长
净资产收益率	0.965	- 0.026	- 0.002	- 0.038	- 0.025	0.058
净资产利润率	0.938	- 0.004	0.009	- 0.064	- 0.104	0.097
净利润增长率	0.935	- 0.039	- 0.005	- 0.078	- 0.163	0.065
总资产收益率	0.933	- 0.013	- 0.006	0.232	0.077	0.074

续表

	成分					
	1	2	3	4	5	6
	盈利	短期偿债	运营	长期偿债	资产扩张	销售增长
利息保障倍数	0.826	0.054	−0.037	0.163	0.315	−0.356
销售净利率	0.817	0.003	0.013	−0.110	−0.050	0.089
税前利润率	0.796	0.050	−0.038	0.171	0.337	−0.386
现金负债比率	0.589	0.056	−0.025	0.268	0.285	−0.449
流动比率	0.009	0.983	0.003	0.092	−0.017	0.016
速动比率	0.021	0.978	0.012	0.145	−0.001	0.024
现金流量比率	0.090	−0.962	0.017	0.161	−0.033	−0.001
现金比率	0.072	0.895	−0.027	0.158	0.005	−0.046
总资产周转率	−0.008	−0.001	0.972	−0.033	0.032	0.102
流动资产周转率	−0.008	−0.003	0.970	−0.032	0.037	0.117
应收账款周转率	−0.013	−0.021	0.905	−0.071	−0.010	−0.023
产权比率	0.008	0.118	−0.048	0.908	−0.062	0.039
资产负债率	0.002	−0.113	0.090	−0.887	−0.177	0.060
销售毛利率	0.383	−0.339	0.026	0.407	−0.380	0.135
总资产增长比率	0.048	−0.033	0.050	0.066	0.827	0.196
销售增长率	0.104	0.020	0.192	0.075	0.319	0.776

4. 控制变量的设置

某一地区银行机构的授信授权区域为 X 市、A 市、B 市、C 市、D 市和 E 市开展授信业务，信贷实践经验表明，资产质量呈现鲜明的区域差异。因此，本文将地区作为控制变量设置"A 市"、"B 市"、"X 市区"、"C 市"和"其他地区（D 市、E 市、X 市辖内县市①）"五个值，以此构建哑变量。同时，本文控制了年度和行业（依据样本企业的行业分布比例，划分为制造业、批发零售业和其他行业），并选取总收入作为衡量企业规模的指标，以总收入的对数进入模型。

5. Logistic 模型的构建与实证分析结果

银行公司客户的违约或非违约是二元分类变量，目标概率的取值在 0 − 1 之

---

① 某银行机构在 X 市辖内的其他郊县未设立分支机构，仅有零星业务，故并入其他地区。

间，而普通的线性回归将使回归方程的因变量取值落入实数集当中，并不适合此类情况。二元 Logistic 模型则能将目标概率做 Logit 变换，使其取值区间变为整个实数集，很好地适应因变量为二分因变量的情况。

设因变量为 Y，其取值 1 为发生违约，取值 0 为未发生违约，影响 Y 取值的 k 个自变量记为 X_k，违约发生与未发生的概率之比为 $P(Y=1)/[1-P(Y=1)]$，记为 Odds。则 Logistic 模型的方程如式（1）所示：

$$\ln\{P(Y=1)/[1-P(Y=1)]\} = \alpha + \beta_1 X_1 + \beta_2 X_2 + \cdots + \beta_k X_k \quad (1)$$

进一步以指数方式（e）变换得式（2）：

$$P(Y=1) = 1/(1 + e^{-(\alpha+\beta_1 X_1+\beta_2 X_2+\cdots+\beta_k X_k)}) \quad (2)$$

本文将财务指标进行因子分析得到的盈利能力因子、短期偿债能力因子、运营能力因子、长期偿债能力因子、资产扩张能力因子、销售增长因子和作为控制变量的规模及哑变量年份、行业、地区等，通过向后逐步法进入 Logistic 模型，用 Walds 统计量作为进入模型或剔除模型的依据，进入模型的显著性水平为 0.05，删除的显著性水平为 0.1。同时，本文设定的概率分解点位为 0.5，即概率 P（Y=1）>0.5 认为会发生违约，P（Y=1）<0.5 则不会发生违约。分析结果如下。

表 7 显示了 Hosmer 和 Lemeshow 检验的结果。Hosmer 和 Lemeshow 检验的零假设为模型能够很好地拟合数据。本文模型的显著性检验 Sig = 0.993 > 0.5，不能否定零假设，即认为模型能够很好的拟合数据。

表 7　　　　　　　　　　　　Hosmer 和 Lemeshow 检验

步骤	卡方	df	Sig.
1	2.406	8	0.966
6	1.472	8	0.993

同时，表 4-8 为 Hosmer 和 Lemeshow 检验的随机性，是根据目标变量的预测概率把结果分为个数大致相等的 10 个组，总计列为每组的观测数，预测值相等的观测被分在一起。可以直观地看到各行的观测值和预测值大致相同，因此模型的拟合较好。

表 8　　　　　　　　　　　　Hosmer 和 Lemeshow 检验的随机性

		是否违约 = 否		是否违约 = 是		总计
		已观测	期望值	已观测	期望值	
步骤 6	1	11	11.000	0	0.000	11
	2	11	10.983	0	0.017	11
	3	11	10.557	0	0.443	11
	4	9	9.341	2	1.659	11
	5	7	7.553	4	3.447	11

		是否违约 = 否		是否违约 = 是		总计
		已观测	期望值	已观测	期望值	
步骤6	6	4	3.933	7	7.067	11
	7	2	1.295	9	9.705	11
	8	0	0.293	11	10.707	11
	9	0	0.043	11	10.957	11
	10	0	0.002	8	7.998	8

模型经过6次迭代后，如表9所示：最终将自变量盈利能力因子、短期偿债能力因子、运营能力因子、长期偿债能力因子和控制变量地区（X市区）；年份（2013、2014、2015）；规模；行业（制造业、批发零售业）纳入模型。上述因素的 Sig 值均小于 0.05，通过了显著性检验，表明其对 ln $\{P(Y=1) / [1-P(Y=1)]\}$ 的线性关系显著。

表9   Logistic 模型的回归结果

	变量	系数	标准化系数	Walds
步骤6	盈利能力因子	-6.785***	2.334	8.449
	短期偿债能力因子	-23.432***	5.635	17.293
	运营能力因子	-40.679***	12.642	10.355
	长期偿债能力因子	1.954**	0.956	4.179
	X市区	-3.148***	1.011	9.695
	总收入对数	0.670*	0.352	3.630
	2013年	4.086**	1.666	6.014
	2014年	3.010**	1.522	3.912
	2015年	2.729*	1.541	3.136
	制造业	-6.878**	2.864	5.767
	批发零售业	-9.707***	3.180	9.319
	常量	-16.791**	8.183	4.210

最终得到模型的线性表达式为：ln $\{P(Y=1) / [1-P(Y=1)]\}$ = -16.791 - 6.785 盈利能力因子 - 23.432 短期偿债能力因子 - 40.679 运营能力因子 + 1.954 长期偿债能力因子 - 3.148X 市区 + 0.67 总收入对数 + 4.086（2013年） + 3.01（2014年） + 2.729（2015）年 - 6.878 制造业 - 9.707 批发零售业。

进一步变化可得违约概率

$$P(Y = 1) = 1/(1 + e^{-z})$$

其中，z = −16.791 − 6.785 盈利能力因子 − 23.432 短期偿债能力因子 −40.679运营能力因子 +1.954 长期偿债能力因子 − 3.148X 市区 + 0.67 总收入对数 +4.086（2013 年）+3.01（2014 年）+2.729（2015）年 − 6.878 制造业 −9.707批发零售业。

表 10 给出了建模样本与未建模样本的判别分类结果。建模的 55 个非违约样本有 50 个预测正确，正确率为 90.9%，建模的 52 个违约样本有 46 个预测正确，正确率为 88.5%；对建模数据的总判断正确率为 89.7%，模型的预测效果较为令人满意。同时，未参与建模非违约样本的预测率为 83.3%，违约样本预测率为 80%，未参与建模样本总判断正确率为 81.5%。由于测试样本没有参与建模，所以用对它的分类结果来验证模型效果更有参考意义，对测试样本的预测正确率尚可，表明模型较为稳定。

表 10 观测量分类

已观测		已预测					
		选定案例			未选定的案例		
		是否违约		正确率	是否违约		正确率
		否	是		否	是	
是否违约	否	50	5	90.9%	10	2	83.3%
	是	6	46	88.5%	3	12	80.0%
总计				89.7%			81.5%

6. 研究结论（部分略）

通过观察模型结果，不难得出以下结论：

（1）盈利能力因子（FAC1）主要受净资产收益率、总资产收益率和销售净利率等因素影响。该因子的系数为负，表明企业盈利能力越强，企业越有更充足的利润和资金来保障正常还本付息，进而降低违约率。

（2）短期偿债能力因子（FAC2）主要受流动比率、速动比率、现金流量比率、现金比率等因素影响，该因子的系数为负，表明企业流动资产特别是现金流越充足，越有能力偿还短期内到期的负债，进而降低违约率。

（3）运营能力因子（FAC3）主要受总资产周转率、流动资产周转率和应收账款周转率影响，该因子的系数为负，表明运营能力越强，周转率越高，总资产和流动资产利用效果越好，收账越迅速，将为企业带来充足可用的短期资金和资产，进而保障自身的偿债能力，进一步降低违约率。

（4）长期偿债能力因子（FAC4）主要反映资产负债率和产权比例两个指标，该因子系数为正，表明资产负债率越高，企业资金来源中，来源于债务的资金过多，将使企业面临较大的财务风险。对企业的资金安排运转压力较大，一旦现金流断裂，将使企业面临本息逾期的风险加大，违约概率随之加大。

7. 模型区分能力的进一步检验

信用评级模型的生命周期包括了数据清洗、模型开发、模型测试、运行和维护几个阶段，每个阶段都会因为各种主观和客观原因导致模型风险的产生。考虑到模型风险以及存在的局限性，中国银监会《银行信用风险内部评级体系监管指引》要求采用内部评级法的银行需要建立内评验证体系。其中常见的模型检验区分能力即模型准确性的检验方法包括 K–S 检验、AR 值等。本文对通过 Logistic 回归建立的评级模型进行了双样本 K–S 检验，绘制了 ROC 曲线和 CAP 曲线，并计算了 AR 值，以验证模型区分违约客户和非违约客户的能力。

（1）K–S 检验与 ROC 值

双样本 K–S 检验通过构造检验统计量来检验违约客户的违约概率分布和未违约客户的违约概率分布是否具有显著差异，以验证模型区分违约客户和不违约客户的能力。原假设为 $F_B = F_G$，备择假设为 $F_B \neq F_G$。从表 11 中 K–S 检验的结果看，建模样本中违约客户与未违约客户模型预测的违约率具有显著差异，同时，测试样本的结果也与建模样本一致，模型的预测能力是有效的。

表 11   K–S 检验结果

		预测概率
	最极端差别（绝对值）	0.633
测试样本	Kolmogorov – SmirAovZ	1.635
	渐进显著性（双侧）	0.010
	最极端差别（绝对值）	0.796
建模样本	Kolmogorov – SmirAovZ	4.114
	渐进显著性（双侧）	0.000

进一步地，运用 ROC 曲线及曲线下的面积 AUC（Area Under the Curve）值来量化模型的区分能力。ROC 曲线（Receiver Operating Characteristic Curve）的横轴为第二类错误即未违约客户误判为违约客户的概率（1 – Specificity），纵轴为违约客户判断正确的概率（Sensitivity）。随着违约点设置的不同（如本文为0.5，即样本预测违约概率大于 0.5 判断为违约，小于 0.5 判断为非违约），我们可以得到一系列坐标点，将这些点连接就构成了 ROC 曲线。在相同的第二类错误的情况下，越上方的 ROC 曲线对违约客户的正确判断率越高，即犯第一类错误的概率越低，模型的区分能力就越强。

本文模型的建模样本的 ROC 曲线和 AUC 值如图 2 和表 12 所示，结果表明，建模样本的 AUC 面积为 0.965，测试样本的 AUC 面积为 0.822，均大于 0.75，表明模型有很强的区分违约和未违约的能力（武剑，2005）[45]。

表 12 曲线下的面积

样本类型	面积	标准误	渐进 Sig.	渐进 95% 置信区间	
				下限	上限
测试样本	0.822	0.089	0.005	0.648	0.997
建模样本	0.965	0.014	0.000	0.937	0.993

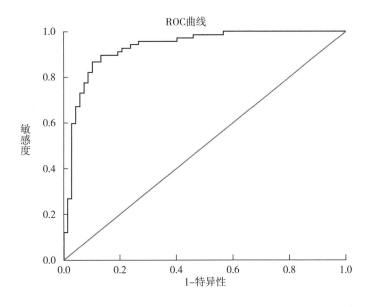

图 2　建模样本 ROC 曲线图

（2）CAP 曲线与 AR 值

CAP 曲线（Cumulative Accuracy Profile/累积准确性曲线）描绘了在特定的客户评级结果下，累积违约客户比例和累积客户比例的关系（李红侠，2009）[46]。CAP 曲线的横轴为根据模型的结果按模型预测的违约概率从高至低排列后的客户比例，纵轴为排列至横轴的某一客户比例后，在这些客户中真正发生违约的客户占所有违约客户的百分比。

因此，理想的模型应将所有真实违约的客户全部赋予较高的违约概率，如纳入模型的样本中观察到的实际违约率的比例为 X，则理想模型在 CAP 曲线上的任一点横轴的客户百分比应始终等于违约个数百分比，直至横坐标达到实际违约客户数百分比 X，此时已将所有违约客户区分出来，违约个数百分比达到 1。理想模型的斜率即为 1/观测到的违约客户比例。反之，完全没有区分能力的模型违约客户将随机分布在所有的客户中，因此 CAP 曲线是一条斜率为 1 的直线。而具有一定预测能力的模型 CAP 曲线介于两者。

AR 值（Accuracy Ratio/准确性比例）即为模型 CAP 曲线和斜率为 1 的直线间的区间面积与理想模型曲线和斜率为 1 的直线间的面积之比。本文的模型的 CAP 曲线和 AR 值如图 3 和表 13 所示。

表 13　　　　　　　　　　　　模型 AR 值估计表

样本范围	AR 值
建模样本	62.85%
测试样本	64.44%

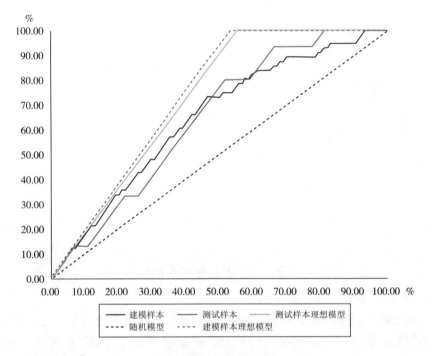

图 3　模型 CAP 曲线图

不难看出，本文已建立的违约风险评估模型有较强的区分能力。从建模样本的 CAP 曲线和 AR 值来看，预测模型比较接近理想模型，AR 值均大于 0.6，说明模型的区分能力"良好"（李红侠，2009）[46]。同时，建模样本 CAP 曲线非常接近测试样本，说明建模样本训练的模型区分能力较强，用该模型测试样本，并未导致区分能力的明显下降，这在两者 AR 值较小的差异中也可印证。

8. 模型的稳健性检验

与线性回归类似，Logistic 回归在重尾（Heavier – tails）误差分布（即特异值倾向）下迅速退化，为了追随拟合特异值而损失了其他样本案例。由于样本中包含特异值，进而导致不同样本之间在结果上不一致或者效率较差（劳伦斯·汉密尔顿，2008），即模型不够稳健。稳健回归方法包括一是通过观察残差、杠杆值和 Cook 距离进而删除异常值后再回归（Javier Sanchez，2014）。对方程异方差进行稳健性处理，处理后的回归结果不变，说明回归结果具有较高可信度（王雄元、张春强，2013）；二是采用再加权法（劳伦斯·汉密尔顿，2008），应用 Huber 函数为每一个样本计算权数，它会使残差较大的案例得到较小的权数，再继续进行加权回归。本文采用第一种方法对模型进行稳健性检验。

标准残差用于考察模型对于观察样本的拟合，当残差较大的时候意味着模型未很好拟合这个样本，这个值超过 +2 或低于 -2 需要审慎考察（杜强等，2014）。如图 4 所示，编号为 33、53、77、91 和 124 的样本都未能很好地被模型捕捉，因此有可能带来了模型参数估计的有偏。

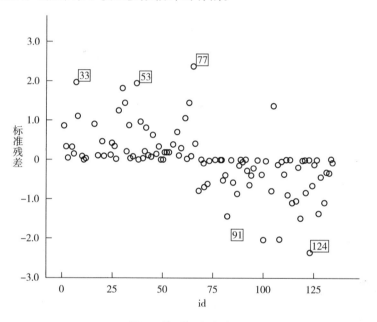

图 4 模型标准残差图

杠杆值也是用来查找异常值。杠杆值较高的样本点会带来拟合曲线远离真实曲线的潜在风险。如果杠杆值大于（3 ×（p + 1））÷ n（p 代表解释变量个数，n 代表建模样本量），那么该样本应该被充分关注，它很可能对模型参数估计带来不可控的不良影响。本文模型的该临界值为 0.3364（（3 × 12）/107 = 0.3364），如图 5 所示，样本 2、9、24、28、55、77、100、110、117、119 和 128 需要被严格审查。事实上，综合考虑残差和杠杆值，可以看出只有同时导致模型有偏和影响巨大的样本才会影响接近真实的情况，基于此，编号为 77 的样本将是产生模型估计问题的重要根源。

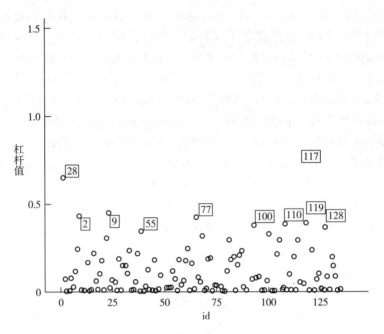

图 5　模型杠杆值图

　　进一步地，由于杠杆值只说明了样本点对模型带来的潜在不利影响，因此需要通过 Cook 距离来量化这种不利影响，Cook 距离同时考虑了杠杆值和残差。经验上来看，当 Cook 距离大于 1，样本点对模型估计存在巨大的不利影响，必须进行仔细检查。从图 6 我们看到 7、13、15、17、27、77、105 和 110 都是这种异常值。

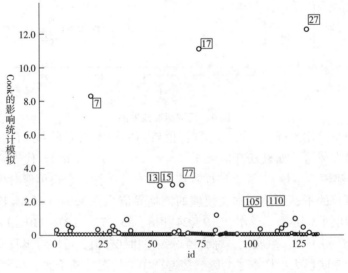

图 6　模型 Cook 值图

由于编号为 13、15、17 和 77 的样本并未进入建模样本，所以在稳健性估计中并不排除这个变量，基于以上分析，本文将编号 7、27、105 和 110 的样本剔除建模样本，重新进行建模。结果如表 14 所示。

表 14　　　　　　　　稳健回归结果表

	变量	系数	标准化系数	Walds
步骤 6	盈利能力因子	−6.449 ***	2.369	7.411
	短期偿债能力因子	−25.109 ***	6.162	16.606
	运营能力因子	−40.734 ***	13.034	9.767
	长期偿债能力因子	2.057 *	1.065	3.732
	X 市区	−3.480 ***	1.101	9.994
	ln 总收入	0.830 **	0.397	4.367
	2013 年	4.316 **	1.728	6.238
	2014 年	3.380 **	1.590	4.518
	2015 年	2.800 *	1.579	3.144
	制造业	−7.171 **	3.188	5.058
	批发零售业	−10.096 ***	3.506	8.294
	常量	−20.122 **	9.215	4.768

比较稳健回归与原模型，本文发现两者间没有显著差异，虽然存在异常值，但是模型对现实问题的估计是合理和稳健的。

三、结 论

（一）主要结论

受经济形势影响，银行的资产质量面临较大的下行压力。对公司信贷客户违约概率的评估作为有效的风险识别手段，对银行有效选择优质信贷客户、防范信贷风险具有重大作用。违约风险的计量识别方法，已从传统的专家判别法和打分法，逐步发展至统计模型的阶段。巴塞尔协议和中国银监会已明确提出要求各银行实施信用评级的内评法，基于统计模型的违约风险评估手段，将大大提高银行的风险计量能力，是实施资本充足率管理的必要条件。

本文通过对银行的案例研究发现：

1. 各项财务指标受企业整体经营状况的影响，具有较强的多重共线性。同时，财务指标繁多，不加筛选地进入模型将减少变量的自由度，从而影响模型结果的准确性。本文经因子分析后，将初选的 20 个财务指标降维归纳为盈利能力因子、短期偿债能力因子、运营能力因子、长期偿债因子、扩张能力因子和销售增长因子，有效地解决了此问题。

2. 依托银行的数据，经配对原则选取的样本，经过因子分析后构建的Logistic模型，即使是可能存在财务不规范的情况下，仍然具有较好的预测能力。无论是建模样本还是测试样本，采用该方法建立的模型都具有较高的预测准确度，判断准确率分别达到89.7%和81.5%，基本能够满足银行的实际应用需要。

银行可以借鉴本文的建模思路，依据企业的财务指标，构建Logistic模型，对企业未来发生违约的概率进行预测，结合客户经理的实地调查结果，以决定是否发放贷款。

3. 盈利能力因子、短期偿债能力因子、运营能力因子与违约概率具有显著的负相关关系。盈利能力因子数值较大，表明企业获利能力越强，企业有充足的盈利能保证贷款本息的偿还，从而违约概率越小。短期偿债能力指标数值越大，表明企业有足够的短期资金用于偿还到期债务，从而减小违约概率。运营能力因子指标越大，表明企业各项资产运转效率良好，周转变现较快，从而为债务的履约提供强大的支撑，减少违约概率。

同时，以资产负债率为代表的长期偿债能力因子与违约概率具有正相关关系，资产负债率越高，违约概率越大。

4. 地区、行业、规模等非财务因素依然对企业违约产生显著影响，银行在建立违约概率预测模型时，不仅需要考虑企业各项财务指标，还需要考虑地区、行业和企业规模等因素对企业违约风险的影响。

（二）本文的创新点（略）

（三）本文局限及进一步研究展望（略）

参考文献

[1] 魏心毅：《关于巴塞尔协议中信用风险计量方法的研究》，南开大学硕士学位论文，2013。

[2] 中国银监会：《银行信用风险内部评级体系监管指引》，中国银监会网站，2008。

[3] 李关政：《基于MF—Logistic模型的银行信用风险压力测试》，载《金融理论与实践》，2012（1）。

[4] 孙玉莹、闫妍：《基于压力测试的我国某银行房贷违约率评估》，载《系统工程理论与实践》，2014（9）。

[5] 王小明：《银行信用风险评级测度方法研究》，载《财经研究》，2005（5）。

[6] 方匡南、章贵军：《基于Lasso - Logistic模型的个人信用风险预警发放》，载《数量经济技术经济研究》，2014（2）。

[7] 楼裕胜：《基于模糊神经网络的企业信用风险评估研究》，载《中南大

学学报（社会科学版）》，2013（5）。

[8] 李豫：《中国金融市场信用风险模型研究与应用》，载《企业管理出版社》，2011。

[9] 周玮、杨兵兵、陈宏、徐晓肆：《银行违约概率测算相关问题研究》，载《国际金融研究》，2005（7）。

[10] 李红生、李帮义、代秀梅：《中小企业短期贷款违约风险预测模型实证研究》，载《统计与决策》，2014（4）。

[11] 朱小宗、张宗益、耿华丹、吴俊：《现代信用风险度量模型的实证比较与适用性分析》，载《管理工程学报》，2006（1）。

[12] 平新乔、杨慕云：《消费信贷违约影响因素的实证研究》，载《财贸经济》，2009（7）。

[13] 中国银监会：《中国银行业实施新资本协议指导意见》，中国银监会网站，2007。

[14] 华晓龙：《基于宏观压力测试方法的银行体系信用风险评估》，载《数量经济技术经济研究》，2009（4）。

[15] 胡毅、王珏、杨晓光：《基于面板 Logit 模型的银行客户贷款违约风险预警研究》，载《系统工程理论与实践》，2015（7）。

[16] 张宗益、胡纯：《基于行业分类的银行信用风险的度量》，载《统计与决策》，2006（6）。

[17] 尹志超、谢海芳、魏昭：《涉农贷款、货币政策和违约风险》，载《中国农村经济，2014（3）。

[18] 钱争鸣、李海波、于艳萍：《个人住房按揭贷款违约风险研究》，载《经济研究》，2010（增）。

[19] 何光辉、杨咸月：《中国小微企业信用违约影响因素的实证检验——来自某国有银行地区分行的证据》，载《上海财经大学学报》，2015（6）。

[20] 熊熊、马佳、赵文杰、王小琰、张金：《供应链金融模式下的信用风险评价》，载《南开管理评论》，2009（12）。

[21] 贾海涛：《我国银行信用违约概率的测度》，载《统计与决策》，2009（19）。

[22] 蒙震：《中小企业信用风险评估模型研究》，载《暨南大学学报（哲学社会科学版）》，2014（12）。

[23] 顾乾屏、唐宁、王涛、刘明：《基于银行内部数据的 KMV 模型实证研究》，载《金融理论与实践》，2010（1）。

[24] 孔宁宁、魏韶巍：《基于主成分分析和 Logistic 回归方法的财务预警模型比较——来自我国制造业上市公司的经验证据》，载《经济问题》，2010（6）。

［25］陈东海、谢赤：《信用风险管理中违约概率的估算方法》，载《统计与决策》，2005（7）。

［26］于辉：《工商银行湖南分行内部信用评级管理研究》，湖南大学硕士学位论文，2013。

［27］中国工商银行内部审计局：《信用风险内部评级审计实务》，中国金融出版社，2012。

［28］汤娜：《中国银行湖南分行风险内部评级体系研究》，湖南大学，2012。

［29］刘璇：《我国银行客户信用评级研究——以中国建设银行为例》，山东大学，2015。

［30］许文、朱天星：《银行信用风险评级理论及相关模型研究》中国金融出版社，2012。

［31］刘明辉、韩小芳：《财务舞弊公司董事会变更及其对审计师变更的影响——基于面板数据 Logit 模型的研究》，载《会计研究》，2011（3）。

［32］陈运森：《独立董事网络中心度与公司信息披露网络质量》，载《审计研究》，2012（5）。

［33］刘国光、王慧敏、张兵：《考虑违约距离的上市公司危机预警模型研究》，载《财经研究》，2005（11）。

［34］武剑：《内部评级理论方法与实务——巴塞尔新资本协议核心技术》，中国金融出版社，2005。

［35］李红侠：《内部评级体系定量验证模型及在中国银行业的应用》，载《金融论坛》，2009（4）。

［36］劳伦斯·汉密尔顿：《应用 STATA 做统计分析》，重庆大学出版社，2008。

［37］王雄元、张春强：《声誉机制、信用评级与中期票据融资成本》，载《金融研究》，2013（8）。

［38］杜强、贾丽艳、严先锋：《SPSS 统计分析：从入门到精通》，人民邮电出版社，2014。

［39］Basel Committee on Banking Supervision, International Convergence of Capital Measurement and Capital Standards: a Revised Framework［S］. Bank for international Settlements, Basel Switzerland, 2004.

［40］Ohlson. Financial Rations and the Probabilistic Prediction of Bankruptcy［J］. Journal of Accounting Research, 1980,（18）: 109 – 131.

［41］Altman E I. Financial Ratios, Discriminant Analysis and the Prediction of Corporate Bankruptcy［J］. Journal of Finance, 1968,（23）: 589 – 609.

［42］Altman E I, Haldeman R G, Narayanan P. ZETA　Analysis: a New Model to Identify Bankruptcy Risk of Corporations ［J］. Journal of Banking and Finance, 1977, （1）: 29 - 54.

［43］Matin. Early Warning of Bank Failure: a Logit Regression Approach ［J］. Journal of Banking and Finance, 1977, （3）: 249 - 276.

［44］Press S J, Wilson S . Choosing Between Logistic Regression and DiscriminantAnalysis ［J］. America Statistics Association, 1978, （73）: 699 - 705.

［45］Sjur W, Wijst N. Default Probabilities in a Corporate Bank Portfolio: a Logistic Model Approach ［J］. European Journal of Operational Research, 2001, （135）: 338 - 349.

［46］Wiginton. Credit Risk Modeling: Design and Application ［M］. New York: AMACOM, 1980.

［47］Desai V S, Crook J N, Overstreet G A. A Comparison of Neural Networks and Linear Scoring Models in the Credit Union Environment ［J］. European Journal of Operational Research, 1996, （95）: 24 - 37.

［48］Altman E I, A Marco. Credit Risk Measurement: Development over the Last Twenty Years ［J］. Journal of Banking and Finance, 2004,　（11）: 1721 - 1742.

［49］Duffie D, J Pan. A Overview on Value at Risk ［J］. The Journal of Derivation, 1997, pp: 7 - 49.

［50］Javier Sanchez. Lecture: Logistic Regression Diagnostics, Epidemiology/ Biostats VHM 812/802 Course, 2014, Atlantic Veterinary College.

［51］Theofanis. T P Corporate Failure Prediction Models for the US Manufacturing and Retailing Seetors ［D］. Ph. D. Dissertation of University of NewYork. University Microfilms Internationals, 1987.

互联网理财对金融机构理财业务影响的研究

浙江金融职业学院课题组*

2013 年，人们曾将余额宝的横空出世视作"强势"来袭，但时隔三年，若与互联网理财市场今日发展相比，余额宝仅为开始记号。而大型互联网企业正趋向于集合金融全牌照经营。较之于互联网金融的快速发展，原有金融机构的业务会呈现何种发展趋势？这一问题很大程度上决定了新一轮金融行业结构变迁的方向。由此，对于互联网金融发展对传统金融机构业务影响的研究也成为热点。有鉴于此，课题组以"互联网理财"为切入点，通过调研和数据分析，有针对性地剖析其对金融机构整体个人理财业务的影响。

一、互联网理财发展现状

（一）互联网理财范畴界定

互联网理财是互联网金融中的重要组成部分，是互联网技术与金融行业交叉的结合体，是投资者或家庭通过互联网获取网络提供的理财服务或产品，不断调整其剩余资产的存在形态，以实现个人或家庭资产收益最大化的过程。它所涉及的范围主要包括 P2P 网贷、第三方基金销售、互联网保险、互联网理财产品等，而非整个互联网金融业务。

（二）国外互联网理财发展情况分析

1. 美国趋于专业化与个性化

互联网理财发展路线适应其经济发展态势，发展性质倾向专业化、个性化，并在具体投资中呈现组合化现象。例如，美国的 MINT 老牌个人理财网站，于 2007 年上线，拥有多项创新性功能，可以构建客户个人财务中心，并且利用数据统计制订个性化省钱方案和理财计划；SIGFIG 专注于客户的投资行为，通过自动诊断用户投资组合，给出个性化建议，类似于投资顾问；PERSONALCAPITAL 平台是投资分析工具和专职财务管理顾问。

2. 日本趋向集团化

日本互联网理财的发展依循其惯有的集团化模式，重视集团内部互联网金

* 课题主持人：陆妙燕
　课题组成员：王　静　张润禾　胡丽娟

融产业链的打造，发挥"利益共同体"的业务协同优势，这种模式促进了互联网金融巨头的产生，如 SBI 集团、乐天（Rakuten）集团等。前者作为日本网上金融服务的先驱企业于 1999 年成立，建立了全球独具特色的"网络金融企业集团体制"，有金融服务、基于创投的资产管理和生物科技相关业务。乐天是日本市场份额最大的电商，它的财报中将其业务划分为互联网服务、互联网金融、其他三大部分；2005 年开始，乐天重点打造金融业务，目前已涉及证券、信用卡、银行、保险等领域，而这些更为侧重于互联网理财领域。

3. 英国以 P2P 网贷为主

英国互联网理财产业发展内部分行业差异较大，发展最为迅速的是 P2P 网贷，为英国实体企业融资提供保障。英国《2015 年英国互联网金融行业研究报告》① 显示，2015 年英国有 2 万家小微企业通过互联网金融平台融资。在小微企业借贷领域，通过互联网金融贷款的数额相当于银行贷款的 13.9%。

（三）国内互联网理财发展情况及现状

中国互联网理财的用户规模巨大，截至 2016 年 12 月，中国网民规模达 7.31 亿户，互联网普及率为 53.2%，其中手机网民达 6.95 亿户。② 在此背景下，我国互联网理财业务规模也随之快速增长。

1. 互联网理财平台的发展

现有的电子商务企业和互联网公司均已推出互联网理财产品，成为中国主流的互联网理财产品，可分为三类。

一是以淘宝和京东为代表的电商平台，主要为金融机构等提供电子商务平台，金融机构可以开设网店销售理财产品。

二是以百度财富、腾讯理财超市等为代表的展示平台，主要利用大量的用户和数据优势，将各类理财产品引入理财平台并分类以列表展示，引导用户进入第三方理财网站购买相应的理财产品。

三是以腾讯理财汇、天天基金网等为代表的销售服务平台，为用户提供净值查询、基金诊断、基金筛选、大势行情、股票资讯、预约开户等一站式在线服务。

2. 互联网理财各分行业均发展较快

（1）P2P 网贷

国内 P2P 网贷始于 2006 年，近些年呈现快速增长趋势。据网贷之家统计，在 2012 年底，全国 P2P 平台只有 300 余家，交易量也仅仅维持在 300 亿元左右，而 2013 以来，P2P 平台数量、资金交易量均呈现爆发式增长，截至 2016 年底，

---

① 由剑桥大学互联网金融中心（Centre for Alternative Finance）和创新慈善机构 Nesta 共同发布。
② 数据来源于中国互联网络信息中心（CNNIC）发布《第 39 次中国互联网络发展状况统计报告》。

全国P2P平台数量累计达到了5 877家。

（2）互联网基金及其销售平台

余额宝创立后，自2013年下半年以来，基金管理公司持续加强与互联网企业合作，合作推出以货币市场基金产品为基础的业务创新，但即便创新幅度并不大，带来的市场效应却非常大。在众多互联网基金销售平台方面，以理财产品购买金额规模较大的东方财富网每月移动APP的活跃用户数为例，近两年来该数据整体处于较快的增长阶段，仅2016年12月该数据超过了1 168.9万人，而2016年该平台共实现基金认申购及定期定额申购交易2 671.71万笔，基金销售额为3 060.65亿元。

（3）互联网保险

课题组所指的互联网保险主要是保险公司或新型第三方保险网以互联网和电子商务技术为工具来支持保险销售的经营管理活动的经济行为。2016年互联网保险收入为2 347亿元，经营互联网保险公司达到了117家（Wind数据库）。

3. 互联网理财相对收益较高

互联网理财产品从余额宝推出之后，不断有理财产品推出，其平均年化收益率在5%以上，有的时候可达7%~8%，甚至更高。这与互联网理财处于初创阶段有关，各家互联网理财产品提供商压缩成本和利润，以高收益率开拓市场；而同时，对互联网理财的监管宽松，资金运作空间大，博取高收益成为可能。

二、互联网理财行业的发展趋势

（一）大数据驱动下的个性化互联网理财服务

目前众多互联网公司已经开始运用消费者的支付、信贷、存取、转账、消费等数据了解并分析消费者的消费习惯、信用状况、资金流向等特征。通过融合这些大数据分析来为客户提供个性化互联网理财服务体验。例如，各种"P2P网贷"可利用大数据建立风控模型，以此了解贷款方的还款能力、意愿以及投资者的继续投资的倾向，实现风险的预先识别。又如，大数据分析还可能实现"智能理财师"的功能，通过客户财务与风险特征来分析客户在理财产品上的选择偏好，甚至提供综合理财服务方案。互联网公司也可以构建金融产品开发平台，连接用户和机构两端，通过大数据对用户产品做出智能匹配，以提供互联网时代下更高效、更便捷的理财服务体系。

（二）综合化理财与专业化理财并行

互联网理财服务同时也呈现多样化的趋势，综合化理财与专业化理财模式并行。综合化平台往往从单一服务介入理财市场，通过便民工具、理财服务等方式不断积累用户，当用户积累以及平台流量达到一定程度后，单一化的理财服务无法满足多类型用户的需求时，则开始逐渐丰富理财产品，提供各种理财服务、理财工具，从而增强用户忠诚度，提升客户黏性。专业化理财平台则是基于某一客户群体、某一类理财服务等提供更为专业化的理财服务，弥补投资者在专业能力上的不足。

（三）渠道全面线上化、移动化

伴随着移动互联网的普及以及生活节奏的加快，消费者碎片化时间可加以利用。想要获取更多的用户、增强用户使用，就需要更为简单、快捷、高效的服务渠道来方便客户利用碎片化的时间来完成业务操作。因而，业务渠道的全面线上化乃至移动化是当前以及未来互联网理财企业所要极力占据的主要渠道，将互联网理财服务大幅向移动端渗透，满足用户碎片化时间的理财需求，并更加注重用户的活跃度和黏性。

（四）企业理财将成未来新领域

作为传统企业理财服务主要提供商的银行机构，近年来，企业理财规模增长迅速，2015 年机构专属类理财产品累计募集资金 36.41 万亿元，占全市场的比例近 23%。① 这折射出中国企业理财市场的巨大潜在需求。而企业理财服务对流动性、安全性的要求更高，传统理财机构更具竞争优势，当下企业理财一般是到传统金融机构，通过银行、信托、证券等渠道，购买银行理财、信托和基金产品等，然而互联网理财的兴起，伴随技术创新和产品研发，为企业理财提供了更加便捷的方式以及多样化的选择。在巨大的需求之下，京东、苏宁等纷纷推出企业理财服务，作为目前互联网理财竞争空白的企业理财将成更多机构布局新领域。

三、互联网理财对金融机构理财业务的机理分析

传统的金融机构在长期发展过程中，基本已经形成了自己的业务模式，即盈利模式和运营模式。统计数据显示，自 2010 年以来，国内银行资本利润率呈现逐步下降的趋势，同时非利息收入占比却稳步提升，在图形上两者呈现不同的发展趋势（见图 1）。也就是说，即便在商业银行非利息收入增加的前提下，其本身的盈利仍然存在着下降的趋势，可见，商业银行传统存贷利差的盈利模式面临着更大的挑战。从具体的图形变动的时间轴上来看，商业银行资本利润率的明显下降是在 2013 年以后，尤其是 2013 年第四季度后，这与余额宝在市场中的出现与发展有着时间上的同步性。合理的解释是，互联网时代中，余额宝等互联网理财产品的出现，对商业银行的盈利带来了挑战。当然，这样的挑战给金融机构业务所带来的影响是多方面的，需进行分层次分析。

---

① 数据来源于中央国债登记结算公司发布的《中国银行业理财市场年度报告（2015）》。

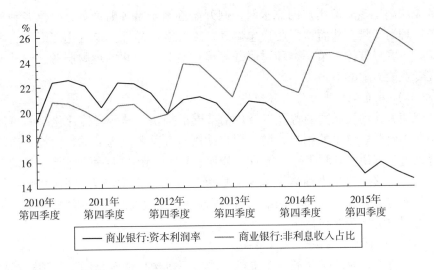

资料来源：Wind。

图1　商业银行资本利润率和非利息收入占比趋势比较（2010—2016年）

（一）互联网理财的长尾效应

克里斯·安德森在2006年第一次提出长尾理论，是指商业和文化的未来不在热门产品，不在传统需求曲线的头部，而在于需求曲线中那条无穷长的尾巴，即那些需求和销量不高的产品所占据的共同市场份额，可以和主流产品的市场份额相当，甚至更大。该理论应用于互联网金融领域类推可知，由于交易成本的急剧降低，新型的、小规模的企业也能进入金融市场，所有原本非主流的市场（互联网金融市场）累加起来就会形成一个比主流市场（传统金融市场）还大的市场。

鉴于互联网金融的迅猛发展，乃至"野蛮生长"，互联网理财作为互联网金融的重要组成部分，也是最关乎"普惠金融、民生财富"的部分，由于其投资金额门槛较传统金融机构的理财业务更低，因此互联网理财对资金拥有量不多的金融消费者产生了快速、普遍的影响，使其成为了理财市场中异军突起且快速吸引了大量的金融消费者进行投资，一时间"长尾效应"似乎非常显著。

但课题组认为，即便互联网理财的出现无疑对现有金融机构理财业务产生了具体的影响，但这一影响需要透过机理与调研等方式来具体加以分析，我们认为这一影响至少可以分为两部分，即一部分是激励效应，另一部分则是分流效应。

（二）互联网理财对金融机构理财业务的分流效应

互联网理财产品相较于传统金融机构的理财产品，在相对较高的收益率、低额度的投资门槛、较高的流动性以及更便捷的交易等方面均有着显著的优势。

在互联网理财这些特点的影响下，对传统金融机构的理财业务产生了分流效应，即分散了原本主要集中于传统金融机构的一部分金融消费者。传统金融机构的自然人参与情况随之出现了变化。以证券行业为例，课题组选取了 2011 年至今按额度分 A 股自然人账户数指标进行观察，从图 2 可见，100 万元以内的自然人账户数中，"1 万元以下"和"1 万～10 万元"两个额度的人群整体上均呈现了下降趋势，但"10 万～50 万元"乃至更高额度的金融消费者则并未出现下降反而有略微增加的趋势。这也在一定程度上说明了，互联网理财主要吸引的群体是额度 10 万元以内的金融消费者。

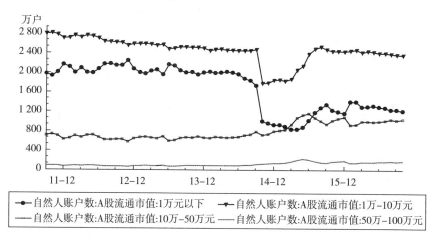

资料来源：Wind。

图 2　按额度分 A 股自然人账户数变化趋势

对于互联网理财对金融机构理财业务分流效应的未来趋势则是一个更为复杂的问题。如前所述，互联网理财的风险问题始终是制约其发展的重要障碍，而互联网金融市场的监管尚处于起步阶段，课题组认为，这极有可能导致长期中互联网理财产品对整个理财市场产生"劣币驱逐良币"的现象。网贷之家数据显示，截至 2017 年 2 月，P2P 网贷累计问题平台数达到了 3 565 家，较之于平台设立总数 5 882 家，问题平台数占 60.6%，较 2016 年同期的 56.8%更为严重。

（三）互联网理财对金融机构理财业务的激励效应

与此同时，正是由于互联网金融尤其是互联网理财快速发展带来的"鲇鱼效应"，传统金融机构在业务受到影响后，随之而来的是反思自身发展模式与趋势，从而开始着重于各项业务改革与创新，最为显著的一个特点就是互联网金融科技（FINTECH）的广泛应用。传统金融机构结合新业态模式与风险特点，开拓了新的渠道、业务和模式，这对互联网理财金融机构理财业务的激励效应。

1. 渠道的优化

互联网时代，传统金融机构开始"互联网＋"改革，即出现了所谓的"金融互联网"，其本质就是对现有的金融机构进行改革，推进互联网化改革，其中最具代表性的是直销银行的出现。

直销银行本身以"商业银行应对互联网金融跨界抢食的抗衡利器"的定位孕育而生。据不完全统计，截至2016年上半年，共有53家银行的直销银行已上线运营。直销银行没有营业网点，不发放实体银行卡，客户主要通过电脑、电子邮件、手机、电话等远程渠道获取银行产品和服务，因没有网点经营费用和管理费用，充分利用网络渠道降低网点、人员等显性资产压力。

2. 产品的创新

以余额宝为典型代表的互联网理财产品的确吸引了大量资金，2016年6月达到了8 163.12亿元。但其创新并不在产品本身的创新，而是投资方式的便捷化、收益的显性化等。由此，金融机构也纷纷模仿和创新，各类金融机构推出"宝宝类"产品，如中国银行的活期宝、兴业银行的掌柜钱包、浙商银行的增金宝、易方达的E钱包、国金证券的佣金宝等，它们的收益率趋同。虽然在规模上与余额宝相去甚远，但各自均占有一定的市场份额，且有自身的特色。

另外，目前国内金融行业处于分业经营、分业监管的状况，银行、证券、基金、期货、保险等均受到中国银监会、中国证监会、中国保监会等对机构的各项指标的严格规定，而在以信息中介身份进行业务经营时，则不受资本充足率约束，因此也降低了业务发展对资本的隐性要求。以银行为例，2013年，招商银行设立"小企业E家"后，很多商业银行纷纷创设网贷平台。据不完全统计，截至2016年9月底，已有35家银行开展了P2P网贷平台资金存管业务，共有超过291家网络借贷平台宣布与银行签订资金存管协议，而其中实现银行资金存管系统上线的平台95家。从分行业的P2P网贷平台数量来看，银行系、国资系、上市公司系和风险投资系均设立了一定数量的平台，虽然无法与民营系数量相抗衡，但也占据了一定的市场份额，且呈现较为明显的增长趋势（见图3），其平台交易量的情况也有类似的情况。

再从综合利率来看，由于传统金融机构较之于异军突起的互联网企业具有更为雄厚的资本支持、更好的信用等级、更悠久的经营历史等，其经营风险相对较低，这也反映在互联网企业利率最高，依次是国资系、上市公司系、风险投资系等，银行系最低。可见，传统金融机构更易获取金融消费者的信任。

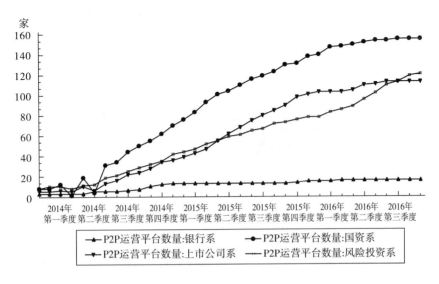

资料来源：Wind。

图3　分行业 P2P 网贷平台数量比较

四、互联网理财对金融机构理财业务影响的调研分析：浙江区域

为了进一步了解金融机构理财业务在互联网金融发展中所受到的影响，课题组在浙江省金融理财博览会现场，对参展的各个金融机构发放了 100 份调查问卷，实际回收有效问卷 73 份。

（一）调研对象分析

在涉及调研的金融机构中，银行占 27.4%，保险占 13.7%，证券占 9.59%，投资公司占 17.81%，互联网企业占 19.18%。仅从随机调研的比例可知，互联网企业在金融理财博览会中已经占有较大比重。而从机构创立时间来看，两年以下的 14 家机构均为互联网企业与投资公司，3~5 年的绝大部分也属于这两类公司。创办历史悠久的基本上是银行、证券、保险等传统金融机构。

在对金融从业人员未来行业选择调研中，课题组分析发现，有 43.84% 的员工并未有转向互联网金融企业的倾向。从分行业的调研结果来看，银行职员有 2/3 并没有转向互联网金融企业的倾向；保险行业这一比例为 70%，证券行业则为 71.4%。这一结果说明，银、证、保行业对自身行业发展仍有信心。

（二）金融机构业务现状分析

在金融机构现有主要业务调研中，占据最大业务量的依次是存贷款、银行理财产品、保险产品、P2P 产品等（见图4）。这一分布比例基本与调研者所在行业比例一致，只是在银行的调研中，有 70% 认为是存贷款，而其他认为是银行理财产品。在理财产品（工具）的收益率方面，保险产品收益率最低，银行的以 4% ~5% 为主，而 10% 以上收益率的基本上均为互联网金融企业。

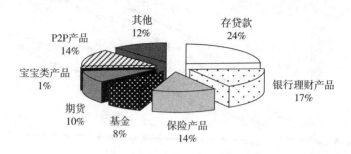

图 4　　金融机构现有主要业务调研比例图

对于所在金融机构主要业务呈现发展趋势的调研中，课题组发现，54.79% 的受调研者认为是"逐步上升（每年增长率在 5% 左右）"，还有 24.66% 的机构认为上升很快（见图 5）。

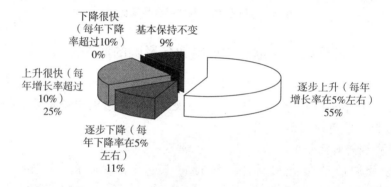

图 5　　金融机构现有主要业务趋势调研结果图

从具体分行业分析结果来看，认为公司主要业务"上升很快"的主要是保险、互联网金融企业与投资公司，银行、证券主要业务还是"逐步上升"为主。

（三）金融机构受影响情况分析

在双方的比较调研中，传统金融产品的最大优势方面，53.42% 的受访者认为是安全性高，32.88% 认为是收益率稳定，第三位的实体营业部占了 23.29%。由此可见，传统金融机构的信用优势非常明显。

1. 客户量的影响

互联网金融产品对金融机构理财业务客户数量影响的调研中，47.95% 的受调研机构认为"基本没有变化"、"小幅减少"，占 21%；"大幅减少"仅 1%；"小幅增长"和"大幅增长"的分别占 19% 和 11%。从具体分行业分析结果来看，认为公司受互联网理财影响客户量"基本没有变化"的主要是银行、投资公司、证券等行业，而"小幅减少"主要是保险行业。同时，在调研中，课题组也看到了互联网理财对金融机构的激励效应体现在证券、保险中有一部分机构因为互联网理财而客户量"大幅增长"，这很大程度上取决于如何利用互联网搭建营销平台。

2. 对银行理财业务的影响

在"互联网理财对银行最大，冲击的业务领域"的调研中，受调研者认为影响最大的是银行理财产品业务，其次是存款业务、贷款业务、基金和债券销售业务等，而对公业务和外汇业务受影响程度很小（见图6）。这也与课题组之前的假设吻合，即互联网理财主要对银行的存贷款和个人理财两大业务有重要的影响。

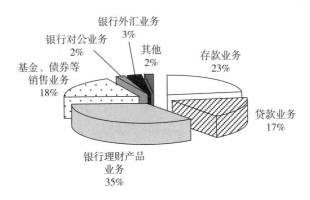

图 6　互联网理财对银行最大的冲击的业务领域（所有）

为了进一步深入研究，课题组将银行业进行单独分析发现，银行自身认为受影响最大的是银行理财产品业务，其次是存款业务、基金和债券销售业务，贷款业务所受影响较小，而对公业务和外汇业务不受任何影响。

3. 影响领域的分析

具体哪种类型的互联网金融产品对传统金融机构业务产生的影响最大，调研结果显示，29%认为是第三方支付，23%认为是理财产品，13%认为是小额贷款，其余依次是互联网保险9%、P2P网贷9%，基金销售6%。而在这些选项中，作为互联网理财领域的理财产品、互联网保险、P2P网贷、基金销售等无疑都居于前列。

互联网平台理财产品的优势的调研结果显示，互联网理财最大的优势是"交易更便捷"与"投资金额门槛低"，分别占了23%，其次19%的受调研者认为是"变现更简便"，17%认为是"收益率更高"，还有11%认为是"服务更多样化"（见图7）。这些因素是导致互联网理财对传统金融机构理财业务产生影响的关键所在。

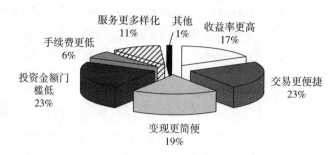

图 7　互联网理财产品相对于传统金融机构的优势

（四）对互联网理财未来趋势的预测

1. 分行业的趋势差异性

对"互联网金融在以下哪个领域中前景更为广阔"的调研中，普遍看好的分行业依次是理财产品、第三方支付、小额贷款、P2P 贷款、众筹、基金销售与信托等。可见，虽然在现有的影响中，金融机构认为最大的是第三方支付，但从未来趋势来看则是理财产品，这也论证了课题组的假设。

2. 决定未来趋势的主要因素

在具体决定互联网理财未来发展趋势的最主要因素方面，受调研者认为最为关键的是风险的防范与控制，其次是相关法律法规的出台，以及收益率的高低、互联网技术的普及以及政府的态度。可见，风险的问题是制约互联网理财未来发展最主要的因素，因此配套的法律法规也尤为重要。

3. 未来发展存在的主要问题

课题组对互联网理财存在问题的进一步调研，发现"互联网诈骗"居首位，占了 57.53%；其次是"监管不到位"，占 50.68%，这两者是最大的问题，而由此带来的就是"居民对互联网金融的信心"，占 30.14%。

与此相类似的，在对 e 租宝等互联网平台诈骗案件的分析中，57.53% 的受调研者认为由此看到了互联网理财发展的最大的障碍是"风险防范的规范化"，38.36% 认为是"政府相关法规的出台"，36.99% 认为是"互联网金融机构监管体系的构建"，34.25% 认为"居民风险意识的强化"，30.14% 认为是"本身信息的透明化"。这与存在问题的调研情况基本一致，整体上也是对于风险监管的问题，以及居民风险教育的加强。

4. 未来的完善发展

在"作为一个兴业领域，互联网理财哪些方面需要完善"问题的调研方面，完善"行业监管体系"居首位，其次是"相关法律法规"、"信用评价系统"、"网络安全防护"等。可见，所有的完善之处最为重要的可归结为风险监管。

（五）两大行业的合作情况

1. 金融机构对互联网理财的态度

面对业务竞争，金融机构对互联网理财的态度占首位的是"学习互联网金融的先进之处，开发类似的产品"，其次是"全面实现业务的互联网化，取得竞争力"、"给客户提供个性化的金融服务"。整体上是以学习的态度为主，并由此作为倒逼动力实现自身的发展。

2. 互联网理财与传统金融机构之间的合作点

在互联网理财与传统金融机构之间的合作点的调研中，绝大部分的受调研者认为是"互联网金融的制度规范化"，即互联网金融学习传统金融机构的风控；其次是"大数据的交换"、"客户定位的交叉"、"传统金融的互联网化"以及"征信系统建设"。

（六）调研小结

综合各项调研结果来看，课题组基本得到以下结论。

1. 金融行业理财业务的确面临着互联网理财的冲击，在银行的存款业务、理财业务、保险和基金销售业务等方面的影响尤为明显，但银行整体的业务暂时并没有受到整体影响，仍然处于稳步上升的阶段，银行职员对行业从业仍有信心。这一看似矛盾的结果表明，一方面，银行业本身对行业发展仍持有信心，且作为银行业务主要组成部分，对公业务并未受到影响；另一方面，即便互联网理财迅速发展，但由于其监管及相关法规等瓶颈的存在，使未来趋势并不明朗，也是银行职员更倾向于留在原行业的重要原因。

2. 互联网理财内部差异化发展，若要在长期中得以良性发展，风险防范与控制、相关法律法规的出台等起着决定性的作用，政府部门监管尤为重要。

3. 互联网理财与金融机构之间存在着很大的合作空间，前者对后者既造成了冲击，也带来了激励，促使了原有金融机构业务不断创新与发展，而大数据的共享更是成为合作焦点。

五、互联网理财对金融机构影响的对策

互联网理财以高收益的产品与高效率交易手续在近些年中吸引了大量金融消费者，但风险控制是关键。若要实现理财市场的长期良性发展，一方面需促进互联网理财安全发展，防止频频发生的"庞氏骗局"破坏金融市场的整体生态结构；另一方面也需要鼓励新老行业的合作创新，发挥互联网理财的激励效应，提升金融行业整体业务创新能力，同时还要对金融消费者进行安全意识教育。

（一）互联网理财的风险监管

课题组认为，互联网理财风险监管的关键是风险监控平台，这主要包括：

风险监控主体、风险预警指标体系、监控风险信息披露机制、多元的行为监管模式等。

1. 互联网理财风险监控平台监控主体

要建立互联网理财风险监控平台，首先需要界定相应的监管行为主体，即政府金融监管部门与互联网理财交易技术监管部门。前者需要添加互联网理财监管权力，成立相应的监控职能机构与监管平台。互联网理财交易技术监管，主要由国家互联网技术部监管全部网络金融活动，为政府的金融监管提供相应的信息。这两个监管部门之间需要建立一种互动协同机制，实现资源共享。

2. 互联网理财风险预警指标体系构建

以上两个监管部分需要有相应的风险监控指标作为预警指标体系。一般预警指标可分为五级：投资环境极好、投资环境良好、投资环境一般、投资环境存在风险、投资环境风险高等，可采用不同的子指标形成投资预警指标，如国家宏观环境投资预期、互联网理财行业发展预期、融资平台的征信预期、投资者的信用预期等，综合不同的子指标获得相应的投资预警指标和风险预警判断，以确保投资行为风险的有效规避。

3. 互联网理财风险监控信息披露体系构建

互联网理财风险预警机制中互联网理财公司和投资者个人的经济行为数据披露是其中作为重要的，这涉及金融机构和风险控制平台风险预警的有效性和科学性。课题组认为可以通过平台监测大数据来进行模拟和测试，同时建立相应的信息申报机制和信息核查机制，可以利用征信机制来监控互联网理财交易。两者相结合进行监控，一旦出现高风险企业或者交易，采用退出机制来保障投资者利益。

（二）鼓励新老行业的合作创新发展

调研显示，互联网理财对传统金融行业也有激励效应，带动了产业的整体业务创新与发展。因此，课题组认为，政府因创造环境与平台，促进鼓励新老行业的合作创新发展。

1. 鼓励信息的交换

互联网及大数据技术为现有金融机构的信用风险管理提供新的工具和相关数据，利用互联网及大数据技术，金融机构可以通过建立一个庞大的信息数据库，对相关的信息数据进行捕捉及整合，使客户信用行为透明度大大提高。在信息充分收集的情况下，互联网和大数据技术将有效地降低信息不对称状态，提高金融机构的资金安全。

2. 鼓励建立新型的互联网平台

传统金融机构可创立新型互联网平台，结合网络银行、证券、保险、基金销售和消费金融等业务，可增加符合规定的网络支付机构，网络借贷、网络金融产品销售等平台，不断完善自身线上金融服务体系，积极发展业务水平、服务水平、管理水平以及创新能力，提升自身的核心竞争力。互联网理财行业则可由此学习安全监管模式，以及基于实体营业部线上线下结合的运营模式。

（三）金融消费者风险教育

在当下经济与金融结构转型升级背景下，金融消费者会在一定程度上承担更多风险，风险自担意识以及法律意识依然淡薄，特别是金融知识和投资水平无法跟上时代发展的步伐，因此，基于对投资者必要的保护，政府须加大风险宣传力度，提高金融消费群体的风险意识，加大法律法规政策和金融投资知识，教育他们谨慎投资，减少风险发生的概率，以避免互联网理财中频繁出现的诈骗案件对整个金融生态带来的负面作用，以保持市场的长期稳定发展。

参考文献

［1］陈嘉欣、王健康：《互联网金融理财产品余额宝对商业银行业务的影响——基于事件分析法的研究》，载《经济问题探索》，2016（1）。

［2］胡增永：《互联网理财与传统银行理财业务比较研究》，载《财会通讯》，2014（32）。

［3］霍兵、张延良：《互联网金融发展的驱动因素和策略——基于长尾理论视角》，载《宏观经济研究》，2015（2）。

［4］李琳：《互联网理财的业态研究》，载《中外企业家》，2015（10）。

［5］刘再杰：《互联网理财风险的本质、特征与防范》，载《国际金融》，2015（1）。

普惠金融服务评价体系研究

——以中国邮政储蓄银行浙江省分行为例

中国邮政储蓄银行浙江省分行课题组*

一、引言

党的十八大提出全面建成小康社会的奋斗目标,因此亟须建立与其相适应的普惠金融服务体系,满足人民群众日益增长的金融服务需求,把被边缘化的群体纳入金融服务范围,特别是要让小微企业、低收入人群和"三农"等薄弱环节获得价格合理、便捷安全的金融服务。2013 年 11 月,党的十八届三中全会正式提出"发展普惠金融"。2015 年 12 月,国务院正式印发《推进普惠金融发展规划(2016—2020 年)》(以下简称《普惠金融规划》)。

《普惠金融规划》提出:"建立健全普惠金融指标体系。……设计形成包括普惠金融可得情况、使用情况、服务质量的统计指标体系,用于统计、分析和反映各地区、各机构普惠金融发展状况。……从区域和机构维度,对普惠金融发展情况进行评价,督促各地区、各金融机构根据评价情况改进服务工作。"基于上述要求,邮储银行浙江省分行借鉴主流普惠金融测度方法,结合我国银行业机构自身特点,科学构建包括普惠金融服务的可得情况、使用情况、服务质量等内容的统计指标体系,实证分析辖内 10 个地级分行普惠金融服务的相对发展水平,对于自身根据评价情况改进辖内普惠金融服务工作,落实《普惠金融规划》要求具有重要参考价值和现实意义。

二、普惠金融理论与文献综述

(一)普惠金融缘起

20 世纪 70 年代,全球开启了以贫困低收入人群为目标客户的小额信贷(microcredit)探索,比较典型的现代小额信贷在孟加拉国、巴西等国陆续出现,其中,最有影响力的是穆罕默德·尤努斯(Muhammad Yunus)教授创办的孟加拉国乡村银行。以乡村银行为代表的小额信贷模式逐渐被东亚、非洲、南美洲、

* 课题主持人:杨苗昌
课题组成员:刘卫忠 吕樟英 高彬彬 施臻敏 凌海波 胡建刚 朱诗峰 蒋文鑫

北美洲和欧洲等很多发展中国家甚至发达国家效仿，在联合国和世界银行等国际组织的大力倡导和推动下，小额信贷于20世纪80年代在全球获得了快速的发展，形成了以贫困低收入群体为客户的小额信贷行业。20世纪90年代，微型金融（Microfinance）取代小额信贷，使得为贫困低收入群体提供全方位金融服务进入了一个新的阶段。2000年联合国的"千年发展目标"成为普惠金融理念的直接来源，2005年的"国际小额信贷年"上首次正式提出"普惠金融"（Inclusive Finance）概念，并形成"构建普惠金融体系"的理论共识，我国于2006年引入普惠金融概念。

（二）普惠金融内涵

在普惠金融领域，两本奠基性的重要报告分别是联合国于2006年出版的《建设普惠金融体系》（*Building Inclusive Financial Sectors for Development*）和世界银行于2006年出版的《众途：建设普惠金融系统》（*Access for All: Building Inclusive Financial System*）。《建设普惠金融体系》一书指出，普惠金融体系是一个能有效地、全方位地为社会所有阶层和群体，尤其是贫困、低收入人口提供服务的金融体系。《众途：建设普惠金融系统》在对世界微型金融发展进行全面总结的基础上，提出微型金融发展的基本原则，并从微观、中观和宏观三方面提出普惠金融体系建设的基本框架。

在2006年亚太地区小额信贷论坛上，我国学者焦瑾璞率先提出"普惠制金融体系"概念，认为普惠制金融能够以商业可持续的方式，为包括弱势经济群体在内的全体社会成员提供全面的金融服务。ACCION国际（2009）认为普惠金融是所有年龄段人员在可负担价格下，以均等机会和便捷方式获得金融服务的状态。中国银监会合作部课题组（2014）指出普惠金融内涵主要有三方面：首先，普惠金融是一种理念，其实质是信贷和融资渠道等的公平性问题；其次，普惠金融是一种创新，为让每个人都获得金融服务，应在金融体系内进行制度、机构和产品等创新；最后，普惠金融是一种责任，是为传统金融机构服务不到的低端客户提供金融服务。

中国人民银行副行长潘功胜（2015）提出在普惠金融认识上亟须厘清5个方面：第一，普惠金融不要过度强调社会性而忽视市场原则和可持续性；第二，普惠金融不仅要看融资需求满足情况，还要重视存取款、转账、支付等基础金融服务；第三，正规金融和民间金融、传统金融和新金融、银行与非银行等都是普惠金融的供给主体；第四，发展普惠金融是金融机构自身发展战略的重要组成部分，需要在追求商业利益和社会责任之间的达到一种平衡；第五，从更广泛的视角看，小微企业和"三农"、"融资难、融资贵"实际也是整个经济体制转型滞后的反映。

（三）普惠金融测度

国内外学者通过选取不同的指标，从不同的维度展开了广泛的研究。最具代表性的包括两类：一是世界银行发布的全球普惠金融指数核心指标，该指标按银行账户的使用情况以及储蓄、借款、支付、保险等具体业务分类来评估和监测普惠金融实践情况，旨在从需求角度提供有价值的信息，评估和监测各国普惠金融实践情况；二是由国际货币基金组织、普惠金融联盟（AFI）等国际组织从正规金融服务的可获得性、使用情况等维度设计普惠金融指标。2013 年，普惠金融全球合作伙伴（GPFI）进一步引入金融服务质量指标，并扩大衡量金融服务使用情况的指标范围，从金融服务的"可获得性、使用情况、服务质量"三个维度制定了更为全面的普惠金融指标体系（即 GPFI 普惠金融指标体系）。这两类典型的测度方法为后续该问题研究提供了基准和标杆，后续研究也多是在此基础上的扩展与改进。

在国外文献中，Beck（2007）利用银行分支机构数量、ATM 数量（衡量获得金融服务）和人均存贷款余额与 GDP 之比、每千人的存贷款账户数量（衡量实际使用金融服务）等八个指标测度了 99 个国家的金融服务可及性和使用性。Sarma（2008）在对 Beck（2007）提出的八个指标基础上进行了整理和扩充，首次提出普惠金融指数（Inclusive Financial Index，IFI）。Arora（2010）的研究指出服务成本是弱势群体获得金融服务的制约因素，因此她从银行服务成本、服务范围、服务便利性 3 个维度选取了账户管理费、分支机构数量、账户余额下限等指标构建指数。Sarma（2010）借鉴联合国人类发展指数（HDI）的计算方法，以银行渗透度、金融服务可利用性和使用状况为主要指标，对不同国家普惠金融的基本状况进行了度量。

国内相关研究起步虽然较晚，但开展研究的热度较高。高沛星和王修华（2011）建立了四维指标体系对农村普惠金融的发展情况进行了度量，并用变异系数法对各指标客观赋权，定量分析了各省份农村金融普惠水平的差异。李春霄（2012）和宋汉光（2014）等学者借鉴联合国开发计划署人类发展指数的计算方法，对不同国家普惠金融发展状况进行了度量。田霖（2012）运用国际金融机构指数、国内金融机构指数、金融机构年贷款总额、资本形成总额等九个指标，从地理渗透性、银行业发展水平、证券业发展水平、保险业发展水平四个维度构建评价指标体系，并对广东省金融包容程度进行全面的评价分析。王婧和胡国晖（2013）则从需求和供给的角度，选取金融机构数/万人、金融从业人员数/万人、金融机构数/万平方公里、金融从业人员数/万平方公里、存款余额/GDP 以及贷款余额/GDP 6 个指标定量分析了普惠金融的发展情况。徐敏（2013）从金融基础设施建设、金融服务覆盖情况和覆盖范围三个维度出发进行了实际测度评价。伍旭川、肖翔（2014）采用聚类分析方法，在现有研究基础上增添了服务质量维度，选取了包括可获得性、使用状况和服务质量三个维度11个指标计算了全球133个经济体的普惠金融指数。杨燕（2015）依据2005—2013年中国和四大经济区域的相关数据，采用主成分分析法评价全国和区域普惠金融水平，并进行纵向和横向的分析。贾立等（2016）基于1978—2013年的中国农村金融运行数据构建了"农村金融成熟度模型"，来衡量改革开放以来中国农村普惠金融发展水平。

从研究方法上看，多数学者在编制测度指数时忽略了各维度间、指标间的权重差异性，基本上都采取了等权重法来测度，而普惠金融指标体系由多个维度构成，这些维度又由若干个指标构成，指标之间的比较结果会影响各指标在普惠金融指标体系中的权重。因此，必须从不同角度通过分析所有指标间的重要性和结构关系来确定指标权重。从指标权重确定的原理来看，变异系数法将客观的数据作为权重判别的标准，排除了主观人为因素干扰，相对更为科学。

三、指标体系与测算方法

（一）指标体系构建

本文的核心是测度邮储银行浙江省分行所辖10个地级分行对各自区域的普惠金融服务水平。因此，在选取具体指标时主要考虑以下三项原则：一是指标选取应尽可能涵盖到金融服务的各个方面，聚焦普惠金融服务的目标任务和监管要求。二是指标应容易计算，可在不同地区之间和时间维度上进行横向和纵向的比较分析。三是指标选取需结合可获取的数据。基于上述原则，在评价维度上，基本遵循GPFI普惠金融指标体系的三个维度[①]；在具体指标上，参照世界银行、国际货币基金组织等国际组织的指标选取，结合国内已有相关研究及邮储银行自身特点，以金融服务可得性（4个指标，反映可得情况）、金融服务覆盖率（6个指标，反映使用情况）、金融服务满意度（8个指标，反映服务质量）构建了包含三个维度18个指标的邮储银行普惠金融服务评价指标体系，具体指标名称、指标计算方法、指标单位及指标释义如表1所示。

[①]　即金融服务可获得性、使用情况、服务质量，实际上与我国《普惠金融规划》对普惠金融指标体系的维度要求一致。

表 1　　　　　　　邮储银行浙江省分行普惠金融服务评价指标体系

维度	指标名称	指标计算方法	单位	指标释义
金融服务可得性（可得情况）	网点人口密度	银行网点数/常住人口数（万人）	个	每万人拥有的邮储银行网点平均数量
	网点乡镇密度	银行网点数/乡镇（街道）数量	个	每个乡镇（街道）拥有的邮储银行网点平均数量
	银行人员密度	银行从业人员数/常住人口数（万人）	人	每万人拥有的邮储银行从业人员平均数量
	自助机具密度	ATM（含 CDM）数/常住人口数（万人）	个	每万人拥有的邮储银行 ATM（含 CDM）数量
金融服务覆盖率（使用情况）	人均存款账户	存款账户数/从业人数	个	每个社会从业人员拥有的邮储银行存款账户数
	万人贷款户数	贷款客户数/从业人数（万人）	户	每万人中可以获得邮储银行贷款的户数
	电子银行占比	电子银行用户数/存款账户数	%	反映银行客户的电子银行使用情况
	涉农贷款占比	涉农贷款余额/各类贷款余额	%	涉农贷款占全部贷款的比重
	小微企业贷款占比	小微企业贷款余额/各类贷款余额	%	小微企业贷款占全部贷款的比重
	农户贷款占比	农户贷款余额/各类贷款余额	%	农户贷款占全部贷款的比重
金融服务满意度（服务质量）	活跃账户占比	活跃卡户数/存款账户数	%	反映客户对存款账户经常使用的情况，活跃卡为年使用 3 次以上
	金融服务投诉率	投诉次数/交易笔数（10 万）	次	每 10 万笔交易的投诉次数，反映银行从业人员对客服务水平和质量
	小微企业贷款满足率	贷款小微企业数/小微企业总数	%	反映邮储银行小微企业贷款的市场满足程度
	农户贷款满足率	贷款农户数/农户总数	%	反映邮储银行农户贷款的市场满足程度
	单位 GDP 的户均存款余额	存款余额/存款账户数/常住人口人均 GDP		反映单位 GDP 的存款账户平均余额
	单位 GDP 的户均贷款余额	贷款余额/贷款客户数/常住人口人均 GDP		反映单位 GDP 的贷款户均余额
	单位 GDP 的户均小微企业贷款余额	小微企业贷款余额/小微企业贷款客户数/常住人口人均 GDP		反映单位 GDP 的小微企业贷款户均余额
	单位 GDP 的户均农户贷款余额	农户贷款余额/贷款农户数/常住人口人均 GDP		反映单位 GDP 的农户贷款户均余额

1. 金融服务可得性指标的选取

金融服务可得性维度侧重于反映金融服务的供给能力，机构网点数量、从业人员数量和自助机具数量是衡量金融机构服务能力的代表性指标。基于我国发展普惠金融的内涵要求，该维度具体设计了网点人口密度、网点乡镇密度、银行人员密度和自助机具密度4个指标。一般来说，每万人拥有的网点数量越多、每个乡镇的网点数量越多、每万人拥有的金融从业人员越多、每万人拥有的自助机具越多，则该区域内的金融服务供给相对较好，普惠金融水平也相对较高。

2. 金融服务覆盖率指标的选取

金融服务覆盖率维度侧重于反映客户对金融服务的使用情况，基于我国发展普惠金融的内涵要求，除了面向全体客户外，特别强调对于小微企业和"三农"客户的储蓄信贷、支付结算等金融服务的覆盖率。该维度具体设计了人均存款账户、万人贷款户数、电子银行占比、涉农贷款占比、小微企业贷款占比、农户贷款占比6个指标。一般来说，人均存款账户数越大、万人贷款户数越多、电子银行用户占比越高、涉农贷款余额占比越高、小微企业贷款余额占比越高、农户贷款余额占比越高，则表明邮储银行对区域内客户服务的覆盖率越高，客户对普惠金融服务的使用率越高，普惠金融服务水平则相对较高。

3. 金融服务满意度指标的选取

金融服务满意度维度侧重于反映普惠金融服务的质量和有效性，体现邮储银行普惠金融服务对客户的竞争力和吸引力，客户对邮储银行服务的认可度和满意度。该维度具体设计了活跃账户占比、金融服务投诉率、小微企业贷款满足率、农户贷款满足率和单位GDP的户均存款余额、户均贷款余额、户均小微企业贷款余额、户均农户贷款余额8个指标。一般来说，活跃账户占比可以反映客户对银行账户服务的认可度和满意度；金融服务投诉率反映银行从业人员对客户的服务水平和质量；小微企业贷款满足率和农户贷款满足率都体现了银行在服务区域内该类客户市场的占有情况，在经济金融环境相对较好的浙江，发展小微客户金融服务是各家金融机构战略转型的需要；单位GDP的户均存款余额反映单位GDP的存款账户平均余额，反映了邮储银行在存款市场的竞争力和吸引力；单位GDP的户均贷款余额、单位GDP的户均小微企业贷款余额及单位GDP的户均农户贷款余额3个指标则反映了邮储银行在贷款市场特别是小微客户贷款市场的竞争力和吸引力。

（二）测算方法

本文运用变异系数法①确定各指标的权重，借鉴联合国开发计划署编制人类

① 变异系数法是直接利用各项指标所包含的信息，通过计算得到指标的权重，是一种客观赋权的方法，完全排除了由于主观判断给指标权重赋值带来的局限性。其基本思路是根据各个指标在所有评价对象上观测值的变异程度大小对其进行赋权，如果一项指标的变异系数较大，那么说明这个指标在衡量该对象的差异方面具有较大的解释力，则这个指标就应该赋予较大的权重。

发展指数的计算方法，构建普惠金融发展指数（Financial inclusion index，FII）。
FII 构建过程具体如下：

首先构建式（1）：

$$D_i = \omega_i \frac{x_i - x_i(\min)}{x_i(Max) - x_i(\min)} \tag{1}$$

其中，D_i 表示在第 i 个维度的值，代表某一个分行在此维度取得的成绩，D_i 越大代表取得的成绩越好，ω_i 代表某个指标被赋予的权重，$0 \leqslant \omega_i \leqslant 1$，该值越大表示权重越大，在普惠金融发展指数计算中的重要程度就越高。x_i 表示第 i 个指标的真实值，$x_i(\min)$ 表示第 i 个指标的最小值，$x_i(Max)$ 表示第 i 个指标的最大值。

当 $D_i = (0, 0, \cdots, 0)$ 和 $D_i = (1, 1, \cdots, 1)$ 时，分别代表该分行在每个维度上的普惠金融发展都是最小值和最大值，也即是说，该分行开展普惠金融的服务水平相对最低和最高。

金融服务的可得性、覆盖率与满意度三个维度分别用 $Wide_i$，$Depth_i$，$Quality_i$ 表示，其中采用欧氏距离法进行计算，分别如式（2）、式（3）、式（4）所示

$$Wide_i = 1 - \sqrt{\frac{\sum_{i=1}^{n}(D_i - \omega_i)^2}{\sum_{i=1}^{n}\omega_i^2}} \tag{2}$$

$$Depth_i = 1 - \sqrt{\frac{\sum_{i=1}^{n}(D_i - \omega_i)^2}{\sum_{i=1}^{n}\omega_i^2}} \tag{3}$$

$$Quality_i = 1 - \sqrt{\frac{\sum_{i=1}^{n}(D_i - \omega_i)^2}{\sum_{i=1}^{n}\omega_i^2}} \tag{4}$$

根据式（2）、式（3）、式（4）计算普惠金融发展指数（FII）为

$$FII = 1 - \sqrt{\frac{(1 - Wide_i)^2 + (1 - Depth_i)^2 + (1 - Quality_i)^2}{3}} \tag{5}$$

其中，权重的选取上，全文都采用变异系数法计算每个指标的权重，该方法是一种客观的能够较好地反映各指标权重的赋权方法。指标取值差异度越大，就表明该指标在不同分行之间的差异性程度越大，可以较好地反映各分行普惠金融发展水平的差异性。各指标的变异系数为

$$CV_i = \frac{S_i}{T_i} \tag{6}$$

其中，S_i 代表各个指标的标准差，T_i 代表各个指标的平均值，各个指标的权重为：

$$\omega_i = \frac{CV_i}{\sum_{i=1}^{n} CV_i} \tag{7}$$

需要指出的是，本文测算过程中假设金融服务的可得性、覆盖率和满意度三个维度对各地级分行普惠金融服务的发展水平来说具有同等重要性，三个维度被赋予了同样权重。

四、测算结果分析

（一）邮储银行浙江省分行普惠金融服务水平横向比较

1. 普惠金融发展指数的测算结果

2011—2012 年，金融服务覆盖率维度的"万人贷款户数"指标和金融服务满意度维度的"单位 GDP 的户均贷款余额"指标缺失，为了保持指标数据的完整性和结论的可比性，因此在实际测算时剔除这 2 个指标。故本文基于普惠金融服务三个维度 16 个指标测算邮储银行浙江省分行的普惠金融发展指数。

表 2　邮储银行浙江省分行普惠金融服务测评各指标权重（2011—2015 年）

维度	指标	2011 年	2012 年	2013 年	2014 年	2015 年
金融服务可得性（可得情况）	网点人口密度	0.2493	0.2171	0.2127	0.2160	0.2191
	网点乡镇密度	0.2434	0.2798	0.2799	0.2900	0.2966
	银行人员密度	0.1822	0.1900	0.1921	0.1956	0.1944
	自助机具密度	0.3251	0.3132	0.3153	0.2984	0.2899
金融服务覆盖率（使用情况）	人均存款账户	0.1997	0.2130	0.1656	0.1418	0.1179
	电子银行占比	0.2320	0.3631	0.3242	0.3602	0.3204
	涉农贷款占比	0.2305	0.1892	0.1958	0.1838	0.1618
	小微企业贷款占比	0.2674	0.1733	0.2661	0.2666	0.3553
	农户贷款占比	0.0705	0.0613	0.0484	0.0477	0.0447
金融服务满意度（服务质量）	活跃账户占比	0.2046	0.2179	0.2711	0.2975	0.2829
	金融服务投诉率	0.1493	0.1648	0.1699	0.1334	0.1477
	小微企业贷款满足率	0.0420	0.0496	0.0426	0.0423	0.0488
	农户贷款满足率	0.0712	0.0510	0.0433	0.0397	0.0380
	单位 GDP 的户均存款余额	0.2763	0.2662	0.2706	0.2588	0.2359
	单位 GDP 的户均小微企业贷款余额	0.1054	0.1104	0.0938	0.0985	0.0979
	单位 GDP 的户均农户贷款余额	0.1512	0.1401	0.1086	0.1298	0.1488

根据邮储银行浙江省分行所辖 10 个地级分行的基础数据和当地常住人口、从业人数、常住人口人均 GDP、小微企业数、农户数等原始数据，首先计算了各指标基础数据，然后采用变异系数法客观确定了各指标的权重（见表 2），在此基础上，根据联合国开发计划署编制的人类发展指数的计算方法和计算公式，测算了 10 个地级分行的普惠金融发展指数（见表 3）①。

表 3　邮储银行浙江省分行所辖 10 个地级分行的 FII（2011—2015 年）（1）

年份＼分行	杭州	温州	嘉兴	湖州	绍兴
2011	0.2624	0.3809	0.4118	0.3370	0.2678
2012	0.2882	0.4102	0.4103	0.3075	0.2512
2013	0.2913	0.4320	0.4047	0.3156	0.2280
2014	0.3013	0.4248	0.4186	0.3154	0.2177
2015	0.2522	0.4363	0.4168	0.3235	0.2464

年份＼分行	金华	衢州	舟山	台州	丽水
2011	0.5963	0.3560	0.4016	0.4096	0.4463
2012	0.5429	0.3233	0.4289	0.3848	0.3718
2013	0.5497	0.3626	0.5002	0.3517	0.3625
2014	0.4947	0.3977	0.5356	0.3631	0.3261
2015	0.5161	0.3524	0.4974	0.3550	0.4225

2. 稳健性检验

为了对 10 个地级分行普惠金融发展指数测算结果的稳健性进行检验，本文在前述 16 个指标的基础上，同时又在金融服务覆盖率（使用情况）和金融服务满意度（服务质量）两个维度上各自增加了"万人贷款户数"和"单位 GDP 的户均贷款余额"两个指标重新测算了 2013 年、2014 年和 2015 年的普惠金融发展指数②，结果如表 4 所示。

由表 4 的稳健性检验结果可知，表 4 的 10 个地级分行普惠金融发展指数与表 3 结果的误差很小（在可接受范围内），验证了本文关于 10 个地级分行普惠金融发展指数的测算具有稳健性与可靠性。因此，本文测算结果可以很好地反

①　需要指出的是，表 3 得到的结果是基于每一年指标权重动态变化基础上进行的测算，所以适用于分行之间的横向比较，而基于各分行纵向比较分析将在后文中重新进行测算给出。

②　至于为什么加入这两个指标，主要是基于数据的可得性，由于 2011 年和 2012 年邮储银行没有相应的统计数据，所以，在稳健性检验时，在 2013 年、2014 年和 2015 年的普惠金融指数测算中考虑了这两个指标，而在 2011 年和 2012 年的测算中未予考虑。

映 10 个地级分行普惠金融服务的相对发展水平。有鉴于此，本文在接下来的分析中，以表 3 测算结果展开分析。

表 4   邮储银行浙江省分行所辖 10 个地级分行的 FII（2011—2015 年）（2）

年份 \\ 分行	杭州	温州	嘉兴	湖州	绍兴
2011	0.2624	0.3809	0.4118	0.3370	0.2678
2012	0.2882	0.4102	0.4103	0.3075	0.2512
2013	0.2902	0.4189	0.3819	0.3161	0.2303
2014	0.3023	0.4118	0.4006	0.3137	0.2171
2015	0.2577	0.4243	0.4024	0.3222	0.2457

年份 \\ 分行	金华	衢州	舟山	台州	丽水
2011	0.5963	0.3560	0.4016	0.4096	0.4463
2012	0.5429	0.3233	0.4289	0.3848	0.3718
2013	0.5470	0.3672	0.4807	0.3389	0.3695
2014	0.4925	0.3970	0.5205	0.3544	0.3339
2015	0.5136	0.3566	0.4852	0.3516	0.4262

3. 结果分析与解释

首先，为便于分析与解释，本文对 10 个地级分行每一年的普惠金融发展指数进行排序，FII 数值越大，表明普惠金融发展水平越高，具体排序见表 5。

表 5   邮储银行浙江省分行所辖 10 个地级分行的 FII 排序（2011—2015 年）

年份	杭州	温州	嘉兴	湖州	绍兴	金华	衢州	舟山	台州	丽水
2011	10	6	3	8	9	1	7	5	4	2
2012	9	4	3	8	10	1	7	2	5	6
2013	9	3	4	8	10	1	6	2	7	5
2014	9	3	4	8	10	2	5	1	6	7
2015	9	3	5	8	10	1	7	2	6	4

由表 5 可知，10 个地级分行的普惠金融发展水平变化存在差异性。从排序情况来看，金华的普惠金融指数最高，除了 2014 年排在第二以外，历年都排在第一，而舟山次之，温州和嘉兴基本处于第三、第四位，名次都较为稳定。

湖州、杭州和绍兴的普惠金融发展指数在所有分行中排名滞后，且在 2011—2015 年的历年表现中都是如此；丽水、台州和衢州的普惠金融发展情况处于中游水平，值得注意的是，丽水在 2011 年的表现却非常突出，在全省所有分行中排名第二，而在之后的 2012 年、2013 年和 2014 年表现不佳，直到 2015 年又重新回到第四。

以 2015 年为例，从表 2 的普惠金融服务评价的各维度指标权重来看，金融服务可得性维度的 4 个指标权重系数相对较为平衡，但金融服务覆盖率（即使用情况）维度的 5 个指标中，电子银行占比和小微企业贷款占比两个指标的权重最大，分别为 32.04% 和 35.53%，对普惠金融指数具有重要的影响作用。反观各分行实际情况却发现，绍兴的电子银行占比（11.25%）指标明显要比其他分行小，杭州尽管在电子银行占比（16.10%）指标上并不比其他分行小，但在小微企业贷款占比（40.09%）上明显偏小，为所有分行中最小，而金华和舟山在这两个指标上明显具有优势。

同理，在金融服务满意度维度的 7 个指标中，活跃账户占比和单位 GDP 的户均存款余额两个指标所占权重最大，分别为 28.29% 和 23.59%。从实际情况来看，绍兴和湖州的活跃账户占比指标在所有分行中处于倒数第二和倒数第一的位置，而杭州和湖州的单位 GDP 的户均存款余额指标处于倒数第二和倒数第一的水平，其结果是，在总的普惠金融发展指数上表现也最差。相反，金华、舟山等分行各指标表现相对均衡，且在普惠金融发展指数测算中占有较大比重的指标上表现突出。所以，在最终的三个维度 16 个指标所测算出的综合指数中能够脱颖而出，这也从侧面印证了金华、舟山等地普惠金融发展的均衡性。

（二）普惠金融服务水平纵向比较

为了进一步反映 10 个地级分行在 2011—2015 年自身普惠金融服务的发展水平变化情况，以该期间 10 个地级分行三个维度 16 个指标测算得到的权重平均值作为统一的指标权重，重新测算了普惠金融发展指数，结果见表 6 所示。

表 6　邮储银行浙江省分行所辖 10 个地级分行的 FII（2011—2015 年）（3）

年份 \ 分行	杭州	温州	嘉兴	湖州	绍兴
2011	0.3181	0.3986	0.4072	0.3261	0.2596
2012	0.2657	0.4215	0.4260	0.2954	0.2403
2013	0.2830	0.4259	0.3972	0.3205	0.2282
2014	0.2758	0.4044	0.4108	0.3266	0.2213
2015	0.2533	0.4061	0.4049	0.3283	0.2309

年份 \ 分行	金华	衢州	舟山	台州	丽水
2011	0.5507	0.3128	0.3775	0.3912	0.3830
2012	0.5266	0.3089	0.3955	0.3774	0.3864

年份 \ 分行	金华	衢州	舟山	台州	丽水
2013	0.5503	0.3657	0.4905	0.3517	0.3715
2014	0.5144	0.3953	0.5131	0.3556	0.3579
2015	0.5158	0.3574	0.5027	0.3540	0.4179

由表6结果可知，舟山、衢州、丽水3家分行的普惠金融服务的水平均有较大提升，温州、湖州2家分行略有提升，嘉兴、杭州、绍兴、金华、台州5家分行年度之间波动相对较大，普惠金融服务水平有待提升。10个地级分行普惠金融发展指数的年度间比较结果具体如下。

1. 杭州、绍兴、金华和台州四个分行的普惠金融发展指数在2011年达到最好水平，之后的几年中，发展指数均出现了不同程度的下降；而温州在2013年达到最好水平，嘉兴在2012年达到最好水平，湖州和丽水在2015年达到最好水平，衢州和舟山在2014年达到最好水平。

2. 2012年相比于2011年而言，温州、嘉兴、舟山和丽水的发展指数均出现了上升；而杭州、湖州、绍兴、金华、衢州和台州发展指数出现了下降，其中，杭州分行下降幅度最为明显。

3. 2013年相比于2012年而言，杭州、温州、湖州、金华、衢州、舟山的发展指数均出现了上升，衢州和舟山上升幅度最为突出；而嘉兴、绍兴、台州和丽水的发展指数出现了下降，其中，绍兴和台州的发展指数连续两年出现下降。

4. 2014年相比于2013年而言，嘉兴、湖州、衢州、舟山和台州的发展指数出现了上升，衢州的上升幅度最大，其中，舟山的发展指数连续3年出现上升；而杭州、温州、绍兴、金华和丽水的发展指数出现了下降，其中绍兴的发展指数已出现连续三年下降的现象。

5. 2015年相比于2014年而言，温州、湖州、绍兴、金华和丽水的发展指数出现了上升，其中，丽水的上升幅度较为突出，其他分行上升幅度微乎其微；而杭州、嘉兴、衢州、舟山和台州的发展指数出现了不同程度的下降，以衢州的发展指数下降最为突出。

五、主要结论与建议

（一）主要结论

在2011—2015年，邮储银行浙江省分行所辖10个地级分行中既不存在普惠金融服务连续五年越来越好的情况，也不存在连续五年越来越差的情况，10个地级分行普惠金融服务的发展水平存在差异。

横向比较来看，金华、舟山、温州、嘉兴4家分行的普惠金融服务相对处于较高水平，各年度排名较为稳定；丽水、台州、衢州3家分行相对处于中等水平，但年度之间排名变化相对较大；湖州、杭州、绍兴3家分行相对处于较低水平，各年度排名稳定。

纵向比较来看，舟山、衢州、丽水3家分行的普惠金融服务的水平均有较大提升，温州、湖州2家分行略有提升，嘉兴、杭州、绍兴、金华、台州5家分行年度之间波动相对较大，服务水平有待提升。

10个地级分行在普惠金融服务的可得情况方面差异较小，而在普惠金融服务的使用情况和服务质量两个方面存在较大差异。在使用情况方面，电子银行用户占比和小微企业贷款余额占比等两个指标的影响较大；在服务质量方面，活跃账户占比和单位GDP的户均存款余额等两个指标的影响较大。

当然，由于受到指标体系构建的科学性、准确性、全面性的影响，上述研究结论具有其局限性，并不一定能完全真实反映各分行普惠金融服务的实际发展水平。

（二）相关建议

1. 科学定位普惠金融在银行业金融机构发展中的地位

银行业金融机构作为金融机构中具有网点覆盖城乡、机构众多、资产质量优异等优势，应根据其发展使命和市场定位，明确普惠金融在银行战略发展中的地位，考虑到区域发展差异，因地制宜制定普惠金融服务的目标任务。

2. 持续优化银行业普惠金融服务评价指标体系

科学量化和评价普惠金融服务水平需要全面科学的评价指标体系，将普惠金融服务的目标任务分解成可量化的评价指标，并不断调整优化评价指标体系，指引普惠金融服务发展。

3. 不断完善普惠金融服务数据统计工作体系

普惠金融服务评价需要相关指标的高质量数据，而数据统计口径和标准要求等事关数据的质量。银行业金融机构作为行业支柱，需要对数据要求和报送流程进行顶层设计，并创造条件提供技术平台支撑。

4. 充分发挥评价结果对银行业普惠金融发展的激励约束作用

根据管理层级，适时建立普惠金融服务评价制度，评价报告应包括具体评价结果、存在的不足与改进建议等内容，评价结果建议作为所辖机构普惠金融服务工作考核的主要依据。

5. 普惠金融服务水平提升的工作重点在使用率和满意度

经过数年的建设，"十二五"时期，邮储银行浙江省分行辖内各地级分行在普惠金融服务的可得性方面已差异较小，但在覆盖率和满意度方面仍存在较大差异。下一阶段要加强指导与考核，将普惠金融服务水平提升的工作重点转向提高服务使用率和服务质量。

参考文献

［1］高沛星、王修华：《我国农村金融排斥的区域差异与影响因素——基于省际数据的实证分析》，载《农业技术经济》，2011（4）。

［2］何永清：《推进农村普惠金融发展的思考——基于模糊层次分析的经验启示》，载《农村金融研究》，2015（11）。

［3］贾立、汤敏、胡晶晶：《中国农村普惠金融发展水平研究》，载《吉林金融研究》，2016（6）。

［4］焦瑾璞、黄亭亭、汪天都等：《中国普惠金融发展进程及实证研究》，载《上海金融》，2015（4）。

［5］李春霄、贾金荣：《我国金融排斥程度研究——基于金融排斥指数的构建与测算》，载《当代经济科学》，2012（2）。

［6］潘功胜：《关于构建普惠金融体系的几点思考》，载《上海金融》，2015（4）。

［7］宋汉光、周豪、余霞民：《金融发展不均衡、普惠金融体系与经济增长》，载《金融发展评论》，2014（5）。

［8］田霖：《广东省金融包容与协调发展研究》，载《商业时代》，2012（12）。

［9］王婧、胡国辉：《中国普惠金融发展评价及影响因素分析》，载《金融论坛》，2013（6）。

［10］王韦程、邢立全：《普惠金融国外文献述评：内涵、度量及经济后果》，载《金融理论与实践》，2015（2）。

［11］伍旭川、肖翔：《基于全球视角的普惠金融指数研究》，载《南方金融》，2014（6）。

［12］徐敏：《农村金融服务水平的区域差异及影响因素分析》，载《西部金融》，2013（3）。

［13］杨燕：《普惠金融水平的衡量及其对经济增长的影响——基于中国经济区域2005—2013年的面板数据》，载《金融与经济》，2015（6）。

［14］中国银监会合作部课题组：《普惠金融发展的国际经验及借鉴》，载《中国农村金融》，2014（2）。

［15］Arora：*Measuring Financial Access* ［R］. Griffith University, Discussion Paper in Economics, 2010.

［16］Beck Thorsten, Augusto de la Torre：*The Basic Analytics of Access to Financial Services* ［J］. Financial Markets, Institutions and Instruments, 2007（2）.

[17] Sarma M. and J. Pais: *Financial Inclusion and Development: A Cross Country Analysis* [R]. Jawaharlal Nehru University, Discussion Papers in Economics, 2008.

[18] Sarma: *Index of Financial Inclusion* [R]. Jawaharlal Nehru University, Discussion Papers in Economics, 2010.

新形势下银行同业业务发展模式与监管方向研究

湖州市金融学会课题组*

一、我国同业业务发展现状与特征

（一）同业业务合作对象与基本形式

同业业务一般是指商业银行间以及商业银行与其他金融机构间开展的金融业务，交易对手包括银行、证券、基金、保险、信托、租赁等。同业业务包括同业资产和同业负债两个层面，同业资产包括存放同业、拆出资金、买入返售金融资产等；同业负债包括同业存放、拆入资金、卖出回购金融资产等。从广义层面看，同业业务还包括金融同业提供的信用承诺与担保业务，这些业务一般属于"或有事项"，虽不在资产负债表的具体科目中体现，但在附录中给出说明，业内俗称"表外业务"。同业业务还包括以发行投资产品的方式向投资者募集资金，投资于信托计划或资产管理计划，通过建立通道收取管理费但不承担资产的实质风险，这些业务完全不在资产负债表中体现，业内俗称"表外业务"。

表1   同业业务合作对象与业务形式

商业银行间	资金拆借、代理结算、信贷资产转让、同业代付、债券买卖、代理银行汇票、票据转贴现
商业银行与信托机构	理财代理、信托融资、信托资金管理、信托资产买入返售
商业银行与基金公司	代理基金销售、代理或合作销售理财
商业银行与保险公司	银保产品销售、出口信用保险、保险融资
商业银行与证券公司	第三方存管、同业存放与资金拆借、资管理财计划、证券抵押融资、资产证券化资金管理、证券资金清算代理
商业银行与财务公司	同业结算代理、信贷资产转让、票据转贴现、投资银行业务
商业银行与融资租赁公司	融资租赁资金监管、通道贷款业务、组合产品联合销售

---

* 课题主持人：郑锦国
   课题组成员：黄金胜   沈伟雄   周传辰   张竞婧

（二）我国同业业务的发展进程

次贷危机后，我国同业业务发展大致分为两个阶段。第一阶段是2008—2014年的"野蛮式发展"阶段，具体表现在同业业务的无序快速扩张。据调查，2008—2013年，同业资产规模增速达到总资产增速和贷款增速的2倍，同业负债增速达到总负债增速和存款增速的1.5倍，同业业务从单纯的流动性管理工具变为资金融通和资产负债综合管理的重要渠道。同时，同业业务创新模式不断涌现，如信贷资产转让、银信合作理财、票据双买断、同业代付、各类金融资产收益权买入返售等。但是，由于同业业务的快速发展，导致问题逐渐显现，最严重的是2013年5月的"钱荒"事件，此时，各市场主体意识到同业业务期限错配带来的较高系统性风险。同业业务复杂交易模式中存在的隐患也引起了货币和监管当局的高度重视，中国人民银行《2013年第三季度中国货币政策执行报告》中明确指出："部分机构在开展同业业务中存在操作不规范、信息不透明、期限错配较严重和规避监管等问题，部分商业银行还利用同业业务开展类贷款融资或虚增存款规模，加大了流动性管理和风险防控的难度，并在一定程度上影响了宏观调控和金融监管的效果。"为了便于区分，此阶段产生的同业业务称为"传统型同业业务"。

第二阶段是2014年至今形成的"新业态"阶段。2014年4月，一行三会和外汇局出台《关于规范金融机构同业业务的通知》（俗称127号文）、银监会发布《规范商业银行同业业务治理的通知》（俗称140号文），对同业业务提出了具体的规范化要求，从而银行同业业务进入规范与创新并重的新阶段。一方面，127号文和140号文对银行同业业务的规模、性质作出了具体规定，提出交易对象标准化、业务操作规范化、会计处理明确化等要求。另一方面，随着利率市场化的不断深入，商业银行传统存贷业务的收益逐渐降低，银行机构具有充分的发展同业业务动机。继续发展同业业务的目的主要在于提高资金的使用效率和银行竞争力，获得新的盈利空间并规避监管。主要特征是同业资产从"非标资产"向"标准化资产"转变，同时创新性资管类产品不断涌现。近两年来，商业银行同业业务在金融创新与金融监管的博弈中螺旋式发展，特别是资产管理计划业务的不断拓展致使同业业务的复杂化与隐蔽化。具体表现在同业业务在资产负债表中的界定模糊化，比如，部分同业业务从"买入返售"科目中转至"同业投资"科目，又转至"应收款项类投资"科目，导致同业业务会计处理的模糊性，从而在一定程度上规避金融监管。此阶段产生的同业业务称为"创新型同业业务"。

二、创新型同业业务中的主要模式

通过对上市银行机构与地方法人银行机构的调查，在127号文、140号文出台后，同业业务模式发生了较大变化，一部分由原来非标业务衍生发展，如信托收益权买入返售业务；另一部分难以说明起源，类似基金或理财产品，具有一定的模糊性，如各类资产管理计划。在银行业资产负债表中，一般归属于"同业投资"或"应收款项类投资"，暂时缺乏明确的监管制度。从业务发生时点看，这些业务可以统称为"创新型同业业务"。

（一）收益权买入返售模式

买入返售业务是同业业务中的核心之一，也是同业业务风险管理与金融创新的核心领域。虽然在监管新规下大部分商业银行将大部分业务集中于同业存放，但其基本保持存贷款业务的特征；而买入返售业务较为灵活，具有较大的金融创新潜力，也能扩展与证券、保险、信托等金融机构合作空间。收益权买入返售业务是在传统信贷业务受到严格监管的环境下衍生出的创新模式，对其进行较为系统的研究可以了解金融机构间业务往来的基本流程与风险传导机制。基本操作模式是三方协议。一般会出现甲、乙、丙三方，甲方一般是资金过桥方，乙方是实际出资方，丙方是提供受益权远期受让的兜底方，也常常是融资客户的授信银行，三方通过协议确定权利义务，实现创新信贷的目的。买入返售业务一是规避金融监管与金融机构的内控规定，二是扩张业务实现中间业务收入。具体可细分为以下六种子模式。

模式一：抽屉协议暗保模式

抽屉协议暗保模式是最简单、最基础的操作模式，通常是 B 银行由于信贷额度或贷款政策限制，无法直接给自己的融资客户贷款，从而寻求 A 银行进行合作，让 A 银行用自己的资金为企业融资。这种模式下，B 银行作为风险的真正兜底方，与 A 签订承诺函或担保函（暗保），承诺远期受让 A 银行持有的单一受益权或者基础资产。这里 B 银行有两种兜底方式，一种是 B 银行出资受让该受益权，另一种是 B 银行直接收购针对融资客户的基础资产。前一种方式的优点是银行不用在表内发放一笔贷款，不用真实占用企业的授信额度。但缺点有两个：一是如果 B 银行用资金受让收益权，这样 B 银行成为受益人，业务风险仍存在于 B 银行，若发生贷款逾期，需要向监管机构上报。二是很多银行的一级分行不具备投资信托类产品权限，审批权限在总行，因此银行的一级分行就不具备受让受益权的能力。第二种方式是收购融资企业的基础资产，也就是 B 银行向融资客户发放一笔表内的流动资金贷款，以流动资金贷款偿还之前的贷款，这样合作计划顺利结束，贷款不会出现逾期。但这种方式要占信贷规模，并且 B 银行必须真实具备对融资企业的授信额度。

模式二：三方协议模式

模式二是标准的买入返售三方合作模式，该模式中，作为资金过桥方的甲方，不仅仅是银行，还可以是券商、基金子公司、财务公司、资金充裕的企业等。该模式的交易结构是：A 银行以自有资金或同业资金放款给 C 银行的融资客户；B 银行作为实际的出资方（乙方），以同业资金受让 A 银行受益权；C 银行为风险的真正承担方（丙方），承诺在贷款实际到期前 1 个工作日无条件购买 B 银行从 A 银行受让的受益权。这种模式的实质是 C 银行通过 B 银行的资金，间接实现了给自己的授信客户贷款的目的。此种操作模式下，受益权的流转路径是从 A 银行（甲方）到 B 银行（乙方），然后远期再到 C 银行（丙方）。三方协议模式从 2011 年兴起到今天，已经成为一种经典的同业业务操作模式，很多其他模式都是基于三方模式演变发展起来的。从交易的本质上看，C 银行承担最终的信贷风险，但是可以有效规避信贷监管以及占用资金的问题。B 银行表面上是出资方，但并不承担信贷业务风险，并且可享受中间业务收益。

模式三：两方协议模式

两方协议模式一般不需要过桥企业（甲方），其产生的背景很大程度上是银行为了解决存量非标债权问题。A 银行最初用理财资金或自有资金（主要是理财资金）投资信托产品形成了非标债权，基于监管机构对于非标债权的比例要求，A 银行将受益权卖断给 B 银行，但同时向 B 银行出具受益权远期回购函。这种模式下，A 银行用卖断协议将此前形成的对融资客户的非标债权出表，从而达到降低理财资金非标债权比例的目的。在监管机构检查或审计时，A 银行通常只会拿出卖断协议，与 B 银行签订的远期回购协议成为抽屉协议不拿出来。而 B 银行在监管机关检查或者审计时，则把两份协议都拿出来，以证明针对融资客户的风险收益已经转移给 A 银行。这就是所谓的信托受益权的双卖断模式，该模式中 B 银行将资产计入买入返售科目，不计入表内；对于 A 银行来说，则是存量的非标债权直接出表。因此，在该模式下，信贷业务的实际风险承担方仍在 A 银行，B 银行只是间接为 A 银行提供了增信服务，但是因为抽屉协议难以被监管层发现。

模式四：假丙三方模式

假丙三方模式，一般是由于不能签订三方协议的兜底银行以信用增级的方式找到一个假丙方来签订三方协议，信用增级方式通常是兜底银行向假丙方出具承诺函或担保函，兜底银行作为最后的风险承担方承担所谓的"真丙方"角色。这种模式主要解决大型银行（主要是工行、农行、中行、建行四大行加国开行）规定的只能采取出具保函和承诺函的形式兜底，以及股份制商业银行必须签订三方协议（股份制银行作为三方协议中的乙方，即实际出资方）的问题。在该模式下，既能保证股份制商业银行的合规要求，而大型银行以间接增信的方式实现了给融资客户贷款的目的。

模式五：配资模式

配资模式的交易结构是：C 银行向 B 银行配一笔等期限等额的同业存款，B

银行通过过桥方 A 银行以对应金额和期限向融资客户发放一笔贷款，C 银行承诺远期受让 B 银行的受益权，或者不受让。如果 C 银行受让 B 银行的信托受益权，C 银行的同业存款就是标准的同业存款，因为针对融资客户信托贷款的风险已经转移给 C 银行；如果不受让信托受益权，就需要对该笔同款业务进行存单质押，锁定 B 银行贷款给融资客户的风险，或者出函单独说明该笔同业存款是对应某一笔信托贷款的，当信托贷款不能偿付时，同业存款不用兑付。配资模式下的 B 银行并没有真正出资，只是将 C 银行的同业存款转换为投资非标资产的资金，真实出资方 C 银行就是兜底行。这种模式下 B 银行一般收取几十个基点的过桥费。采用这种模式的情形主要有以下两种：一是因为融资客户资质比较差，B 银行不愿意直接出资。二是因为融资客户资质太好，这种企业不能承受标准三方模式中较高的资金成本，很多只能承受基准或基准下浮利率的融资成本。

模式六：存单质押三方模式

所谓第三方存单质押，是指企业在商业银行协议存款后，在另一家银行办理存单质押。该模式为：由兜底方先向贷款者放一笔贷款，同时将这笔款项存入自己银行作存单，客户拿存单向资金实际投放者作存单质押贷款，从而实现信贷流程。从资金实际投放者看，风险基本可控；对于兜底方，不仅没有占用存量贷款额度，而且还释放出了新的贷款额度。采用这种模式主要是银行为了实现高额存款，释放存贷比，放大交易额。这种模式需要融资客户能承受较高的融资成本，比如房地产公司、矿产企业以及地方政府融资平台公司。

（二）资产管理计划类业务

从发展现状看，银行机构从事的资管计划类产品主要为购买其他金融机构发行的基金及理财产品，投资于证券市场、结构化产品或平台公司，银行机构将购买的资管计划再组装成理财产品，由各分支机构进行营销。因此，银行机构通常通过资管计划赚取中介收益与利差收益，风险基本转移给最终投资者。根据资产管理计划的风险大小，可以将目前市场中主流的资管计划分为 3 类。

1. 风险最低的资管计划产品（保本型产品）。该产品基本可保障本金的回收，因此银行机构在营销时称为"保本型产品"。代表产品有：CPPI（固定比例投资组合保险策略）策略保本产品，通过 CPPI + 担保公司双重保本策略，同时设置一定的收益触发条款，即产品连续若干工作日（或按照合同约定）达到一定收益时，产品保本周期终止或产品终止，一般为大型基金公司的公募保本基金或保本专户。分级基金套利产品，投资分级基金 A 类份额 + 担保公司保本 + 管理费让位机制，产品有保本承诺的同时，达不到业绩基准，同业机构将以管理费为限贴补收益。

2. 风险较低的资管计划产品。其主要特征为不保本，浮动收益，但该系列产品的本金和预期收益（业绩基准）通过产品结构设计、投向等可以大概率达到。代表性产品有：优先级投资产品，一般而言，结构化产品分为优先份额和进取份额两部分，两者份额配比在一定比例之内，优先份额的本金和收益在总资产中获得优先保障，并设置预警线、平仓线，稳健经营的银行机构只代理销售优先份额。股票质押式回购产品，股票质押式回购指融资方以所持有的股票或其他证券质押，融入资金并约定在未来返还资金、解除质押的交易；即由质押物保障客户的本金和预期收益，同时设置严格的"质押率"、"警戒线"和"平仓线"。纯债投资产品，产品主要投资于固定收益类资产、现金类资产，部分产品的管理人初始跟投一定比例自有资金（如2%），管理人每日计算集合计划总净收益与预期收益的差额，共同计入风险准备金；产品实际收益低于预期收益或业绩基准时，用风险准备金向投资者进行有限补偿；产品主要投资于不低于80%固定收益类资产 + 不超过20%的权益资产。挂钩型结构化产品，挂钩一篮子股票或其他标的，本金投资银行理财产品等低风险项目，通过结构化衍生交易为客户获得某一个区间内的浮动收益，类似保本结构设计。可交换债产品，部分投资私募可交换债（指上市公司股东依法发行，在一定期限内根据约定的条件可以交换成该股东所持有上市公司股份的债券品种，是一种在纯债基础上，内嵌期权的金融衍生品），通过无风险或低风险资产 + 可交换债投资形成OBPI投资组合策略，可交换债相当于一个股价看涨期权，如果股价上涨，期权价值上涨，如股价下跌，期权价值不变。

3. 风险较高型资管计划产品。其主要特征为：不保本，浮动收益，收益根据产品投向的市场情况有所波动，在某些市场剧烈波动的时点可能出现风险不可控。代表性产品有：定向增发类产品，主要投向一年期、三年期定向增发项目组合，通过定增股票的折扣和安全垫（如有）为客户提供股票投资的下行安全垫，由进取级为优先级提供12% ~25%的安全垫。量化对冲产品，在通过量化选股模型构造一组具有超额收益的基础股票组合的同时，利用股指期货等金融衍生产品，分离并对冲掉与市场指数相关的Beta收益，从而获得相对稳定的Alpha收益。海外债券、优先股产品，主要通过投资海外市场的中资公司美元债和优先股获得较为稳健的产品收益。

三、上市银行同业业务发展现状与主要风险点分析

（一）同业业务呈现规范化与创新化并存发展趋势

1. 从传统类同业业务看，商业银行传统同业业务略有萎缩，同业负债规模明显高于同业资产

在127号文、140号文出台后，同业存放、买入返售等传统同业业务得到规范，在资产负债表中得到专门科目列示。截至2016年6月末，全国16家A股上

市商业银行同业资产合计 86 409.85 亿元，同比下降 15.68%；同业资产占资产总额的比重为 6.86%，同比回落 1.94 个百分点。商业银行同业负债合计 189 962.17 亿元，同比增长 3.6%；同业负债占负债总额的比重为 16.21%，同比回落 0.75 个百分点。分银行机构看，四大国有银行同业资产规模较大，占据 16 家银行同业资产总量的 55.46%；股份制银行同业负债规模相对较大，如兴业银行同业负债占其全部负债业务的 32.52%，中信、民生、浦发、光大同业负债占比也在 20% 以上。城商行中，北京银行同业业务规模较大，同业资产、同业负债占其全部资产负债总量的 22%。

2. 从新兴类同业业务看，同业投资和应收款项类投资发展迅速

除了传统类同业业务有较为明确的科目归属外，新兴类资管业务主要在表内归属于"同业投资"和"应收账款类投资"科目下。新兴资管类业务既包括一部分 127 号文、140 号文中提及的非标资产，也包含近两年新衍生出的资管计划和信托业务，这些业务并不属于传统类同业业务，不归集于同业资产总量中，业务增长较快、变化较快、受到的监管限制较少。

从同业投资的发展情况看，根据持有期限的不同，同业投资分别在"可供出售金融资产"和"持有至到期投资"科目下列示。截至 6 月末，16 家上市银行"同业投资"规模合计 32 230.31 亿元，同比增长 13.99%。其中，部分股份制银行同业投资发展较快，如民生银行、平安银行、光大银行同比增速都在 100% 以上。"同业投资"科目中列示的同业业务，主要指银行机构购买的标准资产证券化产品，一般具有较为规范的债券形式，因此业务风险整体较小。但是这些产品的发行与交易需充分的信息披露，盈利空间较狭窄。

从应收账款类投资的发展情况看，16 家上市银行"应收账款类投资"规模合计 102 343.13 亿元，同比增长 14.03%。其中，中信银行、浦发银行、兴业银行"应收账款类投资"规模达到万亿级；从增速看，华夏银行同比增速达到 123.62%，民生银行、光大银行、南京银行同比增速较快。"应收账款类投资"科目中列示的同业业务，在表面上设定为各类理财业务形式，实质上灵活性较大，并不具有统一规范的合同形式，整体风险较大。但是这些业务发展空间大，不仅限于银银合作的形式，可以扩展至银证、银保等合作形式，业务完成周期较短，获利便捷快速稳定，业务处于金融监管的空白区域，因此普遍受到银行的青睐。2016 年 6 月末，16 家上市银行机构中"应收账款类投资"规模是"同业投资"的 3 倍。

（二）上市银行机构同业业务的主要风险点

1. 金融环境促使银行同业业务转型扩张，存在过度发展风险。随着利率市场化的不断推进，银行传统存贷利润空间大幅压缩，同时，互联网金融的冲击加速金融脱媒速度，大批量的同业资管产品不断出现，迫使银行机构加快同业

业务转型，在日趋严格的同业业务监管趋势和金融创新不进则退的外部环境下寻求平衡点。为提升银行竞争力，银行机构将新型同业业务作为利润增长、提升资本周转率的主要领域。在同业业务快速发展的同时，风险管理水平与资本充足率的保障相对落后，存在一定的业务过度扩张风险。

2. 不同商业银行的风险传染性差异影响其同业业务策略，机构间风险传导可能性大。创新型同业业务由于跨市场、跨产品、跨机构的特征，具有主动性灵活性的同时，也加强了信用风险的传染性。由于前期经营策略不同，不同类别银行的信用风险传染性具有差异，受到政策约束的影响不同，对同业业务的调整策略也将发生差异。例如大型国有银行，其总体经营较为稳健，对创新型同业业务持谨慎态度，在保持原有合规同业业务规模的同时，创新型同业业务发展较为缓慢，整体经营风险相对可控，风险传导可能性低。股份制银行在监管政策出台后，对其同业业务影响较大，同时业务转型、增强经营竞争力动机较强，趋向于重点发展创新型同业业务，特别是以激进的策略推动创新型同业业务发展，以获得市场先机。与此同时，这些业务的风险传导性较大。城商行因其规模限制，风险传导性有限。

3. 当前监管制度无法适应同业业务发展节奏，易造成新一轮的同业业务无序化发展。从目前同业业务在资产负债表的体现看，经历了从传统同业科目到"同业投资"再到"应收账款类投资"的转移过程。但是同业业务监管仍然停留在对于非标资产的标准化考察，对于创新型资管业务存在一定的"监管真空"。同时，由于"抽屉协议"的存在，常规性的监管监察难以发现真正的业务风险传导过程，一旦风险集中爆发，容易造成金融市场的连锁反应。

四、地方法人机构同业业务发展现状与主要风险点分析——以湖州市为例

（一）湖州市同业业务发展现状

1. 传统类同业业务规模萎缩。湖州市地方法人机构包括城市商业银行（湖州银行1家）、农合机构（本级与县域合计5家）、村镇银行（县域合计3家）。截至2016年9月末，表内同业业务合计345.74亿元，同比增长27.22%。其中，存放同业与买入返售业务合计55.97亿元，同比下降23.45%。传统类同业业务占同业资产的比重为16.19%，较上年同期下降10.72个百分点。一方面，湖州市村镇银行除经营同业存放外，未开展其他投资类同业业务，另一方面，受监管约束，传统类同业业务在地方法人机构层面逐渐失去吸引力。同时，传统类同业业务目前已较为成熟，风险基本可控，具体表现为：同业存放业务在辖内已实现线上透明化交易，操作风险基本可控；存放同业严格按规定计算风险资产，交易对手为商业银行的，风险资产计量比例为20%～25%不等，交易对手

为其他机构的，风险资产计量比例为 100%，流动性风险基本可控；加强对同业存放的期限管理，同业存放投资期限以 3 个月、6 个月等短期产品为主，期限错配风险基本可控。

2. 创新型同业业务发展迅速。127 号文、140 号文出台后，湖州市法人机构同业业务结构发生较大调整，同业投资与应收账款类投资出现较快增长，形成了以资管计划为主流，以购买他行理财、银行委外投资、信托计划投资、购买券商收益凭证等为辅的同业投资模式，合作对象覆盖证券、保险、信托及其他机构。截至 2016 年 9 月，湖州市法人机构同业投资合计 140.51 亿元，同比增长 20%；应收类债券合计 149.26 亿元，同比增长 83.01%。其中，创新型资管业务占应收类债券总量的 60%。受利率市场化与金融脱媒影响，地方法人机构受存贷利差影响较大型商业银行更为严重，因此，创新型同业业务成为新的盈利增长点。以湖州银行为例，创新型同业业务主要包括：与证券公司合作的理财资金委托投资，与保险公司合作的集合类资管计划，与信托公司、资产管理公司合作的通道类业务，其资金来源主要为自有资金，包括自身所有者权益、吸收存款、同业存放、正回购以及发行同业存单等。其表内同业投资规模占全部同业业务的 85%，投资对象均符合文件规定的标准化要求，风险基本可控。

（二）地方法人机构同业业务的主要风险点

1. 产品创新节奏快对地方法人机构的冲击较大。一方面，利率市场化的深入促使银行实现业务转型，创新性同业产品的市场需求快速攀升，由此带来较快的同业业务创新速度。地方法人机构因自身规模、信息渠道、高端人才等限制，容易落后于创新型同业产品的发展速度。特别是出于风险考量，可能对部分同业业务开展进行限制。如湖州市农信系统存在创新型同业产品的投资限制，不能投资非标、权益类资产，对委外产品的限制也较大，影响其业务的进一步合作发展。

2. 创新性金融产品的线下交易与复杂流程容易滋生操作风险、合规风险、法律风险。与传统型同业业务不同，创新型同业业务的发生一般都在线下进行，并不排除机构间抽屉协议的存在。创新型同业业务的流程通常较为复杂，风险的传导较为隐蔽，地方法人机构业务经办人员对创新业务流程不熟悉较易发生直接的操作风险，中台风控岗位人员对同业业务不熟悉，对所投资的产品信用风险甄别仅局限在财务数据报表上，未能对发行主体更深入进行分析、判断，容易产生合规与法律风险，随着同业业务监管的不断深入，地方法人机构对新规的适应缓慢，对于业务操作的制度流程修订也相对落后，也容易产生合规与法律风险。

3. 同业业务的快速发展对法人机构资产负债结构的影响较大。目前湖州市地方法人机构从事的同业业务以短期为主，并且目前对于同业业务流动性的控制较为严格。但是，随着创新型同业业务的深入发展，特别是银行间同业业务激烈竞争倒逼地方法人银行业务策略的转变，容易引发地方法人银行利用短期资金，滚动对接期限较长、变现能力较差的资产，并形成现金流缺口。例如，某地方法人机构已取得发行同业存单资格，若利用同业存单获得的资金用来对接长期债券和长期投资的同业产品，容易产生期限错配而带来流动性风险。另一方面，地方法人机构的同业负债受利率变动敏感性高，资金来源稳定性不足，一旦发生临时性资金短缺，获得额外资金的成本较高，容易造成一系列连锁反应，破坏机构的正常经营。

五、政策建议

一是全面完善银行资本补充机制。资本稀缺与商业银行资产规模刚性增长之间的矛盾是同业业务不断膨胀的重要原因，建立稳定的资本补充机制，有利于释放商业银行通过同业业务创新规避监管的压力。改进现有对于银行资本的监管工具，如可采用《巴塞尔协议》中的流动性覆盖比率（LCR）和净稳定资金比率（NSFR）等来替代存贷规模的限定指标，遏制银行广义资产扩张。放宽或取消贷款规模与结构的不合理监管控制，以减弱银行为规避此类监管条款而"野蛮式"开展同业业务创新的动机。

二是全面规范同业业务的会计处理方法。按照实质重于形式基本原则，推进同业业务规范化会计处理核算进程。实现传统型同业业务和创新型同业业务在会计归属上的合理划分。完善同业业务核算科目的会计准则，规范同业资产、负债的会计估计处理；从源头上防止操纵报表造成信息失真。实时关注创新型同业业务的会计科目归属，避免其会计科目归属混乱。

三是全面强化同业业务的信息披露要求。重点加强上市银行同业业务信息披露要求，特别是创新型同业业务的基础资产、风险传导、最终责任方的信息披露。充实披露内容，增加披露同业业务总体情况、业务情况、风险评估等内容，通过市场力量实现规范管理。进一步强调针对股份制商业银行与城市商业银行的创新型同业业务信息规范化披露要求，落实地方监管部门对地方法人机构同业业务的信息披露定期检查机制，对于违反信息披露要求的同业业务，严格按照规定给予处罚。

四是全面强化监管部门间的合作力度。首先，优化监督管理体制。由人民银行牵头建立统一的同业业务统计体系，人民银行、银监会、证监会、保监会、外汇管理局等多部门联合制定监管政策，健全金融监管联席会议制度，针对交叉性金融产品明确监管职责；建立从中央到地方的立体化监管体系，加强信息共享，提高监管效果。其次，加强对同业资金的监测力度。加大监测时点密集度、引入时期指标，扩大监测指标覆盖面，形成跨货币市场、资本市场及外汇市场的综合监管机制。最后，突出重点管理。业务对象上，加强对同业资金最终投向管理与限额管理，限制同业业务的杠杆率和错配程度，加大对金融衍生工具规范管理。

五是全面引导同业资金流向实体产业。近年来，商业银行往往利用同业业务规避监管，将部分信贷资产转而投向地方性融资平台和房地产企业，这种类信贷资产的急剧扩张大大削弱了国家货币政策调控效果，导致金融资源的脱实向虚和金融风险不断集聚。因此，引导银行机构转变经营思路，增强银行机构实体资金投放动力。对国有银行、股份制银行、城商行实行区别式分类引导，既要避免过度的同业竞争，也要发挥银行机构各自优势。可以扩大对接实体经济各类支付和融资工具，并完善定价机制和价格传导，根据经济金融政策导向加大相关资源配置和运用等，增强对实体经济的支持作用。

参考文献

[1] 陈德胜、邓莉：《回归本源：我国商业银行同业业务的新变化》，载《南方金融》，2015（8）。

[2] 文韬：《解密银行同业业务的6种典型模式及其操作要点》，载《信托高层决策参考》。

[3] 肖小和、修晓磊：《关于我国商业银行同业业务发展的研究——对我国上市银行2015年上半年同业业务分析与思考》，载《金融与经济》，2016（1）。

[4] 王轶昕、程索奥：《监管约束下商业银行同业业务转型发展的理性分析与现实选择》，载《商业研究》，2016（4）。

[5] 王文泽：《重新审视银行同业业务》，载《观察思考》，2016（2）。

[6] 邓雪春、张立：《银行同业业务变迁及同业监管新政影响探讨》，载《福建金融》，2015（8）。

[7] 邵汉华、杨俊、廖尝君：《商业银行同业业务扩张与货币政策传导——基于银行信贷渠道的实证检验》，载《金融经济学研究》，2015（3）。

[8] 王晶晶、唐亚琦、高翔、王希：《我国商业银行同业业务规模对营利性影响的实证分析》，载《金融与理财》，2016（9）。

[9] 邵洲洲：《不同网络结构下银行间风险传染研究》，载《现代管理科学》，2016（6）。

[10] 黄小英、徐永洪、温丽荣：《商业银行同业业务的发展及其对货币政策信贷传导机制的影响——基于银行微观数据的GMM实证研究》，载《经济学家》，2016（6）。

如何提高企业经营预期的准确度

——基于 PSO RS LSSVM 的智能预测方法

台州市金融学会课题组[*]

一、引言

(一) 选题背景

预期是经济主体对未来变动的一种估计。从微观层面看，企业对未来经营状况的预期是企业进行资源配置的重要决定因素，从宏观层面看，准确刻画企业等经济主体的预期也是央行进行预期管理和宏观调控的重要基础。为此，人民银行建立了自身的工业企业景气监测体系，该制度的建立为人民银行把握宏观形势、预测企业运行情况提供了重要的依据。然而，从实际情况看，正如大多数预期指数或预测结果一样，通过该制度监测所得各类预期指数与下期的实际指数情况存在一定的偏差，这为依此判定企业经营发展趋势带来了较大的不确定性。我们通过汇总分析全国和浙江省台州市的监测数据，发现人民银行工业景气指数中企业经营对下季度的预期指数与下季度实际指数之间存在误差，以台州为例，个别季度指数误差超过 30 个点、误差率超过 70%，并且季度误差在 10 个点以上的频度较高，甚至个别时候还出现与企业经营实际情况趋势相反的预期。如何缩小这种误差、提高监测制度预测的准确性，为央行有效实施预期管理和制定货币信贷政策提供更为准确的依据，是当前非常重要且极具现实意义的课题。基于此，本文试图通过实证分析和比较分析，探寻能较好地缩小预期指数误差的方法，为央行预测分析工作提供新思路新方法。

(二) 文献综述

在已有国内外有关预期形成的研究中，绝大多数选取的研究对象都是公众的通货膨胀预期形成以及宏观经济政策特别是货币政策对预期的影响，例如，徐亚平 (2009) 分别基于理性预期理论和适应性预期理论阐述了公众通胀预期形成机制，强调了公众学习的作用。卞志村和高洁超 (2014) 则在新凯恩斯模型框架内引入适应性学习刻画经济主体的宏观经济预期形成过程，并分析甄选

---

* 课题主持人：肖宗富
    课题组成员：王立平　魏博文

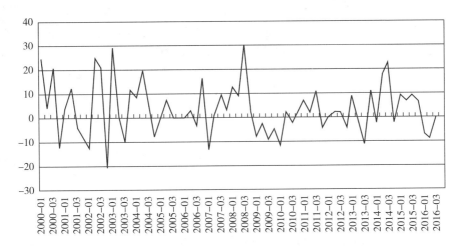

图1　企业经营预期指数与实际情况产生的偏差

我国最优货币政策框架。但将上述研究思路应用于企业经营或投资预期是十分困难的，其原因在于对预期的度量要依赖于所用的基本模型和预期形成的有关理论假设，但实际上经济主体在形成预期时具有非常明显的异质性，因此，预期测度往往存在偏误。此时比较恰当的方法是基于统计调查获取预期的定性测度，并运用统计方法转换为定量测度，例如，Carlsonand Parkin（1975）提出的概率法，Cunning ham（1997）提出的回归法。

在使用统计调查数据对企业总体经营状况和投资预期开展的相关研究中，Stevens（2003）验证了英国制造业企业雇工行为与企业预期之间具有显著相关性，并且发现当企业预期较悲观时，其雇工行为对经济环境的反应更敏感。Mitchell 等（2007）在研究企业预期行为的不确定性及其对企业投资行为的影响时，发现预期不确定性的成因分为宏观经济因素和企业微观层面因素。Verhees等（2010）研究了小型创新型企业的业绩预期问题，指出此类企业的预期形成很大程度上是建立在对企业现状评价基础之上的。值得注意的是，在许多利用调查数据研究企业预期形成过程的文献中，都观察到了企业预期偏误现象。参见 Rotheli（2005）、Lui 等（2011）、Bachmann 和 Elstner（2013）。

国内有关企业预期形成以及企业预期偏误的文献较少。王晋斌（2006）根据 5 000 家大中型国有企业景气调查数据的研究发现企业财务指标预期在短期和长期都与实际结果存在明显偏差。尽管现有文献已经对企业预期形成和预期偏误进行了一定研究，但由于受调查数据所限，仅研究了外部因素（主要是宏观经济运行情况和宏观政策调控）对企业预期的影响，并未对如何纠正企业预期偏误的进行研究。

综上所述，为进一步研究预期指数偏差情况，为宏观决策提供更准确的依据，本文将在已有研究的基础上利用人民银行台州市中支2000年以来企业景气的问卷调查数据，对如何缩小企业总体经营预期误差加以研究。在建模过程中，本文假设企业总体上具有理性预期特征，也即虽然单个企业预期可能存在正向（过度乐观）或负向（过度悲观）偏误，但整体上企业预期是无偏的。

（三）研究意义

第一，厘清、纠正企业如何根据自身的经营、用工、融资情况形成预期不仅有助于提升宏观经济、货币政策效果，也有助于优化政策工具选择；第二，识别预期偏误有助于政府部门管理企业的"动物精神"从而能降低其引发非理性繁荣对国民经济长远发展产生的负面影响（贾康等，2014），实现对国民经济结构的科学调整。

（四）本文创新点

第一，首次以人民银行企业经营预期指数为样本对缩小企业经营预期误差进行研究。第二，首次利用基于粗糙集、粒子群优化与支持向量机（PSO RS LSSVM）方法对预期偏离度误差进行预测，并以此提出对企业经营预期指数进行修正的可能方法。

二、企业预期偏离度修正方法的理论分析

（一）基础方法选择

本文是要研究预期指数和实际指数为什么会存在差异和波动，从而对预期指数进行调整使其更符合未来走势，所以实证分析的研究对象便是预期指数和实际指数的波动指数。我们设预期指数是 EI，实际指数为 AI，波动指数为 FI，经调整后的预期指数为 AEI。

本期经调整后的预期指数 AEI_t 是本文最终的研究目的指标，即要缩小比较本期 AEI_t 与下期实际指数 AI_{t+1} 之间的差距。根据下式，本期预期指数 EI_t 是可得数据，关键是要分析下期波动指标 FI_{t+1}。

$$AEI_t = EI_t + FI_{t+1}$$

所以本文仍然研究的是一个"预期"问题，可以通过预测相关的模型来进行分析。

（二）分析方法的比较与选择

从预测的发展来看，大概可以分为三个阶段：结构方程模型阶段、时间序列分析阶段和智能预测阶段。

结构方程模型即先找到关于某个问题的经济理论，并先验假定这个理论是真实的，然后根据该理论来设定具体的回归模型以用于估计预测。代表人物是美国计量经济学家 Klein。但是，Meese 和 Rogoff 指出利用结构计量模型径向样本外推的表现不佳，他们提出即使最简单的随机游走模型在预测时都要优于复

杂的结构模型。

时间序列遵循的是利用某经济变量的历史数据来预测它的未来可能取值，而无须其他外生的解释变量，从预测的角度来看会导致更小的成本和更高的效率。然而，时间序列模型统称采取线性形式，估计方法大多利用最大似然法，这就要求时间序列变量服从正态分布的假定，或者样本观测值必须足够的长。然而实际中大量的时间序列并不具备线性特征，时间序列模型也不总是具有很好的样本外预测表现。

因此，非线性、非参数的预测技术开始被研究和运用，如人工神经网络、支持向量机等的提出和应用，主要代表是人工神经网络。支持向量机是神经网络的扩展，它根据结构风险最小化原理，不仅最小化经验风险（样本内拟合），而且同时最大化泛化能力（样本外预测），获得两者的平衡解。

从本文实际情况看，本文样本数据具有较为明显的特质，其中包括数据量相对较小、非线性、不确定性和时变性等特征，尤其是影响预测结果波动的各指标间可能本身就存在较为复杂的关系。这些特征使传统的预测分析方法应用受到极大的限制，对景气分析方法的研究也逐渐从过去过分依赖经济学专家们的主观知识和经验，到目前一些研究者尝试应用高级经济计量模型以及用具有的自适应性、自组织学习机制的智能预测方法建立非线性预测模型。常用智能预测方法有粗糙集（Rough Sets）、小波变换（Wavelet）、遗传算法（Genetic Algorithm，GA）、人工神经网络（Artificial Neural Network，ANN）和支持向量算法等。

这类方法均属数据挖掘型的时间序列分析和智能预测方法，优点是可以远离经济理论依赖，减少先验假定，只注重数据本身的随机特征，因此能够更好地捕捉数据之间线性的或非线性的客观关系，且数据挖掘方法也可以纳入经济理论，在模型中引入外生的介绍变量。

结合上述分析，本文选用智能预测类方法作为实证分析的主要方法。

（三）智能预测方法的比较、选择与分析

智能预测类方法主要有 BP 神经网络、最小二乘支持向量机（LS - SVM）、基于粗糙集、粒子群优化与支持向量机（PSO RS LSSVM）等。从实际运用情况看，BP 神经网络运用较为广泛，但该种方法是基于最小化经验风险，只注重拟合，存在外推预测不佳的情况。近年来，有部分学者开始尝试结合利用粗糙集简化参数、粒子群优化参数的支持向量算法，取长补短来对企业景气进行预测。

1. RS 和 LS - SVM 概述

粗糙集理论是一种处理不完整性数据、不确定性知识的表达的新数学理论，与基于概率论、模糊理论和证据理论的数据挖掘方法以及其他处理不确定性问题理论的方法相比较，其最大的特点就是利用数据本身所提供的信息，不需要任何附加信息或先验信息知识，在保持知识库分类能力不变的条件下，删除不相关或不重要的信息，降低信息冗余，并从中发现隐含的知识，揭示潜在的规律。

支持向量机（Support Vector Machine, SVM）是 Vapnik 等在统计学习理论的基础上提出来的机器学习方法。它根据结构风险最小化（Structural Risk Minimization, SRM）准则取得最小的实际风险，其拓扑结构由支持向量决定，较好地解决了小样本、非线性、高维数和局部极小点等实际问题，具有很强的泛化能力。

2. RS 和 LS－SVM 互补分析

粗糙集理论能够降低信息冗余，并从中发现隐含的知识，揭示潜在的规律；但其缺点是容错能力与泛化能力差，且只能处理量化数据等问题。支持向量机实现了结构风险最小化原则，能很好地处理非线性求解问题，具有较好的泛化性能；但支持向量机不能确定数据中哪些知识是冗余的，哪些是有用的以及这些知识作用的大小，如果不能将输入信息简化，当输入空间维数较多时，不仅网络结构复杂且计算速度较慢。

通过上述粗糙集和支持向量机理论分析可知，二者存在一定的互补性。

（1）LS－SVM 处理数据信息时不能将数据信息空间维数简化，这可能导致 LS－SVM 网络结构复杂且训练时间比较长；而 RS 理论方法能够发现隐含的知识间的关系，删除不相关或者不重要信息，降低冗余而且简化了输入信息的数据空间的维数。

（2）RS 方法的缺点是对噪声比较敏感，而实际获得数据往往又包含诸多噪声，因此在应用过程获得效果不佳，泛化能力较差；而 SVM 方法网络结构具有较好的抑制噪声干扰的能力，且具有良好的泛化性能，能够克服 RS 方法的缺点。

根据它们各自的优点和互补性，可以把二者结合起来，构建基于 RS 预处理前置系统的 SVM 预测模型。用 RS 对数据进行预处理，通过属性约简，消除数据冗余信息；把 SVM 作为后置系统，具有较强的容错和抗干扰的能力；这样 RS 的数据处理减少 SVM 输入端的数据量，从而提高系统运行的速度，减少了系统的训练时间。

3. 利用粒子群优化群算法（PSO）选择参数分析

在 LS－SVM 预测算法中，对于参数 c 和 σ 的选择多数是根据人工经验或多次测试而定，还没有统一的有效的理论指导如何选取这些参数。本文利用粒子群算法对参数进行选优。在粒子群选优过程中，每个粒子相当于 LS－SVM 参数的潜在的解，则待选参数组成一矢量 d＝（c, σ），在参数选择的过程定义适应度函数作为目标对象，那么在 LS－SVM 训练和测试的过程中，目标适应度函数用来提高整个回归模型的优化性能,从而最小化真实值和预测值之间的误差。

4. 本文实证模型选择分析

根据上述分析,本文拟选择基于 RS 预处理的 PSO – LSSVM 预测模型。将预测对象及其相关因素运用粗糙集理论进行处理,首先构建初始属性决策表;然后进行属性约简,采用最小属性约简的并集作为 LS – SVM 预测模型中的输入变量;最后通过 PSO 方法选择 LS – SVM 算法参数,构建最小二乘支持向量机预测模型进行预测。该模型很好地解决了数据处理过程中的指标冗余和数据噪声,同时利用 LS – SVM 预测方法的本身具有的自适应、自组织学习机制,很好地解决了当前经济景气处理海量、非线性、不确定性和时变性经济数据问题,二者优势互补,达到了智能数据分析和预测的作用。具体如图 2 所示。

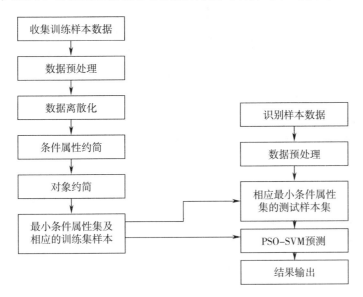

图 2 本文选用模型实证分析流程图

从各类分析看,PSO RS LSSVM 在经济形势、预测分析中具有较好的适应性,但相对 LS – SVM、BP 神经网络等方法在本文运用中孰优孰劣尚未定论,所以本文将同时采取三种方法进行分析,进而从准确度等方面进行对比分析,找到最优预测方法。

三、修正企业预期偏离度的实证分析:基于三种智能预测模型的比较与选择

根据上述分析,本文选用 PSO RS LSSVM 为主要实证模型,并同时利用 LS – SVM、BP 神经网络模型进行对比实证分析。

（一）指标选择

1. 被解释变量：本文选用"企业经营预期"指数与下期实际"企业经营"指数的差额作为被解释变量，本文用 AEI 表示。

2. 解释变量：本文主要分析影响企业预测准确度的因素，找出其预测与实际情况产生波动的原因，我们将这类因素分为两大类：

第一类是外部变量。包括 GDP 增速，进出口增速（E）、投资增速（I）、消费增速（C）、PPI、CPI 等指标。

第二类是工业企业监测内部变量。人民银行工业企业监测指标均有当期值和下期预测值，因本文研究目的为预期值的偏离情况，所以本文选用与实际情况较为符合的当期值为解释变量，同时考虑指标的延续性和数据的可得性，我们选择了当前宏观经济形势指数（X1）、企业设备能力利用水平指数（X2）、原材料存货水平指数（X3）、市场需求指数（X4）、国内产品订单指数（X5）、出口产品订单指数（X6）、产成品存货水平指数（X7）、资金周转状况指数（X8）、银行贷款获得情况指数（X9）、产品销售价格指数（X10）、原材料购进价格指数（X11）、企业盈利情况指数（X12）、固定资产投资指数（X13）。

（二）数据来源

外部数据主要来源于国家统计局；内部数据来源于人民银行工业景气监测数据，本课题数据区间为 2000—2014 年季度数据。

（三）计量软件

本文实证分析主要利用了三种软件：主要用来进行数据标准化和分类处理，进行神经网络模型分析的 SPSS19；进行粗糙集分析的 Rosetta；进行粒子群和最小二乘向量机分析的 matlab7.0。

（四）PSO RS LSSVM 方法实证分析

1. 指标体系属性约简

如上文所述，影响企业经营情况预期的因素分为多种，既有企业外部的，也有企业内部的，共有 19 个指标，并且各指标之间可能存在一定的共线性，比如，投资增速（I）与固定资产投资指数（X13）、进出口增速（E）与出口产品订单指数（X6）等。同时可以看出，这些指标与预测指数之间是一种非常复杂的多维非线性映射关系，传统的多元线性回归等计量模型无法科学刻画这些变量间的内在联系。因此，本文引入粗糙集方法对这些数据进行处理，运用最小二乘支持向量机模型对数据进行训练预测。

（1）可行性分析

粗糙集方法进行指标筛选从有效性和完备性两方面来分析其可行性。在有效性方面，对工业企业景气指数进行筛选本质是根据粗糙集理论约去多余或者实际效果作用影响不大的指标因素，根据粗糙集中关于核的定义，属性约简过程中可以找到指标体系中不可约去的核集，所约去的指标都不包含在核集中。在完备性方面，由粗糙集对知识信息约简的定义可知，若约去 PPI 等有重要影响的指标，即所谓的"核指标"，则指标就会出现不一致的结果，如果通过属性约简后，工业企业景气指标结果并未发生变化，则说明所有核指标得到了保留，因此运用粗糙集方法进行指标筛选是可行的。

（2）属性约简

①属性集确定

本文将上述构建的指标因素作为条件属性，预测偏离度指标作为决策属性，对象的非空有限集合，从而确定属性集。$T = (U, A, V, f)$，其中 $U = \{x1, x2, \cdots, x;\}$ 是称为论域；$A = (C, D)$ 是属性的非空有限结合，$A = CUD$，$C = \{a1, a2, \cdots, ai,\}$ 为条件属性集，$D = \{d\}$ 则是决策属性；f 是信息函数，它指定 U 中每一个对象的属性值。

②数据规范化处理

影响工业企业景气指数的指标众多，统计指标的度量单位及数值不尽相同，因此，要对数据进行规范化处理后才能进行属性约简，标准化处理方法是多变量综合分析中常用的方法。本文采用 SPSS 软件对其进行标准化处理。

③连续属性离散化

粗糙集理论只能对离散型数据进行相应地处理，连续值的离散化的基本原则是：属性离散化的空间维数尽可能小，丢失的信息尽可能少。因此需要对指标因素中连续性指标进行离散化处理，本文利用 SPSS 软件对各组标准化数据进行离散聚类，将分类后的数据依次定为 1，2，3，并对各组标号，最终得到经处理后得到约简的初始决策信息表，如表 1 所示。

表1　　　　　　　　　　　粗糙集约简的初始决策信息表

条件属性																			决策属性
GDP	E	C	I	PPI	X1	X2	X3	X4	X5	X6	X7	X8	X9	X10	X11	X12	X13		
3	2	1	2	2	2	1	2	3	1	1	1	1	1	3	2	1	1		3
3	2	1	2	2	2	1	2	3	1	1	3	1	1	3	2	1	2		2
3	2	1	2	2	2	1	2	3	1	1	3	1	1	3	2	3			2
3	3	1	2	2	2	1	2	3	1	1	3	1	1	3	2	3	3		3
2	1	1	2	2	2	1	1	3	1	1	1	1	1	1	1	1			3
...																			
3	3	1	3	1	1	2	3	1	2	1	1	3	3	2	3	2	3		3
3	3	1	3	1	1	2	3	1	2	1	1	3	2	2	3	2	3		3

④指标属性约简

运用粗糙集软件 Rosetta 的 Genetic algorithm 属性约简方法对预测知识系统进行知识约简得到相对属性集合 A，并以此核为起点按属性的重要性逐步选择最重要的属性来进行属性的相对约简，得到以下七个约简分别为：

｛C，PPI，X1，X2，X3，X7，X9，X12｝；｛GDP，E，PPI，X1，X3，X7，X9，X11，X12｝；｛GDP，E，C，PPI，X1，X3，X7，X9，X12｝；｛E，PPI，X1，X3，X4，X7，X9，X11，X12｝；｛E，C，PPI，X1，X3，X4，X7，X9，X12｝；｛E，PPI，X1，X2，X3，X7，X9，X11，X12｝。运用另一种常用的 Johnson's algorithm 属性约简方法得到的约简｛C，PPI，X1，X2，X3，X7，X9，X12｝，且没有产生规则冲突。因此，选用｛C，PPI，X1，X2，X3，X7，X9，X12｝作为 LS－SVM 输入层的指标数。其中 C 是消费增长率；PPI 是生产价格指数；X1 是宏观经济指数指标；X2 是企业设备能力利用水平指数；X3 是原材料存货水平指数；X7 是产成品存货水平指数；X9 是银行贷款获得情况指数；X12 是企业盈利情况指数，可以看出，约简后的指标集既包含了宏观类指标，各类产出、投入指标、前向指标，具有一定代表性和全面性，且没有明显的共线关系指标。

2. 核函数及参数选择设定

本文选择径向基核函数作为最小二乘支持向量机的核函数。

$$K(x,x_i) = \exp(- \parallel x - x_i \parallel^2 / 2\sigma^2)$$

对于 LS－SVM 算法，其参数 σ 和 C 的选择采用改进粒子群算法进行优化选择，具体其他参数的设置在实验过程中再设定。

3. 预测模型实证研究

本文利用第三章构建的基于 RS 预处理的 PSO－LSSVM 预测模型，模型的基本过程是：首先设定模型基本流程和相关参数，其次是模型的估计和评估标准，然后进行预测和预测结果的分析。

①指标选择

本文实证研究采用粗糙集理论筛选的 8 个企业景气指数相关指标，分别为消费增长增长率；生产价格指数；宏观经济形势指数；企业设备能力利用水平指数；原材料存货水平指数；产成品存货水平指数；银行贷款获得情况指数；企业盈利情况指数作为输入变量，输出指标是企业预期指数偏离值。

②粒子群参数设定

本文中对 σ 和 C 的选取采用改进的粒子群优化算法，粒子群优化算法中各参数的初始化选取如下：

平均粒距阈值 $\alpha = 0.001$，用来描述种群分布的多样性，以提高整体预测质量。

适应度方差阈值 $\beta = 0.01$，适应度方差反映的是种群中粒子的聚集程度。

粒子数 m 取 30 个；最大迭代次数 Tmax 取 200。

惯性权重系数 w：设定 w 范围是 ［-2, 2］。即随着迭代的进行，惯性权重 w 可以在搜索过程中线性变化。

加速常数：c1 和 c2 代表将每个粒子推向两个极值的统计加速项的权重，为了平衡随机因素的作用，本文中 c 和 c2 均为 2。

由此，通过自动优化得到参数 C 和 σ 的最优值，从而进行工业企业景气指数预测。本文获得的 $C = 120$，$\sigma = 1.159$。

③预测方案和评估标准

本实证采用固定预测方案，首先利用固定的样本对模型进行一次性估计，然后基于该估计的回归方程对不同长度的预测样本进行预测。本模型选用 2000 年至 2016 年第三季度 67 个季度数据样本作为训练集，用作样本内数据进行回归，然后对 2016 年 3 个季度的数据做测试集，运用基于回归决策函数对其进行测试验证。

对于训练预测结果，本文实证研究使用两种方法进行比较和评估，即预测精度的相对误差和均方根误差。

相对误差公式如下：

$$\delta = (1 - |x_i - x'_i| / x_i) \times 100\%$$

其中 x_i 为调查预测值与实际值差值的实际值，x'_i 为实证分析得出的该差值的预测值。

④LSSVM 预测分析

本文利用 matlab 进行 LSLVM 实证研究，基于 LSSVMlabv1_ 8_ R2006a_ R2009a 工具箱进行具体分析，本文总样本数据为 67 期（因是预测差值，所以最后一期数据缺失），本文利用前面 64 期作为训练样本，后 3 期为预测样本。

首先，我们以该模型默认的参数进行训练，即 $C = 10$，$\sigma = 0.5$，训练拟合结果如下所示（其中点为实际值，线为估计值，下同）：

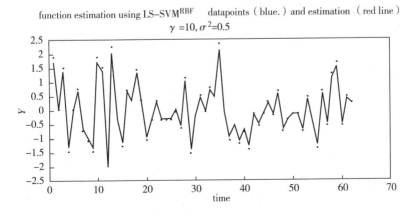

图 3　默认参数训练样本拟合示意图

接下来，我们通过将系数设定为粒子群参数设定方法得到的参数，即 $C = 120$，$\sigma = 1.159$，我们得到训练样本模型即拟合图：

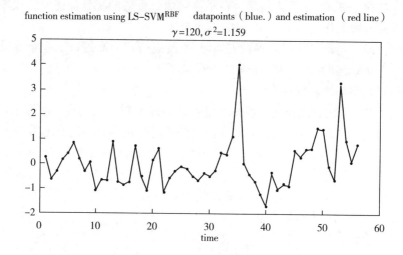

function estimation using LS–SVM^{RBF}　　datapoints（blue.）and estimation（red line）

$\gamma = 120, \sigma^2 = 1.159$

图4　优化系数后训练样本拟合示意图

从上述图 3 和图 4 对比可知，后者训练模型拟合程度明显好于前者，所以我们将其作为 LSSVM 的模型参数。

我们利用该训练模型对后 3 期数据进行预测，结果显示：根据训练模型预测的后 3 期数据分别如表 2 所示。

表2　　　　　　　　　　　　**RS PSO LSSVM 模型预测情况**

预测期数	预测值	实际值	误差率
1	5.93	6.82	13.09%
2	−3.49	−6.83	48.97%
3	−6.54	−9.09	28.06%

从预测结果看，整体而言，利用 RS PSO LSSVM 方法对企业经营情况预测偏差具有较好的纠错能力，能缩小误差 50% 以上，甚至对第一期数据的纠偏能缩小误差近 87%。但在纠偏方面仍然有一定的完善空间，分析原因主要有三个。

一是本文模型采用的数据是台州企业监测数据，企业样本仅 44 家，2000 年时更是只有 24 家，样本量较小，且样本的变化较大使得个别企业预测出现偏差从而影响模型预测整体效果的可能性较大，而用同样方法对全国数据的试算来看，准确率会有较大的提升。

二是本文未考虑企业个体情况。由于数据可得性等方面的原因，在影响企业经营偏离度的指标中，本文只考虑了外部和样本内部的因素，没有考虑企业个体因素，比如，企业所在行业的景气、企业个体事件引起经营情况变化等，而这种情况在小样本实证分析中影响尤为明显。

三是本文只考虑具有数据可得性的客观因素，未考虑企业或行业个体呈现主观因素，这些都可能对最后的预测结论产生一定的影响。

（五）准确度对比分析

为求证本文所选模型的准确性，我们同时利用没有进行粗糙集约简与 PSO 参数优化的 LSSVM 模型（其中，解释变量有 19 个，σ 和 C 按常规选取分别为 10、0.5）和 BP 神经网络模型进行预测分析（采用 SPSS 计量软件），结果如表 3 所示。

表3　　　　　　　　　　　不同智能预测方法准确度对比表

序号	真实值	RS PSO LSSVM		LSSVM		BP 神经网络	
		预测值	误差率	预测值	误差率	预测值	误差率
1	6.82	5.93	13.09%	4.31	36.80	4.55	33.28
2	−6.83	−3.49	48.97%	−1.27	81.41	−0.27	96.05
3	−9.09	−6.54	28.06%	−3.3	63.70	3.3	136.30

从表 3 可知，三类不同预测方法准确率相差较大，其中本文采用的 RS PSO LSSVM 准确度最高，未经优化的 LSSVM 次之，BP 神经网络准确度最低，甚至出现了预测值调整后使得偏离度变得更大的情况，由此可见，本文选用的 RS PSO LSSVM 模型具有一定的优势性。

四、实证结论及建议

（一）实证结论

经 RS PSO LSSVM 预测工业企业经营预期偏离度指标具有一定的准确性。从实证结论来看，相对另外两种实证分析方法，本文采用的指标和参数优化后的最小二乘法支持向量机模型能较好地预测企业经营预期指数与实际指数的偏离度情况，能较好地提高企业经营预测的准确率，能缩小预测误差 50% 以上，甚至个别数据的纠偏能缩小误差近 87%，但由于样本较小且变化较大、企业个性难以刻画、主观因素难以量化等方面的原因，使得仍然存在一定的纠偏空间。

从影响企业预期因素看，经粗糙集约简后，本文将 19 个解释变量减少至 8 个，包括：消费增长率、PPI、宏观经济指数指标、企业设备能力利用水平指数、原材料存货水平指数、产成品存货水平指数、银行贷款获得情况指数、企业盈利情况指数，且取得了良好的实证效果，说明这八个指标对企业经营预期的偏离会产生较大的影响。而这八个指标大致可以分为三类：一是内部企业运营类，包括 PPI、企业设备能力利用水平指数、原材料存货水平指数、产成品存货水平指数、企业盈利情况指数等。这类因素有 5 个，说明企业当期的实际经营情况是其对下期经营预期产生影响的最主要因素，其中存货方面的因素又是重中之重。二是外部宏观形势类，包括宏观经济指数、消费增长率等，这反映了企业现有宏观形势对企业未来经营预期会产生较大的影响。三是融资类，包括银行贷款获得情况指数，银行对其融资的"态度"也在一定程度上影响企业对未来经营情况的预期。

（二）对策建议

从上述实证结论来看，可以从三个方面来加强企业经营预期的管理。

一是进一步完善企业预期的监测制度。首先，应正视预期指数与实际情况出现的偏差问题，这样才能为相关决策提供更为准确的依据。其次，加强对企业预期偏离度研究，在调查的基础上，利用相关手段对指数进行二次加工，以提高预期指数的准确率，本文使用的基于 PSO RS LSSVM 的智能预测方法可作为参考之一。再次，应重点关注上述八个分指标对企业经营指标的影响，密切关注其变动情况，以应对可能出现的宏观突发事件。最后，在研究企业经营预期指数的基础上，对景气调查其他预期指数的偏离度分别予以研究。

二是企业预期管理应更多从微观入手。上述影响企业预期的因素分析中，企业微观层面因素是主要影响因素，这反映出虽然宏观走势对企业预期有较大的影响，但最终决定企业预期的更大程度上还是企业自身的经营情况，所以在对企业预期进行管理时，应从微观入手，尤其是对企业存货的监测与引导，这与我国现有去库存的政策导向是一致的，这也反映去库存或者说是库存管理不仅仅是房地产行业的任务，也是所有企业的重点任务。

三是管理企业预期还需加快货币政策的"量价转变"。货币、信贷政策导向的转变向来是人民银行引导预期的重要手段，其效果也从本文中得到了证实，银行贷款获得情况指数对企业经营预期有较明显的效果，但贷款价格指数则没有被列入"八大因素"之中，这反映我国在利率市场化方面虽然进步较快，但目前仍然未实现政策调控从"量"到"价"方面的转变。

参考文献

［1］郭新辰：《最小二乘支持向量机算法及应用研究》，吉林大学，2008。

［2］金叶、杨凯、吴永江、刘雪松、陈勇：《基于粒子群算法的最小二乘支持向量机在红花提取液近红外定量分析中的应用》，载《分析化学》，2012（6）。

［3］郭辉、刘贺平、王玲：《最小二乘支持向量机参数选择方法及其应用研究》，载《系统仿真学报》，2006（7）。

［4］李方方、赵英凯、颜昕：《基于 Matlab 的最小二乘支持向量机的工具箱及其应用》，载《计算机应用》，2006（S2）。

［5］何启志、范从来：《学习型预期与中国扩展的新菲利普斯曲线研究》，

载《金融研究》，2014（9）。

[6] 人行石家庄中支调查统计处课题组、郑向阳：《透过经济主体预期 辨析未来通胀走势——河北省通货膨胀预期指数研究》，载《河北金融》，2011（10）。

[7] 徐捷、袁铭、郭红：《企业预期形成与预期偏误——基于企业层面调查数据的经验研究》，载《金融研究》，2016（1）。

[8] 刘巧：《企业经营预警系统研究》，北京工业大学硕士学位论文，2001。

[9] 卞志村、高洁超：《适应性学习、宏观经济预期与中国最优货币政策》，载《经济研究》，2014（4）。

[10] 贾康、冯俏彬、苏京春：《理性预期失灵：立论、逻辑梳理及其"供给管理"矫正路径》，载《财政研究》，2014（10）。

[11] 王晋斌：《中国工业企业财务预期的性质———基于5000家大中型国有企业经济景气调查数据的分析》，载《经济理论与经济管理》，2006（2）。

[12] Ashenfelter Orley and Card David. 1985. "Using the Longitudinal Structure of Earnings to Estimate the Effect of Training Programs" The Review of Economics and Statistics, MIT Press, Vol. 67（4）：648 – 660.

[13] Bachmann and Steffen Elstner. 2013. "Firms' Optimism and Pessimism" NBER Working Papers, No. 18989.

[14] Carlson and Parkin. 1975. "Inflation Expectations" Economica, 42：123 – 138.

[15] Cunningham. 1997. "Quantifying Survey Data" Bank of England Quarterly Bulletin, 8：292 – 299.

[16] Lui S. , Mitchell J. and Weale M. 2011. "The Utility of Exaltation Data：Firm – level Evidence Using Matched Qualitative – Quantitative UK Surveys" International Journal of Forecasting, 27：1128 – 1146.

[17] Mitchell, Mouratidis, and Weale. 2007. "Uncertainty in UK Manufacturing：Evidence from Qualitative Survey Data" E – conomics Letters, Elsevier, 94（2）：245 – 252.

供给侧改革背景下城商行小微金融创新研究

——以浙江台州小微企业金融服务改革创新试验区为例

宁波银行股份有限公司课题组*

一、绪论

(一) 研究背景和意义

金融机构是供给侧改革中的重要一环，因为企业供给侧改革离不开金融机构的支持，且金融机构自身也需要进行供给侧改革，不断完善金融服务。供给侧改革背景下，金融机构与企业之间的这种关系也体现在城市商业银行（以下简称城商行）与小微企业之间。随着我国金融市场的不断放开、互联网金融等新兴业态的兴起，以及四大行和股份制商业银行对小微企业市场的逐渐重视，城商行在其主要服务的传统小微企业市场上面临诸多挑战，急需进行小微金融产品和业务创新，走出一条符合自身特色的道路。

浙江台州小微企业金融服务改革创新试验区作为全国首个国家级试验区，其发展模式及取得的成果与经验，都具有深入研究的意义。

(二) 文献综述

1. 国外研究现状

国外小微金融服务起步较早，相关研究也较多。关于如何解决小微企业金融服务不足的问题，比赛而弥·阿尼（2009）在《小微企业融资》中提出，要改变小微企业融资难就要为其量身定做金融服务体系，并由政府减轻小微企业赋税。斯蒂夫贝壳和蒂母奥戈登（2011）在《小额信贷难题》一文中指出，对于商业银行来说，小微企业由于具有高风险且贷款质量无法保障，所以要加强风险控制。Berger 和 Udell（2013）在《政府政策对商业银行小微企业影响》一文中从政府政策的角度，对金融机构的业务构架，监管、法律、税收等对小微企业金融服务的影响进行了分析说明，并对政府的各项法律措施和法律法规提出了改进建议。

---

* 课题主持人：朱秀文
课题组成员：杨建东　金样样　祝君良　郭飞霞　金伊婷　周盼盼

2. 国内研究现状

林毅夫、李永军（2004）研究发现小微企业信贷缺口产生的原因主要是当下大型商业银行主导的金融体系下大银行更偏好于为大企业提供融资业务。于洋（2013）认为小微企业可抵押资产少，且一般处于竞争激烈的行业，抵御风险的能力弱。史本山和郭彩虹（2004）则把小微企业的融资活动看作不完全信息动态博弈，通过博弈模型论证信息不对称是小微企业融资难的主要原因之一。

（三）研究的基本思路

本文从城商行的视角出发，以浙江台州小微企业金融服务改革创新试验区作为研究对象，对小微金融创新展开研究。本文的研究思路如图 1 所示。

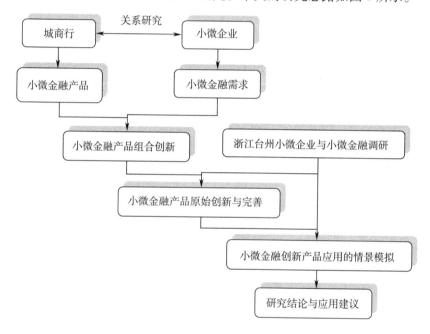

图 1　研究思路图

第一，厘清城商行与小微企业之间的关系，明确小微企业的融资需求与融资缺陷。研究城商行与小微企业之间的相互依存度（以小微企业融资额中城商行贷款占比或城商行贷款中小微企业贷款占比表示），并找出除传统认识上的缺乏抵（质）押品和信息不透明原因外的其他影响小微企业融资的因素。

第二，罗列目前国内市场上各商业银行针对小微企业的主要融资产品，并分类比较分析城市商业银行产品的特点，归纳目前城商行小微金融产品的创新模式，总结小微金融产品的优点与不足。

第三，通过上述研究，从理论上设计出具有创新性的相关小微金融产品。将小微企业需求与城商行所能提供的贷款产品进行匹配，并通过组合创新或原始创新来设计出新的小微金融产品。

第四，在浙江台州小微企业金融服务改革创新试验区内对本研究所设计的小微金融产品进行调研研究。调研主要包括两部分：首先，对目前创新试验区所做出的前沿性尝试与改革、具有创新性的小微金融服务与产品、创新改革目前所产生的效益、小微企业对于新产品与服务的态度及感受进行调研；其次，向小微企业主调研本研究所设计的小微金融产品的相关信息。

第五，根据调研信息对设计的小微金融创新产品与服务进行完善。

第六，以浙江台州小微企业金融服务改革创新试验区为情景依托，对设计的小微金融产品与服务进行情景模拟，预测小微金融产品的可行性及其能够为小微企业和城商行发展所带来的效益。

第七，根据上述研究成果形成相关研究结论，并提出应用建议。

二、小微企业融资现状分析

（一）小微企业简介

小微企业是指依法设立的、生产经营规模属于小型微型的各种所有制和各种形式的企业。2011 年工信部、国家统计局、发改委及财政部联合发布的《关于印发中小企业划型标准规定的通知》中对小微企业进行了界定。

（二）城商行小微贷款业务现状

城商行在小微金融服务领域发挥越来越重要的作用，城商行与小微企业之间的相互依赖性越来越强。2013 年末至 2016 年，城商行小微企业贷款与银行业小微企业贷款余额的占比为 19.28% ~22%，2014 年末城商行小微企业贷款占其全部贷款的比重高达 41.2%。

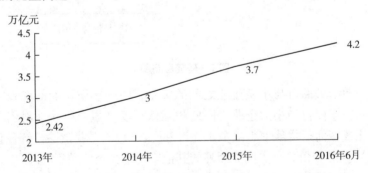

数据来源：Wind。

图 2　城商行小微企业贷款余额

（三）城商行小微金融产品分析

1. 基于融资技术视角

目前城商行小微金融产品主要运用以下融资技术手段：

第一，财务报表型是指主要基于企业财务报表分析而发放的贷款。

第二，资产保证型是指主要基于小微企业提供的担保物的质量而发放的贷款。

第三，信用评分和大数据技术是指运用现代数理统计模型和信息技术对小微企业和企业主相关可获取数据进行分析，做出是否发放贷款的决策。

第四，关系型贷款是指通过银行客户经理与小微企业主的长期交往，了解企业经营和企业主品性，以此来确定贷款的品种、期限和额度。

2. 基于创新模式视角

（1）基于制度优化的效率创新

主要通过制度和流程的创新来节约时间、提高效率，以满足小微企业急需用钱的需求，例如，宁波银行的"快审快贷"业务，就是明确每一笔业务的每一个环节所花费时间的多少，来控制整体的申请审批时间。但这一创新的前提是风险的有效控制，要求提供可接受的抵（质）押措施。

（2）基于可信数据的创新

根据小微企业公司治理和财务不规范的问题，城商行寻求基于外部可信数据的小微金融产品创新。这要求外部数据必须具有连续性、可信性和可获得性，其中连续性又要求能与企业的生产经营相联系；可信性要求所获取的数据不会高估企业实际经营，且数据具有公信力。税收数据就同时满足以上三个方面的要求，所以城商行开发出基于税收的小微金融产品，如宁波银行的"税务贷"、南京银行的"鑫联税"等产品。税银合作产品，成为近一年来各银行频频推出的创新金融产品。

（3）基于行业客群细分的创新

小微企业具有规模小、行业分散的特征，同一款产品很难满足不同行业的融资需求，尤其是存在较大差异的传统行业和新兴行业，因而对小微企业进行行业细分是小微金融产品创新的一个切入点。在对行业细分中较为明显的是科技型企业，一般城商行都开发了针对该类企业的小微金融产品，如江苏银行的"科技贷"。

（4）基于风控技术的创新

针对小微企业的风险控制有别于大型企业，不是必须提供抵（质）押物，也不必提供非常全面复杂的财务经营数据，而是要抓住企业经营的实质。基于此考虑，通过整套的风险控制技术、适合小微企业的金额设计、审批层级的缩短等措施创新，将申请和审批环节的时间大幅缩短。如台州银行的"小本微贷"和泰隆银行的"创业通"。

（5）基于外部增信的创新

一般的外部增信措施包括投保专业保险公司、地方政府提供贴保贴息、银政合作基金、第三方企业担保等，如宁波银行的"专保融"，江苏银行和江苏金创信用再担保股份有限公司合作的"创 e 融"，江苏银行与深圳市南山区合作的"科技贷"，都是基于外部增信开展的小微企业贷款产品。

（6）基于贸易自偿性的创新

对于小微企业正常的日常生产经营的资金需求和简单的扩大再生产的资金需求，因为具有贸易自偿性，因而风险相对较小。基于贸易自偿性设计的小微金融产品，虽然创新性不是很强，但是适用范围广，能降低小微企业的融资门槛，解决小微企业担保难的问题。如温州银行的"动产质押贷款"、杭州银行的"订单贷"等。

（7）基于金融衍生品及资本市场的创新

具有成长潜力的新兴行业的小微企业，虽然面临的融资难题与一般企业类似，但是因为其可预期的潜在超额收益，可以结合金融衍生产品设计出股权、期权、债权等各种权利相结合的小微金融产品。如在对新兴行业的小微企业进行贷款时，可以让渡一定的贷款利息和费用，来获取未来以一定价格购买该企业股票的权利，或有权将贷款的债权转化为股权等，这样小微企业节约了财务费用，城商行也能获得远期的超额收益，实现经营多元化。如苏州银行的"科贷通"。

（四）当前小微金融产品存在的问题

从供给侧来看，当前小微金融产品存在诸多问题，具体包括以下几个主要方面。

第一，缺乏符合小微企业生命周期的融资产品。当前城商行的小微金融产品创新都是基于需求端来进行设计的，虽然能满足特定小微企业特定阶段的融资需求，但无法实现小微企业全面覆盖和生命周期延伸。

第二，市场定位雷同，同质化严重。经常出现一项新产品上市各家银行争相模仿的局面，重复产品导致了资源不合理，产品创新动力不足，难以适应新形势下的业务发展需要。

第三，产品区域性较强，复制推广性弱。目前城商行小微金融产品都具有较强的区域性，受制于地方的金融发达程度、银行自身的风控能力、地方政府的支持力度等方面，因而不具有较强的推广性。

第四，产品定价偏高。一方面中国目前没有相应的信用体系支撑，尤其是经济不发达地区；另一方面，银行缺乏针对小企业的批量开发的有效机制，导致开发成本高。

第五，部分产品操作烦琐。线下操作流程烦琐，导致操作成本高，不能满足小微企业短、频、快的特点。

三、调研情况

（一）选择台州调研原因

浙江台州小微企业金融服务改革创新试验区作为全国首个国家级试验区，通过发展专营化金融机构和互联网金融服务新模式、支持小微企业在境内外直接融资、完善信用体系等举措，探索缓解小微企业融资难题的方法。其发展模式及取得的成果与经验，都具有深入研究的意义。

2016 年 7—9 月，本团队对台州进行了若干次调研。本次调研主要采用定性访谈的研究方法，与某银行台州分行的相关工作人员、台州本地的小微企业进行了交流。

（二）调研结论

第一，公司治理与财务不规范问题仍然严重。在我们前期调查和实地访谈过程中，我们发现小微企业的经营过程中存在各类不规范：财务报表规范性差，失真严重；公司流水通过个人账户，难以核实实际销售；经营者对征信认识不够深刻，自身信用记录较差；经营者投资较为隐蔽，难以把握企业历史积累的投向等。

第二，小微金融产品名称多而杂。小微企业对于银行的产品没有明确的概念，只关注产品几个关键要素：利率、额度、期限、还款方式、担保条件等。在我们和企业主访谈的过程中，企业主基本不了解在我行办理的产品的具体名称。

第三，小微金融产品创新开始应用实践。为了破解小微企业的融资难题，政府、同业各方都积极发挥创新精神，结合实际情况推出针对小微企业设计的方案。

四、小微金融产品创新与设计

（一）小微金融产品设计原则

现阶段我国小微企业金融业务的发展趋势是"批量化、流程化和规模化"（民生银行提出的理念），简言之即以批量营销模式为主，坚持业务发展的流程化，以科学的发展原则和风险管理理念尽快实现业务发展的规模化。

一般情况下，设计小微金融产品时须要考虑以下原则：

第一，收益覆盖风险原则。该原则强调的是利率水平和客户综合贡献度等收益回报问题与风险匹配的问题。

第二，大数法则定律原则。在该原则下，小微企业的客户数量要足够多，而单户的贷款金额不能过大，客观上通过大基数实现分散、降低小微企业整体出险概率的目的。

（二）小微金融产品设计

1. 设计思路

本次小微金融产品设计的立脚点是实现小微企业和城商行的双赢，以收益覆盖风险和大数法则作为基本原则，以全生命周期为理念，以选择权互换、行为评分卡、定价分层、个性服务和综合金融服务为主要手段，整合各类创新模式，在广度上实现小微客户的广覆盖，在深度上实现小微客户的全生命周期管理。

从狭义来看，小微金融产品的创新设计包括三层，核心层是帮助小微企业获得贷款并控制银行贷款风险，拓展小微融资渠道。中间层是简化流程及审批，满足不同行业、不同企业需求的契合性。外围层是关注优化操作体验，关注小微企业贷款需求的"短、频、快"特点。本次小微金融产品的设计主要关注于核心层。

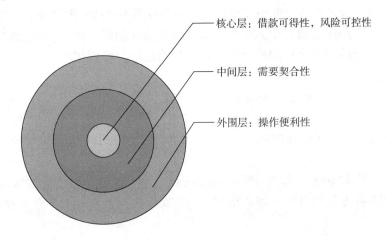

核心层：借款可得性，风险可控性

中间层：需要契合性

外围层：操作便利性

图 3　小微金融产品创新层次

从广义来看，小微金融产品的创新不仅包括产品本身的设计，还包括围绕该产品所进行的一系列风险管理、客户管理等工作，是一个全生命周期的过程。本次的小微金融产品设计就是在狭义创新的基础上进行的制度整合创新。

2. 产品架构

（1）产品架构图（见图 4）

（2）产品架构说明

①小微金融产品说明

狭义的小微金融产品创新设计主要体现在产品架构图的申请端和维系层。其中，申请端对于产品的基本要求是精简化、广覆盖，核心在风险分层，重点是选择权互换。以下对精简化、广覆盖、风险分层、风险溢价和选择权互换进

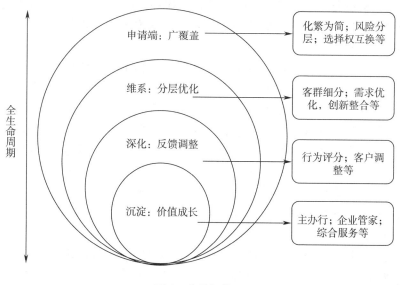

图4 产品架构图

行详细说明。

精简化。本次小微金融产品的设计对小微金融产品进行精简，一是产品名称精简，可以以客群为对象来进行命名，如"小微企业贷"；二是简化贷款产品的群体，面向所有小微企业，简单明了，同时也扩大了产品的覆盖面。在城商行的线上申请界面，只提供一个简洁的小微企业贷款入口。

广覆盖。广覆盖是指小微金融产品尽量覆盖多的小微企业，目的有两个：一是获取足够多的小微客户，使产品符合大数法则；二是能够帮助尽量多的小微企业，拓宽小微企业的融资渠道。在技术手段上可以采用如税务数据、综合金融服务平台等措施来获取客户。

风险分层。风险分层包括外部分层和增信分层两个途径，所谓外部分层是指借助外部可信的客户分层信息，如客户纳税评级、综合金融服务平台的综合打分，直接对客户进行基础分类。担保分层是指根据客户所能提供的增信措施对客户进行分层，如抵（质）押物、政府贴息、专业担保、第三方保证等。在风险分层的基础上，守住风险底线，对于存在明显风险的客户拒绝准入。

风险溢价。在产品定价方面采用与风险分层相对应的风险溢价，而确定风险溢价的思路是只要求收益能覆盖损失即可，尽可能地降低小微企业的借款成本，制定符合小微企业发展初期的借款成本。

选择权互换。对客户进行风险分层和风险溢价中，有一类客户需要采取一些创新性的措施，即完全无抵（质）押、无担保的小微企业。这类小微企业需要进行人工线下走访与审批，对员工专业性要求比较高。对于其中优质的客户可以采用"选择权互换"的方式来降低企业的借款成本。所谓"选择权互换"是指城商行以让渡一定的利息收益为代价，来获取未来一定年限内有权作为企业主办行的权利。

维系层属于一个承上启下的层级，既属于产品本身的创新，又属于广义产品架构的一部分。其重点在于客户细分、需要优化和已有创新模式整合。

客户细分。把小微企业都纳入进来是第一步，进行客户细分是重要的第二步。将客户按照行业或某类特征进行系统自动分类，并将同一类别的客户归于某一客户经理名下进行管护，让客户经理成为某一类客户的专家，提高客户维护效率和质量。

需求优化。在客户细分的基础上，针对每一类客户甚至某一单户客户进行授信需求优化，提供更符合其行业特征、经营特征的融资产品与服务，掌握企业更全面的经营信息。

已有创新模式整合。将上面提到的各类创新理念和方法进行整合，应用到小微企业的服务中，使得产品更加具有针对性和实践性，避免已有小微金融产品创新设计出来，但吸引不到小微客户的尴尬局面。

②广义小微金融产品架构说明

广义小微金融产品在申请端和维系层的基础上，进行了两层的延伸，分别是深化层和沉淀层，这也是本次研究的重要创新点之一，即将创新的理念突破单一产品的创新，而是将创新融入整个产品服务周期和企业的全生命周期，贯穿于城商行对小微企业服务的全过程。

深化层的核心是行为评分和反馈调整。沉淀层的客户属于城商行的价值客户，是未来小微企业持续盈利的关键来源，并可能产生其他非利息收入，该层的核心是主办行、企业管家、持续盈利等。

行为评分是对客户进行贷中持续跟踪，根据小微企业的经营情况、城商行获取收益情况等各项财务、非财务指标进行打分，对小微企业的客户的内部评级进行动态调整。

反馈调整指根据行为评分的结果，对存量客户的行内评级进行动态调整，对于优质的小微企业进一步降低其相关成本，提供更优先的服务，而对于经营不善的企业加强跟踪，或提高贷款利率及相关服务费用，对于存在明显风险的客户则及时调整退出。

主办行。成为核心价值客户的主办行，是小微金融产品价值获取的最后一站，不仅能弥补申请端小微企业广覆盖的成本，还能持久获取收益，并有可能将小微企业培养成大中型企业，获得更多收入来源，保障经营稳定。

企业管家。为该类核心小微企业提供企业管家式服务，将更多的精力放在存量客户的维护上，能够获得更高的收益。同时为小微企业提供专业系统的服务，能够更好地帮助小微企业的成长。

持续盈利。在沉淀层应当更加关注盈利性，从整个全生命周期和小微金融产品的设计原则来说，最终是要实现小微企业和城商行的双赢，而前期城商行承担风险的前提就是为了获取未来持续、稳定的收益。

3. 产品要素

（1）申请端：初级版

产品名称："小微贷"初级版；

授信期限：最长 1 年；

贷款种类：可接受抵（质）押、保证、信用等；

授信金额：根据日常经营性现金测算，最高 100 万元；

审批时间：最快 2 个工作日；

适用客群：各类小微企业；

贷款利率：利率低，固定利率，根据客户情况具体确定；

还款方式：按月付息、到期一次还本；

用款方式：支持网上和营业网点借款，随借随还；

特点：门槛低、费率低、审批快、用款还款灵活、适用客户广。

（2）优化端：升级版

产品名称："小微贷"升级版；

授信期限：最长 3 年，原则上单笔不超过 1 年；

贷款种类：可接受抵（质）押、保证、信用等；

授信金额：根据日常经营性现金测算，最高 600 万元；

审批时间：最快 2 个工作日；

适用客群：需要个性化定制融资需求的小微企业，以及缺乏抵（质）押担保的科技型小微企业；

贷款利率：固定利率，根据客户具体确定；

还款方式：按月付息、到期一次还本；

用款方式：支持网上和营业网点借款，随借随还；

特点：贷款个性化、契合小微企业经营特征、授信期限长、贷款金额高、审批效率高、借款还款方式灵活。

（3）核心客户：VIP 版

产品名称："小微贷"VIP 版；

授信期限：最长 5 年，原则上单笔不超过 1 年；

贷款种类：可接受纯信用等；

授信金额：根据日常经营性现金测算，最高 1 000 万元；

审批时间：最快 2 个工作日；

适用客群：与城商行合作达到一定条件的小微企业；

贷款利率：可支持固定利率或浮动利率，根据客户具体确定；

还款方式：支持按月、按季付息；支持分期还款；

用款方式：支持网上和营业网点借款，随借随还；

特点：支持纯信用贷款、授信期限长、贷款金额高、贷款利率与还款方式灵活、配套服务多。

五、小微金融产品应用的情景模拟

（一）情景设计的假设前提与依据

1. 情景设计的假设前提

（1）能够持续稳定获取大量小微企业客户；

（2）城商行内部制度完善，不存在操作风险等问题；城商行管理制度成熟，具有基本的风控技术，并具备所需的各类专业人才；

（3）城商行能够执行产品策略思路，在获取客户端尽量降低利息及相关费用，仅保障收益覆盖成本及损失，风险容忍度要求较高；

（4）政府能够提供必要的支持措施，如税务数据的开放、基于大数据平台的综合金融服务平台、担保基金等；

（5）本地金融市场相对成熟，具有支持小微企业融资的资本市场；

（6）小微企业忠诚度较高，在成长起来后依然能维持与城商行之间的长期合作。

2. 情景设计的依据

第一，小微企业新生快于消亡，可以持续稳定获取大量小微客户。

第二，小微企业具有一定的存活率，能够保证获取核心价值客户。

第三，一部分小微企业能够成长为大中型企业。

第四，具有批量获取小微客户的渠道，且对批量客户具初步的分类能力。

第五，具有支持小微企业发展的资本市场。如苏州的小微企业私募债，小贷公司的资产证券化，都能为小微企业的发展提供支持。

（二）情景设计与模拟

1. 情景设计

服务机构：浙江地区某城商行；

产品："小微贷"初级版、升级版和 VIP 版；

对象客群：各类小微企业，并以科技型小微企业作为模拟对象；

获客情景：通过本市税务平台和综合金融服务平台来获得小微客户，同时借助政府相关部门的宣传来扩大受众普及面；

客户初步风险分层情景：对获取的批量小微客户，按照税务分类或基于综合金融服务平台大数据的等级划分对客户进行初步风险分层。对于单户获取的小微客户，按照客户所能提供的担保措施来进行债项风险的分层。

以科技型小微企业 K 为例，其正常纳税，纳税等级为 A 类，生产经营数据及征信记录好，但缺乏抵（质）押物，也无担保人，盈利能力一般，但市场前景好。

客户优化情景：具有一定比例的优质小微科技型公司，拥有自主知识产权的核心产品，市场竞争力较强，城商行能够为其提供一些创新性的产品服务。

假设科技型小微企业 K 发展较快，为保持市场竞争力，产品研发投入较大，但缺乏资金。产品销售不断增长，但尚未形成规模效应。

客户沉淀情景：具有一定比例的小微科技型企业持续稳健经营，并成长为大中型企业，形成较为完善的上下游贸易链。

假设科技型小微企业 K 经过两年发展，其已经成长为具有一定规模，且上下游客户稳定的企业，为保持竞争力企业开始兼并收购，并拓展海外市场。

2. 应用模拟

以科技型小微企业 K 作为案例，进行应用模拟：

（1）无任何担保措施的科技型小微企业初次授信。虽然企业缺乏外部增信措施，但具有外部的初步风险分层，城商行能够按照税务等级和大数据信息进行初步判断，符合批量获取的客户的范围。若用传统信贷产品对其授信，可能贷款利率较高，在本情景下可以通过"选择权互换"来降低企业的融资成本。城商行获取该客户未来 3 年的主办行选择权，而小微企业可以获得较为优惠的贷款利率。

（2）客户经理对客户进行具体分析并提供个性化服务。科技型小微企业发展稳定，市场前景好，但缺乏资金，此时可以通过"小微贷升级版"来提供服务，采用投贷联动、核心知识产权质押、订单贷款、政府贴保贴息等创新产品或外部增信措施为其提供成本较低的融资服务；城商行则能够得到未来获取高额收益的机会。该阶段就是将现有城商行的各类小微创新金融产品或模式进行整合，在获取客户的基础上进行二次营销，能够提高营销成功概率。

（3）科技型小微企业成长为核心客户后提供管家式服务。科技型小微企业成长成熟后，城商行要用管家式服务来提高企业的忠诚度，积极满足其各项融资需求，并提供增值服务；同时进行业务上下游拓展，以核心客户为基础，进行"1＋N"的小微企业融资服务，在有效控制风险的基础上，利用现有优质客户来进一步挖掘盈利来源。若涉及海外业务，还可以提供一系列的贸易融资产品服务。若未来企业进一步发展，还可以提供更多的资本市场服务，扩大非利息业务收入来源，夯实客户基础。

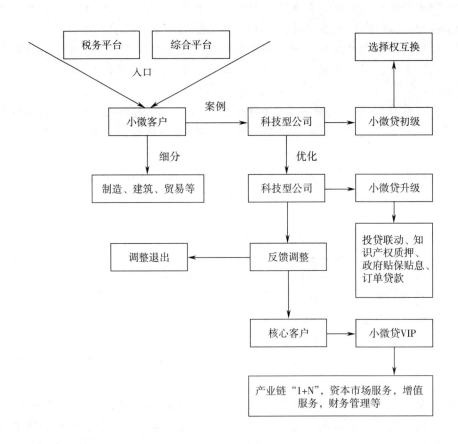

图 5　小微金融产品情景模拟图

（三）结论

此次小微金融产品的情景模拟，虽然是以一定的假设作为前提，但是所有的假设条件都具有可行性，有些已经在实践，有些则只需城商行内部进行一定的架构管理，如设立小微金融事业部等，都可以将本次的小微金融产品创新思路在生产中付诸实践。

本次小微金融产品的模拟应用以科技型小微企业作为案例，通过情景化设计，在一定的风控措施和客户分层及细致分析下，都可以利用现有的小微金融产品创新模式或思路进行服务，并在行为评分下对客户进行反馈调整，在控制风险的同时筛选出核心客户，进行客户沉淀。

总之，通过小微金融产品的创新设计和情景模拟，证明此次的设计思路是可行的，整体的概念是有效的，突破了传统小微金融产品创新的狭隘空间。

六、研究结论与应用建议

（一）研究结论

第一，城商行与小微企业间相互依存性不断增强。从城商行的小微企业贷款金额的绝对值和相对值来看，城商行对于小微企业市场的重视程度不断增加，尤其是在经济下行时期和面临资产荒的情况下，小微企业成为维持高收益的来源。另一方面，城商行小微金融产品的创新力度和贷款便利性，也大大提高了小微企业的黏性。

第二，从供给侧来看，小微企业融资难问题的根源在于缺乏符合小微企业生命周期的融资产品。过去的研究都将小微企业融资难与融资贵的问题归结于财务和信息不透明不规范、缺乏抵（质）押担保等。从需求端来看，确实可以将问题的原因归结为这些方面，但是若从供给侧来考虑的话，小微企业融资难的根源在于缺乏小微企业全生命周期的金融产品。全生命周期的特征要求城商行在产品设计时要平衡短期和长期之间的收益，从更长的周期出发来制定经营策略。

第三，小微企业的融资环境在不断改善，政府支持是重要原因。近年来小微企业的融资环境不断改善，小微金融产品的创新不断推出，都得益于政府的支持与推动，包括对城商行设定小微企业贷款目标要求、开放公共部门可信数据、开发大数据支持平台、建立并完善小微企业直接融资的资本市场、提供低成本的外部增信措施等。

第四，城商行小微金融产品的创新能力不断增强，产品品种不断增加。面对经营压力的不断增大和资产荒的困境，城商行对小微金融产品不断创新，基本主流城商行都拥有 1~2 款自身的明星产品，但金融产品同质化问题也比较严重。同时因为城商行具有地域性，不同城商行的产品创新能力也导致不同地区小微企业融资存在差异，若能允许城商行之间进行兼并联合，将会更好地促进城商行服务能力的提升。

第五，小微金融产品创新应用实践性差异大，且产品过于繁杂。对台州小微企业和本地城商行的调研表明，该地区的小微金融创新产品虽然较多，但实际应用过程中却存在较大差异，有些小微金融产品（如商标抵押贷款）市场非常小，且城商行发放该类贷款也只是为了完成政策指标。被看好的小微企业信用保证基金，申请条件也比较高，小微企业申请难度相对较大。而一些城商行主导的税务贷款产品，却发展得较好。

第六，小微金融产品的创新可以归结为 7 大模式，但创新缺乏系统性。城商行小微金融创新产品创新模式可以归纳为基于制度优化的效率创新、基于可信数据的创新、基于行业客群细分的创新、基于风控技术的创新、基于外部增信的创新、基于贸易自偿性的创新和基于金融衍生品及资本市场的创新七大类。虽然从小微企业需求来看，这些创新模式具有较强的针对性，但从供给侧来看，却缺乏系统性。

第七，本文从供给侧视角出发，基于系统性思维和企业生命周期理论设计的小微金融产品能够解决小微企业融资面临的问题，并能够实现城商行和小微企业的双赢。从理论分析来看，本次设计的小微金融产品是广义的小微金融产品创新，不仅涉及产品本身的优化，还包括对制度流程和理念的更新，最终能满足本次研究的目标，解决小微企业融资和城商行发展存在的问题，即理论上具有参考意义。

第八，对小微金融产品应用的情景模拟表明本研究所设计的产品具有可行性。本文所设计的小微金融产品虽然具有一定的复杂性和较长周期性，但概念清晰，且具备实现所需要的条件。从情景模拟的分析及应用来看，产品在不同环境的针对性强，在不同环节衔接紧密，最终能实现价值客户的沉淀。最大的执行障碍存在于城商行本身的机制与管理和风险偏好上。

（二）应用建议

第一，城商行要从供给侧改变对小微企业的经营理念和组织架构，以系统性和生命周期理论作为产品设计的基础。城商行要对经营理念和小微企业经营部门的组织架构做出改变，以适应小微金融产品的系统性和全生命周期特征。目前的城商行产品设计都是基于需求端的创新，也有部分城商行已经开始或正在尝试从供给侧对自身进行改革，如苏州银行。未来城商行要想在小微企业市场占领先机，并取得竞争优势，就必须对经营理念和组织架构做出变革。

第二，本文所设计的小微金融产品要求城商行具有一定的风控能力和技术支持。本文的小微金融产品创新思路并不适用于所有的城商行，只有具备一定风控能力和技术支持的大中型规模的城商行才具有可行性，如宁波银行、南京银行。这种风控能力体现在自动化审批、大数据提取、行为评分的反馈调整等各个环节，要求内控制度完善，科技部门支持力度强。

第三，要充分借助政府提供的各类公共服务平台及相关可信数据。小微金融产品的创新和应用离不开政府部门的支持，尤其是要想获取尽量多的小微客户，就有必要借助各类公共服务平台及相关可信数据，如税收、海关进出口等。本文设计的小微金融产品也是以此为前提，以大量获取小微客户为基础。

第四，要培养并储备一批专业的小微金融人才。本文设计的小微金融产品应用实践的要求之一，就是在各个环节有专业的小微金融人才能够提供配套的金融服务，尤其是在需求优化阶段和对价值客户的服务阶段，都要求小微金融人才必须具有非常专业的金融知识。这是城商行未来核心竞争力所在，需要城商行进行长期的培养和储备。

第五，在应用本文设计的小微金融产品之前要做好数据分析和验证工作，持续优化。本文的研究虽然具有数量研究，但因为研究条件和时间的限制，产品的设计主要还是基于定性研究，情景模拟也是以定性假设和分析为主，所以城商行在应用本套产品之前，要先做好大数据的定量分析，计算风险和收益偏离度。因为产品周期性较长，可以通过一定区域作为试点，并做好数据的收集和反馈验证工作，不断完善流程和风险控制措施。

第六，可以选择在相关硬件和软件设施完善的城市进行试点。对于试点城市的选择，要求已经具备一定的软硬件设施，如金融环境相对优良、政府支持较多、数据获取便捷、小微企业数据多等，这些都能减少产品试验的风险。

第七，执行本文设计的小微金融产品要求城商行具有一定的风险容忍度，并且不追求短期经营目标。本次研究设计的小微金融产品因为基于生命周期理论，且需要兼顾短期利益和长期利益，前期可能面临风险和收益不匹配问题，这就要求城商行能够容忍一定程度的风险，且其他业务经营稳健，能够获取持续稳定的收入来源，不会因为小微金融的变革而导致营业收入和利润产生较大波动。

第八，政府及相关监管机构应当对执行该套小微金融产品的城商行给予一定的优惠政策。正因为小微企业的金融服务具有准公共产品的性质，且城商行在前期面临风险和收益不匹配问题，所以需要政府及相关监管机构能够给予小微企业贷款更加优惠的条件，如优惠利率、税收减免、允许异地有条件放开经营等，降低城商行的经营风险，提高市场积极性。

参考文献

［1］于洋：《中国小微企业融资问题研究》，吉林大学硕士学位论文，2013。

［2］彭凯、向宇：《我国银行开展小微企业贷款的困难和对策》，载《西南金融》，2010。

［3］魏国雄：《商业银行如何拓展小微企业信贷业务》，载《金融信息参考》，2005（11）。

［4］马时雍：《商业银行小微企业信贷研究》，载《中国城市金融》，2013（10）。

［5］胡援成、吴江涛：《商业银行小微企业金融服务研究》，载《学习与实践》，2012（12）。

［6］林波：《民生银行》：小微企业贷款成就"小微企业的银行"，载《WTO 经济导刊》，2010（5）。

［7］陈远：《我国股份制商业银行小微金融发展及对策》，浙江大学，2013。

［8］郝丽萍、谭庆美：《不对称信息下中小企业融资模型研究》，载《数量

经济技术经济研究》，2002（5）。

　　［9］史本山、郭彩虹：《中小企业投融资博弈分析》，载《西南交通大学学报：社会科学版》，2004（5）。

　　［10］郭席四：《基于产业集群的中小企业融资优势分析》，载《经济问题》，2006（4）。

　　［11］林毅夫、李永军：《中小企业融资根本出路在何方》，载《证券日报》，2004。

　　［12］王俊峰、王岩：《我国小微企业发展问题研究》，载《商业研究》，2012（9）。

　　［13］何韧、刘兵勇、王婧婧：《银企关系，制度环境与中小微企业信贷可得性》，载《金融研究》，2012（11）。

　　［14］彭凯、向宇：《我国银行开展小微企业贷款的困难和对策》，载《西南金融》，2010（6）。

　　［15］Coleman, Anthony DF, Neil Esho, and Ian G. Sharpe："Does bank monitoring influence loan contract terms？." *Journal of Financial Services Research* (2006)：177 – 198.

　　［16］Jackson, Patricia, and WilliamPerraudin："Regulatory implications of credit risk modelling." *Journal of Banking & Finance* (2000)：1 – 14.

　　［17］Fernando, Nimal A："Understanding and dealing with high interest rates on microcredit." *Asian Development Bank* (2006).

　　［18］Wenner, Mark D："Group credit：A means to improve information transfer and loan repayment performance." *The journal of development studies* (1995)：263 – 281.

　　［19］Wette, Hildegard C："Collateral in credit rationing in markets with imperfect information：Note." *The American Economic Review* (1983)：442 – 445.

　　［20］Williamson, Stephen D："Costly monitoring, loan contracts, and equilibrium credit rationing." *The Quarterly Journal of Economics* (1987)：135 – 145.

　　［21］Stein, Jeremy C："Information production and capital allocation：Decentralized versus hierarchical firms." *The journal of finance* (2002)：1891 – 1921.

　　［22］Stiglitz, Joseph E："Peer monitoring and credit markets." *The world bank economic review* (1990)：351 – 366.

养老信托模式研究

万向信托有限公司课题组[*]

一、引言

（一）研究背景

1. 我国人口老龄化现状及趋势

过去的二十年中，出生率和死亡率的下降趋势使得世界人口年龄结构发生了重大的变化。根据联合国 2015 年发布的《世界人口展望：2015 年（修订版）》[①]，世界人口将从当前的 73 亿人增加到 97 亿人，老年人的数量将会超过 15 岁以下的儿童的数量。人口老龄化成为不可阻挡的世界性潮流，是全世界都在面临的挑战。

一般而言，人口老龄化最先出现在发达国家。经济的高速发展、医疗卫生水平的提高以及科学技术的进步，使老年人的平均余寿不断延长。发达国家进入老龄化社会时，人均国内生产总值一般在 5 000 美元以上。然而，我国在 2000 年时，60 岁及以上的人口比例就达到了 7%，开始进入老龄型社会，人均国内生产总值刚超过 1 000 美元，应对人口老龄化的经济实力还比较薄弱。并且我国的人口老龄化程度仍在不断加深。截至 2015 年，我国 60 岁以上的老年人占总人口的 16.1%。预计到 2050 年，老年人口的数量将达到全国人口的 1/3。而人均国内生产总值的增长率远不及人口老龄化的速度。因此，未来我国将在经济尚不发达的情况下应对与人均国内生产总值高出自己数倍的国家类似的问题。也就是说，我国的人口老龄化呈现出"未富先老"的特征。

面对迅速深化的老龄化现状，我国在各方面的准备严重不足：养老保障制度缺位严重，养老服务体系发展滞后，养老服务市场供给缺口巨大。尤其是伴随着老龄化而来的老龄人群失能化现象不断加剧，对养老服务有着大量的需求，而养老服务的供给严重滞后。因此，我国的老龄化又表现出"未富先老"的特点。

---

* 课题主持人：祝　旸

　课题组成员：李元龙　谭　蕾　俞冰婧

① 联合国：《世界人口展望：2015 年（修订版）》，2015。

2. 我国养老现状

（1）养老保障制度

自改革开放以来，随着计划经济体制向市场经济体制的转变，我国实现了由政府和企业保障转向社会保障、由职工保障扩展到城乡全体居民保障的重大变革。目前，我国建立了与社会主义市场经济相适应的、具有中国特色的养老保险制度模式，基本上实现了对城乡居民的全覆盖。我国现行的养老保险制度由三个不同层次的养老保险组成，即基本养老保险、企业补充养老保险和个人储蓄性养老保险。

（2）养老服务体系

我国对老年人的养老服务大体上分为家庭养老和社会养老两种方式。家庭养老是中国最传统的养老方式，但是在计划生育政策的影响下，我国的家庭结构发生变化，家庭成员数量减少，成年子女就业压力增加、医疗和服务费用增长带来沉重的经济负担，这些都使家庭养老的方式难以为继。因此，社会养老模式应运而生。

社会养老主要分为机构养老和社区养老。21 世纪以来，机构养老一直是我国养老服务事业发展的重要方面。相较于家庭养老，这种模式能够提供专业化的照料服务，大量运用社会资源，减轻家庭照顾的负担；能够扩大老人的社会参与范围，减少老人的边缘感。但受我国传统观念的影响，老年人对机构养老的接受程度普遍不高。另外，由于政府财政支持有限，社会力量零散薄弱，面对运营的高成本和高风险，机构养老还无法大规模推广。营利性养老机构利润微薄甚至负债经营，而公办养老院也存在着服务设施极度短缺、入住成本高、护理人员专业素质低下等问题。截至 2015 年底，全国养老床位数为 672.7 万张，每千名老人拥有床位数 30.3 张[①]，与"平均每千名老人占有养老床位 50 张"的国际标准仍有差距。

社区养老是一种正在兴起的新型养老模式，是一种老人在家里居住，社区为老年人提供服务的模式。社区养老可以使老人在熟悉的环境中享受服务，又可以有效挖掘和利用社区内的资源。但社区养老也面临着诸多问题，如经费筹集渠道单一，运营资金匮乏，覆盖范围难以扩大，服务人员的素质也有待提高。

---

① 民政部：《2015 年社会服务发展统计公报》，2015。

（二）研究意义

1. 养老面临的困境

（1）养老服务供给不足

①家庭养老

自我国 1971 年实行计划生育政策以来，我国家庭逐渐形成了"四二一"的结构，即一对夫妻要赡养四位老人并抚养一个孩子。子女的减少使家庭所能提供的养老服务越来越少，加之社会压力的增大，成年子女能够用于照顾老人的时间和精力更是十分有限。伴随着计划生育而来的还有失独家庭和空巢老人。在中国，失独家庭每年以 7.6 万的速度增长，目前已超过 100 万个，空巢老人的数量则更多。

②机构养老

现有的养老机构在数量上远远不能满足养老需求。在数量不足的现有养老服务机构中，能够提供合格的养老服务的机构更是严重不足。我国机构养老服务产业发展不够成熟，不论是设施设备还是护理服务都有待进一步改善。此外，养老机构的评估审核标准尚未设立，服务质量也参差不齐。我国现有养老机构在数量和质量的双重不足严重制约着其养老服务的提供能力。

（2）养老金压力大

我国的养老保险采用的是社会统筹和个人账户相结合的结构，其初衷是将社会统筹和个人账户的优势发挥出来，实现预期稳定和多缴多得。在制度的实际执行中，由于从现收现付制向部分积累制的转制成本无人承担，个人账户缴费不得不用于保障当期养老金的发放，从而形成了"空账"。个人账户的大规模空账，使个人账户基金不得不以最低利率来计息，从而导致养老待遇不断降低。

（3）养老产品功能不完善

目前，我国养老服务的理念和机制比较滞后，养老产品种类较少，功能较为单一，养老服务模式比较粗放，无法满足多层次、多样化的养老需求。同时，我国养老实业和养老金融之间的联系还没有打通，完整的养老产业链尚未形成，不能提供集养老服务、投资理财和财富传承于一体的养老产品，不能全面满足老龄人的养老需求①。

（4）相关法律不健全

尽管我国宪法、民法、继承法、婚姻法等都有关于老年人权益保护的相关法律规定，但与老年人直接相关的法律仅 1996 年出台的《中华人民共和国老年人权益保障法》这一部，并且其中的规定在许多方面只是原则性的，缺少实施细则。在实际生活中，老年人的权益无法得到切实有效的保护。

---

① 尹隆：《老龄化挑战下的养老信托职能和发展对策研究》，载《西南金融》，2014（1）。

2. 养老信托发展的必要性

人口老龄化不仅是老年人的个人问题，也是全社会的问题，关系到社会的安定和谐。为了使广大老年人"老有所养、老有所乐"，全社会都应该支持和协助养老事业的发展。信托是一种具有高度灵活性的制度，在国外已被广泛应用于商业、民事和公益事业，具有诸多优势。信托在我国的发展时间并不长，但是近年来，我国的信托行业无论是在信托规模上还是业务种类上都经历了高速的发展，也积累了很多宝贵的经验。因此，当前发展养老信托或许是我国老龄化问题的一个解决之道。

（1）信托制度的优势

①信托财产的独立性

我国《信托法》规定，信托财产与委托人未设立信托的其他财产相区别。[①]信托财产与属于受托人所有的财产相区别。[②] 受托人管理运用、处分不同委托人的信托财产所产生的债权债务，不得相互抵消。[③] 信托财产的独立性使得信托具有风险隔离功能。这是信托的一大制度优势，它使信托财产在法律上与委托人、受托人、受益人的其他财产之间设立了"防火墙"，具有债权人不得追及性和风险隔离功能。

②信托资金投向的灵活性

信托公司作为联系货币市场、资本市场和实业投资领域的重要纽带，是资金运用范围最广的金融机构。信托资金既可以运用于银行存款、发放贷款、融资租赁，也可以运用于有价证券投资、基础设施项目投资和实业投资。信托资金投向的灵活性使信托公司一方面可以为委托人进行多元化的资产配置，实现财富的保值和增值，另一方面可以对产业方开展融资或投资业务。

③信托的连续管理功能

信托是一种具有长期性和稳定性的财产管理制度。信托管理的连续性意味着信托成立后，一般不因委托人、受托人自身情况的变化而变化。如果受托人死亡、丧失民事行为能力、依法解散、被依法撤销或者被宣告破产，或者受托人辞任，信托并不因此终止，而是依照信托合同或者法律规定选任新的受托人，继续实现信托目的。

（2）信托可在养老领域发挥的作用

第一，老年人对财产的保护能力弱，财产安全容易受到子女和不法分子的侵害。同时，随着我国经济的发展，老龄富裕人群数量显著提高，也相应产

---

① 《中华人民共和国信托法》第十五条。
② 《中华人民共和国信托法》第十六条。
③ 《中华人民共和国信托法》第十八条。

生了投资理财的需要。但是目前针对老年人的理财产品很少，老年人缺少合适的投资渠道。信托可以为老年人进行财产管理和财务筹划，根据老年人的风险偏好选择适合的投资工具，实现财产的保值增值，同时保护财产免遭侵害。

第二，无论是居家养老还是机构养老，其养老费用都较过去的家庭养老要高昂很多。我国的"未富先老"现状使养老经费无法单纯依靠财政支出来覆盖，而老年人的支付能力普遍较低。在这样的情况下，开展以房养老信托就是一条可行的解决之道。以房养老，即老年人将房产作为信托财产委托给信托公司，信托公司定期向老年人给付养老费用。这样，老年人在收入和积蓄不太充足的条件下依然可以安享晚年。

第三，养老是一个长期的、持续的过程。随着医学的发展和生活水平的提高，人的寿命也随之延长。老年人需要更加长期的、可持续的养老服务。信托具有连续管理优势，即便受托人因为各种各样的原因不能继续担任受托人，信托也不会因此而终止，受益人可继续享受养老服务，无后顾之忧。

第四，大量的养老服务机构的建设需要与之相匹配的金融服务。而面对大规模的融资需求，传统的银行信贷已独木难支。信托资金投向的灵活性使其可以通过融资或投资的方式参与养老服务机构的开发、建设、以及运营，为养老服务提供更宽广、更通畅的融资渠道。

二、我国养老信托现状与问题

（一）现有的养老信托产品

我国养老信托仍处于起步阶段，但已进行了一些有益的探索和尝试。目前业内推出的养老信托主要有三种形式：养老消费信托、生存金信托和金融养老信托。

1. 养老消费信托

"中信和信居家养老消费信托"作为我国首只养老消费信托，于2014年年底由中信信托携手四川晚霞康之源养老产业投资公司（以下简称四川晚霞）推出，期限一年。客户认购价位在1.1万~3.1万元不等的产品，可以一定的折扣获得不同价值的养老服务。产品到期后，根据客户的消费情况，客户将获得本金全额返还以及部分现金收益。

2. 生存金信托

2015年12月，信诚人寿和中信信托发布"传家·致祥"生存金信托，将固定收益类、理财型保险与身故保险进行整合。客户在投保信诚人寿指定产品后，各类保险给付金将按照约定进入信托账户，在积累增值的同时，也将按照投保人的意愿进行给付。家族信托服务在委托人生前即已接入，一直延续到委托人身故。

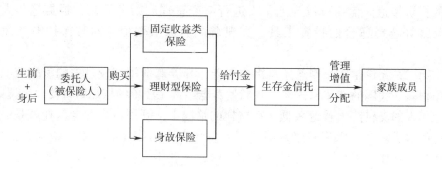

图 1　生存金信托的示意图

3. 金融养老信托

2015 年底，兴业银行与外贸信托联合推出针对高净值人群的金融养老信托产品"安愉信托"。该产品为 600 万元认购起点，由委托人一次性交付信托财产，成立后封闭三年，三年后按照委托人的选择，以类似年金的方式每年定额向受益人分配信托利益。

图 2　金融养老信托的示意图

（二）现有产品的局限性

上述三种养老信托产品分别是针对老年人的生活照料、财富传承和财产增值方面的需求而设计的，在信托业具有开创性，是非常有益的尝试。但是，它们仍然具有较大的局限性，主要体现在以下三个方面。

1. 多为现有业务模式的推广

养老消费信托的模式事实上在其他消费信托中已有应用①，而生存金信托和金融养老信托是现有的家族信托的一种推广。从现有的信托业务模式出发探索养老信托的发展路径是较为切合实际的做法，也较为容易成功，但要发展出真正能够满足我国日益增长的养老需求的养老信托，还要依靠大胆地尝试和不断地创新。

2. 未充分发挥信托制度优势

信托公司作为我国金融机构中唯一能够横跨货币市场、资本市场和实业投资领域进行经营的金融机构，应当在养老信托中充分发挥信托制度优势，深入

---

① 周心莲：《老龄化背景下养老消费信托的发展浅析》，载《北方经贸》，2015（8）。

参与养老服务业的各个环节，担任更多的角色。目前的养老信托多数还是侧重于利用信托制度中信托财产的独立性和安全性来开展业务，信托公司的诸多优势尚未得到充分发挥。

3. 可实现的功能较为单一

老年人的养老需求是非常多样化的，而当前的养老信托往往只能实现某一个方面的功能。此外，不同的需求之间是相互联系、相互制约的，如果孤立地对每种需求开发相应的养老信托产品，那么各产品之间就难免会有重复、遗漏，甚至冲突，容易造成资源的不合理配置，不利于养老目的的实现。

三、国际养老经验借鉴

人口老龄化是一个全球性的问题。各个国家和地区都在积极探索应对的方法，并且已经摸索出一些有效的途径。台湾地区的社会环境和人文观念与我国大陆较为接近，其养老信托经验对我们具有十分重要的借鉴意义。美国的长期照料商业保险，尽管是一种保险产品而非信托产品，但提供了一种解决养老经费来源问题的思路，值得我们学习。

（一）台湾地区安养信托

1. 法律基础

20 世纪 70 年代，台湾地区医疗水平的进步，人们平均寿命的延长，使老年人口增加。而随着社会结构的改变，家庭形态越来越小，家庭对老人的奉养发生困难，需依赖政府和社会的支援。在这样的背景下，台湾地区于 1980 年 1 月 26 日公布实施了"老人福利法"。经过 1997 年、2000 年、2002 年、2007 年以及 2009 年的修订，"老人福利法"逐渐形成完善的框架体系。其中，在 2007 年的修订中，新增了对于心神丧失或精神耗弱老人的禁治产宣告制度，同时鼓励老人财产信托。[①]

2. 安养信托产生的背景

1987 年，台湾地区开放民众赴大陆探亲，许多老兵返乡探视或定居颐养天年，需要有人代为管理财产，并定期汇款到大陆以供其生活花费。因此，"中央信托局"于 1991 年率先规划设计出安养信托业务，以保障老年人的生活，并协助其管理财务事宜。2001 年以后，配合信托业法和信托税制的修订，台湾地区许多银行也陆续开始开展安养信托业务。

3. 安养信托的概况

台湾地区的安养信托是老年人将财产所有权转移给银行，由银行就其信托财产予以管理运用或者处分，以其信托收益交付受益人。安养信托的受托人为

---

① 相焕伟：《台湾地区老人福利法制及其借鉴》，载《法学论坛》，2013（28）。

银行，由银行专业人员替老年人设计安全、稳定、保值、增值的投资组合，让老年人一方面不用烦恼日常的财产管理琐事，另一方面也可以避免财产遭诈骗或者盗用。如果发生丧失行为能力的现象，可以通过信托的制度优势确保自己享有一定水平的经济生活与医疗照顾。

安养信托的基本结构如图 3 所示，委托人将财产信托给受托人，由受托人依照其指示，将财产运用于本外币的存款或者其他经约定的用途上，受托人可按照委托人需要将收益或是本金汇至指定受益人的账户。

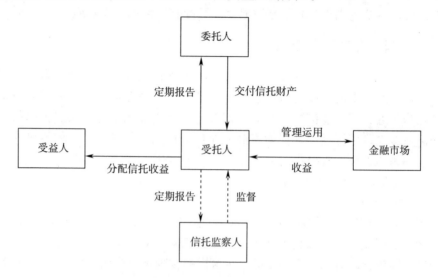

图 3　台湾地区安养信托的交易结构图

安养信托必须由委托人根据本身需求，指定受托人对其所交付财产完全按照信托合同的约定处理，其所获得的收益完全归属于受益人，而所有费用及可能的损失风险也完全由受益人承担。

安养信托的信托财产可以是动产，也可以是不动产。信托财产可投向存款、债券、股票、黄金等。

4. 具体内容

（1）信托存续期间

安养信托的主要目的为照顾受益人的晚年生活，通常约定下列终止事由：

①受益人死亡。

②信托财产已全数给付受益人。

③当月最后一个营业日信托财产净资产价值低于一定规模（通常为 5 万 ~ 10 万新台币）。

（2）受托人的责任

受托人负有善良管理人注意义务、忠实义务、保密义务、分别管理及编制报表义务等。

（3）信托监察人

信托监察人是为保护受益人的利益而设置的，既可以由自然人担任，也可以由法人担任。目前信托监察人除委托人家属外，以社会福利团体居多，其可提供如下服务：①协助洽谈信托合约，并转介律师提供必要的法律咨询，以确保委托人权益；②监督受托人执行信托事务；③定期访视受益人的生活状况，并对委托人或其指定的人进行报告。

5. 安养信托的特点

安养信托能够协助健康老人，甚至失智、失能老人管理财产，保障其经济来源，它具有以下几个特点。

（1）便利性。由于有专人替委托人服务，办理一切往来事宜，可以为委托人节省很多时间和精力。

（2）多元性。委托人交付给"中央信托局"的信托财产可以是动产也可以是不动产，而委托人对于信托资金的指示运用也多种多样，可以进行多元化的安排。

（3）自主性。安养信托是依据委托人个人的需要所设定的信托契约，资金的所有运用和给付方式均由委托人自行根据需要决定。因此，委托人对信托财产享有充分的自主性。

（4）具弹性。由于委托人在信托存续期间的信托财产可一次或分次交付，且受托的机构也可以按照委托人的需要定期或不定期地给付受益人，更可将信托收益或本金汇至受益人的国内外账户，所以在资金交付和给付上富有弹性。①

6. 台湾地区经验对我们的启示

（1）高度的灵活性

安养信托具有高度的灵活性，在信托财产的类型、信托财产运用管理的方式，以及收益的分配等方面都可以根据委托人的需求来安排，这一点类似于家族信托，但是它比家族信托的门槛要低很多。在实际中，养老的需求必然是多种多样的，信托公司在业务开展初期根据委托人的需求定制相应的养老信托，不但可以吸引客户，也可以不断积累应对各种情况的经验。但当业务开展到一定程度之后，出于效率的考虑，信托公司则需要对各种情况进行分类，形成若干标准化的养老信托方案供客户选择，仅对少数高端客户保留定制服务。

（2）信托监察人制度

信托的实施主要是为了实现信托目的和受益人的利益。在养老信托中，受益人由于失能等原因不能对信托进行监督，信托监察人恰恰能弥补这种情况下受益人监督不力的缺陷，有效保障受益人的利益。首先在信托法中确定信托监

---

① 赵英：《浅议我国台湾地区的安养信托》，载《市场研究》，2016（3）。

察人制度的是日本。后来，我国台湾地区仿照《日本信托法》在其"信托法"中规定了信托监察人制度。① 而我国《信托法》只在公益信托中规定了信托监察人制度。② 从台湾地区养老信托的实践来看，在私益信托中引入信托监察人制度是十分有必要的。

（二）美国长期照料商业保险

长期照料商业保险于 20 世纪 70 年代出现在美国，是"二战"后美国"婴儿潮"一代逐渐失去社会主流劳动力地位的产物之一。其建立的根本目的是要解决人口老龄化带来的老年人护理及其所产生的护理费用问题。

长期照料保险是指为年老、疾病或伤残需要长期照顾的被保险人提供护理费用给付或护理服务的保险。从性质上看，这是一种主要负担老年人的专业护理、家庭护理及其他相关服务项目费用支持的新型健康保险产品。长期照料商业保险能弥补社会保障体系所无法覆盖的领域，是社保体系的补充部分。

1. 长期照料商业保险的特点

从总体来看，长期照料商业保险具有以下几个特点：

（1）营利性的供给主体：经营主体是商业保险公司。

（2）商业化的运作方式：其运作方式和其他商业保险相同。

（3）缴费与给付的相关性强：最高给付额越高，给付期越长，豁免期越短，需要支付的保险费就越多。

（4）服务形式灵活多样：被保险人可以自由选择单一或综合性的养老院护理、社区护理和家庭护理。

2. 长期照料商业保险保单类型

（1）按承保范围分：

①只承保专业照料机构的照料服务；

②承保专业照料机构和家庭的照料服务；

③可以承保其他照料服务：给付范围可扩展到某些疾病治疗的延迟照料、成人日托中心照料等。

（2）按保障形式分：

①独立的长期照料保单（无附约条件）：即保单只提供长期照料的保险责任，且只在被保险人满足保险公司规定的给付条件时才进行给付；

②寿险保单附加长期照料保单；

③失能收入保险转化为长期照料保险：即在被保险人购买失能收入保险后，在一定条件下有权支付一定费用后转化为长期照料保险；

① 雷宏：《信托监察人制度研究》，知识产权出版社，2011。
② 《中华人民共和国信托法》第六十四条。

④递增年金式的长期照料保险产品：即被保险人需要长期照料时，保险公司须以年金的形式向被保险人给付约定的保险金；

⑤医疗费用保险附加长期照料保险。

（3）按给付方式：

①实际费用补偿型保单：按实际发生费用进行给付；

②定额给付型保单：保险公司按保单约定的固定金额进行给付；

③直接提供长期照料服务型保单：保险公司提供长期照料服务作为保险偿付的方式。保险公司介入长期照料服务提供市场，将保险人与照料服务提供人的职能结合起来，进行实物（照料服务）给付。

3. 重要条款

（1）通货膨胀保护条款

长期照料商业保险必须包括通货膨胀保护条款。通货膨胀保护条款有三种选择。

①复合式：确定某一通货膨胀比例（3%或5%）或城市的居民消费价格指数，支付金额按该比例每年较前一年增长相应数据；

②单一式：支付金额每年增长保额的某一确定的比例（一般为5%）；

③日后购买权：赋予被保险人定期购买额外保险的权利，按他们购买时的年龄确定缴费率。

（2）"不没收价值"条款

由于承保的时间长，保单具有储蓄性质。当被保险人做出撤销其现存保单的决定时，被保险人可继续获得减额缴清保险的保障，后者的承保责任范围与原长期照料保单相同，它以原保单的"不没收价值"作为净保费，而不需另交保费。被保险人也可以放弃长期照料保险的保障，选择保费返还方式，由保险人将其所收取的保费总额扣除已给付的保险金额后，一次性向被保险人返还余额。

4. 长期照料商业保险对我国的启示

（1）寿险、医疗保险与养老信托的结合

虽然保险具有一定金融杠杆，但是其规则限制较多，尤其是被保险人获取保险金的方式一旦设定，将很难根据实际需要进行调整。而信托具有他益属性，可引入信托执行人等多种角色，保障信托利益分配严格按照合同约定进行，实现委托人意愿，保障受益人利益。因此，将寿险、医疗保险与养老信托相结合，能较好地满足不同的实际需要，增加养老信托的吸引力。

（2）养老信托设置通货膨胀保护条款

随着医疗水平的提高、疾病发病率的变化和人工成本的提高，护理的成本和费用必然出现不断上涨的情况。因此设置通货膨胀保护条款是十分有必要的。

（3）引入养老服务实物回报

实物给付方式与目前我国的消费信托类似。将养老信托与各类养老服务的提供商结合起来，可对养老信托的吸引力和市场推广起到一定的推动作用。

四、养老信托的业务模式设计

养老领域具有广阔的发展前景，养老信托对于信托业来说是一片业务"蓝海"。本文发展出一种既能符合我国国情和老年人需求，又能够充分发挥信托制度优势的养老信托业务模式，其基于单独账户管理，可实现资产管理、事务管理、长期照料功能，并由风险管理和外部监督机制来保障其顺利运行。

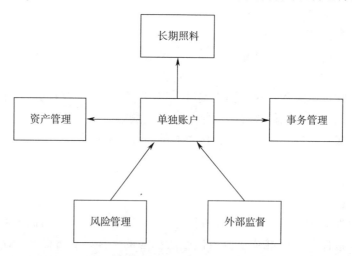

图 4　养老信托业务模式设计示意图

（一）单独账户

养老涉及医疗、文化、理财、照料等多个领域，不同的老龄者由于其自身状况和财产状况不同，在养老方面也有着不同的需求。因此，信托公司可充分发挥信托制度的优势，引入单独账户管理机制，为每一位委托人设立单一信托，提供定制化的信托方案，以满足不同的养老需求。除此以外，单一信托还有以下几方面优势：第一，可以增强信托财产的安全性和专一性，确保每个信托的信托财产都用于信托合同指定的用途或分配给指定的受益人；第二，可以确保不同委托人的信托财产相互独立，避免风险在不同的信托之间传播；第三，便于委托人和受益人对信托财产的运用和管理进行监督。

（二）资产管理

养老信托的目的包含着信托财产保值增值的需求，因此，对信托公司的资产管理能力有着很高的要求。在实际操作中，养老信托的常见功能除了按固定频率支付养老费，还有在特殊情况下支付大额费用，如医疗费等。由于这种不确定的流动性需求的存在，将不同的养老信托的信托财产进行统一管理，形成一种互助性的资金池，一方面便于适应不确定的流动性需求，另一方面也便于受托人进行投资管理，可大大提高管理效率。

（三）事务管理

随着少子化现象的加剧、家庭养老功能的淡化以及老龄者生理和精神上的行为能力逐渐衰退，很多事物管理职能也需要由信托来承担，例如，为老人安排合适的医院、联系生活照料服务机构、代为支付各类费用等。信托公司应逐步积累和整合各类养老产业资源，在受益人有需要的时候及时、高效、专业地处理该类事务。

（四）长期照料

随着我国人口老龄化程度的加深，高龄老人失能化的现象也会不断加剧。长期照料服务的缺口不断增大，且高昂的费用超出了很多老年人的承受范围。信托公司可充分发挥深耕实业的优势，平衡社会照料资源分配，根据受益人的身体状况、服务需求和经济能力为其提供合适的照料服务。此外，养老信托还可结合长期照料商业保险，减轻照料费用给受益人带来的经济负担。

（五）风险管理

养老信托业务开展的过程中会面临多种风险，例如，在信托资产的管理和运用过程中可能会面临市场风险和流动性风险，在事务管理的过程中可能会面临操作风险等。信托公司应针对养老信托业务特点，制定相应的业务规则，建立健全相应的管理制度和内部控制制度，保证公司对风险能够进行事前防范、事中控制、事后监督和纠正。同时加强信息披露，让受益人能够及时了解信托资金管理、运用、处分和收益的情况。

（六）外部监督

建议国家有关部门出台专门针对养老信托的法律法规，指导和规范养老信托的运行，从根源上防范由于没有业务准则导致的各类风险。适当降低养老信托的门槛，让更多的老龄者能够享受到信托制度对其晚年生活的守护和保障。监管部门自下而上地改变监管思路，提出符合养老信托自身特点的监管要求，保障养老信托依法有序开展。此外，引入信托监察人机制，从受益人的立场对养老信托的运行进行监督，使受益人的合法权益得到保障。

这个养老综合信托服务方案，与目前在运行的投资类信托完全不同。以上各机制与功能有机结合，相互配合，相互制约，构成了养老信托完整的业务模式，可能够确保养老目的安全、高效地实现。

五、政策建议

养老信托的顺利运行不仅需要信托公司积极创新业务模式，还需要外部运行环境的配合。

（一）给予适当的税收优惠

为鼓励全社会积极参与养老服务业的建设和发展，建议对参与主体给予适当的税收优惠政策。建议个人养老金产品的税收递延优惠覆盖到各类金融养老产品，而不仅仅是个人税延型养老保险，以供个人根据自身情况进行自主选择。此外，在以房养老的模式下，委托人在向信托公司过户房产时，也应当获得一定的税收优惠。

（二）信托制度纳入养老体系

养老领域中很多关系都可以纳入信托的框架下。事实上，我国社会保障基金和基本养老保险基金的市场化运作模式就是在信托的基础上构建的。信托具有其他制度所不可替代的优越性，与养老的特征相契合。将信托制度纳入养老体系，不仅有助于理顺养老体系中的关系，也能极大地促进我国信托业的发展。

（三）完善信托登记制度

信托登记的基本内容包含三个方面，即信托产品登记、信托受益权登记和信托财产登记。完善信托受益权登记便于养老信托受益权的转让，增加养老信托的流动性；而信托财产登记，其功能在于向社会公示该财产已经设立信托，不能再重复设立信托和进行其他转让、质押等交易，建立信托财产登记，在养老信托，尤其是以房养老模式下的养老信托中具有非常重要的意义。

（四）完善监督管理制度

养老信托由于其受益人是老年人，作为弱势群体，其自身合法权益极易受到侵害。因此，应当针对养老信托的特点，建立专门的监督管理机制，加强监管部门的监督。此外，还应强化信息披露，以便受益人及其利益相关人，乃至社会大众对其进行监督。只有完善监督管理制度，才能及时发现养老信托运行过程中的风险，确保养老信托的顺利运行。

参考文献

［1］穆光宗、张团：《我国人口老龄化的发展趋势及其战略应对》，载《华中师范大学学报：人文社会科学版》，2011（50）。

［2］穆光宗：《从"未备先老"到"有备而老"》，载《中国社会工作》，2010（20）。

［3］陈晓燕：《我国养老保险制度现状及今后发展方向》，载《学术探索》，2006（5）。

［4］王宁、王小春：《我国养老服务体系的现状和发展思路》，载《农村经济与科技》，2014（25）。

［5］国家应对人口老龄化战略研究长期照料服务制度研究课题组：《长期照料服务制度研究》，华龄出版社，2014。

［6］周心莲：《老龄化背景下养老消费信托的发展浅析》，载《北方经贸》，2015（8）。

［7］尹隆：《老龄化挑战下的养老信托职能和发展对策研究》，载《西南金融》，2014（1）。

［8］胡卿：《我国养老保障信托制度研究》，中国海洋大学硕士论文，2008。

［9］相焕伟：《台湾地区老人福利法制及其借鉴》，载《法学论坛》，2013（28）。

［10］赵英：《浅议我国台湾地区的安养信托》，载《市场研究》，2016（3）。

［11］雷宏：《信托监察人制度研究》，知识产权出版社，2011。